CB048287

O ARDOR

ROBERTO CALASSO

O ardor

Tradução
Federico Carotti

COMPANHIA DAS LETRAS

Grafia atualizada segundo o Acordo Ortográfico da Língua Portuguesa de 1990, que entrou em vigor no Brasil em 2009.

Título original
L'ardore

Capa
Kiko Farkas

Imagem de capa
Ana Lobo

Preparação
Frederico Ventura

Índice remissivo
Luciano Marchiori

Revisão
Luciana Baraldi
Isabel Jorge Cury

Dados Internacionais de Catalogação na Publicação (CIP)
(Câmara Brasileira do Livro, SP, Brasil)

Calasso, Roberto
O ardor / Roberto Calasso; tradução Federico Carotti — 1ª ed. — São Paulo : Companhia das Letras, 2016.

Título original: L'ardore
ISBN 978-85-359-2748-1

1. Shatápatha bráhmana – Crítica e interpretação 2. Vedas 3. Vedismo - Ritual I. Título.

16-03720 CDD-294.5921046

Índice para catálogo sistemático:
1. Escritos védicos : Interpretação crítica 294.5921046

[2016]

EDITORA SCHWARCZ S.A.
Rua Bandeira Paulista, 702, cj. 32
04532-002 — São Paulo — SP
Telefon: (11) 3707-3500
Fax: (11) 3707-3501
www.companhiadasletras.com.br
www.blogdacompanhia.com.br
facebook.com/companhiadasletras
instagram.com/companhiadasletras
twitter.com/cialetras

Para Claudio Rugafiori

Quantos fogos, quantos sóis, quantas auroras, quantas são as águas? Não pergunto para desafiar a vós, ó Pais. Pergunto para saber de vós, ó poetas.

Ṛgveda, 10, 88, 18

Sumário

1. Seres remotos . . . 13
2. Yājñavalkya . . . 38
3. Animais . . . 66
4. O Progenitor . . . 91
5. Aqueles que viram os hinos . . . 128
6. Das aventuras de Mente e Palavra . . . 138
7. *Ātman* . . . 152
8. A vigília perfeita . . . 171
9. Os Brāhmaṇa . . . 182
10. A linha dos fogos . . . 203
11. Erótica védica . . . 224
12. Deuses que oferecem libações . . . 235
13. Resíduo e excedente . . . 249
14. Solitários na floresta . . . 266
15. Ritologia . . . 274
16. A visão sacrificial . . . 297
17. Após o dilúvio . . . 312
18. Tiki . . . 322

1. Seres remotos

Eram seres remotos, não só dos modernos, mas de seus contemporâneos antigos. Distantes não como outra cultura, mas como outro corpo celeste. Tão distantes que o ponto de onde são observados torna-se quase indiferente. Que isso ocorra hoje ou cem anos atrás, nada de essencial muda. Para quem nasceu na Índia, algumas palavras, alguns gestos, alguns objetos podem soar mais familiares, como um irreprimível atavismo. Mas são contornos esgarçados de um sonho cujo desenrolar se ofuscou.

Incertos os locais e os tempos em que viveram. Os tempos: mais de três mil anos atrás, mas as variações cronológicas, entre um estudioso e outro, são consideráveis. A área: o norte do subcontinente indiano, mas sem fronteiras precisas. Não deixaram objetos nem imagens. Deixaram somente palavras. Versos e fórmulas que marcavam rituais. Meticulosos tratados que descreviam e explicavam esses mesmos rituais. No centro deles aparecia uma planta inebriante, o *soma*, que até hoje não foi identificada com precisão. Já naquela época falavam dela como uma coisa do passado. Ao que parece, não conseguiam mais encontrá-la.

A Índia védica não teve uma Semíramis nem uma Nefertiti, tampouco um Hamurabi ou um Ramsés II. Nenhum DeMille conseguiu encená-la. Foi a civilização em que o invisível prevalecia sobre o visível. Esteve, como poucas outras, exposta à incompreensão. Para entendê-la, é inútil recorrer aos fatos, que não deixaram traços. Permanecem apenas os textos: o Veda, o Saber. Composto de hinos, invocações, esconjuros, em versos. De fórmulas e prescrições rituais, em prosa. Os versos vêm inseridos em determinados momentos de ações rituais muito complexas. Elas vão desde a dupla libação, *agnihotra*, que o chefe da família deve realizar sozinho, todos os dias, por quase toda a vida, até o sacrifício mais imponente — o "sacrifício do cavalo", *aśvamedha* —, que envolve a participação de centenas e centenas de homens e animais.

Os Ārya ("os nobres", como os homens védicos chamavam a si mesmos) ignoravam a história com uma insolência que não encontra igual nos anais das outras grandes civilizações. Conhecemos os nomes de seus reis apenas por alusões no *Ṛgveda* e por episódios narrados nos Brāhmaṇa e nas Upaniṣad. Não se preocuparam em deixar memória de suas conquistas. E, mesmo nos episódios de que chegaram notícias, não se trata tanto de ações — bélicas ou administrativas —, mas de conhecimento.

Quando falavam em "atos", pensavam principalmente em atos rituais. Não surpreende que não tenham fundado — nem sequer tenham tentado fundar — um império. Preferiram pensar sobre qual é a essência da soberania. Eles a encontraram em sua duplicidade, em sua divisão entre brâmanes e *kṣatriya*, entre sacerdotes e guerreiros, *auctoritas* e *potestas*. São as duas chaves, sem as quais nada se abre, sobre nada se reina. Toda a história pode ser considerada sob o ângulo de suas relações, que incessantemente mudam, se ajudam, se ocultam — nas águias bicéfalas, nas chaves de são Pedro. Há sempre uma tensão que oscila entre a harmonia e o conflito mortal. Sobre essa diarquia e suas infindáveis consequências, a civilização védica concentrou-se com a mais alta e sutil clarividência.

O culto era confiado aos brâmanes. O governo, aos *kṣatriya*. Sobre essa base erigia-se o resto. Mas, como tudo o que ocorria na terra, também essa relação tinha seu modelo no céu. Ali também havia um rei e um sacerdote: Indra era o rei, Bṛhaspati, o brâmane dos Deva, era o capelão dos deuses. E apenas a aliança entre Indra e Bṛhaspati podia garantir a vida sobre a terra. Porém, entre os dois interpunha-se imediatamente um terceiro personagem: Soma, o objeto do desejo. Um outro rei e um sumo inebriante. Ele iria se mostrar esquivo e desrespeitoso em relação aos dois representantes da soberania. Indra, que lutara para conquistar o *soma*, ao final teria seu acesso a ele vetado pelos próprios deuses a quem o doara. E Bṛhaspati, o inalcançável brâmane de voz de trovão, "nascido na nuvem"?[1] O rei Soma, "poderoso com a eminente soberania que alcançara",[2] raptou e uniu-se a Tārā, mulher de Bṛhaspati, e com seu sêmen gerou Buddha. Quando o filho nasceu, deitou-o num leito de relva *muñja*. Brahmā então perguntou a Tārā (e foi o cúmulo da vergonha): "Filha minha, dize-me, este é filho de Bṛhaspati ou de Soma?".[3] Então Tārā teve de reconhecer que o filho era do rei Soma, senão nunca ninguém acreditaria em nenhuma mulher no futuro (mas alguma repercussão do episódio continuou a se transmitir, de éon em éon). E foi necessária uma guerra feroz entre os Deva e os Asura, os antideuses, para que, enfim, Soma se convencesse a devolver Tārā a Bṛhaspati. Diz o *Ṛgveda*: "Terrível é a mulher do brâmane, se é raptada; isso cria desordem no céu supremo".[4] Isso devia bastar para os imprevidentes humanos, que às vezes se perguntavam por que e pelo que os Deva lutavam com os Asura no céu, naquelas batalhas incessantes. Agora saberiam: por uma mulher. Pela mulher mais perigosa: pela mulher do primeiro entre os brâmanes.

***

Não havia templos, nem santuários, nem muralhas. Havia reis sem reinos de fronteiras traçadas e seguras. Moviam-se periodicamente em carroças com rodas dotadas de raios. Essas rodas foram a grande novidade que criaram: antes delas, nos reinos de Harappa e Mohenjo-daro, apenas as rodas compactas, maciças e lentas eram conhecidas. Assim que paravam, tratavam principalmente de preparar e acender fogueiras. Três fogueiras, uma circular, uma quadrada e uma em forma de meia-lua. Sabiam cozer tijolos, mas os usavam somente para construir o altar que ocupava o centro de um de seus rituais. Tinha o formato de um pássaro — um falcão ou uma águia — de asas abertas. Chamavam-no "o altar do fogo". Passavam a maior parte do tempo numa clareira aberta, em leve declive, onde se concentravam ao redor dos fogos murmurando fórmulas e cantando fragmentos de hinos. Era uma ordem de vida impenetrável, a não ser após longo aprendizado. Imagens pululavam em suas mentes. Talvez, também por isso, não se interessavam em entalhar ou esculpir figuras dos deuses. Como se, já estando cercados por elas, não sentissem necessidade de acrescentar outras.

Quando os homens do Veda desceram ao Saptasindhu, à Terra dos Sete Rios e depois à planície do Ganges, grande parte do território era coberta por florestas. Abriram caminho com o fogo, que era um deus: Agni. Deixaram que ele traçasse uma teia de cicatrizes. Viviam em aldeias provisórias, em cabanas sobre estacas, com paredes de junco e teto de palha. Seguiam os rebanhos, deslocando-se sempre para o leste, às vezes parando diante de imensas extensões de água. Foi essa a época áurea dos ritualistas.

Então, a pouca distância das aldeias e a pouca distância uns dos outros tornavam possível a observação de grupos de homens — cerca de vinte por vez — que se moviam em espaços áridos, ao redor dos fogos perenemente acesos, perto de alguma cabana. De longe, ouvia-se um murmúrio entrecortado por cantos. Cada detalhe da vida e da morte estava em jogo, naquele ir e vir de homens absortos. Mas não se podia pretender que aquilo fosse evidente aos olhos de um estrangeiro.

Da época védica pouco restou de tangível. Não sobraram construções, nem restos de construções, nem simulacros. No máximo, algum achado arqueológico corroído pelo tempo, nos relicários de alguns museus. Edificaram um Partenão de palavras: a língua sânscrita, pois *saṃskṛta* significa "perfeito". Assim disse Daumal.

Por qual motivo profundo não quiseram deixar vestígios? O pretensioso evemerismo ocidental costumeiro invocaria prontamente a perecibilidade dos materiais em clima tropical. Mas a razão era outra — e os ritualistas fizeram alusões a ela. Se o único evento imprescindível é o sacrifício, o que fazer com Agni, com o altar do fogo, quando se encerra o sacrifício? Responderam: "Após o término do sacrifício, ele ascende e entra naquele resplandecente [Sol]. Por isso, não devemos nos preocupar se Agni for destruído, pois ele está lá naquele disco".[5] Toda construção é provisória, inclusive o altar do fogo. Não é algo estático, e sim um veículo. Uma vez cumprida a viagem, o veículo poderia também ser desfeito. Por isso, os ritualistas védicos não desenvolveram a ideia de templo. Se dedicavam tanto cuidado a construir um pássaro, era para que ele pudesse voar. O que, então, restava sobre a terra era o invólucro de pó, argila seca e tijolos, inerte. Podia ser abandonado, como uma carcaça. Logo a vegetação o recobriria. Enquanto isso, Agni estava no Sol.

O mundo se dividia em duas partes, que obedeciam a regras diferentes: a aldeia e a floresta. O que valia para uma não valia para a outra — e vice-versa. Todas as aldeias um dia seriam abandonadas pela comunidade, no lento avanço de sua existência seminômade. Não havia lugares sagrados, definitivos, destinados, umbilicais, como o dos templos. O local sagrado era a cena do sacrifício, escolhido a cada vez de acordo com critérios fixos:

> Além de estar no alto, esse lugar deverá ser plano; além de ser plano, deverá ser compacto; além de ser compacto, deverá estar inclinado para o leste, porque o leste é a direção dos deuses; ou, de outra forma, deveria ser inclinado para o norte, porque o norte é a direção dos homens. Deverá ser levemente elevado para o sul, porque esta é a direção dos antepassados. Se descesse para o sul, o sacrificante logo passaria para o mundo lá de baixo; mas desse modo o sacrificante tem longa vida: por isso, que seja levemente elevado para o sul.[6]

Alto, plano, compacto: tais eram os primeiros requisitos do local do sacrifício. Como se se quisesse definir uma superfície neutra, uma tela de fundo sobre a qual se desenhariam os gestos com absoluta nitidez. É a origem da *cena*, como local preparado para acolher todos os significados possíveis. Tudo o que há de mais moderno — aliás, a própria cena do moderno. *No alto*, antes de mais nada, deve ficar o local. Por quê? Porque os deuses abandonaram a terra a partir de um local elevado. E os homens devem imitá-los. *Compacto*, também. Por quê? Para que tenha *pratiṣṭhā*, "fundamento". Além disso, o local deve ser *inclinado para o leste*: aqui, também, porque o leste é a direção dos deuses. Mas, acima de tudo: *levemente elevado para o sul*, como que apontando os pés na direção dos antepassados. Ali estão os mortos e a morte, e para ali deslizariam rapidamente os oficiantes, caso o terreno tivesse alguma leve inclinação para o sul. Com poucos toques, abarcando com o olhar um local qualquer, entre sarças e pedras, evocava-se o fundo sólido de toda ação, o primeiro local geométrico — e, ao mesmo tempo, indica-se como é feito o mundo, por onde passaram os deuses, onde fica a morte. O que mais seria preciso saber antes de realizar qualquer gesto? Os ritualistas eram obsessivos nas prescrições, porém jamais fanáticos.

Pouco se vê no terreno do sacrifício. É despojado, monótono. Mas a maior parte do que acontece não se vê: é uma viagem no invisível, cheia de perigos e angústias, ameaçada por ciladas, uma navegação incerta, como aquela preferida por Conrad, com uma embarcação levemente aquém do que exigem as forças da natureza. E foi também um personagem de Conrad quem explicou a diferença entre o irredimível desmazelo nos gestos de quem mora na terra e a precisão de quem vive no mar. Apenas este último sabe que um gesto errado, um nó malfeito, pode significar a ruína. Ao passo que, na terra, sempre se pode encontrar solução para um gesto errado. Somente o mar nos priva desse "senso de segurança"[7] que leva à imprecisão.

Embora não devessem ter grande experiência em oceanos, mas sim em vastos e majestosos rios, os homens védicos gostavam de se referir a um "oceano", *samudrá*, *salilá*, sempre que tratavam com as coisas do céu. Pois o próprio céu era o verdadeiro oceano, a Via Láctea, que se estendia por sobre a terra. E ali encontravam a primeira imagem desse contínuo de onde brotavam todos os gestos e palavras das cerimônias. Era naquele barco, naquela navegação que, como marinheiros precavidos e atentos, pensavam em vários momentos dos rituais, por exemplo no início de um certo canto:

> O canto *bahiṣpavamāna*, na verdade, é um barco que se dirige ao céu: os sacerdotes são seus mastros, e os meios para alcançar o mundo celeste são seus remos. Se um deles for censurável, por si só afundará [o barco]: afunda-o como aquele que sobe num barco já

lotado o faria afundar. E, de fato, todo sacrifício é um barco que se dirige ao céu: por isso, é necessário tentar manter um sacerdote censurável à distância de qualquer sacrifício.[8]

Embora a cena sacrificial, vista de fora, pareça um local qualquer, ela é habitada por uma enorme concentração de forças — e se fixa sobre poucos objetos: são resquícios do "raio", *vajra*, aquela suprema e misteriosa arma com que Indra derrotou Vṛtra, o imenso monstro que retinha em si as águas. Um desses objetos é a espada de madeira que os oficiantes empunhavam. Outro é o elemento mais aterrador em sua simplicidade: a estaca. Mas a carroça que transporta o arroz também é uma potência do sacrifício. E a flecha usada pelos guerreiros lembra o estilhaçamento do *vajra* enquanto atingia Vṛtra. A divisão desses objetos entre brâmanes e *kṣatriya*, entre sacerdotes e guerreiros, é também uma cuidadosa divisão dos poderes entre as duas formas de soberania, em constante risco de desequilíbrio: aos brâmanes caberão a espada de madeira e a estaca; aos *kṣatriya*, a carroça e a flecha. Dois contra dois: os *kṣatriya*, mais próximos da vida cotidiana (a tribo em movimento e a batalha requerem carroça e flecha); os brâmanes, mais abstratos, mas não por isso mais brandos (a espada de madeira, a estaca solitária). O objeto mais incongruente, o que mais parece um brinquedo — o *sphya*, a "espada de madeira" —, é designado ao brâmane. Mas é também o único dos quatro objetos que representa o raio em sua inteireza, tal como um dia foi brandido por Indra. Apenas um brâmane pode empunhar a espada de madeira, porque ela "é o raio e nenhum homem pode empunhá-la: por isso, ele a empunha com a assistência dos deuses".[9] Quando se chega à máxima proximidade dos deuses, somente um brâmane pode agir. Por outro lado, a história do raio de Indra explica por que, desde o início, o poder nunca é uno, e sim despedaçado pelo menos em duas partes, irredutíveis.

* * *

A tessitura das relações entre *auctoritas* e *potestas*, entre poder espiritual e poder temporal, entre brâmanes e *kṣatriya*, entre o sacerdote e o rei: tema perene e inesgotável para a Índia desde o *Ṛgveda* ao *Mahābhārata* (que é uma história de variantes e tramas no interior dessas relações) e aos Purāṇa ("Antiguidade"). Relações de complementaridade e, às vezes, de hostilidade: mas uma luta que nunca se colocou nos termos crus de um confronto entre o espírito e a força. Os antepassados dos brâmanes eram os "videntes", os *ṛṣi* — e os primeiros entre eles, os Sete Videntes, os Saptarṣi, que residiam nos sete astros da Ursa Maior e dispunham de enorme poder destruidor. Eram capazes de engolir, ressecar, fulminar partes inteiras do cosmo. Os exércitos de um rei jamais seriam tão devastadores quanto o *tapas*, o ardor de um *ṛṣi*.

De outro lado, os *kṣatriya* não eram apenas ávidos de poder. Muitas vezes, principalmente nas Upaniṣad (mas também nos Brāhmaṇa), encontram-se *kṣatriya* que iluminam ilustres brâmanes sobre certas doutrinas extremas, às quais os brâmanes não conseguiam chegar.

É enorme a disparidade entre a rudimentar civilização material védica e a complexidade, dificuldade e audácia dos textos. Nas cidades do Vale do Indo, usavam-se tijolos nas construções, projetavam-se depósitos e vastos reservatórios de água. Os homens do Veda conheciam e usavam os tijolos, mas apenas para empilhá-los no altar do fogo. Desenvolvera-se uma teologia inteira em torno dos "tijolos", *iṣṭakā*, que eram relacionados com a "oblação", *iṣṭi*. E a própria edificação era, acima de tudo, ritual. Os elementos da vida cotidiana não podiam ser mais simples, mas seus significados pareciam avassaladores. Mesmo reduzido ao mínimo, tudo era sempre demais. Mesmo um estudioso cauteloso e conciso como Louis Renou reconhecia que "o Veda se move num terror pânico".[10] Em lugar de qualquer rigidez hierática, os hinos pareciam a Renou não "poesias compostas 'a sangue-frio'", mas "obras frenéticas, derivadas de uma atmosfera de disputas oratórias, onde se conquista a vitória formulando melhor (ou adivinhando mais rapidamente) os enigmas com fundamento místico-ritual".[11] E onde a derrota podia ser uma condenação à morte. Sem a necessidade de carrascos, a cabeça se despedaçava. Não faltam testemunhos de casos.

Conhecemos, entre todos os que pertenceram à civilização do Indo, apenas um nome: Su-ilisu, um intérprete. Ele nos aparece como um anão, ou um menino, num sinete acádio. Está sobre o ventre de um personagem que traja ricos e pesados paramentos. O texto gravado acima da imagem diz: "Su-ilisu, tradutor de Meluhha". Outros sinetes falam de mercadorias provenientes de Meluhha, a civilização do Indo que foi mais extensa que a Mesopotâmia, o Egito, a Pérsia e durou não menos de mil anos, por fim se extinguindo, por motivos totalmente obscuros, por volta de 1600 a.C. Os nomes desapareceram e restou apenas o de Su-ilisu, intérprete de uma língua que ainda resiste a todas as tentativas de decifração — admitindo-se que se trate de uma língua, ponto que continua em discussão.

Há alguns anos está em curso uma trabalhosa pesquisa no Punjab, com escavações para desenterrar ossos de cavalo. Brandidos como armas impróprias, deveriam servir para derrotar e dispersar os repulsivos indo-europeus vindos *de fora*, de além do Passo Khyber, demonstrando que sua novidade — o cavalo — já pertencia àqueles lugares. Porque tudo o que é muito antigo e memorável — assim pensam alguns — deve necessariamente crescer em terras indianas. E a indecifrada escrita de Harappa já deveria conter tudo o que é necessário para mostrar que o sânscrito e o *Ṛgveda* descendem dela. Nada disso encontrou base nas descobertas arqueológicas e contraria o que dizem os textos védicos. O *soma*, o que quer que tenha sido, crescia nas montanhas, que não faziam parte da paisagem de Harappa e Mohenjo-daro. Quanto aos guerreiros conduzindo carroças puxadas por cavalos, não havia traços nos sinetes da civilização do Indo. Em relação ao *Ṛgveda*, é difícil desfazer a impressão de que são mundos paralelos. E, no entanto, eles devem ter mantido alguma relação. Mas tal relação permanece obscura até hoje.

Para a Índia védica, a história não era algo a ser registrado. O gênero historiográfico fez sua aparição bem mais tarde, não só muitos séculos depois de Heródoto e Tucídides, mas quando no Ocidente se escreviam as crônicas medievais. A cronologia a que os ritualistas se referem geralmente é um tempo dos deuses e do que aconteceu antes dos deuses. São raros os casos em que há referências a algo "antiquado", pelo que se subentende o transcurso do tempo dos homens. E, nesses casos, são sempre referências a mudanças no interior de um rito. Por exemplo, o rito mais complicado e imponente, que é o *aśvamedha*, o "sacrifício do cavalo": "Esse *aśvamedha* é, por assim dizer, um sacrifício antiquado, pois o que dele ainda se celebra e o que não se celebra?".[12] Depois de seguir as minuciosas e vertiginosas instruções sobre as centenas de animais que deviam ser sacrificados durante o *aśvamedha* e sobre as várias maneiras de tratá-los, as contas que deviam ser postas em suas crinas e os "percursos da faca"[13] que deviam ser seguidos ao cortar a carne dos animais, numa brusca guinada diz-se que o "*aśvamedha* é um sacrifício antiquado" (ou "abandonado", *utsannayajña*). Talvez as especulações dos liturgistas já se referissem a um passado fabuloso e perdido, quando havia um perfeito entrelaçamento entre os cantos, os números e os animais abatidos. Talvez eles já se sentissem como antiquários seiscentistas travando guerras de citações sobre algum evento desaparecido. Mas, quanto mais escassas são as referências à pura e dissolvente sucessão dos tempos, tanto mais perturbador é seu efeito. E mais vãs parecerão as tentativas de estabelecer uma relação imediata, simples e unívoca entre os textos dos ritualistas védicos e alguma realidade factual. Ao contrário dos egípcios, dos sumérios, dos chineses da dinastia Zhou, os ritualistas védicos evitavam ligar os acontecimentos a alguma cronologia. O *verum ipsum factum* não valia para eles. Pois o único *factum* ligado a um *verum* era a ação litúrgica. Tudo o que acontecia antes e fora do rito pertencia ao vasto reino esgarçado da não verdade.

A Índia védica se funda sobre um exclusivismo rigoroso (somente quem participa do sacrifício pode ser salvo) e, ao mesmo tempo, sobre uma exigência de resgate total (estendido não só a todos os homens, mas a tudo o que vive). Essa dupla pretensão, que soará irracional para as outras grandes religiões (muito mais próximas do bom senso profano), vem reforçada na imagem de um antigo e irrestrito convite:

> Mas as criaturas que não são admitidas ao sacrifício estão perdidas; por isso, agora ele admite ao sacrifício as criaturas aqui na terra que não estão perdidas; atrás dos homens estão os animais; e atrás dos deuses estão os pássaros, as plantas e as árvores; qualquer coisa que exista aqui na terra está admitida ao sacrifício. E, na verdade, tanto os deuses quanto os homens e os antepassados bebiam juntos, e é este o convite deles; nos tempos antigos, bebiam juntos no visível, agora o fazem no invisível.[14]

Não havia nada mais grave para os homens, tampouco para os deuses, do que serem excluídos do sacrifício. Nada implicava tão rigorosamente a perda da salvação. A vida, por si só, não bastava para salvar a vida. Era necessário um procedimento, uma sequência de gestos, uma inclinação constante, para não se perderem. E a salvação, para se dar, devia se estender a tudo, devia abarcar tudo. Não há salvação do indivíduo — ser ou espécie. Atrás dos homens entreviam-se as incalculáveis fileiras dos animais, equivalentes aos homens devido à sua natureza de *paśu*, eventuais vítimas sacrificiais. Atrás dos deuses, rumorejavam todas as árvores e as plantas, com seus habitantes, os pássaros, que tinham acesso mais fácil ao céu.

Essa visão grandiosa é apresentada em poucas palavras — e não encontra nenhum equivalente nas outras grandes civilizações antigas. Não vem exposta em nenhum texto grego (e muito menos romano), certamente não é uma visão bíblica (na qual o homem, desde o início edênico, traz o estigma do dominador), tampouco chinesa. Apenas os cruéis homens védicos, enquanto se dedicavam sem trégua aos sacrifícios sangrentos, pensaram em como salvar as árvores, as plantas e todos os outros seres vivos, junto com eles mesmos. E pensaram que, para tanto, só havia uma maneira: admitir todas essas criaturas ao sacrifício. Pensaram também que este era o único recurso para vencer o desafio mais pesado: fazer com que perdurasse no invisível aquele convite que, outrora, estava à vista de todos — e do qual todos participavam.

Quem entra no corpus védico logo tem a impressão de se encontrar no interior de um mundo autossuficiente e segregado. Os vizinhos? Os antecedentes? A formação? Tudo está sujeito a dúvidas. Isso explica uma certa satisfação perversa dos grandes vedistas com o objeto de suas pesquisas: sabem que, depois de ingressar nesse mundo, não sairão mais. Um mestre como Louis Renou, numa das raras ocasiões em que se permitiu falar em termos gerais, fez uma alusão discreta a isso:

> Outra razão desse declínio do interesse [pelos estudos védicos; isso em 1951] é o isolamento do Veda. Nos dias de hoje, nossa atenção está concentrada nas influências culturais e nos pontos de contato entre civilizações. O Veda oferece poucos materiais do gênero, porque se desenvolveu em condições apartadas. Ainda assim, na verdade talvez seja mais importante começar a estudar certas manifestações individuais em si e por si e examinar sua estrutura interna.[15]

Mas é exatamente o que, em pleno século XIX, já fazia Abel Bergaigne, fundador da gloriosa dinastia dos vedistas franceses: estudar o *Ṛgveda* como um mundo inteiramente completo, que encontra justificativa apenas em si mesmo. Estudo inesgotável, como bem sabia o próprio Renou, que publicaria dezessete volumes de seus *Études védiques et paninéennes*, em que traduzia e interpretava, passo a passo, os hinos do *Ṛgveda*, abordando-os a cada vez pelos mais variados ângulos, sem que o empreendimento tivesse fim. Nem o Egito, nem a Mesopotâmia, nem a China, e menos ainda a Grécia (com sua provocadora falta de textos litúrgicos) podem oferecer algo que seja sequer remotamente comparável ao corpus védico, pelo rigor do sistema formal, pela exclusão de qualquer quadro temporal — histórico, cronológico —, pela invasão ubíqua da liturgia, enfim, pelo refinamento, densidade e capciosidade das ligações internas entre suas diversas partes.

Múltiplas e vociferantes sempre foram — e continuam a ser — as teorias sobre as origens e a proveniência daqueles que se definiam Ārya e compuseram o corpus védico. Mas a enormidade de seu empreendimento *textual* se sobressai ainda mais perante a descrição de sua existência histórica, reduzida a poucos elementos indubitáveis, tal como Frits Staal formulou certa vez:

> Mais de 3 mil anos atrás, pequenos grupos de povos seminômades atravessaram as regiões montanhosas que separam a Ásia Central do Irã e do subcontinente indiano. Falavam uma língua indo-europeia, que se desenvolveu no védico, e importaram os rudimentos de um sistema social e ritual. Como outros falantes de línguas indo-europeias, celebravam o fogo, chamado Agni, e, como seus parentes iranianos, adotaram o culto do *soma* — uma planta, possivelmente alucinógena, que crescia no alto das montanhas. A interação entre esses aventureiros centro-asiáticos e os anteriores habitantes do subcontinente indiano deu origem à civilização védica, assim chamada devido aos quatro Vedas, composições orais transmitidas oralmente até hoje.[16]

Em sua secura e no tom que parece se adaptar às exigências de uma enciclopédia popular, essas linhas de Staal transmitem algo do espanto que certamente se apodera de qualquer um diante do empreendimento sem precedente e sem paralelo desses (poucos) "aventureiros centro-asiáticos". Empreendimento que, desde o início, se baseava não tanto nas conquistas territoriais (não identificáveis, não marcantes, não sustentadas por uma forte estrutura política, inexistindo até mesmo a invenção da "cidade", *nagara*, termo quase ausente dos textos mais antigos — e que, de todo modo, não corresponde a nenhum dado documentável: não existem traços de nenhuma cidade védica), e sim num *culto*, estreitamente ligado a textos de extrema complexidade, e numa *planta da embriaguez*. Um *estado de consciência* tornava-se o eixo em torno do qual giravam, numa meticulosa codificação, milhares e milhares de atos rituais. A mitologia e as mais temerárias especulações se apresentavam como consequência do encontro fatal e explosivo entre uma liturgia e a embriaguez.

Ya evaṃ veda, "aquele que sabe assim", é uma fórmula sempre recorrente nos Vedas. Evidentemente, o saber — e o saber *assim*, de uma determinada maneira, que se diferenciava de qualquer outro saber — era o que mais tinha peso para os homens védicos. O poder, a conquista, o prazer apareciam como elementos subordinados, que faziam parte do saber, mas certamente não poderiam suplantá-lo. O léxico védico é de extrema sutileza e altamente diferenciado ao definir tudo o que está relacionado com o pensamento, a inspiração, a exaltação. Praticavam o discernimento dos espíritos — diria algum místico ocidental, vários séculos mais tarde — com uma segurança e uma agudeza que causam assombro e condenam as tentativas de tradução a reduções grosseiras. O que é o *dhī*? Pensamento intenso, visão, inspiração, meditação, prece, contemplação? Tudo isso a cada vez e ao mesmo tempo. E, em todos os casos, o pressuposto era o mesmo: o primado do conhecimento sobre qualquer outra via de salvação.

Por que os homens védicos eram tão obcecados pelo ritual? Por que todos os seus textos falam, direta ou indiretamente, de liturgia? Queriam pensar, queriam viver apenas em certos estados de consciência. Descartados todos os outros motivos, este permanece como o único plausível. Queriam pensar — e, principalmente, queriam estar conscientes de pensar. É o que ocorre de modo exemplar quando se faz um gesto. Há o gesto — e há a atenção que se concentra no gesto. A atenção transmite seu significado ao gesto.

A Roma arcaica também era uma sociedade altamente ritual, mas jamais chegou a semelhante radicalidade. Em Roma, acima do rito ficava a prática, a capacidade de desenredar as situações conforme iam se apresentando. Assim o rito confluiu para o campo do direito, o *fas* foi absorvido — ou pelo menos tentou-se absorvê-lo — no *ius*. Para os homens védicos, por outro lado, a concentração do pensamento no gesto foi altíssima — e desprovida de qualquer outra função. Pensar o brâman, que é o *extremo* de tudo, significa ser o brâman. Essa é a doutrina subjacente.

Quanto mais se acirram as disputas sobre a secularização, mais facilmente se esquece que o Ocidente, se assim se quiser chamar algo nascido na Grécia, foi secular desde o início. Desprovidos de uma classe sacerdotal, entregues ao risco de ser excluídos da luz, sem perspectiva de salvação e recompensa em outros mundos, os gregos foram os primeiros seres totalmente idiossincráticos. Isso vibra em cada verso de Safo ou de Arquíloco. E o que é idiossincrático age como o próprio nervo da secularidade. Como explicar, então, a intransponível distância entre os modernos e os gregos antigos? Os gregos sabiam quem e o que os deuses eram. Mais do que acreditar nos deuses, eles os encontravam. Para os gregos, *átheos* era, antes de mais nada, aquele que é abandonado pelos deuses, não aquele que se recusa a acreditar neles, como reivindicam orgulhosamente os modernos. Estes, porém, não conseguem deixar de moldar suas instituições seculares usando categorias teológicas. Mas, ao ser injetado clandestinamente na secularidade, o sacro se torna uma substância venenosa.

Há uma especularidade entre a Índia védica e a Grécia arcaica. Na Índia, todos os textos são sagrados, litúrgicos, de origem não humana, dos quais uma classe sacerdotal era guardiã e transmissora (os brâmanes). Na Grécia, todos os textos são seculares, frequentemente atribuídos a autores específicos, transmitidos fora de uma classe sacerdotal, que não existe enquanto tal. Os Eumolpos, dinastia que supervisionava os Mistérios de Elêusis, não estavam incumbidos da composição de nenhum texto. Quando certas figuras convergem — como no caso de Helena e dos Dióscuros, que encontram correspondências impressionantes nas histórias de Saraṇyū e dos Aśvin —, essa afinidade é o sinal de que nos aproximamos de algo que é inextirpável da experiência de qualquer mente. São histórias que giram em torno do *simulacro* (ágalma, *eídōlon*), do *reflexo* (*chāyā*) e da *cópia* (a semelhança dos gêmeos). Histórias em torno das histórias, porque as histórias são tecidas de simulacros e reflexos. É a matéria mítica que reflete sobre si mesma, assim como, nos hinos do *Ṛgveda*, os *ṛṣi* costumavam frequentemente falar dos versos que estavam compondo. São momentos em que os múltiplos, vertiginosos rios das histórias parecem desembocar no mesmo oceano, o que deu título a uma coletânea de contos que são as *Mil e uma noites* da Índia: o *Kathāsaritsāgara*, o oceano dos rios das histórias.

Por medo de serem acusados de apresentar os homens védicos como loiros arianos predadores, não poucos estudiosos recentes têm atenuado e abrandado a imagem deles ao máximo possível. Agora, não são mais conquistadores que irrompem das montanhas e passam a ferro e fogo o reino dos autóctones, subjugando-os com crueldade. Agora, são migrantes que, em grupos isolados, penetram em terras novas sem encontrar quase nenhuma resistência, pois a civilização anterior do Indo já se extinguira, por causas indetermináveis. A retificação é necessária e corresponde aos parcos dados arqueológicos, mas às vezes parece suspeita de um excesso de zelo. E, para anular todo e qualquer escrúpulo incongruente, basta lembrar, nas palavras de Michael Witzel, que "os nazistas perseguiram e assassinaram centenas de milhares dos únicos verdadeiros arianos da Europa, os ciganos (rom, sinti). Sabe-se que falam uma língua arcaica neoindiana, que é estreitamente aparentada ao dardi, ao panjabi e ao híndi modernos".[17]

Talvez os Ārya não se tenham lançado a conquistas devastadoras, mas pelo menos no reino das imagens exaltaram o turbilhão de seus cavalos e suas carroças de guerra, desconhecidas nas terras do Indo. Como numa nuvem de poeira luminosa, eram precedidos pela formação dos Marut, os "retumbantes filhos de Rudra".[18] Assim eram evocados pelos hinos do *Ṛgveda*: "Vinde, ó Marut, com vossas carroças feitas de raios, providas de lanças, com os cavalos como asas! Voai a nós como pássaros com a bebida suprema, vós das belas magias!";[19] "A terra treme de medo diante de seu ímpeto: como um navio sobrecarregado, arfante";[20] "Até a vasta montanha se amedronta, até o dorso do céu treme quando irrompem. Quando vós, Marut, ondulais armados de lanças, correis como água na mesma direção".[21] Difícil pensar nos cantores das façanhas dos Marut como dóceis pastores seminômades, preocupados apenas com seus rebanhos e suas transumâncias. O raio e o terror seguiam com eles, quando os acompanhavam os Marut, com suas lanças cintilantes ao ombro, cobertos de ornamentos variegados, com medalhas de ouro ao peito, unidos, compactos, como se fossem todos eles um parto simultâneo do céu.

Quando Louis Renou publicou suas primeiras traduções do *Ṛgveda*, em 1938, colocou como epígrafe à Introdução algumas palavras de Paul-Louis Couchoud: "A poesia se desencaminhou, dizia [Mallarmé] com um sorriso, 'desde o grande desvio homérico'. E se lhe perguntavam o que haveria antes de Homero, respondia: 'O orfismo'. Os hinos védicos... têm a ver com o orfismo mallarmiano".[22] Renou, ao longo da Introdução, não retomava o tema nem voltava a citar Mallarmé. Mas as epígrafes são o *locus electionis* dos pensamentos latentes. Esse era o local certo para insinuar que a história da poesia, embora tenha nascido mallarmiana, não se concluíra com Mallarmé. "A explicação órfica da Terra",[23] definição última da poesia segundo Mallarmé, aplica-se não tanto aos hinos órficos tardios, mas sobretudo aos hinos védicos, cujo infinito novelo de imagens já vinha sendo desenredado, a pouca distância da Rue de Rome, por Abel Bergaigne. Para perceber a ressonância mallarmiana, basta abrir ao acaso os hinos — por exemplo, no início de 4, 58, hino ao *ghṛtá*, a manteiga clarificada utilizada nos ritos. Assim traduzia Renou, em 1938: "Do oceano surgiu a onda do mel: com o caule do *soma* assumiu a forma da ambrosia. Eis o nome secreto da manteiga: língua dos deuses, umbigo do imortal".[24]

Para um ocidental dedicado à filologia, difícil pensar em algo mais frustrante do que a história indiana. Areia movediça em todas as direções. Datas e dados sempre incertos. Aqui oscilam os séculos como alhures oscilam os meses. Nenhuma passagem é rigorosa. Como se passou do *Ṛgveda* aos Brāhmaṇa? E dos Brāhmaṇa às Upaniṣad? E das Upaniṣad aos Sūtra? Todo gênero literário já se esboça no anterior. Ou então se opõe a ele. Ou ainda — e este é o caso mais surpreendente —, os dois gêneros convivem. Como desemaranhar esse novelo? Ou, pelo menos, como se aproximar de seu núcleo mais denso? O caminho que permite mais avanços continua a ser o autorreferencial. Entende-se o *Ṛgveda* através do *Ṛgveda* — e nada mais (assim para Bergaigne e Renou). Entendem-se os Brāhmaṇa através dos Brāhmaṇa — e nada mais (assim para Lévi e Minard). Já a passagem do *Ṛgveda* aos Brāhmaṇa permanece ainda como terra desconhecida ou raramente visitada. É como se compreender Homero impedisse de compreender Platão — e vice-versa, ao passo que é inevitável ver a Grécia inteira como tensão entre Homero e Platão.

Contemplado do observatório das Luzes, o Veda é noite densa, cerrada, sem nenhum indício de qualquer disposição a se deixar iluminar. É um mundo autossuficiente, de tensões fortes, até convulsivas, absorto em si mesmo, sem nenhuma curiosidade por qualquer outra maneira de existir. Sulcado por desejos díspares e violentos, não anseia por bens, súditos, pompas. Se quisermos um emblema daquilo que é radicalmente estranho ao moderno (como quer que se o defina) e que possa enfrentá-lo com plena indiferença, iremos encontrá-lo nos homens védicos.

No Prefácio à primeira edição (1818) de *O mundo como vontade e como representação*, Schopenhauer escrevia: "O acesso aos Vedas que nos foi aberto pelas Upaniṣad é, aos meus olhos, o maior privilégio que este século ainda jovem pode exibir em comparação aos séculos anteriores".[25] Palavras carregadas de implicações: em comparação ao século recém-concluído, a nova época, segundo Schopenhauer, dispunha de um prodigioso acréscimo, graças a um único livro, a afortunada edição de algumas Upaniṣad traduzidas em latim a partir de uma versão persa, publicada por Anquetil-Duperron em 1801-2, com o título *Oupnek'hat*, lida por Schopenhauer na edição de 1808. Bastava apenas esse texto para favorecer o século XIX em termos de saber.

Detalhes que ajudam a entender a estranheza, a irredutível singularidade védica: o primeiro comentário completo ao *Ṛgveda* de que dispomos é o de Sāyaṇa, que remonta ao século XV. É como se o primeiro comentário a Homero disponível para nós tivesse sido escrito 2500 anos depois da *Ilíada*.

Entre os elementos, estão o fogo e a água; entre os animais, a vaca, o cavalo e o bode; um "oceano", *samudrá*, que pode ser celeste, terrestre, mental, sem que se possam determinar as fronteiras de cada um; a palavra, o eros, a liturgia; rochas; ornamentos nas vestes, no corpo; batalhões de guerreiros, cercas derrubadas, clangor de armas.

Disso — e pouco mais — é feito o mundo circundante para o *Ṛgveda*. Algumas palavras-chave, sempre recorrentes. Uma ilusória e persistente monotonia. Todavia, de cada uma dessas palavras difunde-se uma profusão de significados, em grande medida cifrados. *Padá*, a pegada da vaca, segundo o dicionário védico de Grassmann, também significa, por ordem: "passo", "marca", "rastro", "estada", "região", "pé" (métrico). Mas pode-se acrescentar: "raio", "palavra (isolada)", por fim, "palavra". Quando se fala do "*padá* oculto",[26] Renou diz que é "o arcano por excelência, cuja revelação o poeta busca".[27] E aqui já se está muito longe da pegada da vaca, a qual, porém, é ela própria misteriosa e venerável, visto que lhe é dedicada uma especial "libação sobre a pegada", *padāhuti*.

No início havia um rei mudo, Māthava de Videha, que mantinha dentro da boca o fogo, chamado Agni Vaiśvānara, Agni-de-todos-os-homens, aquela forma de Agni que todo ser vivo abriga dentro de si. A seu lado, sombra perene, um brâmane, Gotama, que o provocava, antes com suas perguntas, que ficavam sem resposta, depois com suas invocações rituais, às quais o rei, segundo a liturgia, deveria responder. E o rei permanecia sempre calado, por medo de perder o fogo que estava dentro de sua boca. Mas, por fim, as invocações do brâmane conseguem desentocar o fogo, conseguem que ele irrompa no mundo: "Ele [o rei] não foi capaz de retê-lo. Ele [Agni] irrompeu de sua boca e caiu sobre essa terra".[28] E, no momento em que caiu sobre a terra, Agni começou a queimá-la. O rei Māthava estava então junto ao rio Sarasvatī. A partir dali, Agni começou a queimar a terra em direção ao leste. Ia marcando uma trilha — e o rei e o brâmane o seguiam. Restava uma curiosidade na mente do brâmane, que perguntou ao rei por que Agni se arrojara de sua boca apenas ao ouvir uma determinada invocação, e não antes. O rei respondeu: "Porque naquela invocação mencionava-se a manteiga clarificada — e Agni é ávido por ela". Essa foi a astúcia fundadora, por parte do brâmane. O ato inicial da história, portanto, não provém do soberano, do *kṣatriya*, do guerreiro. É um ato que cabe ao brâmane, àquele que acende todo evento, que obriga o fogo a sair de seu refúgio. O que ocorre a seguir é um impetuoso compêndio daquilo que, depois, sempre viria a ocorrer: o homem segue a trilha do fogo, que o antecede desnudando a terra. Isto é a civilização, em primeiro lugar: uma trilha traçada pelas chamas. E não é o caso de pensar que seja um desejo ou a ganância humana que, na embriaguez da conquista, tome a dianteira. Os homens sempre seguem; quem conquista é Agni.

A astúcia do brâmane Gotama fora benéfica. Com suas fórmulas sedutoras — mas principalmente com a simples menção à manteiga clarificada, fina iguaria para Agni —, ele conseguira dar início ao rito, que, por sua vez, pusera em movimento a história. Mas essa história tinha um precedente, que remontava ao período das intermináveis disputas entre os Deva e os Asura. Aconteceu outrora que os Asura, arrogantes, "continuavam a sacrificar na própria boca",[29] enquanto os Deva preferiam sacrificar uns aos outros. Àquele ponto, o pai deles, Prajāpati, escolheu os Deva e lhes confiou o sacrifício. Deu-lhes preferência porque, antes ainda de saber precisamente a quem deviam oferecer, tinham aceitado que a oferenda fosse algo *externo*, que *passava* de um ser para outro, rompendo a membrana da autossuficiência, lembrança do corpo informe de Vṛtra, o monstro primordial.

Se se perguntasse aos homens védicos por que não fundaram cidades, nem reinos, nem impérios (embora concebessem cidades, reinos e impérios), poderiam ter respondido que não buscavam o poder, mas sim a embriaguez — se embriaguez for a palavra que mais se aproxima do efeito do *soma*. Assim o descreveram, com palavras claras e diretas: "Agora bebemos o *soma*, tornamo-nos imortais, alcançamos a luz, encontramos os deuses. Agora, o que poderão nos fazer o ódio e a malícia de um mortal?".[30] Nada mais, mas também nada menos queriam os homens védicos. Construíram um infindável edifício de gestos e de fórmulas para conseguirem dizer aquelas poucas palavras. Eram a origem e o fim. Para quem alcançou isso, palácios, reinos e vastos sistemas administrativos são mais um obstáculo do que uma conquista. Qualquer glória humana, qualquer altivez de conquista, qualquer avidez de prazer eram apenas empecilhos. E a embriaguez devida ao *soma* não era um estado exaltante, e sim incontrolável. Pois sobre o *soma* diziam: "És o guardião de nosso corpo, ó *soma*; em todos os membros te instalaste como guardião".[31] A embriaguez era uma casca protetora, que podia ser rompida a qualquer momento, mas apenas pela fraqueza do indivíduo. Este, então, se dirigia àquela substância, que era também um rei, pedindo-lhe graça como a um soberano benévolo: "Se quebramos o voto, perdoa-nos como a bons amigos, ó deus, para nosso bem".[32] Essa familiaridade fisiológica com o divino fazia com que o *soma*, irrigando o corpo, fosse seu esteio. Nem os gregos, especialistas em embriaguez, ousariam fazer com que a possessão e o supremo controle convergissem num mesmo estado, concedido por aquelas "beberagens gloriosas" e "salvadoras", das quais se diz: "Como o arreio com a carroça, assim vós mantendes meus membros unidos".[33] E qual será o último desejo, que agora parece quase ao alcance da mão? A vida infinita: "Ó rei Soma, prolonga nossos dias como o sol prolonga os dias de primavera".[34] Delicadeza, lucidez: o infinito se apresenta como uma gradual e imperceptível expansão do domínio da luz.

2. Yājñavalkya

Algum tempo antes da época do Buddha — ninguém saberia dizer uma data precisa — delineia-se a figura de Yājñavalkya. O sacrifício (*yajña*) faz parte de seu nome, mas o sentido de *-valkya* não é tão claro. Ele recebera sua doutrina do Sol, Āditya. Para *saber* é preciso *arder*. Caso contrário, todo conhecimento é ineficaz. Por isso é preciso praticar o "ardor", *tapas*. E o Sol é, mais do que qualquer outro, o ser que arde. É natural dirigir-se a ele para alcançar a doutrina. Nos textos mais antigos, Yājñavalkya, sempre que aparece, fala pouco e por último. Sua palavra é cortante, definitiva. Defrontar-se com ele constitui prova temível. Mesmo o "sagaz" Śākalya, que Staal definiu como "o primeiro linguista da história do homem",[1] por ter estabelecido a versão Padapāṭha do *Ṛgveda* — a que lemos até hoje, com as palavras separadas —, sofreu as consequências. Não conseguiu responder a uma pergunta de Yājñavalkya e sua cabeça se desfez em pedaços. Os ossos foram recolhidos por bandoleiros, que não sabiam a quem pertenciam.

Yājñavalkya sempre se apresenta em situações insidiosas. Parece apreciar a provocação e o desafio. Um dia, foi o rei Janaka de

Videha que quis colocá-lo em dificuldades. Mas não conseguiu derrotá-lo:

> Janaka de Videha uma vez interrogou Yājñavalkya:
> — Conheces o *agnihotra*, Yājñavalkya?
> — Conheço, ó rei — respondeu ele.
> — O que é?
> — É leite.
> — Se não houvesse o leite, com o que sacrificarias?
> — Com arroz e cevada.
> — Se não houvesse arroz e cevada, com o que sacrificarias?
> — Com outras ervas que estivessem ao redor.
> — Se não houvesse outras ervas ao redor, com o que sacrificarias?
> — Com as ervas da floresta que encontrasse.
> — E se não houvesse as ervas da floresta, com o que sacrificarias?
> — Com os frutos das árvores.
> — E se não houvesse os frutos das árvores, com o que sacrificarias?
> — Com a água.
> — Se não houvesse a água, com o que sacrificarias?
> Ele disse:
> — Então aqui não haveria mais nada, mas mesmo assim a oferenda se faria com a verdade (*satya*) na confiança (*śraddhā*).
> — Conheces o *agnihotra*, Yājñavalkya: dou-te cem vacas — disse Janaka.[2]

Naquele dia, o rei Janaka tivera de levar Yājñavalkya ao extremo da dificuldade. Para isso, partira do rito mais simples, o *agnihotra*: mero ato de verter leite sobre o fogo. Ele queria descobrir o que restaria, se faltassem até mesmo os elementos mais comuns. Era um artifício para desvendar o procedimento inexorável que opera em toda oferenda. Yājñavalkya isolou imediatamente estes dois pontos essenciais de todo ato sacrificial: a substituição e a transposição do visível para a ordem mental. Esta, por sua vez, foi reduzida a seus termos últimos, além dos quais deixa de existir o duplo caráter: a substância a ser ofertada e o agente que consome tal substância (o leite e o fogo do *agnihotra*). Esses dois termos eram *satya*, "verdade", ou seja, algo que não pertencia de início à vida dos homens ("os homens são a não verdade"),[3] mas deveria ser conquistado para que eles ficassem em condições de oferecer algo; e *śraddhā*, "confiança", em especial a confiança na eficácia do rito, sentimento sem o qual todo o edifício ruiria. Apenas *śraddhā* pode substituir o fogo, porque *śraddhā* é fogo. *Śraddhā* é o axioma védico: a convicção — indemonstrável, mas subjacente a todo ato — de que o visível age sobre o invisível e, sobretudo, que o invisível age sobre o visível. Que o reino da mente e o reino do palpável se comunicam continuamente. Não precisavam de *fé*, a não ser nesse sentido. Disso decorria todo o resto. Era necessário Yājñavalkya para dizê-lo com tanta clareza.

Rei célebre por sua magnanimidade e seu saber, Janaka ficou satisfeito com as respostas de Yājñavalkya sobre o *agnihotra*. A tal ponto que, segundo a versão do *Jaiminīya Brāhmaṇa*, "se tornou seu discípulo".[4] Com humildade, pediu a Yājñavalkya: "Instrui-me".[5] A situação se invertera. Agora quem faria perguntas seria Yājñavalkya, o qual, como um cirurgião, quis intervir no ponto fraco, na junção que não se sustentava do saber de Janaka. Apesar disso, seu saber era imponente. Com grande benevolência, Yājñavalkya descrevia Janaka como aquele que, antes de se lançar a uma longa viagem, "se mune de uma carroça ou de uma canoa".[6] Estas, para ele, eram as *upaniṣad*, as "conexões secretas" que o rei recolhera e que lhe permitiriam avançar na longa viagem do conhecimento. Não consta que Yājñavalkya tenha rendido tal homenagem a qualquer outra pessoa. Mas, mesmo tão repleto de poder e saber,

Janaka chegara a um ponto onde as "conexões secretas" não o socorriam mais. Foi exatamente sobre esse ponto que Yājñavalkya quis interrogá-lo. De chofre — como era seu estilo —, perguntou-lhe: "Quando te tiveres libertado deste mundo, para onde irás?".[7] Com igual franqueza, Janaka respondeu: "Não sei para onde irei, meu senhor".[8]

É uma troca de frases que dissipa de uma vez por todas qualquer visão fanática da Índia védica. Aqui o rei sábio, Janaka, reconhece-se perdido e ignorante, como todos, sobre o instante em que se deixa o mundo. Dele é possível *se libertar* (obsessão indiana, como será a "salvação" para os cristãos), mas não necessariamente sabendo *para onde se vai*. Yājñavalkya aqui oferece, no interior de uma Upaniṣad, um saber que vai *além* das *upaniṣad* (no sentido de "conexões secretas").

Visando esclarecer *para onde se vai* após a morte, Yājñavalkya não menciona a vida nem a morte. Com impertinência, como se suas palavras fossem uma resposta pontual, diz: "Indha [o Flamejante] é o nome daquela pessoa (*puruṣa*) no olho direito; na verdade é *indha*, mas o chamam de Indra para encobrir seu verdadeiro nome. Os deuses, de fato, amam o segredo e se opõem ao que é evidente".[9] A última frase é a cláusula que se repete inumeráveis vezes nos Brāhmaṇa, com a função de avisar que se está transpondo o limiar do esotérico. E o esotérico assim o é, antes de mais nada, porque os deuses o amam, ao contrário daquilo que se mostra imediatamente à vista. É essa a resposta indiana — com muitos séculos de antecipação — àquele "ódio ao segredo"[10] sobre o qual, segundo Guénon, teria se fundado o Ocidente. Aqui Yājñavalkya nos dá uma demonstração fulminante do que pode ser o segredo. Para anunciar o que ocorre após a morte, ele não descreve uma terra ou um céu de vida eterna. Mas fala de fisiologia. Fala daquela minúscula figura que se vê refletida na pupila de todos. E a define como "pessoa", *puruṣa*, ser do qual já se dissera, na mesma

Bṛhadāraṇyaka Upaniṣad: "O *ātman*, o Si, existia sozinho no início sob a forma de Puruṣa".[11] Nesse caso, o rei dos deuses, Indra, é uma cobertura para outro personagem, o misterioso Indha, o Flamejante. Ele tem uma companheira, Virāj (nome de um metro e divindade parceira de Puruṣa). Mas por que essas duas minúsculas figuras refletidas deveriam nos revelar o que ocorre após a morte? Porque estão enlaçadas numa cópula longuíssima e sempre renovada dentro da caverna protetora do coração. E do que vivem? "O alimento deles é a massa vermelha no interior do coração."[12] Aqui, como uma cúspide, a metafísica penetra na fisiologia. A cópula de Indra e Virāj é a vigília — e o estado que reina ao final da cópula é o sono: "Porque, tal como aqui, quando se chega ao final de um coito humano, ele se torna, por assim dizer, insensível, da mesma forma ele se torna insensível; porque essa é uma união divina e essa é a felicidade suprema".[13] As duas figuras refletidas nos dois olhos serviram a Yājñavalkya para entrar na cavidade do Si e surpreendê-lo em sua constante e desdobrada atividade erótica, que é a própria mente. E daqui Yājñavalkya se eleva imediatamente ao ápice da teologia negativa:

> Quanto ao *ātman*, o Si, não se exprime a não ser por negações: inapreensível, porque não se o apreende; indestrutível, porque não se destrói; desprendido, porque não se prende; sem ligações, nada o abala, nada o fere. Realmente, Janaka, chegaste ao não medo (*abhaya*).[14]

(E aqui ressoa a palavra que designará a *mudrā* da mão erguida à altura do ombro: o gesto que, mais do que qualquer outro, é peculiar do Buddha.)

Vale notar a audácia da resposta de Yājñavalkya. Como está falando a alguém que já sabe muito, mas a quem falta um último passo no conhecimento, ele não considera adequado utilizar palavras tranquilizadoras nem prometer coisa alguma. A Yājñavalkya basta apenas mencionar um dado fisiológico — a figura refletida na pupila — para dele extrair a revelação de algo que envolve o todo: o Si como potência inabalável que age ininterruptamente em todo ser vivo, mesmo se não é percebido. Não é preciso mais nada para ingressar no "não medo", que é a única forma da paz. Ao ouvi-lo, Janaka disse a Yājñavalkya: "Que a *abhaya*, o não medo, a paz esteja contigo, Yājñavalkya".[15]

Em duas obras colossais da Índia, o presumido autor é também um personagem da própria obra. Assim tem-se Vyāsa para o *Mahābhārata* e Yājñavalkya para o *Śatapatha Brāhmaṇa*. No caso de Vyāsa, é impossível conferir uma identidade histórica; no caso de Yājñavalkya, quase impossível. Mas suas aparições como personagens são igualmente necessárias. O autor é um ator que passa pela cena e depois desaparece, como tantos outros. E, ao mesmo tempo, é o olho por trás do qual não há nenhum outro, o olho que deixa tudo transcorrer diante do olho daquele ser sem nome que ouve, que lê.

Como se comportou Janaka, quando Yājñavalkya lhe mostrou em poucas palavras — e apenas referindo-se à figura que se vê refletida na pupila — o que acontece após a morte? A *Bṛhadāraṇyaka Upaniṣad* narra logo a seguir: "Naquela época, Yājñavalkya foi até Janaka de Videha com a intenção de não falar".[16] Magnífico *incipit*, mais uma vez afinado com o caráter ríspido de Yājñavalkya. Mas Janaka lembra que em outra ocasião, quando haviam disputado sobre o *agnihotra*, Yājñavalkya lhe concedera um *vara*, uma "graça": a licença de expressar um desejo que deve ser atendido (as histórias indianas — e em primeiro lugar o *Mahābhārata* — tendem a ser histórias de entrelaçamentos entre graças e maldições, como o *Anel* de Wagner). Agora chegara o momento de formular aquele desejo: e foi o de continuar a interrogar Yājñavalkya.

Então ocorreu algo surpreendente: o *ṛṣi* que não queria falar, o *ṛṣi* que amiúde se manifestava com frases cáusticas e afiadas e logo passava adiante, fechando-se em seu silêncio, dessa vez falou longamente, com grandiosa eloquência, como que obedecendo a um ímpeto incontrolável. E finalmente expôs em detalhes a doutrina do *ātman*, com as palavras mais intensas e arrebatadoras. Em nenhum outro momento da história indiana, nem no ensinamento de Kṛṣṇa a Arjuna na *Bhagavad Gītā*, a doutrina encontraria palavras tão luminosas. Houve também um instante em que Yājñavalkya teve a impressão de ter ido longe demais. Então pensou: "Esse rei é hábil, despojou-me de todas as minhas doutrinas últimas".[17]

Se Yājñavalkya quis conceder uma "graça" a Janaka de Videha após a disputa sobre o *agnihotra*, foi por uma sólida razão. Pois daquela vez Janaka se demonstrara mais forte do que três brâmanes — um deles, o próprio Yājñavalkya. Depois de tê-los interrogado, partira em sua carroça: orgulhoso, zombeteiro, insatisfeito. Os três brâmanes sabiam que não haviam se mostrado à altura da tarefa. "Disseram: 'Esse rei nos venceu: vamos, desafiemo-lo para uma disputa'."[18] Mas então Yājñavalkya se adiantou e os deteve, com palavras muito ponderadas. Pois, com efeito, se vencessem — disse ele —, isso não impressionaria. É normal que os brâmanes derrotem um rei numa disputa teológica. É quase sua razão de existir. Mas, e se por acaso Janaka os vencesse? Melhor nem pensar... O mundo sofreria uma reviravolta. Assim, Yājñavalkya preferiu alcançar Janaka sozinho e, com humildade, perguntou-lhe o que saberia dizer sobre o *agnihotra*. Descobriu que Janaka sabia muito. Foi então que lhe ofereceu uma "graça" — e Janaka pediu para continuar a interrogá-lo. "Dali por diante Janaka foi brâmane."[19]

Se toda a história antiga da Índia é uma história de lutas, subjugações, insídias entre brâmanes e *kṣatriya*, o caso de Yājñavalkya e Janaka pode ser considerado o modelo oposto, como exemplo de tensão harmoniosa. Janaka é sempre atraído por Yājñavalkya, sabe que o brâmane possui um conhecimento superior — e está disposto a lhe ceder tudo. Mas, ao mesmo tempo, Janaka é o guerreiro capaz de enfrentar os brâmanes não só como igual, mas, às vezes, vencendo-os na doutrina, como aconteceu no caso do *agnihotra*. Somente então Yājñavalkya reconhece que o equilíbrio mudou e lhe concede uma graça. E apenas quando tiver de cumprir essa graça aceitará expor a doutrina com uma magnanimidade que jamais mostrara antes, seguindo num estado de embriaguez lúcida, passando da prosa ao verso e do verso à prosa, multiplicando os detalhes, sendo pródigo em imagens. Esse ensinamento fará de Janaka um brâmane. Não a relação entre Platão e Dioniso — forçada e infausta desde a origem —, mas a relação entre Yājñavalkya e Janaka é a única imagem convincente, que chegou até nós, de uma relação feliz e, portanto, eficaz entre o filósofo e o poderoso.

Os ritos ofereciam motivos constantes de disputa — e por isso era necessário recorrer ao juízo de Yājñavalkya. As disputas podiam ser ao mesmo tempo metafísicas, psicológicas e sexuais. Por exemplo: onde apoiar a manteiga utilizada na oblação às mulheres dos deuses? Se colocassem a manteiga sobre o altar, as mulheres dos deuses ficariam separadas dos próprios deuses, que estavam acocorados e absortos *ao redor* do altar. O sacrificante prudente que não quisesse criar desavenças entre casais divinos apressava-se em colocar a manteiga um pouco ao norte do altar, numa linha traçada com a espada de madeira, de modo que as mulheres dos deuses continuassem ao lado dos maridos. Mas havia também ritualistas menos cautelosos e mais diligentes, mais devotados à metafísica do que à tranquilidade conjugal dos deuses. Entre eles destacava-se Yājñavalkya. Suas palavras sempre miravam diretamente o alvo. Fazia lembrar certos mestres zen da pintura chinesa, que emanam uma força física a muito custo contida e olham o mundo como se fosse uma folha seca.

Por muito tempo, alguns ritualistas atormentaram Yājñavalkya, perguntando-lhe onde deviam colocar a manteiga para não criar desavenças entre os deuses e suas mulheres. Yājñavalkya entendia muito bem que a preocupação do sacrificante não era tanto com os deuses, mas com sua própria mulher, que se sentiria ela também *excluída*, por óbvia imitação das mulheres dos deuses. Uma mulher que se sente excluída é sempre perigosa. Começa por se sentir insatisfeita com o marido. E depois, quem sabe, pode se aproveitar desse distanciamento para arrumar outros homens. Yājñavalkya sabia tudo isso. E quis responder com insolência, colocando o dedo na ferida: "O que importa se a mulher dele [do sacrificante] vai com outros homens?".[20] Por que tamanha rispidez? Como sempre ocorria com Yājñavalkya, esse corte seco servia para reconduzir a um ponto metafísico, o único que realmente prezava. A manteiga deve ser colocada sobre o altar porque o sacrifício deve se edificar a partir do sacrifício. Se a manteiga fosse posta fora do altar, o sacrifício estaria recorrendo a algo externo, ao passo que é indispensável que o sacrifício seja autossuficiente e autogerador, com todos os paradoxos e as contradições que isso implica. Tal era o preceito supremo. E certamente não podia ser prejudicado por preocupações concernentes à tranquilidade conjugal de um sacrificante. Não era o caso de retomar a questão. Com esse tom falou Yājñavalkya.

Um dia, Yājñavalkya disse que precisava escolher um lugar de culto para Vārṣṇya, onde pretendia celebrar um sacrifício. Então Sātyayajña (de quem nada sabemos, a não ser que seu nome significa "descendente de Verdadeiro Sacrifício") disse: "Na verdade, toda a terra é divina: um local sacrificial é qualquer lugar onde se possa sacrificar depois de delimitar o local com a fórmula adequada".[21] Como sempre, Yājñavalkya aparecia quando um ponto decisivo da teologia estava em jogo. A afirmação de seu interlocutor bastava para eliminar qualquer preocupação geomântica excessiva. E apontava para um ponto essencial: a questão inteira se resolve quando uma fórmula sacrificial se imprime como um sinete num local e o transforma. Mas o texto do *Śatapatha Brāhmaṇa* vai além e afirma — sem que se possa dizer se é ainda uma doutrina de Sātyayajña ou se consiste num acréscimo de Yājñavalkya — que "o local sacrificial são os oficiantes: a estabilidade são os brâmanes que, versados na doutrina, capazes de repeti-la, conhecedores, sacrificam: consideramos essa a maior proximidade [com os deuses], por assim dizer".[22] Em qualquer lugar onde se encontre um perfeito brâmane, esse será o local do sacrifício. Uma distante ressonância dessas palavras ecoava em Thomas Mann quando disse que, onde ele estivesse, ali estaria também a língua alemã.

Janaka queria celebrar um sacrifício com grandes honorários. Grandes honorários significavam muitos oficiantes. Ele reuniu mil vacas. Amarrou pedaços de ouro nos chifres de todas elas. Janaka queria saber quem, entre os brâmanes, mais avançara no conhecimento; quem era o *brahmiṣṭha*, "o mais aprofundado no *brahman*" (toda a Índia era uma pergunta sobre o *brahman*). A ele seriam entregues as vacas. Yājñavalkya disse então a seu discípulo Sāmaśravas: "Leve-as embora". Os brâmanes se ressentiram: "Como podes dizer quem se aprofundou mais no *brahman*?".

Apresentou-se Aśvala, sacerdote junto ao rei, e perguntou a Yājñavalkya: "És, dentre todos, quem mais se aprofundou no *brahman*?". Yājñavalkya respondeu: "Prestemos homenagem ao *brahmiṣṭha*, mas quero as vacas".[23] Nesse momento, Aśvala se aventurou a interrogá-lo.

Foi uma longa sequência. Yājñavalkya respondeu às perguntas de sete brâmanes e de uma mulher. Os brâmanes foram Aśvala, Jāratkārava Ārtabhāga, Bhujyu Lāhyāyani, Uṣata Cākrāyana, Kahola Kauṣītakeya, Uddālaka Āruni, Vidagdha Śākalya. A mulher era Gārgī Vācaknavī, a tecelã.

O que queriam saber? O primeiro foi Aśvala, que era um sacerdote doméstico, um *hotṛ*, habituado a recitar hinos e fórmulas e a verter as oblações. Quis partir daquilo que é mais seguro, daquilo que é a base de tudo: o ritual. Era preciso verificar se aquele arrogante Yājñavalkya realmente conhecia os fundamentos das cerimônias.

Mas queria também verificar se Yājñavalkya era capaz de conectar o ritual àquela que era a primeira e a última questão: a morte. O ritual e a morte: quem for capaz de responder sobre essas duas palavras poderá dizer que sabe, que se aprofundou no *brahman*. O início foi a morte: "Aqui tudo é capturado pela morte, tudo é submetido à morte: de que modo um sacrificante pode se subtrair às presas da morte?".[24]

Dizer "o sacrificante" equivalia a nomear aquele que, a partir de Descartes, é o "sujeito": o ser genérico, senciente, que olha o mundo e encontra a morte. A pergunta subentendia isto: antes mesmo de tentar dizer o que é, o pensamento deve servir para se subtrair à morte, que tem "presas". O homem é o animal que tenta escapar ao predador. Mas como o fazer? Com o ritual, que implica — muito frequentemente — matar animais. Isso pensava Aśvala, isso era o que fazia todos os dias. Mas estava certo? Era o suficiente? E como agora responderia Yājñavalkya? Entenderia que a pergunta ocultava uma outra? "Como faço eu, um oficiante, um *hotṛ*, para me subtrair à morte?"

Yājñavalkya entendeu — e respondeu com extrema delicadeza: "Por meio do *hotṛ*, do fogo, da palavra. De fato, o *hotṛ* do sacrifício é a palavra. O que essa palavra é, é o fogo. É o *hotṛ*, é a libertação, é a total libertação".[25] Palavras que implicavam isto: "Aśvala, você se subtrai à morte fazendo o que faz todos os dias". Depois dessa resposta, qualquer pergunta adicional pareceria redundante.

Aśvala se sentiu exaltado no mais profundo de si, mas não o demonstrou e quis prosseguir usando de igual delicadeza. Yājñavalkya respondera deslindando a dúvida que sempre afligira Aśvala em sua obra de oficiante. Mas o próprio Yājñavalkya também era um oficiante. Porém, não um *hotṛ*, e sim um *adhvaryu*, um daqueles seres dedicados ao gesto, que se ocupavam com as operações do rito, murmurando as fórmulas numa espécie de sussurro ininterrupto. Se não dispunha da palavra plena, que permitia aos *hotṛ* se salvar, como poderia se subtrair à morte? Era isso o que agora Aśvala queria perguntar, com uma respeitosa manifestação de interesse:

> — Yājñavalkya, isso tudo é alcançado pela noite e pelo dia, é submetido à noite e ao dia; por qual meio um sacrificante poderá se libertar de tais presas?
>
> — Por meio do *adhvaryu*, por meio da visão, do Sol: de fato, a visão é o *adhvaryu* do sacrifício, essa visão é o Sol lá adiante, é o *adhvaryu*, é a libertação, é a total libertação.[26]

Como dois cúmplices afeitos ao procedimento recorrente, tanto Aśvala quanto Yājñavalkya mantiveram o mesmo sistema de praxe, na pergunta e na resposta, revelando-se aliados no mesmo empreendimento: o sacrifício. Se o sacrifício conseguia libertar um certo tipo de oficiante, também funcionaria igualmente para outro, ou melhor, para todos os outros, incluídos os *udgātṛ*, os "cantores" — e, por fim, para os brâmanes, que assistiam imóveis e silenciosos às cerimônias, mas eram o aposento invisível onde tudo se desenrolava logo antes de se manifestar. Se as respostas de Yājñavalkya estavam certas, a vida de quem o interrogava também podia ser considerada salva, libertada: *sā muktiḥ, sātimuktiḥ*. *Ati*, "para além", "além". Libertar-se "para além" de tudo.

Idaṃ sarvam, "isso tudo":[27] assim chamavam o mundo e o existente. E "isso tudo" era presa da morte — aliás, de Morte, que é um personagem, e masculino. Este foi o primeiro pensamento de Aśvala — e a primeira pergunta para Yājñavalkya. O "sacrificante", *yajamāna*, isto é, o homem em geral, em torno do qual os oficiantes operavam todos os dias (e Aśvala era um deles), tinha algum meio de escapar à morte? Os ritos tinham o poder de agir sobre a morte, contra a morte? Não se tratava de vencer ou eliminar a morte. Seria uma pretensão insensata. Tratava-se de indicar um modo de alguém "se libertar totalmente (*atimucyate*)"[28] das presas da morte. Não bastava se libertar, era preciso se libertar "para além". Libertar-se "disso tudo", do mundo inteiro.

Não havia pergunta mais elementar e primitiva. Yājñavalkya deu também a resposta mais elementar: bastava que Aśvala fizesse o que fazia todo dia. Bastava agir como *hotṛ*, como oficiante do sacrifício que enuncia as fórmulas certas, bastava usar a palavra e o fogo. A união dos gestos do *hotṛ*, de sua voz e do fogo sobre o qual ardia a oblação, era, segundo Yājñavalkya, suficiente para não serem mais alcançados pela morte, para não serem mais tocados por Morte.

Pergunta e resposta se expressavam em poucas palavras. Antes dos teoremas, era preciso enunciar os axiomas. E Yājñavalkya enunciara prontamente o axioma sobre o qual se fundava a vida ao seu redor. Podia-se partir desse fundamento se se quisesse avançar no *brahman*, como o rei Janaka pedira.

As perguntas que se seguiram à penetrante indagação inicial de Aśvala *não* foram redundantes, mesmo parecendo ser formuladas com um escrúpulo meticuloso (para averiguar se e como os outros oficiantes — o *udgātṛ*, o *adhvaryu* e o brâmane — também poderiam se libertar, tal como o *hotṛ*). Aśvala perguntou a Yājñavalkya como poderiam não estar submetidos ao dia e à noite, à quinzena anterior e à posterior (ao crescente e ao minguante da Lua). Subentendia-se: como não ficar submetido ao dissipar de todas as coisas, como não ficar submetido ao tempo. A morte era apenas o aguilhão do tempo. Era preciso começar por esse ferimento. Mas por trás da morte havia o puro e simples fato do desaparecer. Por isso o sacrifício produzia em primeiro lugar a morte, com a execução das vítimas, mas também o puro desaparecimento, vertendo ou queimando as oblações no fogo. A libertação da sujeição (à morte, ao tempo) passava por uma série de atos (o sacrifício) que reafirmavam essa sujeição. Era um quebra-cabeça que Aśvala quis deixar aos outros interrogantes. Por ora, através de Yājñavalkya, aprendera que, se quisesse a "libertação total",[29] deveria continuar a fazer exatamente o que sempre fizera.

A respeito do *udgātṛ* e do *adhvaryu*, as perguntas seguiram os moldes da primeira, substituindo a morte pelo tempo. Mas, ao passar para o papel do brâmane oficiante, Aśvala mudou de registro. Isso correspondia à peculiaridade do papel do brâmane. Se compararmos os oficiantes a um quarteto de cordas, o brâmane seria um instrumentista que nunca toca e intervém apenas se os outros erram. A imobilidade perscrutadora não é simétrica em relação aos demais oficiantes, que estão vinculados ao gesto, ao ato, à palavra. Por isso a pergunta de Aśvala ganha uma forma diferente. Disse: "A atmosfera não oferece um ponto de apoio. Por qual caminho o sacrificante se dirigirá ao mundo celeste?". A resposta de Yājñavalkya foi: "Por meio do brâmane oficiante, por meio da mente, da Lua. O brâmane é a mente do sacrifício".[30] Assim, por meio do brâmane também era possível alcançar a libertação, graças a um súbito desnível na argumentação, que coincidia com a menção à mente. E podia parecer desconcertante que algo mutável como a mente (por isso equiparada à Lua) pudesse garantir um "ponto de apoio" — e, por conseguinte, a libertação da própria mutabilidade, da qual decorre o desaparecimento progressivo de tudo. Era outro quebra-cabeça. Mas aqui Aśvala, meticuloso oficiante, de novo não quis ir além. Queria sobretudo verificar se Yājñavalkya era capaz de especificar as *sampad*, as "equivalências" que pontuam o sacrifício em todas as suas fases. E Yājñavalkya, mais uma vez, deu respostas imediatas e satisfatórias. Não era apenas um metafísico, era um técnico.

Quando se nomeia a "mente", *manas*, sobe-se sempre (ou desce-se — é indiferente) um degrau. A mente nunca está no mesmo plano do resto. Pode ser onipresente ou estar ausente. De qualquer modo, nada muda na descrição e no funcionamento do que acontece. Com a mesma, e insuficiente, persuasividade, o todo pode ser considerado impensável sem a mente ou pensável apenas se a mente não está ali. A primeira característica da mente é não fornecer nenhuma certeza enunciável, seja sobre sua presença ou sua ausência.

Isso correspondia plenamente ao papel do brâmane oficiante. Era possível descrever sem erro o andamento de um sacrifício ignorando a presença do brâmane oficiante. Mas também era possível descrevê-lo como a atuação de estados sucessivos da mente do próprio brâmane, do algoritmo que se desenvolvia dentro dele. Yājñavalkya disse que o brâmane oficiante "é a mente do sacrifício".[31]

O sacrifício védico não era apenas uma cerimônia durante a qual se executava uma sequência de gestos canônicos, mas um torneio especulativo, em que se arriscava a vida. O *brahmodya* (a disputa sobre o *brahman*) inserido no rito deixava sempre em aberto a possibilidade de que *explodisse a cabeça* de um dos disputantes. E isso podia acontecer por dois motivos: ou porque o disputante não soubera responder a uma pergunta ou porque ele colocara uma pergunta a mais. Não responder o suficiente, perguntar em demasia: tais eram os dois casos com risco de morte. "Se não me explicares isso, tua cabeça explodirá":[32] tal foi a ameaça que Yājñavalkya dirigiu ao insinuante Śākalya. E certamente não era um excesso momentâneo: era parte do rito, era o subentendido do rito. Se, aproximando-se do *brahman*, não se arrisca a cabeça, significa que não se está falando do *brahman*. Daquela vez, quando Śākalya não soube responder, sua cabeça voou aos pedaços. Até para Gārgī, a teóloga, Yājñavalkya proferiu sua ameaça, dessa vez porque ela chegara perto de *perguntar demais*, ao fazer a indagação: "Qual a trama em que são tecidos os mundos dos *brahman*?".[33] Então Gārgī se calou e se salvou.

A proibição de certas questões seria uma tentativa de proteger uma determinada área do conhecimento, sem nenhuma obrigação de explicá-lo? Se assim fosse, não passaria de uma surrada estratégia sacerdotal, de um gênero do qual todos os futuros Voltaires estariam prontos a escarnecer. Mas não se tratava disso. Foi o que se demonstrou num outro confronto entre Gārgī e Yājñavalkya.

Gārgī, além de teóloga, era tecelã. Pensava que a metafísica devia transparecer em sua arte, como em tudo o mais. Por isso preferia falar de questões ligadas a seu ofício, pois era o que melhor conhecia. Assim, por duas vezes, pediu explicações a Yājñavalkya a respeito da "trama" na qual se tecia determinada coisa. Após ter sido repreendida uma vez — e ameaçada de terrível morte — devido à sua pergunta, seria de se pensar que Gārgī iria escolher um caminho totalmente diverso. No entanto, voltou a falar de "trama". Mudando, porém, o *modo* (e talvez fosse este o ponto: o proibido não era uma determinada pergunta, mas o modo de colocá-la). Mas não pense que, dessa vez, Gārgī se apresentou com maneiras mais brandas e obsequiosas. Pelo contrário: Gārgī logo disse que havia falado "como um guerreiro da terra dos Kāśi ou dos Videha, que se apresenta com duas flechas na mão, prontas para transpassar o adversário".[34] Porém, a formulação da pergunta mudara. Agora era kantiana. Gārgī perguntou, antes de mais nada, em qual trama o *tempo* ("o que se chama passado, presente, futuro")[35] era tecido. Yājñavalkya respondeu: "Sobre a trama do espaço (*ākāśa*)".[36] Gārgī tinha ainda sua segunda e *última* pergunta: "Em qual trama o espaço é tecido?".[37] A essa altura, Gārgī poderia esperar, como na ocasião anterior, uma seca recusa de resposta, acompanhada de uma ameaça mortal. Não foi assim. Pelo contrário, a resposta de Yājñavalkya foi pronta e prolixa. Disse que a trama do espaço era tecida sobre o "indestrutível (*akṣara*)".[38] E se entregou a um elevado discurso, tenso e lírico, para explicar o que era o *akṣara*. Disse que, se alguém não o conhece, quaisquer que sejam os seus méritos acumulados com as boas obras — dos sacrifícios à ascese —, permanecerá "um miserável".[39] Iriam se passar muitos séculos — quase trinta — para que se voltasse a falar desse "indestrutível" com autoridade semelhante, nos aforismos que Kafka escreveu em Zürau, entre setembro de 1917 e abril de 1918.[40] Kafka foi mais breve, mais conciso que Yājñavalkya, talvez por recear que, de um momento para outro, sua própria cabeça pudesse explodir. Mas o objeto das palavras de ambos era o mesmo.

Interrogado por Gārgī, Yājñavalkya definiu o "indestrutível" pela via negativa, como, a seguir, faria toda a linhagem dos grandes místicos. E acrescentou uma especificação que não se encontra em nenhuma outra parte: o indestrutível "não come nada e ninguém o come".[41] Aqui falava a voz do *adhvaryu*, o oficiante que realiza sem cessar os devidos gestos durante o sacrifício. Yājñavalkya era precisamente isso. Para o técnico do sacrifício, o essencial para definir a pertença ou não ao mundo é a cadeia de Agni e Soma, do devorador e do devorado. Apenas daquilo que se subtrai a essa cadeia pode-se dizer que está *além* — e que além desse além não se pode ir.

O discurso de Yājñavalkya prosseguiu por mais algum tempo, sempre intercalado pelo nome de Gārgī, como se o brâmane quisesse prender num torniquete a atenção da tecelã. Aproximava-se, de fato, o ponto crucial: os homens têm orgulho de ver, de ouvir, de perceber, de conhecer. Estão convencidos de que é disso que são feitos. E agora chegava Yājñavalkya e falava "desse indestrutível, ó Gārgī, que não é visto e vê, não é ouvido e ouve, não é pensado e pensa, não é conhecido e conhece".[42] E ao mesmo tempo, "é o único que vê, o único que ouve, o único que pensa, o único que conhece".[43] Por isso os homens, façam o que quiserem, são passivos, são movidos por uma entidade que nem sequer podem reconhecer. E, mesmo que venham a perceber e sigam em direção àquilo que os move, hão de constatar que não podem conhecê-lo. No entanto, apenas "aquele que não abandona esse mundo sem ter conhecido esse indestrutível"[44] pode ser considerado um brâmane. Mas como se pode conhecer o que não se deixa conhecer? Apenas por um meio: tornando-se em alguma medida essa própria coisa.

Disso é feita, falou Yājñavalkya, a trama do que é, a trama desse espaço sobre o qual até o inapreensível tempo é tecido. E essa trama é indestrutível. Essa trama é *o* indestrutível, *akṣara*. Gārgī então se dirigiu aos outros brâmanes que estavam ouvindo e lhes disse, com mal disfarçada impertinência, que deviam se sentir satisfeitos. E acrescentou que ninguém jamais venceria Yājñavalkya num *brahmodya*.

Imponente pelo volume, venerável pela antiguidade, assiduamente frequentado e saqueado pelos estudiosos, o *Śatapatha Brāhmaṇa* deveria motivá-los a lhe conceder a primeira atenção que toda obra deseja: ser considerada como um todo — e, em primeiro lugar, em sua forma. Isso não ocorreu. A tal ponto que, ainda hoje, não dispomos de nenhuma edição completa do *Śatapatha Brāhmaṇa*, que deveria incluir, como parte final, a *Bṛhadāraṇyaka Upaniṣad*. Em dezembro de 1899, chegando ao fim de seu grandioso empreendimento de tradução do *Śatapatha Brāhmaṇa*, que o absorvera por mais de vinte anos, Julius Eggeling advertia serenamente:

> O presente volume completa a exposição teórica do cerimonial sacrificial, levando-nos assim ao fim de nosso empreendimento. Os seis capítulos restantes do último livro do Brāhmaṇa formam a chamada *Bṛhadāraṇyaka*, ou Grande Tratado da Floresta, a qual, sendo uma das dez Upaniṣad primitivas, está incluída na tradução conduzida pelo professor F. Max Müller daqueles antigos tratados teosóficos publicados nesta série.[45]

Era um modo singelo de anunciar que uma das partes do *Śatapatha Brāhmaṇa* fora amputada. E, desde então, essa parte faltante viria a ser diversas vezes traduzida e comentada, sozinha ou junto com outras Upaniṣad, como um dos mais célebres textos do pensamento indiano.

A escolha filológica era incongruente, como se a *República* de Platão continuasse a circular amputada de seu décimo livro, o que contém a história de Er, o Panfílio, aquele que, doze dias depois de sua morte, "encontrando-se já na pira, voltou à vida e, voltando à vida, contou o que vira no além"[46] com imagens que, desde então, se implantaram na vida mental do Ocidente. Ou, permanecendo na esfera indiana, como se o *Mahābhārata* fosse publicado sem incluir a *Bhagavad Gītā*.

Assim, o *Śatapatha Brāhmaṇa* na edição de Eggeling não contém os "cem caminhos" — isto é, as cem "lições", *adhyāya*, mencionadas no título —, mas apenas 94. Para ler as últimas seis, é necessário prosseguir com a *Bṛhadāraṇyaka Upaniṣad*. A isso acrescentou-se outra distorção: não só se aceitou a amputação do texto, mas por muitos anos desenvolveu-se a teoria totalmente infundada de que haveria uma radical oposição entre as primeiras Upaniṣad e os Brāhmaṇa, correspondente a uma revolta dos "príncipes" (os *kṣatriya*, segundo a tradução de Renou) contra os ariscos brâmanes, com sua supersticiosa devoção ao ritual. Assim, escolheu-se ignorar, com toda a arrogância da ciência, que o *Śatapatha Brāhmaṇa*, no fim de sua última parte, declara ser obra justamente de um desses brâmanes: Yājñavalkya. Este, para ser indicado com argumentos incontestes como autor *e* personagem tanto do Brāhmaṇa quanto da subsequente Upaniṣad, terá de esperar pelo magistral artigo de Louis Renou: "Les Relations du *Śatapathabrāhmana* avec la *Bṛhadāraṇyakopaniṣad* et la personnalité de Yājñavalkya". Publicado em 1948 numa revista de pequena circulação, *Indian Culture*, e circundado pelos diversos obstáculos das siglas e abreviaturas védicas, assim como por numerosas especificações filológicas, o estudo hoje pode ser encontrado, na mais completa solidão, no segundo volume do *Choix d'études indiennes* de Renou. Assim, uma questão fundamental — a reconstituição da primeira figura de *autor* com uma vigorosa fisionomia que se apresenta na Índia védica — ainda permanece na protetora sombra da filologia. No entanto, ninguém senão Yājñavalkya poderia servir de contraponto e contraposição védica ao Buddha.

Reconhece-se o brâmane por uma determinada luz, por um esplendor que é chamado de *brahmavarcasa*, "esplendor do brâmane". Essa luz é dada pelo *brahman* e é o único fim do brâmane, observou Yājñavalkya: "Isto deve querer o brâmane: ser iluminado pelo *brahman*".[47] Mas o acendimento dessa luz ocorre junto com o do fogo, dos metros e das estações. O brâmane que recita os "versos do acendimento (*sāmidhenī*)"[48] é, ele mesmo, um dos destinatários que devem ser acesos por esses versos. E, assim como o fogo acompanhado por versos tem uma luz mais intensa, "invulnerável, intocável",[49] da mesma forma o brâmane terá uma luz diferente de todos os outros homens. Essa é a origem perceptível de sua autoridade. Se um dia se disser, decerto com algum ressentimento, que o brâmane parece "invulnerável, intocável", será porque nele ainda se propaga, embora talvez embaciado, um último brilho da luz do fogo que, um dia, outro brâmane acendeu pronunciando os "versos do acendimento".

Todas as formas divinas estão presentes no fogo: quando acaba de ser aceso e desprende apenas fumaça, é Rudra; quando já arde, é Varuṇa; quando flameja, é Indra; quando se abaixa, é Mitra. Mas a única forma sob a qual o fogo deixa transparecer uma luz intensa, sem necessidade de chama, é o *brahman*: "Quando as brasas resplandecem intensamente, este é o *brahman*. E se alguém deseja alcançar o esplendor brahmânico, que então faça oferendas".[50] A misteriosa qualidade dos brâmanes é, antes de mais nada, um momento na vida do fogo, que pode ser reconhecido todos os dias. O mistério se apresenta como algo que está à vista de todos — "mistério evidente", um dia dirá Goethe.[51] Não está mais oculto nem inacessível. O sacrificante que quiser se aproximar dele precisa apenas escolher *aquele momento* para apresentar sua oferenda. Recomenda-se apenas a constância: o sacrificante deverá oferecer sempre sob o mesmo tipo de fogo durante um ano. A cada vez deve esperar o momento das brasas. Não pode se dedicar num dia ao fogo inflamando, noutro dia à fumaça, em outro ao fogo se abaixando. Seria como procurar água cavando com uma pá sempre em pontos diferentes e por pouco tempo. Nunca se encontrará nada.

Nos últimos anos de Baudelaire, os caricaturistas parisienses zombavam dele como o poeta da *Charogne*. Mais do que as poesias eróticas, era esse o texto escandaloso por excelência. Nenhum poeta — dizia-se — jamais ousara comparar o corpo da amada à carcaça abandonada de um animal.

No entanto, alguém precedera Baudelaire em falar de uma carcaça, e com ousadia não menor. Foi Yājñavalkya, se a ele se atribuírem certas palavras que encontramos no quarto *kāṇḍa* do *Śatapatha Brāhmaṇa*: "Os deuses dispersaram em parte aquele cheiro e o colocaram nos animais domésticos. É esse o cheiro de carniça nos animais domésticos: por isso não se deve tampar o nariz ao cheiro da carniça; esse é o cheiro do rei Soma".[52]

Duas pessoas — a mulher amada e o rei Soma — se revelam no fedor da carniça. Para Baudelaire, com um arrepio de repulsa e de secreta satisfação. O horror que se descortina por trás da aparência, como os modernos suspeitam. Por isso são tão frenéticos. Fogem, não se detêm, receiam que a aparência se transforme sob seus olhos. Para Yājñavalkya, no entanto, a aceitação é completa. Aliás, liga-se a uma prescrição que é imposta a um sentido muito primitivo: o olfato, renitente em obedecer.

Devia-se subentender algo de remoto e poderoso naquela proibição. Devia-se remontar ao momento mais assustador para os deuses, quando Indra lançara o raio sobre o informe Vṛtra, mas não tinha plena certeza se o matara. Então ele se escondeu. Encolhidos atrás dele, na mesma dúvida e igual pavor, estavam os deuses. Disseram a Vāyu, Vento: "Vāyu, vai e descobre se Vṛtra está vivo ou morto, pois és o mais rápido dentre nós: se estiver vivo, volta imediatamente para cá".[53] Vāyu aceitou, depois de pedir uma recompensa. Quando voltou, disse: "Vṛtra está morto: fazei com o morto o que quiserdes".[54] Os deuses se apressaram. Sabiam que o corpo de Vṛtra estava repleto de *soma*, pois do *soma* ele nascera. Cada qual queria saquear o cadáver, pegar a maior porção. Perceberam que o *soma* fedia: "Acre e pútrido exalava na direção deles: estava impróprio para ser oferecido e estava impróprio para ser bebido".[55] Então novamente pediram ajuda a Vāyu: "Vāyu, sopra ele, torna-o apetecível para nós".[56] Vāyu pediu outra recompensa. Depois começou a soprar. O fedor começou a se dispersar. Os deuses o depositaram no cheiro da carniça que está nos animais domésticos. Depois Vāyu soprou de novo. Finalmente poderiam beber o *soma*. Os deuses continuaram a disputar as partes. Em torno, o mundo estava recoberto de carcaças fétidas. Mas nelas também estava o *soma*. Caberia aos homens relembrá-lo. Se o encontrassem, não deveriam tampar o nariz.

Duríssimas as exigências dos ritualistas: o *soma*, a planta inebriante que cresce na montanha Mujavant, também poderia escassear, poderia até desaparecer, mas os ritos que a celebravam continuariam, idênticos. Àquilo que era único se ofereceria um substituto. Passo fatal. O rito seria celebrado com outra planta, desprovida dos poderes do *soma*. Mas os hinos permaneceriam. E se um dia, vagueando, alguém se deparasse com a carcaça de um animal, era proibido tampar o nariz. Pois mesmo naquele corpo desfeito, como em todos os corpos, um dia pousara o *soma*. Aliás, aquele cheiro repugnante era o "sinal distintivo do rei Soma".[57] O *soma* é o bem em estado cru. Já intolerável em si, torna-se ainda mais intolerável quando se mescla com o "mal de Morte", *pāpmā mṛtyuḥ*. E nesse exato momento é preciso aceitá-lo, inalá-lo, deixar que penetre em nós. O bem é algo contra o qual a natureza se revolta. Mas é preciso domá-la. Para isso servem os ritos. E nem isso era suficiente para os ritualistas. O pensamento deve se estender também ao acaso. Também ao encontro imprevisto com a carcaça de um animal, quando se caminha numa região desconhecida.

Aquele Si, *ātman*, que "existia sozinho no início" tinha a forma de uma "pessoa", *puruṣa*, mas não era simplesmente um homem.[58] E não via nada no exterior. Desejava o prazer, mas "o prazer não é para quem está só".[59] Então decidiu se dividir em dois: um ser feminino e um ser masculino. "Por isso Yājñavalkya disse: 'Nós somos, cada um, uma metade'."[60] Aqui ela aparece mais concisa e mais sucinta, segundo o estilo de Yājñavalkya: mas era a mesma doutrina que um dia Aristófanes viria a expor, durante o banquete descrito por Platão.

A observação de Yājñavalkya vem carregada de implicações. Em primeiro lugar, explica por que "o vazio deixado é preenchido pela mulher".[61] Foi assim também no início, porque o Si, tão logo se dividiu em dois, se uniu com aquela mulher que ele fizera sair de si. "Assim nasceram os homens."[62] Aqui tem-se pela primeira vez uma referência ao pensamento da mulher: "Então ela refletiu: 'Como pode se unir comigo, depois de me gerar de si? Rápido, preciso me esconder'. Ela se tornou vaca, ele touro. Uniu-se a ela: nasceram as vacas. Ela se tornou jumenta, ele garanhão".[63] Com grande ligeireza, evoca-se o gesto da mulher que foge (por hostilidade? para seduzir melhor? por ambos os motivos?) e a sequência é zoológica. A guerra strindberguiana dos sexos e as metamorfoses animais de Zeus. E prosseguem sem trégua: "Assim foi gerado tudo o que forma casais, até as formigas".[64] Mesmo que essas histórias de cópulas múltiplas e metamórficas pudessem ser gregas, o detalhe das formigas é a marca própria do autor védico.

Há algo no prazer sexual que o diferencia de todos os outros e o faz supremo. "*Érōs aníkate máchan*", "Eros invencível em batalha",[65] escreveu Sófocles — e jamais foi refutado. Mas por que é assim? Também aqui, foi Yājñavalkya quem deu a resposta mais imediata e mais convincente: "Tal como um homem entre os braços de uma mulher amada nada mais sabe do fora e do dentro, assim também essa pessoa (*puruṣa*), abraçada pelo *ātman* do conhecimento, nada mais sabe do fora e do dentro".[66] Nenhum outro prazer é tão afim ao *ātman*, porque nenhum outro reconduz para tão perto da origem, como quando o *ātman* tinha a "forma de Puruṣa" —[67] e essa Pessoa, solitária e anterior ao mundo, "tinha a dimensão de um homem e de uma mulher abraçados apertadamente".[68]

Segundo Renou, o *brahmodya*, com seu alto risco, era a célula formal que ligava o Brāhmaṇa às Upaniṣad. Como corroboração, nos *kāṇḍa* 10 e 11 do *Śatapatha Brāhmaṇa* e na parte dominada por Yājñavalkya na *Bṛhadāraṇyaka Upaniṣad* encontramos "os mesmos interlocutores, o mesmo tipo de cena, muitas vezes os mesmos detalhes na fraseologia".[69] Assim, pode-se dizer que as Upaniṣad não só não se opõem, mas "não são senão [...] um fiel prolongamento dos *Brāhmaṇa*".[70]

E Renou iria ainda além:

> Aprofundando-nos mais, é necessário observar que a própria noção de *brahman*, como vem elaborada no pensamento das Upaniṣad, é ela mesma um produto do *brahmodya*: no sentido de que é justa-

mente nessa forma de dialética e nesse clima de disputa que se constitui a especulação sobre o *brahman*, núcleo das Upaniṣad.[71]

Ora, no interior da *Bṛhadāraṇyaka Upaniṣad*, pode-se assistir não só aos exemplos supremos de *brahmodya*, mas a uma primeira tentativa da forma de se extrair de si mesma, de sair de sua própria casca e prosseguir numa nova direção que — à falta de outro termo e antes ainda que a noção existisse — poderia ser definida como a do *romance*. O protagonista continua a ser o mesmo Yājñavalkya. Mas o tom muda inesperadamente. Conclui-se o grandioso *brahmodya* com Janaka e se inicia a seção final da quarta "lição" com as seguintes palavras:

> Naquela época Yājñavalkya tinha duas mulheres, Maitreyī e Kātyāyanī. Maitreyī sabia falar do *brahman*, Kātyāyanī possuía o conhecimento das mulheres. Quando Yājñavalkya se propôs a entrar em outro gênero de vida, disse ele: "Maitreyī, quero deixar esses lugares para levar uma vida de monge errante: por isso quero fazer um acordo entre Kātyāyanī e ti".[72]

Pela primeira vez, somos lançados para longe do clima das disputas e dos ritos. Estamos assistindo a um diálogo íntimo, sóbrio, sem cerimônia, entre dois velhos cônjuges. E é como se a essência da prosa, da prosa narrativa, sem metro e sem obrigações rituais, nos convidasse a nos debruçarmos sobre uma história particular, a história irrepetível de três pessoas. O grande brâmane Yājñavalkya se despede de seus leitores por meio das pessoas interpostas de suas duas mulheres, Maitreyī e Kātyāyanī, a respeito das quais nada sabemos, a não ser que uma é versada no *brahman*, enquanto a outra possui o conhecimento próprio das mulheres (o que quer que isso possa significar). É um momento de altíssima intensidade, não só porque é o prelúdio a um discurso de Yājñavalkya que pode ser considerado sua última palavra sobre o *ātman* — e em especial sobre aquele "amor do Si"[73] sem o qual até mesmo o *brahman* nos "abandona" —,[74] mas também porque aparece duas vezes na composição da *Bṛhadāraṇyaka Upaniṣad*, em termos semelhantes (2, 4, 1-14; e 4, 5, 1-15). E é no final do ensinamento a Maitreyī que Yājñavalkya repete sua definição do *ātman* por via negativa, em termos idênticos aos já usados com o rei Janaka. Dessa vez, Yājñavalkya não abandona a cena para passar a outras disputas e a outras sessões sacrificiais. Agora se lê: "Depois de assim falar, Yājñavalkya se afastou".[75] O texto prossegue por mais duas *adhyāya*, sem voltar a citá-lo. Essa cena com Maitreyī, essas palavras sobre o *ātman* compõem sua última aparição antes de desaparecer na floresta. E o detalhe que assinala o ingresso no reino do romance é que a última preocupação manifestada por Yājñavalkya foi a de estabelecer um "acordo" entre as duas mulheres que ele se preparava para abandonar.

3. Animais

Corroído pela premência do saber, o jovem Bhṛgu, filho do deus soberano Varuṇa, foi requisitado pelo pai a correr o mundo (este mundo, segundo o *Śatapatha Brāhmaṇa*, ou o outro mundo, segundo a versão do *Jaiminīya Brāhmaṇa*), para *ver* o que o saber por si só não revela. Tratava-se de descobrir como o próprio mundo é feito. Uma visão sem a qual todo saber se torna vão.

No Leste, Bhṛgu encontrou homens que esquartejavam outros homens. Bhṛgu perguntou: "Por quê?". Responderam-lhe: "Porque esses homens fizeram o mesmo conosco no outro mundo".[1] No Sul, também encontrou a mesma cena estranha. No Oeste, havia homens que comiam outros homens e ficavam sentados, tranquilos. E também no Norte, em meio a gritos lancinantes, havia homens que comiam outros homens.

Quando Bhṛgu voltou ao pai, parecia ter perdido a fala. Varuṇa o fitou com satisfação, pensando: "Então viu".[2] Chegara o momento de explicar ao filho o que ele havia visto. Os homens no Leste, disse, são as árvores; os do Sul são os rebanhos; os do Oeste são as ervas. Enfim, os do Norte, que gritavam enquanto outros homens os comiam, eram as águas.

O que vira Bhṛgu? Vira que o mundo é feito de Agni e Soma, esses dois irmãos. Crescidos como dois Asura no ventre de Vṛtra, abandonaram-no para seguir o chamado de outro irmão, Indra, e passar para o lado dos Deva. Depois, "um dos dois se tornou o devorador e o outro se tornou alimento. Agni se tornou o devorador e Soma, o alimento. Aqui embaixo não há nada além de devorador e devorado".[3] Em tudo o que ocorre, sem exceção e em todos os níveis, existem esses dois polos. Mas Bhṛgu também descobriu algo mais: os dois polos eram reversíveis. Em algum momento, as posições se inverterão, ou melhor, *deverão* se inverter, porque essa é a ordem do mundo. Isso explica por que tudo o que se diz sobre Agni em algum momento também pode ser dito a respeito de Soma. E vice-versa. Fenômeno que já havia desconcertado Abel Bergaigne.

As revelações que Bhṛgu encontrou estavam embutidas uma na outra. Em primeiro lugar: o ato último ao qual todos os outros se remetiam era o ato de comer — ou, de qualquer modo, o ato de decepar, de extirpar. Todo ato que consome uma parte do mundo é um ato que destrói. Não há um estado neutro, um estado em que isso não ocorra. O ato de comer é uma violência que faz o vivo desaparecer em muitas de suas formas. Quer sejam ervas, plantas, árvores, animais ou seres humanos, o processo é igual. Há sempre um fogo que devora e uma substância que é devorada. Essa violência, que é uma dor e uma tortura, um dia será exercida por quem a sofre sobre aquele que a pratica. Essa cadeia de eventos não é modificável. Mas o profundo dano, a paralisia que isso causa em quem o percebe, pode ser remediado — aprendemos. É esse saber de Varuṇa que Bhṛgu não conseguiria obter sem o choque do que viu percorrendo este mundo — ou, também, o outro mundo. E qual era o remédio? O próprio ato de perceber o que é — e de manifestá-lo, não mais com um enunciado, mas com uma série de gestos: no caso, uma série de gestos a serem cumpridos no *agnihotra*, o mais elementar entre todos os ritos. Derramar leite no fogo — toda manhã, toda noite — significava aceitar que desapareça o que aparece e que esse desaparecimento *sirva* para fazer subsistir alguma outra coisa, no invisível. Esse foi o ensinamento que Varuṇa quis ministrar ao filho.

É fácil inferir da história de Bhṛgu o quanto os videntes védicos eram hábeis em captar o mal com extrema acuidade. Para eles, o mal já se revelava no momento em que um machado se abatia sobre uma árvore ou uma mão sobre uma erva. Era o mal metafísico, inato em tudo o que é obrigado a destruir uma parte do mundo para sobreviver, portanto, em primeiro lugar no homem. Em comparação aos modernos, que tendem a limitar o mal ao ato voluntário, a área que se cobria era muito mais vasta. E incluía certos atos involuntários, além daqueles simplesmente inevitáveis, caso os homens queiram sobreviver — por exemplo, o ato de comer. O mal, portanto, é ubíquo e permeia tudo. Isso explica por que o sacrifício é igualmente ubíquo e permeia tudo. O sacrifício é o ato por meio do qual o mal é conduzido à consciência, com a arte aprendida com "aquele que sabe assim". Esse processo em que o mal se repete e é, em sua totalidade, dirigido à consciência, por meio de gestos e fórmulas, é o remédio supremo que podemos contrapor a ele. Sem esse remédio, prevalece a mecânica que se revelou na viagem de Bhṛgu. Quem come será comido. Quem despedaçou será despedaçado. Quem consumiu alimento será ele mesmo alimento.

A atrocidade difusa, a alternância incessante e irrefreável entre devorador e devorado, que Bhṛgu constatara em sua peregrinação por todos os quadrantes do mundo — e que o pai Varuṇa lhe ensinou a superar mediante a prática do sacrifício —, nunca desaparecem: pelo contrário, transparecem ameaçadoramente também durante a realização do próprio sacrifício. As labaredas sacrificiais são outros tantos olhos, "fixam a atenção sobre o sacrificante e apontam para ele".[4] O que elas mais desejam não é a oblação, mas o próprio sacrificante. Diante do fogo, o sacrificante se sente observado, fitado. O olho que perscruta é o olho do fogo. Antes de formular um desejo, ele sente que é o fogo que o deseja, deseja sua carne. Aqui ocorre a substituição, o resgate do Si: última e brusca operação à qual recorre o sacrificante para oferecer ao fogo algo em lugar de si mesmo. O sacrificante oferece alimento para evitar que ele mesmo se torne alimento.

Em sua viagem aterrorizante, Bhṛgu encontrou um mundo onde os animais devoravam os homens. Mas não se tratava apenas de uma inversão da ordem. Era também uma nesga que se abria sobre a história da humanidade, como se finalmente alguém tivesse instruído Bhṛgu sobre alguns de seus antepassados. A fase em que os homens não tanto devoravam, e sim eram devorados, não é senão o primeiro e longuíssimo segmento de sua história. Varuṇa queria que a educação do filho também abarcasse essa visão do passado, tal como um jovem é enviado a um bom colégio para aprender a história de seu país. Assim também foram os homens védicos: mais do que qualquer outro povo, negligenciavam a história — porém, mais do que qualquer outro povo, mantinham contato com a pré-história remota, que transparecia em seus ritos e mitos.

Na paisagem védica, há um objeto que emana terror e veneração: a estaca sacrificial. Entre os emblemas daquela época, é o único ainda visível. Ainda hoje, em certos vilarejos da Índia, pode-se ver um pedaço de madeira despontando do solo, sem razão aparente. Madeleine Biardeau encontrou muitos deles, em várias partes da Índia, constatando que se tratava daquela "estaca", *yūpa*,[5] daquele "raio" de que falavam os ritualistas védicos.[6] Mas por que um "raio"? Para entendê-lo, temos de recuar a uma história distante:

Há um animal e uma estaca sacrificial, porque nunca imolam um animal sem uma estaca. Eis por que é assim: originalmente, os animais não se submetiam ao fato de se tornarem alimento, tal como agora se tornaram alimento. Tal como o homem que caminha ereto sobre duas pernas, do mesmo modo eles caminhavam eretos sobre duas pernas.

Então os deuses perceberam aquele raio, isto é, a estaca sacrificial; ergueram-na e, por medo dela, os animais se contraíram e se puseram de quatro e assim se tornaram alimento, como hoje são alimento, porque se submeteram: por isso imolaram o animal apenas com a estaca e nunca sem uma estaca.

Depois de trazer à frente a vítima e inflamar o fogo, ele amarra o animal. Eis por que é assim: originalmente, os animais não se submetiam ao fato de se tornarem alimento sacrificial, tal como agora se tornaram alimento sacrificial e são oferecidos no fogo. Os deuses os prenderam: mas, mesmo presos, não se resignaram.

Eles disseram: "Na verdade, esses animais não sabem como isso ocorre, que o alimento sacrificial é oferecido no fogo e não conhecem aquele lugar seguro [o fogo]: ofereçamos fogo no fogo depois de prender os animais e inflamar o fogo, e eles saberão que é assim que se prepara o alimento sacrificial, e que esse é seu lugar; que é precisamente no fogo que o alimento sacrificial é oferecido: e então se resignarão e se disporão de bom grado a ser imolados".

Depois de prenderem primeiramente os animais e inflamar o fogo, ofereceram fogo no fogo; e então eles [os animais] souberam que é assim realmente que se prepara o alimento sacrificial, que esse é seu lugar; que é precisamente no fogo que o alimento sacrificial é oferecido. E então se resignaram e se dispuseram de bom grado a ser imolados.[7]

Seria inútil procurar outro texto que apresente com tanta precisão e emoção a passagem decisiva que se formalizou com o abate dos animais domésticos: a instituição da alimentação à base de carne. Foi uma necessidade, mas, acima de tudo, uma culpa, uma imensa culpa. Para justificar tal necessidade, providenciou-se a construção do edifício teológico do sacrifício, templo-labirinto, cheio de fossos protetores e de túneis, com inúmeras bifurcações. E a necessidade do sacrifício incorporaria em si a culpa, ou melhor, iria aguçá-la ainda mais e guardá-la como num escrínio. Essa culpa remetia a outra culpa, mais radical, da qual o sacrifício seria uma decorrência: *a culpa da imitação*, daquela escolha remota que levara uma espécie predada a se apropriar de comportamentos típicos de seus inimigos predadores. Primeiro gesto contra a natureza — nenhuma outra espécie jamais ousaria tanto —, que um dia seria entendido como a própria natureza do homem.

Mais do que "animal doente", segundo a fórmula de Hegel, animal mimético por excelência (e pode-se também pensar que, justamente, a mimese era sua doença), o homem é o único ser do reino animal que abandonou sua natureza, se por natureza entendermos o repertório de comportamentos de que todas as espécies parecem providas desde o nascimento. Forte, mas não tão forte que não tenha de reconhecer sua condição indefesa diante de outros seres — os predadores —, o homem, em determinado momento, que pode ter se prolongado por 100 mil anos, decide não se opor a seus adversários, mas sim *imitá-los*. Foi então que a presa se preparou para se tornar predador. Tinha dentes, e não presas — e unhas insuficientes para dilacerar a carne. Tampouco dispunha de um veneno produzido por seu corpo, como as serpentes, temíveis predadores. Então precisou recorrer a algo de que nenhum dos predadores dispunha: a arma, o instrumento, a prótese. Assim nasceram a pedra lascada e a flecha. Nessa altura, com a imitação e a fabricação de instrumentos, foram dados os dois passos decisivos que toda a história posterior tentaria elaborar, até hoje: a mimese e a técnica. Olhando-se para trás, o desequilíbrio produzido pelo primeiro passo — o da mimese, com o qual os homens decidiram imitar, entre todos os seres, precisamente aqueles que os matavam com grande frequência — é incomparavelmente mais radical e perturbador do que qualquer outro passo posterior. Uma resposta a essa perturbação foi o sacrifício, em suas variadas formas. Nada mais pode explicar por que um comportamento tão incongruente, em comparação a todos os outros que se encontram no reino animal, veio a se manifestar praticamente em todas as partes, nas formas mais variadas, mas sempre interligadas por alguns traços essenciais. Antes de assumir qualquer outro significado, o sacrifício era uma resposta àquela imensa perturbação no interior da espécie — e uma tentativa de reequilibrar uma ordem que fora transgredida e prejudicada para sempre.

Apenas assim é possível entender o sacrifício: não mais um encobrimento da culpa, *pia fraus* que permite ao mundo prosseguir graças à astúcia dos sacerdotes. Mas, sim, uma elaboração especulativa que, antes de mais nada, exalta a culpa. Exalta-a a ponto de persuadir a vítima, de convencê-la a aceitar de bom grado a imolação. Claro que isso não aconteceu. Ninguém se ilude que o bode e o cavalo se deixariam convencer a ser mortos e retalhados. Nenhum ritualista deve ter acreditado nisso. Mas fazer um gesto nessa direção, proferir fórmulas com essa intenção: tal é o supremo esforço concedido ao pensamento, concedido à ação, ao se confrontar com o inconciliável. Tentativa ilusória, provisória. Todavia, essa ilusão consciente é a única força que permite estabelecer uma distância, ainda que mínima, do simples ato de matar.

Nunca, em nenhum outro lugar da Antiguidade (depois a questão não voltaria a se colocar, tão convencido estava o homem de sua superioridade moral), alguém ousara dizer que os animais originalmente caminhavam eretos e que *se tornaram* quadrúpedes somente porque se sentiram aterrorizados com alguma coisa: uma estaca, solitária, octogonal, cingida por uma coroa de folhas para encobrir sua nudez. A descoberta da estaca era atribuída não aos homens, mas aos deuses, como se essa estaca fosse realmente *axis mundi* e a vida fosse inconcebível sem ela. Contudo, a estaca não é suficiente: obriga os animais a andarem de quatro, em terror, mas não os convence a aceitarem o abate. Foi preciso, então, que os deuses apresentassem uma sutileza teológica: explicaram aos animais que o sacrifício era uma oferenda de "fogo no fogo".[8] Fórmula misteriosa: mas todo o *Śatapatha Brāhmaṇa* e, em especial, as seções sobre o altar do fogo são dedicadas a esclarecê-la. Assim, aquele "raio" que é a estaca sacrificial não foi suficiente. Ele difundiu o terror, mas os animais ainda não se submeteram. Então sobreveio a teoria, a alta especulação litúrgica. Somente assim os animais se resignaram.

O terror não está apenas nos animais. Está no homem. Assim que viu surgir a "estaca", o *yūpa*, o homem entendeu que teria de matar aqueles seres que, até pouco antes, caminhavam como ele, e a seu lado. Teria de pegar a corda que vem inevitavelmente amarrada à estaca. Há um momento de paralisia. Então a liturgia diz: "Sê audaz, homem!".[9] Então o homem prossegue, tenta reunir coragem. Aqui também, agarra-se à teologia: esse nó que suas mãos já inadvertidamente preparam não é senão "o laço da ordem do mundo".[10] Quanto à corda, é a "corda de Varuṇa".[11] É como se fossem os deuses que estivessem agindo. E com isso descarrega-se a culpa sobre os deuses. No momento crítico — o momento em que o oficiante amarra o animal na estaca —, cada parte de seu corpo é invadida por um deus, membro por membro. O impulso que o leva a agir é atribuído a Savitṛ, que é o Impulsor. Assim diz ele: "Por impulso do divino Savitṛ, eu te amarro com os braços dos

Aśvin, com as mãos de Pūṣan, tu que aprazes a Agni e Soma".[12] Ele age como um sonâmbulo. Como lhe atribuir a culpa?

Mas nunca nada é suficiente para se eximir da culpa, nem mesmo os deuses. Assim, poucos instantes depois, o sacrificante sentirá necessidade de pedir permissão à mãe e ao pai da vítima para matá-la: "E possam tua mãe e teu pai consentir...".[13] Porém, isso também não basta. Então o sacrificante acrescenta: "E teu irmão, o companheiro no rebanho". E com isso quer dizer: "Qualquer ser que te seja consanguíneo, com a aprovação deles eu te mato".[14] O que se pede para matar é nada menos do que a unanimidade.

Segundo o *Śatapatha Brāhmaṇa*, não foram os homens que, no decorrer dos milênios, *alcançaram* a posição ereta, emancipando-se de sua vida de primatas quadrúpedes. Pelo contrário: os homens foram os únicos que mantiveram a posição ereta, enquanto todos os outros animais se contraíram e tiveram de *aprender* a andar sobre quatro patas. O que decidiu a sorte deles? O sacrifício, portanto, o matar. Os animais não conseguem manter a posição ereta *por medo de serem mortos*: viram a estaca, sabem que estão destinados a ser amarrados a ela, sabem que depois serão mortos. Os homens, por sua vez, mantêm a posição ereta porque sabem que são os sacrificantes. É essa a linha divisória que orienta o curso da história humana.

A essa altura, um coro de vozes concordantes reiterará que a visão darwinista suplantou de uma vez por todas o pensamento do *Śatapatha Brāhmaṇa*, como se este fosse um prelúdio infantil e desconcertante à descoberta do que realmente se passou. Mas eliminar a visão védica não será talvez uma irremediável amputação? Será que ela não oferece ao conhecimento algo que, de outra forma, permaneceria mudo e ignorado? A comunhão entre homem e mundo animal encontra aqui um fundamento inabalável, que vai muito além de qualquer empatia. Não são mais os homens que se emanciparam de seus companheiros animais. E sim os animais que se apresentam como seres decaídos, que tiveram de se submeter à condição de vítima. Uma humanidade iluminada poderia acolher em si ao mesmo tempo, com equânime clarividência, a visão de Darwin e a visão dos Brāhmaṇa. Improvável humanidade.

> Então ele coloca uma veste, para ter completude: de fato, veste sua própria pele. Ora, aquela mesma pele que pertence à vaca originalmente estava sobre o homem.
>
> Os deuses disseram: "A vaca sustenta tudo aqui embaixo; então ponhamos na vaca aquela pele que agora está no homem: assim ela será capaz de suportar a chuva, o frio e o calor".
>
> Por conseguinte, depois de esfolarem o homem, puseram sua pele sobre a vaca, que agora suporta com ela a chuva, o frio e o calor.
>
> Assim o homem foi esfolado; por isso, quando um mero fio de capim ou alguma outra coisa o corta, jorra sangue. Então puseram essa pele, a veste, sobre ele; e é por essa razão que apenas o homem usa uma veste, porque ela foi posta sobre ele como uma pele. Por isso é preciso prestar atenção em estar bem vestido, de modo a ficar totalmente revestido pela própria pele. Por isso as pessoas gostam de ver mesmo uma pessoa feia bem vestida, porque está revestida pela própria pele.
>
> Por isso não se fica nu em presença de uma vaca. Porque a vaca sabe que está usando a pele dele e foge por medo de que ele queira retomá-la. Por isso também as vacas se aproximam confiantes de quem está bem vestido.[15]

Se se quiser um exemplo de história abissal ao estilo dos Brāhmaṇa, este poderia ser adequado. Somente Kafka, em seus contos de animais e homens, alcançou semelhante tensão. Aqui o pressuposto da história é toda a pré-história: o longo período de cansativa e obscura diferenciação do homem em relação aos outros seres, que culminou quando se conseguiu reunir todos esses seres numa só palavra: *animais*. Naquele período ocorreu a espantosa e lentíssima transformação do homem, passando de presa a predador. A descoberta da alimentação à base de carne: culpa original e impulso arrebatador de desenvolvimento e aumento de poder. Uma história demasiado remota e demasiado secreta para ter deixado algum rastro verbal. Uma história, porém, que se depositou na camada menos acessível da sensibilidade de quem quer que seja.

Em relação à vaca, assim como em relação ao antílope — animal não sacrificável (porque selvagem), o qual, porém, vai se tornar o animal heráldico do sacrifício —, o homem sabe que carrega uma culpa irremediável. É verdade que "a vaca sustenta tudo aqui embaixo",[16] mas, em compensação, o homem a esfola. Para se nutrir, o homem mata um ser que já o nutre. Tão extrema é essa culpa que, para falar dela, será preciso inventar uma história que inverta seus termos. Então o homem encontrará uma justificativa: em seu tremor, em sua incerteza, na lembrança de sua condição indefesa.

O homem é o único animal esfolado. E não por natureza — uma época, ele também tinha uma pele —, mas porque os deuses, em certo momento, decidiram esfolar sua pele e dá-la à vaca. Essa é a verdadeira história dos primórdios, à qual os homens foram obrigados a remontar quando começaram a se alimentar da carne da vaca e também a esfolar seu couro. Para se justificar, o homem precisou manter viva a lembrança de uma época quando era um animal como todos os outros, protegido como todos os outros por uma pele. Depois, tornou-se uma chaga só: "Tendo sido esfolado, o homem é uma chaga; e, fazendo-se ungir, sua ferida se cura: porque a pele do homem está sobre a vaca e aquela manteiga fresca vem da vaca. Ele [o oficiante] lhe fornece sua pele e por essa razão [o sacrificante] se faz ungir".[17] Em seu estado de desamparo, esse ser que não tem mais defesa contra o mundo encontra, através da manteiga que o unge, sua própria pele: com essa benéfica unção, a vaca restitui ao homem algo que dele recebeu. Por conseguinte, entre outras coisas, o homem é uma espécie de pária da natureza. Basta um fio de capim para fazê-lo sangrar. Sua única possibilidade de sobreviver e se subtrair a esse excessivo sofrimento que o distingue reside no artifício: a unção que recobre seu corpo, as vestes que formam uma nova pele. Nesse momento, graças à poderosa catapulta de práticas desconhecidas por qualquer outro ser, o homem poderá voltar a se mesclar à natureza. Mas que não apareça nu diante da vaca: o animal iria se lembrar da cruel história e fugiria, temendo perder sua amada pele. A vaca foge do homem não mais por medo de ser esfolada, mas porque um ser esfolado — o homem — poderia tentar se reapropriar de sua pele, que agora adorna a vaca. Há um insondável embaraço, quando o corpo nu do homem se encontra em meio aos animais: sentimento difícil de negar, mas sobre o qual a atenção parece se deter. Para os ritualistas védicos, no entanto, era o vestígio de antigos e dolorosos eventos que ainda repercutiam no rito. E, acima de tudo, era a lembrança da única justificativa possível nas relações com aqueles dóceis animais que acompanhavam a vida dos homens na chuva, no frio e no calor. Ao mesmo tempo, é preciso acrescentar que, na longa história que separa os ritualistas védicos de lorde Brummell, jamais se ofereceria uma explicação tão clarividente da importância das roupas. E jamais se ofereceria uma justificativa mais convincente do peculiar embaraço que, entre os homens, vem associado à nudez.

A Índia védica é o único lugar, na história do mundo, onde se levantou a seguinte pergunta: por que é certo que "o homem não fique nu em presença de uma vaca"?[18] Nem os antigos, tampouco os modernos, parecem ter alimentado qualquer preocupação desse gênero. Mas os ritualistas védicos a alimentavam. E conheciam também a resposta: porque "a vaca sabe que está usando a pele dele e foge por medo de que ele queira retomá-la".[19] E depois acrescentavam uma deliciosa nota frívola, fundada sobre outra observação desconcertante: "Por isso também as vacas se aproximam confiantes de quem está bem vestido".[20] Talvez apenas Oscar Wilde, se a tivesse conhecido, teria sido capaz de comentar com autoridade essa motivação do *se vestir bem*.

Os ritualistas védicos reforçavam essa preocupação por meio de uma história que, algum dia, outros definiriam talvez como um mito, mas que em suas palavras soava como uma crônica sintética e anônima das origens. Tudo começara quando os deuses, olhando as coisas da terra, se deram conta de que toda vida era sustentada pela vaca. Os homens eram seus parasitas. Um dos deuses — não sabemos qual — exortou os homens a deixarem que sua pele fosse usada para recobrir as vacas. Assim os deuses esfolaram o homem. Se se quiser remontar às origens, esse é, portanto, o estado natural do homem: o Esfolado, como nos livros de anatomia quinhentistas. Ao contrário dos ingênuos positivistas, que nas vitrines dos museus de história natural apresentavam o homem dos primórdios ainda coberto por uma pelagem simiesca, os ritualistas védicos o viam não como um poderoso soberano da criação, mas como o ser mais exposto, mais vulnerável perante o mundo exterior. Para eles, o homem não só ocultava uma ferida, mas era, ele inteiro, uma só ferida. Quiseram acrescentar um detalhe eloquente: mesmo um fio de capim pode fazer o sangue jorrar do homem, esse ser hemofílico por vocação.

Entre as muitas características que distinguem o homem (dependendo da perspectiva: é o único que tem a palavra, que ri, que chora, que celebra sacrifícios), o fato de ser a única criatura que sente necessidade de se vestir é, geralmente, considerado o sinal mais claro de seu nexo indissolúvel com a artificialidade. Mas, nisso também, os ritualistas védicos pensavam de outra maneira — e refutaram antecipadamente toda a posteridade. Segundo eles, quando o sacrificante, no início do rito de "consagração", *dīkṣā* (que é também uma iniciação), usa uma veste de linho, naquele momento "veste a própria pele".[21] Somente então o homem recupera sua "completude".[22] Somente então retorna àquele que era seu estado original.

Inversão total em relação à visão corrente: aqui, o artifício é sinal de reconquista de uma natureza integral. Reconquista sempre provisória, pois ao final da liturgia o homem terá de se desfazer de todos os objetos (e das vestes) que usou durante o rito — voltando assim à sua condição de ser impuro e esfolado. A *naturalidade* é um estado temporário, ligado a uma veste e a uma determinada sequência de gestos (o rito).

A *unção*, até a cerimônia que consagrava os reis ocidentais, foi um dos gestos mais recorrentes nos ritos, em lugares os mais variados. Mas nenhuma das explicações dadas a seu respeito é tão arrojada quanto a que oferecem os ritualistas védicos. Seu pressuposto é que o homem parte não do zero, mas de menos que zero. Sua condição original não é apenas a de um ser impuro, imerso na não verdade. No início, o homem não dispõe sequer de seu corpo inteiro. Antes que começasse a agir, alguém agiu sobre ele, esfolando-o. Por isso o homem, no início, é uma chaga só. A ferida, para ele, não é uma parte lesada de seu corpo, mas a totalidade desse corpo. A unção recobre essa ferida espraiada com uma película invisível, macia e úmida, que possibilita o movimento, a vida. A imensidão da obra ritual e seu caráter meticulosamente obsessivo, para serem entendidos, são proporcionais a essa condição de partida, que é de total desamparo e pura dor. E somente isso pode justificá-los.

Se os homens das origens (entenda-se: os homens que ainda não haviam instituído os ritos sacrificiais) eram seres esfolados e doloridos, desprovidos de "completude",[23] a decisão de matar bois e vacas só podia lhes parecer blasfema. Observavam aqueles dóceis e poderosos animais, que pastavam por toda parte, protegidos por uma magnífica epiderme como uma provocação ambulante, como certos ricos ostentando joias compradas num leilão dos bens de uma família falida. Envoltos em panos improvisados, para não despertar suspeitas, os homens se aproximaram dos animais e os mataram. Decidiram capturar a vida dos seres que até então tinham sido o sustento da vida mesma. O sacrifício, sua teoria e prática foram a longa, exasperada, capciosa e temerária elaboração daquele gesto em atos, em formulações, em cantos. Agora os homens andavam com vestes de linho: dizia-se que a urdidura e a trama do tecido se deviam a Agni e Vāyu e que "todas as divindades participaram"[24] de sua produção. Os próprios deuses que antes os tinham esfolado agora se apressavam em protegê-los.

A objeção mais corrente aos vegetarianos modernos soa assim: vocês querem se abster de comer carne bovina, mas usam sapatos, cintos, trajes feitos com o couro desses animais. Como pretendem ser coerentes ao recusar o abate deles, quando este prossegue para fornecer os objetos que vocês usam? Não há resposta convincente a tal pergunta — e é simplesmente patética a resposta de quem declara usar apenas sapatos de corda ou plástico e cintos de tecido ou metal. O ciclo da fabricação industrial é muito mais sofisticado — e não há como se assegurar de que não haja contato, por alguma via, com os produtos derivados do abate.

Os ritualistas védicos se viram diante dessa incongruência, mas sabiam muito bem que o ato de comer carne animal era uma *crux metaphysica*, talvez insolúvel. E era precisamente aqui que se apresentava Yājñavalkya.

Estamos no terceiro *kāṇḍa* do *Śatapatha Brāhmaṇa*, ou seja, numa parte da obra cujo autor é, segundo a tradição, o próprio Yājñavalkya. Mas, tal como vai ocorrer depois no *Mahābhārata*, em que Vyāsa é o autor e às vezes também aparece como personagem, o autor Yājñavalkya, na forma tratadística do Brāhmaṇa, consegue várias vezes se insinuar em diversas cenas — e sempre em passagens decisivas. Sempre com frases acres e rápidas, como Marpa com seu bastão, pronto a usá-lo para acordar o aluno, que um dia se tornaria Milarepa.

O que acontece na passagem seguinte, depois de se mostrar que os homens são seres esfolados e sua pele agora reveste os bovinos? Assim é por decreto dos deuses. Disso decorre que, se é proibido aos homens retomar a própria pele tirando-a das vacas, muito menos poderão matá-las, tanto menos poderão comê-las. Aqui estamos perto do ponto de origem para a proibição de carne na alimentação na Índia. Daqui deriva uma linha ininterrupta, que chega às vacas que circulam no trânsito das cidades ou ficam deitadas, meditativas, nos degraus dos templos. No entanto, não é que os próprios ritualistas védicos se dedicavam incansavelmente a descrever sacrifícios de animais, que depois eram em parte oferecidos aos deuses, em parte comidos pelos oficiantes?

O ponto era delicadíssimo — e demandava a intervenção decisiva de Yājñavalkya. Antes de mais nada, diz-se que um oficiante introduz o consagrado, que agora usa uma veste de linho e por isso voltou a ter uma pele, na cabana preparada de antemão na área sacrificial. E logo se acrescenta a prescrição: "Que ele [o consagrado] não coma vaca ou boi; porque a vaca e o boi certamente sustentam tudo aqui sobre a terra".[25] Também nesse caso era preciso remontar a uma decisão dos deuses. Eles haviam dito entre si: "Certamente a vaca e o boi sustentam tudo aqui; vamos, outorguemos à vaca e ao boi todo tipo de vigor que pertence às outras espécies!".[26] Portanto, não era apenas a epiderme dos homens que fora transferida para os bovinos, mas a força em geral, dispersa na natureza. Os bovinos assim se tornavam um concentrado de tudo. Matá-los significaria matar tudo. Por isso, "se alguém comesse um boi ou uma vaca, seria como se, por assim dizer, alguém comesse tudo ou, por assim dizer, se destruísse tudo".[27] Já a insistência — duas vezes em duas linhas — com a partícula *iva*, "por assim dizer", nos alerta que estamos numa zona extremamente perigosa e delicada. O tom se torna grave — e logo a seguir ressoa uma ameaça, que é uma das primeiras formulações da doutrina da reencarnação: "Alguém [que age] assim poderia renascer como um ser estranho, como alguém de má fama, como alguém de quem se diz: 'Fez abortar uma mulher' ou 'Cometeu um pecado'. Por isso ele não deve comer [carne de] boi ou vaca".[28]

O discurso é tenso, parece não admitir réplicas. Mas inverte-se na fase seguinte: "Contudo, Yājñavalkya disse: 'Eu, por mim, a como, desde que seja macia'".[29] Depois o texto segue, sem comentários. A sonda metafísica de Yājñavalkya tocara num ponto que se costuma evitar: subsiste um *prazer* em comer a carne de animais mortos, profundamente ancorado na fisiologia, assim como o prazer sexual. Também nesse caso, o prazer e a culpa nascem juntos — e permanecem indissociáveis. Quando se recua para além de um determinado limiar na filogênese, não se escapa a esses movimentos contrastantes e simultâneos, que ainda não são sentimentos, mas prescrições obscuras e fortíssimas: alusões a nossas lembranças mais antigas, das quais, porém, estamos separados por um muro intransponível, como dos sonhos que se apagaram.

Que consequências extrair disso tudo? A dúvida é insanável. A doutrina exposta no *Śatapatha Brāhmaṇa* parece prescrever, com argumentos variados e tom severo, a abstenção da carne. Por outro lado, o suposto autor do texto intervém com arroubo e insolência para dizer o oposto. Qual será a doutrina correta?

A culpa ligada ao sacrifício — culpa pela morte e pela destruição em geral: mais radicalmente, *culpa por aquilo que desaparece* — não se estende somente aos animais, mas ao mundo vegetal; do mesmo modo, as plantas e as árvores poderão ser salvas por meio do sacrifício. *Todos* são mortos, desde o sacrificante, que acaba de se subtrair — provisoriamente — quando "Agni e Soma tomaram entre seus maxilares aquele que se consagra",[30] e o próprio Soma, que será morto pelo pilão no almofariz. Outros, por fim, serão amarrados à "estaca", antes de ser abatidos. E toda vítima tem direito a uma eufemização do evento: a morte sacrificial é definida como "apaziguamento". O oficiante se dirige ao cavalo do sacrifício com palavras de alto e delicado lirismo visionário, prometendo-lhe que não lhe farão mal e que percorrerá o caminho dos deuses, assim como os caçadores siberianos se dirigem com suavidade e devoção ao urso que estão para matar. Algo de semelhante acontece com a árvore. O oficiante tem até mesmo a ordem de lhe assegurar: "Este machado afiado te conduziu para uma grande beatitude".[31] Desse modo se pretende abrandar o choque de um "raio": "porque o machado é um raio".[32] *Raio* é tudo o que tem um poder absoluto. Mas os ritualistas eram sutis demais para definir dessa maneira apenas algumas armas potencialmente letais: "a navalha é um raio",[33] mas também é verdade que "a água é um raio"[34] e "a manteiga clarificada é um raio",[35] tal como "a árvore que abatem para fazer a estaca sacrificial é um raio"[36] e "o ano é um raio".[37] E um dia ocorreu que "os deuses perceberam esse raio: o cavalo".[38] No caso da árvore, aquela "senhora da floresta"[39] que é escolhida para o sacrifício do *soma*, o golpe será abrandado sobretudo depositando-se no tronco um fio de erva *darbha*. Seria tolice ironizar a exiguidade desse recurso. Somente um tufo de erva *darbha* pode purificar o rosto de um "consagrado", *dīkṣita*, e por isso ele pode se preparar para sacrificar: "Porque impuro, de fato, é o homem; é podre por dentro enquanto diz a não verdade; e a erva *darbha* é pura".[40]

Escolher a árvore a ser abatida para fazer o *yūpa*, a "estaca" sacrificial, que condensa em si a totalidade do sacrifício, é como escolher a vítima em geral, é o ato em que se manifesta o mistério da eleição. Por isso o ritualista a observa com extremo cuidado, por isso o sacrificante deve empregar toda a sua sutileza. Que árvore escolherá? Não a mais próxima na floresta. Seria tosco e simples demais. Seria como se bastasse estarem à frente para ser escolhidas — e bastasse se afastarem para não o ser. Mas o sacrificante também não escolherá a árvore mais distante. Pois então as últimas seriam as mais expostas — e todas, se não quisessem ser escolhidas, poderiam avançar para as posições mais visíveis. Também nesse caso a escolha deixaria de ser misteriosa. Não, o sacrificante escolherá "no lado mais próximo do distante" e "no lado mais distante do próximo".[41] E onde começa o *distante*, na floresta? Onde é que *o próximo* alcança o seu limite? Ninguém pode sabê-lo. Nem mesmo o sacrificante, antes do momento imperscrutável em que dirá à árvore, com aquele tom sinistro e melífluo que conhecem todas as vítimas: "A ti favorecemos, ó divina senhora da floresta".[42]

Esse modo de tratar o mistério da eleição nos coloca diante de uma diversidade e uma peculiaridade irredutíveis, pelo lado brahmânico. Diante de uma floresta inteira, onde teria de escolher uma árvore entre tantas outras igualmente adequadas, um ocidental médio dos dias de hoje (mas também, muito provavelmente, dos dias de outrora) diria: a primeira ou a última, ou alguma ao acaso. Todos esses três critérios são descartados pelo ritualista védico. Pode ser desconcertante, mas não é difícil seguir o raciocínio que leva a excluir a escolha da primeira e da última. Mas o ponto árduo e delicado é a exclusão da terceira possibilidade (e a mais óbvia): a escolha ao acaso. Pois trata-se da eleição — e não só: é a eleição daquilo que possibilita o sacrifício. E eliminar, ou pelo menos evitar, o arbitrário nessa escolha significa anular a soberania do acaso ali onde ele mais incide. Mas o sacrificante terá êxito em seu intento? Não propriamente. O acaso será circunscrito, mas não eliminado. Será, acima de tudo, *encoberto*. A escolha se apresenta como motivada — mas a motivação terá de conviver com o arbitrário. Procurar o eleito "no lado mais próximo do distante" e "no lado mais distante do próximo" pode soar insensato, mas indica um ato que não é aleatório, e que não pode senão permanecer imperscrutável, embora seja realizado por um oficiante e não por uma inacessível divindade. Assim se garante que o que acontece — e, acima de tudo, o que acontece no momento crítico, o da eleição — não é totalmente arbitrário, mas tampouco pode ser reconstituído por meio de um encadeamento finito de passos. É o que um dia, com Gödel, será chamado de "indizível". É como se a indeterminação radical irrompesse aqui no pensamento, separando-se tanto da aleatoriedade quanto de qualquer *ratio*. Mesmo não sendo fortuita, a eleição se manterá inescrutável, sobretudo para quem a realizou.

Qual deve ser o comprimento da estaca sacrificial? Cinco cúbitos, explica-se com riqueza de argumentos: "Porque quíntuplo é o sacrifício e quíntuplo é o animal sacrificado e há cinco estações no ano".[43] Isso deveria bastar.

Mas logo a seguir vêm os motivos — não menos convincentes — em razão dos quais a estaca deveria ter seis, oito ou nove cúbitos, ou onze, doze, treze, quinze. Exemplo da exuberância brahmânica das correspondências, que logo leva a pensar numa anulação mútua entre elas. E em seu caráter irremediavelmente arbitrário. Frequente engano, que impede notar que algumas medidas estão excluídas: a estaca, de todo modo, não poderá ter sete, dez ou catorze cúbitos. *Nem* tudo, portanto, se equivale. Mas o passo decisivo sobrevém no final, quando se discute a eventualidade de que a estaca possa também *não* ser medida. Assim como o contínuo, o implícito, o indistinto, também o "incomensurável"[44] deve ser levado em conta e homenageado, principalmente quando se trata de um raio, se se lembrar de que o primeiro dos raios, o de Indra, era ele mesmo "incomensurável" — e foi graças a seu poder que os deuses conquistaram o todo. Assiste-se aqui à coexistência dos dois impulsos fundamentais do pensamento brahmânico: a fúria classificatória, transbordante e exaustiva, de um lado; de outro, a implícita disposição de reconhecer uma imensidão que subverte tudo e é percebida em todas as partes.

Nos manuais escolares e científicos, lê-se que os homens foram antes coletores e caçadores, depois pastores e agricultores. Duas fases que dividem a história da humanidade por centenas de milhares de anos, o agricultor ocupando o segmento muitíssimo mais curto. Mas bastaria dizer que os homens, numa primeira fase, viveram *com* os animais (matando-os e sendo mortos por eles) e, numa fase posterior, viveram *dos* animais (com a domesticação). De uma maneira ou de outra, matar animais era necessário, fosse como caça, fosse como abate. O que mudava era a relação com os seres que se matavam: consangüíneos e afins na primeira fase, úteis e submissos na segunda.

Além do mais, a fórmula "caça e coleta" unifica duas fases distintas. Antes de serem coletores *e* caçadores, os homens tiveram de ser coletores *e* caças. Comparadas à espécie humana, algumas espécies de predadores tinham uma aptidão muito maior para a caça. As presas do tigre ou do lobo eram armas bem mais poderosas do que as mãos do homem. Mas essa zona cinzenta da pré-história fica oculta na fórmula "caça e coleta". Então veio a amadurecer, ao longo de um tempo que se mede em dezenas de milênios, aquela mudança irreversível que foi a passagem para a caça.

A *Odisseia* anuncia desde o sexto verso do primeiro canto: Ulisses é *aquele que fica só*. Situação anômala que, para ser exposta, demandava um poema inteiro — e toda a literatura posterior, até Kafka. Na *Ilíada* ninguém ficava só. Mesmo Aquiles, o único por excelência, estava cercado por muitos. Quanto a Ulisses, certamente não buscou a solidão, mas ela lhe foi dada pelas circunstâncias. Um dia, houve uma cisão inelidível que o apartou de seus companheiros. É apenas um episódio, e basta para separar definitivamente sua sorte e sua figura de todas as demais: Ulisses foi o único a não se alimentar dos rebanhos do Sol.

Ainda em alto-mar, quando seu navio se aproximava da ilha Trinácia, Ulisses ouvira um som misterioso: um mugido contínuo e distante. Então entendeu: aquele som vinha dos animais da ilha que, por recomendação de Circe e Tirésias, ele deveria evitar a todo custo. Conduzidos por duas jovens de nomes luminosos, Faetusa e Lampécia, esses animais — "sete manadas de vacas e outros tantos belos rebanhos de ovelhas,/ com cinquenta cabeças cada" —[45] formavam o plantel do Sol. Cada qual constituía a substância de uma divisão do tempo, um dia entre 350 dias do ano lunar. Eram seres que "não geram/ e nunca morrem".[46] Eram a vida inexaurível. Ulisses sabia que não deveria se aproximar demais daquele som. Nenhum dos múltiplos recursos da inteligência pelos quais Ulisses seria celebrado ia tão longe, nada penetrava tanto nos deambulatórios do divino quanto a firme obediência àquela arcana proibição. Inútil ser prudente quando não se é teólogo. E Ulisses, naquele dia, se mostrou excelso teólogo.

Não seus companheiros, porém. Coagidos pela fome, cegados pela necessidade ("Odiosas são todas as mortes aos infelizes mortais,/ Mas a mais mísera é morrer de fome e pela fome sofrer a sorte", disse então Euríloco aos companheiros de Ulisses),[47] eles cercaram e massacraram o rebanho do Sol. O que se fez naquele momento foi uma transgressão primordial, que jamais se repararia. A vida matava a vida. Era a primeira das culpas, da qual derivam todas as outras. Mas os homens nunca são simples. Quiseram mascarar sua avidez pelo alimento encenando o sacrifício, mesmo na ausência dos elementos corretos (o vinho da libação, a cevada) para realizar a cerimônia. O alimento não era mais uma consequência secundária do sacrifício. Pelo contrário, o sacrifício era o pretexto para devorar o alimento. E, de fato, os companheiros de Ulisses se alimentaram durante seis dias com a carne dos animais mortos, "as melhores vacas do Sol".[48] Escolheram-nas com cuidado — e foram muito além da fome. Comeram pelo prazer e pela sensação de soberania de quem devora carne morta.

Todavia, não era carne morta. Quando puseram os espetos no fogo, perceberam que aquelas carnes se moviam, como se respirassem. E, mais que tudo, emitiam um som — profundo, ininterrupto. Ninguém mais assistiu àquela cena de horror supremo. Havia apenas um olho estranho, o olho do único que não comia e observava: o de Ulisses. E foi então que os destinos se separaram para sempre. De súbito, Ulisses se tornara o *homem só* ("vós me forçais porque estou só",[49] já dissera ele aos companheiros, posto avançado da humanidade inteira). Sabia que continuaria a viver entre os que matam a vida. Mas não teria mais companheiros de aventura. Logo todos soçobrariam. Com Ulisses permaneceu apenas a deusa de olhos glaucos, Atena.

Os modernos, que se esquivam ao sacrifício, curvam-se perante o autossacrifício de um deus (Prajāpati) que cria o mundo ou o salva (Cristo). O autossacrifício é a própria essência do gesto sublime, heroico. A abnegação é o próprio símbolo da nobreza de espírito.

Mas, além dos deuses, os animais também praticam o autossacrifício. Inúmeros testemunhos, em particular da Ásia Central e da Oriental, falam de animais que *vão ao encontro* do caçador para serem mortos. Sentem-se compadecidos de sua fome e se oferecem às flechas. Aos deuses e aos animais pertence o gesto supremo. Os homens podem apenas imitá-los.

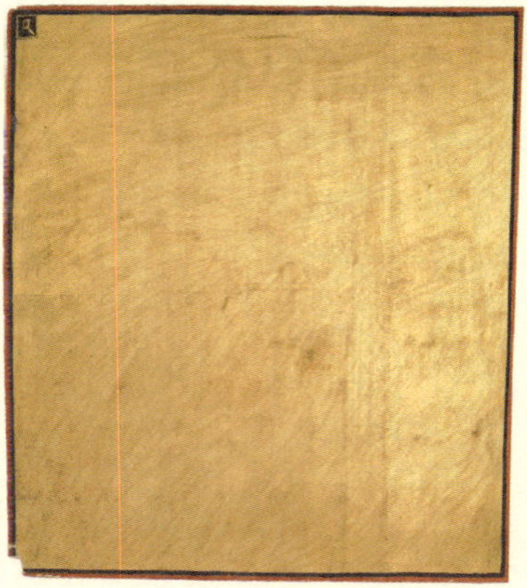

4. O Progenitor

O deus na origem de tudo não tinha um nome, mas uma denominação: Prajāpati, senhor das criaturas. Descobriu seu nome quando um de seus filhos, Indra, lhe disse: "Quero ser o que és". Então Prajāpati lhe perguntou: "Mas quem (*ka*) sou eu?". E Indra respondeu: "'O que acabaste de dizer'. Por isso Prajāpati recebeu o nome de Ka".[1]

Indra queria a "grandeza"[2] ou, segundo outros, o "esplendor"[3] do Pai. E Prajāpati se despiu dela sem dificuldade. Assim Indra se tornou rei dos deuses, embora Prajāpati tivesse sido "o único senhor da criação".[4] Mas não era a "grandeza" ou o "esplendor" que faziam de Prajāpati o "deus único acima dos deuses",[5] fórmula que apenas aos olhos dos tardios leitores ocidentais encerra uma incompatibilidade. Aquilo a que Prajāpati não poderia renunciar era outro elemento: o desconhecido, o irredutível desconhecido. No instante em que soube que era Ka, Prajāpati se tornou o fiador da incerteza ligada ao perguntar. Ele garantia que ela sempre sobreviveria. Se Ka não existisse, o mundo seria uma sequência de perguntas e respostas, ao final das quais seria possível estabelecer tudo de uma vez por todas — e seria possível eliminar da vida o desconhecido. Mas, visto que Prajāpati "é tudo" —[6] e Prajāpati é Ka —, por todas as partes do todo está presente uma pergunta que encontra resposta no nome do todo. E isso, por sua vez, recoloca a pergunta, que se abre sobre o desconhecido. Não se trata, porém, de um desconhecido por insuficiência do intelecto humano. É um desconhecido também para o deus que o inclui em seu nome. A onisciência divina não se estende a si mesma.

Não surpreende que os deuses, filhos de Prajāpati, tenham sempre negligenciado o pai, chegando a esquecê-lo. Para exercer um poder, é preciso se fundar sobre a certeza. E Prajāpati, embora fosse aquele "de quem todos os deuses reconhecem os ordenamentos",[7] delegara o exercício da soberania sem opor resistência. Para si havia reservado apenas o desconhecido, que estava aninhado em seu nome. Um desconhecido que rodeava todas as certezas, tal como uma ilha banhada por um oceano sem fim. Para a administração do cotidiano, o predomínio do desconhecido era um perigo — e era anulado. Para a vida abissal da mente — lá onde a mente se liga novamente à sua origem: Prajāpati —, era o respiro mesmo da vida. Tal como Ka havia sido "o sopro único dos deuses".[8]

Prajāpati: o deus criador que não tem plena certeza de que existe. Prajāpati é o deus que não tem identidade, origem de todos os paradoxos insolúveis. Todas as identidades surgem dele, que não as tem. E por isso ele dá um passo ao lado ou para trás, deixando que se desencadeie a corrida dos seres, prontos a esquecê-lo. Mas depois voltarão a ele, para lhe perguntar a razão. E a razão só pode ser similar àquela que os fez surgir: um rito, uma composição de elementos, de formas, provisória garantia de existência, a única. Comparado a qualquer deus do monoteísmo, como também a todos os outros deuses plurais, Prajāpati é o mais íntimo e mais remoto, o mais esquivo e mais familiar. Qualquer um que pense, encontra-o continuamente ali onde se formam a palavra e o pensamento, ali onde estes se dissolvem. Este é Prajāpati.

No *Śatapatha Brāhmaṇa*, encontra-se inúmeras vezes a cena que ocorre "no início", quando Prajāpati "desejou".[9] E na maioria das vezes lê-se que Prajāpati quis se reproduzir, quis reconhecer outros seres fora de si. Mas há uma passagem na qual se diz que Prajāpati teve outro desejo: "Que eu possa existir, que eu possa ser gerado".[10] Portanto, o primeiro ser incerto sobre sua própria existência foi o Progenitor. E tinha motivo para tanto, pois Prajāpati era composto do amálgama de sete *ṛṣi*, aqueles videntes que, por sua vez, também eram "sopros vitais",[11] porém incapazes de existir *sozinhos*. Antes do drama das coisas geradas, desenrolara-se o drama daquilo que temia não chegar a existir. Foi isso que marcou para sempre o caráter de Prajāpati e fez dele o mais espectral, o mais angustiado, o mais frágil entre todos os deuses criadores. Jamais foi como um soberano que contempla embriagado seus domínios. Deixou esse sentimento para um de seus filhos, Indra — e se compadeceu dele por isso. Sabia que, junto com a embriaguez, entrelaçada com ela, Indra encontraria o escárnio e o castigo.

Para apreender a diferença entre Prajāpati e os deuses, basta pronunciar uma fórmula ritual em voz baixa. A voz baixa é indistinta — e já esse indistinto nos põe em contato com a natureza de Prajāpati, que assim o é. Jogando com os metros, com os nomes, com as fórmulas, com o murmúrio, com o silêncio, o sacrificante consegue se mover entre as várias formas do divino. Mas, também no caso do gesto mais elementar, deverá recorrer ao estrato mais misterioso e mais vasto, aquele indistinto onde encontrará somente Prajāpati — e a si mesmo.

À diferença de Elohim, Prajāpati não põe mãos à criação como um artesão põe mãos à obra, mas ele é o próprio processo de criação: nela se faz e se desfaz. Quanto mais Prajāpati avança na criação, mais se desarticula e se extenua. Seu olhar nunca é exterior ao que faz. Jamais pode dizer, olhando sua obra: "É boa". Quando se dirige ao exterior, evoca um outro ser, Vāc, a "segunda",[12] uma coluna de água que era um ser feminino, cascateante entre céu e terra. E logo os dois se uniram. Prajāpati era tão pouco exterior à sua criação que, segundo alguns textos, foi ele mesmo que engravidou: "Com sua mente ele se uniu a Vāc, Palavra: ficou grávido com oito gotas".[13] Que se tornaram outros tantos deuses, os Vasu. A seguir espalhou-os pela terra. A cópula prosseguia. Prajāpati foi engravidado novamente por onze gotas. Tornaram-se outros deuses, os Rudra. Então espalhou-os pela atmosfera. Mas houve também uma terceira cópula. E Prajāpati foi engravidado por doze gotas. Desta vez foram os Āditya, os grandes deuses da luz: "Ele os colocou no céu".[14] Oito, onze, doze: 31. Prajāpati foi engravidado por mais uma gota: Viśvedevāḥ, Todos-os-deuses. Chegara-se a 32. Faltava apenas um ser para completar o panteão: a própria Vāc, a 33ª.

Agora Prajāpati começou a se separar dela. Estava extenuado, sentia que suas articulações se soltavam. Os sopros vitais, os Saptarṣi, o abandonavam. E com eles, em fileiras, afastaram-se os 33 deuses. Prajāpati ficou só novamente, como no início, quando tudo era vazio a seu redor. Não era mais o único, mas o 34º, que logo esqueceriam de incluir na lista dos deuses. E num dia do distante futuro, alguns indólogos iriam dizer que ele era uma abstração tardia e pálida, nada mais do que uma elucubração dos ritualistas.

Em verdade, no início aqui existia o *asat*. A esse respeito dizem: "O que era esse *asat*?". Os *ṛṣi*: no início, eram eles o *asat*. E a esse respeito dizem: "Quem eram esses *ṛṣi*?". Ora, os *ṛṣi* são os sopros vitais. Como, antes de tudo isso, eles, desejando-o, consumiram-se (*riṣ-*) no esforço e no ardor, são chamados de *ṛṣi*.[15]

Se o *asat* é um local habitado, certamente deve também *existir*, mas com modalidades especiais. No início, o *asat* contém apenas sopros vitais, que Indra consegue acender (*indh-*). O nome *ṛṣi* deriva daquele ardor que é o *tapas*, o nome Indra deriva do acendimento dos sopros vitais. O *asat*, por isso, é um local onde, no início, uma energia está se queimando. Assim, dos sopros nasceram "sete pessoas (*puruṣa*)".[16] Os primeiros seres com uma fisionomia foram, portanto, os *ṛṣi*: os Saptarṣi, os Sete Ṛṣi das origens. Mas os Saptarṣi perceberam de imediato os limites de seu poder. Gerados por sopros, não eram, por sua vez, capazes de gerar. Por isso o primeiro desejo deles foi o de agir em concordância, transformando-se numa só pessoa. Este devia ser seu empreendimento — comprimir-se, condensar-se num só corpo, ocupando suas várias partes: "Dois acima do umbigo e dois abaixo do umbigo; um do lado direito, um do lado esquerdo, um na base".[17] Agora havia um corpo, porém faltava a cabeça. Agiram mais uma vez, cada qual extraindo de si a essência, a linfa, o sabor, *rasa*. E os concentraram todos no mesmo lugar, como num vaso: essa foi a cabeça. Agora a pessoa composta dos Sete Videntes estava completa. E "essa mesma pessoa se tornou Prajāpati".[18] Assim foi criado o Progenitor, aquele que gerou tudo, inclusive os sopros, Indra e os Saptarṣi que o haviam laboriosamente criado.

À parte as complicações da geração recíproca, pela qual os Saptarṣi dão forma a Prajāpati, que, por sua vez, os gerará (procedimento canônico no pensamento védico), à parte qualquer consideração sobre a sucessão dos tempos, parece claro que o *asat* é um local de alguma coisa que quer se manifestar, que arde para se manifestar, mas que está impedida disso. Ao mesmo tempo, tudo o que se incluir n' "aquilo que é", *sat*, e em primeiro lugar Prajāpati, deverá ao *asat* sua origem, que remonta àquele período obscuro em que os Sete Videntes se consumiam elaborando um ardor, dedicando-se à primeira de todas as asceses, se a palavra volta a assumir seu significado de "exercício", *áskēsis*. Já o *asat*, mais do que um *não ser*, no sentido do *mḕ ón* parmenidiano, revelava-se próximo de algo que se poderia definir como o "não manifesto".

Prajāpati não é apenas "aquele que encontra o que se perdeu",[19] mas é também, ele mesmo, o primeiro a ser perdido. Sua essência supranumerária faz com que, a cada momento, Prajāpati corra o risco de estar *a mais*. As criaturas aparecem graças à superabundância que está em Prajāpati, mas — tão logo os mundos estejam constituídos — elas logo tendem a administrar apenas a si mesmas, esquecendo sua origem. Ou melhor, nem a reconhecendo mais. Parece que o fizeram sofrer também essa grande humilhação. Quando Prajāpati terminou de emitir as criaturas, "tornou-se emaciado. Então não o reconheceram, pois estava emaciado. Ele ungiu os olhos e os membros".[20] Último gesto do Progenitor, agora abandonado. Prajāpati voltava a estar só, como no início, mas agora porque estava irreconhecível. Macilento, apático, enquanto ungia olhos e membros. Prajāpati estava inventando a maquiagem. Realizava esses gestos porque queria ser novamente reconhecido. Aliás, era o mesmo que, um dia, mulheres e homens iriam tentar: "Quando ungem seus olhos e seus membros, atraem a beleza sobre si mesmos: e os outros o notam".[21] É esse o primeiro *éloge du maquillage*, do qual Baudelaire apreciaria o *páthos* e a frivolidade.

O que é o cavalo? Um olho de Prajāpati, que inchara e depois se desprendera. O *Śatapatha Brāhmaṇa* não se detém sequer por um instante nessa afirmação (nada é estranho para o ritualista védico) e passa imediatamente a extrair consequências de grande alcance:

> O olho de Prajāpati inchou, se soltou: dele se produziu o cavalo; e porque inchou (*aśvayat*), tal é a origem do cavalo (*aśva*). Por meio do sacrifício do cavalo, os deuses recolocaram-no [o olho] em seu lugar; e, na verdade, quem celebra o sacrifício do cavalo torna Prajāpati completo e se torna completo ele próprio; e isso, de fato, é a expiação para tudo, o remédio para tudo. Com ele os deuses superam todo mal, até o assassinato de um brâmane é superado; e quem celebra o sacrifício do cavalo supera todo mal, supera o assassinato de um brâmane.[22]

O olho incha porque *deseja* se soltar. E deseja se soltar porque quer se encontrar com outro olho — e refletir-se nele. Não tem sentido produzir o mundo se não houver, antes de mais nada, um olho que o olhe e, assim fazendo, englobe o próprio Prajāpati em si, assim como Prajāpati engloba o mundo em seu olhar. Nesse ponto, Prajāpati e seu olho-que-se-tornou-cavalo são potências equivalentes e opostas, que abrigam em si (em suas pupilas) a imagem do outro. Paradoxalmente, porém, o cavalo-nascido-do-olho é inteiro, completo, mas Prajāpati, o Progenitor, não o é. A ferida na órbita do olho que se soltou fica aberta para sempre. Agora, Prajāpati queria criar um olho que o olhasse, mas o desejava *dentro de si*. Pela primeira vez, um ser desejava se constituir como uma dualidade de Si e Eu. Para que isso ocorresse, era preciso que o cavalo-olho fosse reintegrado a seu local de origem. E isso seria providenciado pelos deuses, com o sacrifício do cavalo. A reintegração de um fragmento (o olho) devia se dar por meio da morte de um ser inteiro (o cavalo).

Imensa é a variedade dos ritos védicos, mas todos — sem exceção — convergem para um único gesto: oferecer algo no fogo. Quer se trate do leite, do sumo de uma planta ou de um animal (segundo certos textos, até de um homem) morto, o gesto último é o mesmo. Para os ritualistas védicos, a morte não está apenas ligada ao sangue. Para eles — e o repetiram obstinadamente, dezenas e dezenas de vezes —, *toda* oferenda é uma morte. Até o mais elementar dos ritos, o *agnihotra*, a libação de leite no fogo, renova o gesto de Prajāpati, que na origem, quando a natureza ainda não existia, ofereceu seu próprio olho para satisfazer a fome do filho Agni: "Prajāpati não encontrou nada que pudesse sacrificar [a Agni]. Pegou seu próprio olho e o ofereceu em oblação dizendo: 'Agni é a luz, a luz é Agni, *svāhā*'".[23] O olho é a mais dolorosa *pars pro toto* escolhida por um deus suicida: Prajāpati. Os procedimentos assumem as formas mais variadas, a inabalável unidade se encontra apenas naquele gesto de oferecer no fogo.

Prajāpati não teve somente o privilégio de ser abandonado pelos filhos, as criaturas que acabara de "emitir (*asṛjata*)".[24] Mas conseguiu também ser apagado pela história durante séculos. Quando seu nome reapareceu nas páginas dos indólogos ocidentais do final do século XIX, em geral foi em tom depreciativo. E as mais ferinas eram as histórias do *esvaziamento* de Prajāpati após a criação (estranho que, entre esses estudiosos — frequentemente cristãos praticantes —, nenhum se lembrasse da *kénōsis* de Cristo segundo Paulo: no entanto, trata-se da mesma palavra). Deussen achava essas histórias "extravagantes".[25] Mas A. B. Keith foi além: falou de "mitos tolos", com ríspida impaciência ("os detalhes desses mitos tolos são totalmente negligenciáveis").[26] Sem dúvida, a ideia de um criador que, exausto após concluir sua obra, se transforma num cavalo e esconde o focinho sob a terra durante um ano, enquanto da cabeça desponta uma árvore *aśvattha* (*Ficus religiosa*), o que por sua vez desperta especulações sobre a relação entre o cavalo, *aśva*, e a árvore: muito bem, tudo isso devia parecer *demais* para certos austeros estudiosos ocidentais. Qual seria, então, a fronteira entre as grandes civilizações (como a Índia) e os *primitivos*, aos quais, por definição, se pode conceder tudo?

A criação, para Prajāpati, não foi apenas um ato e sim uma sucessão de atos. Sempre com obstáculos, com frequentes malogros. Sua penosa sequência de gestos ao criar é similar à tentativa humana de compor uma série de gestos *corretos*: o rito. Na Roma antiga, podia-se repetir até trinta vezes uma cerimônia, se os gestos e as palavras não estivessem totalmente *corretos*. Para Prajāpati, a maior dificuldade foi criar seres de natureza sexuada. Suas primeiras criaturas bastavam a si mesmas. Pareciam perfeitas, mas logo desapareciam, como os "homens fugazes" do presidente Schreber. O que lhes faltava? Os mamilos. Aqueles orifícios pelos quais um alimento poderia ser transferido a outras criaturas — e assim instauraria a corrente dos vivos. Não sabemos muito sobre as primeiríssimas tentativas, mas vários sinais indicam que eram efêmeras, como se lhes faltasse substância. Assim, chegou o momento em que Prajāpati disse a si mesmo:

> "Quero criar um fundamento firme sobre o qual as criaturas que emitirei se estabeleçam com solidez, em vez de continuarem a vagar insensatamente por todos os lados sem um fundamento firme."
>
> Ele produziu este mundo terrestre, o mundo intermediário e aquele mundo mais além.[27]

Não se tratava apenas de obter criaturas duradouras; era preciso também lhes prover um terreno sólido sobre o qual se apoiassem. A terra, o espaço intermediário, o mundo celeste seriam essa cena, esse pano de fundo.

* * *

O drama de Prajāpati se desenrolara sem testemunhas e se prolongou por um tempo enorme, anterior aos deuses. Drama autístico, não conhecera descanso nem a consolação de um olhar externo que pudesse se apiedar ou condenar — não importava —, que, em todo caso, participasse do que ocorria. Nem os prodígios nem as derrotas se distinguiam das miragens. No entanto, eram a única substância de que Prajāpati dispunha. Dela viria a nascer, após longa elaboração, aquilo que um dia — ingenuamente — seria chamado de *realidade*.

O ritualista narra com sobriedade: "Enquanto ele [Prajāpati] praticava o *tapas*, luzes se elevavam de suas axilas, e essas luzes são aquelas estrelas: as estrelas são tantas quantos são os poros daquelas axilas; e quantos são os poros, tantos são também os *muhūrta*, as horas, em mil anos".[28] Esse foi o período heroico de Prajāpati. Mantinha os braços erguidos, na escuridão, porque essa é a posição de quem invoca e de quem oferece. Esta é a medida de tudo: a medida de uma Pessoa com os braços levantados. Globos de luz se elevavam de suas axilas e iam se cravar na abóbada do céu. Formavam desenhos, aos poucos iluminavam uma cena que permanecia desolada e silenciosa. Depois de mil anos veio a primeira mudança: uma brisa. Era "aquele vento que, soprando, aqui purifica tudo; e o mal que ele purificou foi esse corpo".[29] Aquele vento soprando depois de mil anos de êxtase e ardor certamente foi um alívio para Prajāpati. Mas não se diz quanto tempo durou nem se conseguiu eliminar — e não apenas purificar — o mal.

Deus solitário, do qual tudo surge, Prajāpati certamente não é um deus onipotente. Mas todo gesto seu é fatal, porque fundador — e imediatamente ameaça lhe ser fatal também. Ao gerar pela boca o filho primogênito, Agni, ele o criou como uma boca, obrigada a devorar alimento. Desde então, a terra seria o lugar onde alguém devora outro alguém, onde o fogo consome algo incessantemente. Por isso, desde o primeiro instante, Agni apareceu coincidindo com Morte.

Assim teve início o primeiro drama, sem espectadores. Nasceu Agni — e Prajāpati, refletindo, tem algumas dúvidas em relação ao filho. Parece ter dificuldade em entender que, se Agni só pode devorar, o único ser que ele poderá devorar é o pai. Desse modo se apresenta a primeira imagem aterrorizante: "Agni se voltou em sua direção com a boca aberta".[30] Essa boca escancarada do filho pronto a devorar o pai é o que está sob toda a imensa construção sacrificial, como se jamais pudesse haver complexidades e emaranhados suficientes para encobrir a brutalidade dessa imagem. O que segue é um processo estranho e misterioso: "Sua grandeza escapou dele [Prajāpati]".[31] O terror produzira no deus uma cisão, ou melhor, a expulsão de uma potência sua, aqui chamada "grandeza". Mas o que era essa grandeza? Palavra, Vāc. Um ser feminino que habitava em Prajāpati e que o terror fizera desprender-se dele. Agora Vāc aparecia diante dele como um outro ser, que lhe falava.

Prajāpati sabia que era indispensável oferecer algo para evitar que o filho o devorasse. *Mas não havia matéria*. Apenas friccionando as mãos Prajāpati conseguiu criar algo consistente: um líquido que lembrava o leite e era constituído pela secreção que transpirava de sua pele, por estar aterrorizado. Oferecer? Não oferecer? Naquele momento ressoou uma voz externa a Prajāpati, imperiosa, e disse: "Oferece!".[32] Prajāpati obedeceu — e naquele momento foram decididos os destinos do mundo. Enquanto cumpria o gesto da oferenda, Prajāpati se deu conta de que fora ele mesmo a falar: "Aquela voz era sua (*sva*) grandeza que falara (*āha*) a ele".[33] Prajāpati então exalou aquele som: *svāhā*, que até hoje acompanha inúmeras oferendas, a invocação augural por excelência.

Cena arrebatadora, violenta, que ocultava em si o primeiro desdobramento: se Palavra não tivesse sido expulsa para fora de Prajāpati e não lhe tivesse falado, nada teria persuadido Prajāpati a realizar o gesto da oferenda. Por outro lado — e aqui é suprema a delicadeza do liturgista —, enquanto Prajāpati, ou seja, aquele que gerou tudo no mundo, inclusive os deuses, permaneceu no lado da dúvida, "permaneceu parado no lado melhor",[34] com isso fez com que Palavra, Vāc, saísse dele mesmo. Seu não saber o salvou.

A cena permite assistir ao nascimento da oferenda como medida última de autodefesa. O momento é crucial, porque é sobre a oferenda — e sobre a cadeia ininterrupta de oferendas — que se funda o mundo seguinte. Mas outro evento irreversível se cumprira naquela cena, mais discretamente. E suas consequências não seriam menores. No momento em que, pela primeira vez, Prajāpati deu forma à palavra *svāhā*, nasceu a autorreflexão. "*Svaāha*", "o que é seu falou", implica a formação de dois sujeitos, de uma primeira e uma terceira pessoas no interior da própria mente, que é Prajāpati. Tudo o que chamamos pensamento — mas também toda a imensa, nebulosa, esgarçada extensão da vida mental — estabelecia naquele momento os dois polos sobre os quais se sustentariam todos os instantes da consciência. Tão logo se reconhece a própria voz num ser separado, cria-se um Duplo que dialoga para sempre com aquele que diz Eu. E o próprio Eu revela ser não o último, mas apenas o penúltimo fundo do que se passa na mente. Ao lado de um Eu sempre haverá um Si — e ao lado do Si sempre haverá um Eu. Esse foi o momento em que se dividiram e se reconheceram. Somente porque o Eu de Prajāpati estava atormentado pela incerteza, pôde ele depois obedecer a seu Si, que lhe falava através de Vāc. Isso o ritualista não nos quer dizer explicitamente, mas é o cerne da doutrina. Aqui ela aparece em sua forma mais remota, longínqua, inalcançável. E é também a decisiva. Se Prajāpati não tivesse obedecido àquela voz, o mundo não teria tido tempo de nascer. A oferenda foi o único meio possível para escapar a uma ameaça mortal. Muito antes de pesar aos homens, a ameaça pesou ao Progenitor deles. Por isso os homens devem imitá-lo celebrando o *agnihotra*, derramando leite no fogo, todas as manhãs e todas as noites.

Prajāpati estava estendido e seu corpo era pura dor. Os deuses se aproximaram para lhe aliviar o sofrimento — e talvez curá-lo. Traziam nas mãos os *havis*, oferendas de vegetais, arroz, cevada, mas também leite, manteiga e alimentos cozidos. Com essas oferendas queriam tratar as articulações frouxas de Prajāpati. Em primeiro lugar, a articulação entre o dia e a noite, porque Prajāpati era feito de tempo. Por isso a aurora e o crepúsculo. Ali era preciso agir. Assim instituíram o *agnihotra*, a libação que deve ser feita todos os dias, ao nascer e ao pôr do sol. Depois se concentraram nas fases lunares, que também tornam visíveis o tempo e suas articulações. Enfim, pensaram nas estações, em seus inícios perceptíveis e certamente dolorosos no corpo do Progenitor.

A ação ritual se dirigia infalivelmente àqueles perigosos momentos de passagem em que a presença do tempo parecia evidente: entrar e sair da luz. Assim o *agnihotra* se tornou o primeiro de todos os ritos, uma célula capaz de libertar uma imensa energia, que invadia a totalidade do tempo.

Prajāpati concebeu uma paixão por sua filha, que era o Céu ou Uṣas, a Aurora:

“Que eu possa me unir a ela!”, pensou e uniu-se a ela.

Isso certamente era um mal aos olhos dos deuses. "Aquele que age assim em relação à filha, nossa irmã, [faz mal]", pensaram.

Os deuses então disseram ao deus que é senhor dos animais: "Certamente faz mal aquele que age assim em relação à sua filha, nossa irmã. Trespassa-o!". Rudra, mirando, trespassou-o. Metade de seu sêmen caiu no chão. E assim aconteceu.

Sobre isso, assim falou o *ṛṣi*: "Quando o Pai abraçou a Filha, unindo-se a ela, verteu sêmen na terra". Este se tornou o canto chamado *āgnimāruta*: nele mostra-se como os deuses fizeram algo surgir daquele sêmen. Quando a ira dos deuses se aplacou, curaram Prajāpati e extraíram aquela flecha; porque Prajāpati certamente é o sacrifício.

Disseram: "Pensai em alguma maneira para não se perder tudo isso e como pode se tornar uma pequena porção da própria oferenda".

Disseram: "Levai-a a Bhaga, que está sentado no sul: Bhaga vai comê-la como primeira porção, e será como se tivesse sido uma oferenda". Assim a levaram a Bhaga, que se sentava no sul. Bhaga olhou-a: queimou seus olhos. E assim aconteceu. Por isso dizem: "Bhaga é cego".

Disseram: "Ainda não se aquietou: levai-a a Pūṣan". Então a levaram a Pūṣan. Pūṣan a experimentou: quebrou seus dentes. Assim aconteceu. Por isso dizem: "Pūṣan é desdentado". E por isso, quando preparam uma massa de arroz cozido para Pūṣan, preparam-na com arroz triturado, como se faz para um desdentado.

Disseram: "Ainda não se aquietou; aqui: levai-a a Bṛhaspati". Então a levaram a Bṛhaspati. Bṛhaspati correu para Savitṛ, porque Savitṛ é o Impulsor. "Dá-lhe impulso para mim", disse ele. Savitṛ, sendo aquele que dá impulso, deu portanto impulso e, tendo recebido impulso de Savitṛ, ela não o feriu, e por isso desde então se aquietou. E esta é a primeira porção.[35]

Os deuses já existem, pois assistem à cena e, aliás, instigam Rudra a trespassar o Pai com sua flecha, para castigá-lo pelo mal que está praticando — que certamente não é o incesto, visto que, um pouco mais adiante no próprio *Śatapatha Brāhmaṇa*, quando se chega à história de Manu e do dilúvio, lê-se que Manu se uniu à filha e "através dela gerou essa estirpe [dos homens], que é a estirpe de Manu; e, qualquer bênção que ele invocasse por meio dela, tudo lhe era concedido".[36] Por outro lado, é exatamente graças ao sêmen que o Pai alvejado derrama no chão, no momento em que se separa da Filha, que depois surgem os próprios deuses, a começar pelos Āditya, os deuses maiores. E nascem porque são eles mesmos que agitam e aquecem a poça formada pelo sêmen do Pai, até transformá-la num lago ardente. É como se os deuses tivessem de nascer *uma segunda vez* — agora de um ato sexual culpado e interrompido: como se, de certo modo, tivessem provocado aquela cena violenta para poderem nascer dessa nova maneira, que um dia os homens viriam a considerar no mínimo inatural.

Os deuses são perpassados por dois sentimentos sucessivos: a ira em relação ao Pai e a preocupação em curá-lo. A ira corresponde à violência que está onipresente no sacrifício. A cura do ferimento, que é o próprio sacrifício, seria, por sua vez, o elemento de salvação implícito no sacrifício. Os dois elementos convivem no minúsculo pedaço de carne que é arrancado do corpo de Prajāpati, ali onde a flecha penetrou. Ela é a própria carne do sacrifício, visto que "Prajāpati certamente é o sacrifício", mas a ponta metálica é arrancada de um outro mundo: Prajāpati é o caçador caçado, o sacrificante sacrificado. Isso é intolerável, até para os deuses. Aquele pedacinho de carne é como um ultrassom insuportável, que os subjuga. O sacrifício é mais poderoso do que os deuses.

Mas isso era necessário para que se formasse a *primeira porção* do sacrifício, essa primícia que continha em si a explosiva potência e o significado do todo: "Ora, quando [o oficiante] corta a primeira porção (*prāśitra*), corta o que é ferido no sacrifício, o que pertence a Rudra".[37] O sacrifício é uma ferida — e a tentativa de curar uma ferida. É uma culpa — e a tentativa de saná-la. "O que é ferido no sacrifício, o que pertence a Rudra":[38] a obra dos brâmanes e dos homens em geral que está implícita no próprio ato em que a existência se manifesta, não só antes dos homens, mas antes dos deuses. Os deuses, então, foram apenas espectadores e instigadores. Atores foram Prajāpati, Rudra, Uṣas. E a cena era um mundo antes do mundo, que jamais se confundirá com o mundo.

O equilíbrio cósmico se sustenta sobre duas entidades minúsculas, de poder imenso: o grão de cevada no coração, de que falarão as Upaniṣad, capaz de se expandir para além de todos os mundos, e o *prāśitra*, a "primeira porção" que cabe ao brâmane, aquele fragmento da carne de Prajāpati dilacerada pela ponta da flecha de Rudra. Diz-se que ela também deve ser do tamanho de um grão de cevada ou de uma baga de *pippala* (*Ficus religiosa*).

Essa *parte de Rudra* tem algo de excessivo, dissolvente. E, no entanto, era ela, necessariamente, a *primeira oferenda* do sacrifício. Sem esse início, toda a obra seria vã. Mas essa primeira oferenda era justamente o intratável, o indomável. Os deuses já se desesperavam. Estavam se rendendo a uma pura força que os subjugava. Naquele momento, mostrou-se a enorme sagacidade do brâmane. Fazia tempo que Bṛhaspati celebrava os ritos para os deuses, que até então não haviam entendido que isso lhe conferia uma sabedoria superior. Bṛhaspati se valeu da ajuda de Savitṛ, o Impulsor, mas foi o primeiro e único a aproximar a boca daquele minúsculo pedaço de carne. Engoliu-o, disse ele, "com a boca de Agni":[39] fogo com fogo. Mas não ousou mastigá-lo. Depois limpou a boca com água, em silêncio. Naquele momento, os deuses entenderam como os brâmanes eram indispensáveis. Entenderam que o brâmane é "o melhor médico"[40] do sacrifício. Sem ele, jamais conseguiriam dar um passo. Toda obra possível era para eles um sacrifício, mas o sacrifício não seria possível sem a assistência daquele ser que ousava aproximar a boca do pedacinho de carne ferida. Em sua pureza, na alvura de suas vestes, desde então os brâmanes carregaram consigo a lembrança daquele gesto com o qual, pela primeira vez, o sangue da ferida desaparecera num deles, que o absorvera sem se destruir. E, desde então, às vezes chegavam a mostrar uma certa altivez mesmo em relação aos deuses.

O brâmane se distingue de todos os outros porque sua fisiologia é tal que lhe permite ingerir um poderoso veneno, que derrubaria qualquer outro. Do mesmo modo, Śiva conseguiu beber o veneno do mundo, que depois formou uma mancha azul em seu pescoço. Se Śiva e os brâmanes, em várias circunstâncias, mostravam uma feroz hostilidade mútua, isso não bastava para encobrir sua cumplicidade fundamental: a de serem os únicos que tinham a capacidade de absorver o veneno do mundo. O brâmane não age, a não ser quando apenas ele pode agir, como no caso do *prāśitra*, o qual apenas ele pode ingerir. Não fala, a não ser quando apenas ele pode falar — e isso ocorre quando se comete algum erro na realização do sacrifício. Então o brâmane dispõe de três invocações — *bhūr*, *bhuvas*, *svar* —, que operam como medicamentos aplicados nas articulações frouxas da cerimônia. Essas palavras não se confundem com as outras da liturgia. A palavra do brâmane "está carregada do inexpresso ilimitado, *anirukta*, cujo símbolo é o silêncio".[41] Enquanto portador do "inexpresso ilimitado", o brâmane é o representante direto de Prajāpati. Quando Prajāpati desaparecer da mitologia e seu lugar for ocupado pelo Brahmā, os brâmanes permanecerão.

De resto, o brâmane observa, silencioso, o que ocorre. Fica sentado no sul, porque essa é a zona perigosa, de onde pode vir um ataque a qualquer instante. Por parte de quem? Quando os deuses oficiavam, temiam-se as emboscadas dos antideuses, dos Asura e dos Rakṣas, demônios perversos. Os homens, entretanto, devem tomar cuidado com o "rival malévolo": o inimigo em geral, o adversário, que é a sombra sempre presente em toda celebração litúrgica.

O brâmane é o "guardião" do sacrifício.[42] Nisso corresponde aos Saptarṣi, que do alto dos sete astros da Ursa Maior vigiam a terra. Seu silêncio o aproxima de Prajāpati e o aparta do tropel dos deuses. Todas as tarefas do brâmane se reduzem a uma só: curar aquele ferimento que é o sacrifício. Seu principal cuidado é que a ferida seja infligida do modo correto, e por isso vigia os gestos e as palavras dos outros sacerdotes. Por fim, recompõe o sacrifício dilacerado envolvendo-o em seu silêncio.

Muitos são os paradoxos nas relações entre Prajāpati e Mṛtyu, Morte (ser masculino). Prajāpati nasceu provido de uma vida de mil anos. E visto que, aqui, mil indica uma totalidade, poderia se pensar que indicava uma duração ilimitada. Mas, quando Prajāpati começou a gerar as criaturas, durante sua gravidez das criaturas, Morte se instalou na matriz e agarrou todas elas, uma a uma. O resultado do duelo foi evidente: "Enquanto Prajāpati estava gerando os seres vivos, Mṛtyu, Morte, aquele mal, o atacou".[43] Prajāpati assim foi derrotado e neutralizado durante o processo de criação. Por mil anos teve de praticar o *tapas* para vencer aquele mal que é Morte. Mas de quais anos estamos falando? Esses mil anos são os mesmos que assinalavam a duração de sua vida? Nesse caso, a vida de Prajāpati consistiria numa longa, infindável tentativa de se opor ao predomínio — já afirmado — de Morte. Portanto, a vida daquele a quem as criaturas devem a vida seria, antes de mais nada, uma tentativa de reagir a Morte e de se subtrair a seu poder.

De que meios Prajāpati se muniu para criar os seres e os mundos, em suas repetidas tentativas? Com o "ardor", *tapas*, e com a "visão" de um rito. Atos ligados: o ardor fomenta a visão, a visão exalta o ardor. Não há traço de uma *vontade*, de uma decisão soberana e abstrata, que se impõe do exterior. Ou melhor: toda vontade é um "desejo", *kāma*, que se elabora no ardor e se delineia na visão. Não existe uma vontade separada de sua laboriosa fisiologia.

A morte não é intrínseca à divindade, mas é intrínseca à criação (porque a criação que teve êxito é sexual: do mesmo modo, no mundo natural, a morte entrará em jogo junto com a reprodução sexual). Não há criação sem morte — e essa morte se instala não apenas nas criaturas, mas em seu Progenitor. Por isso os deuses, filhos de Prajāpati, recriminavam-no por ter criado Morte. E às vezes eram paralisados pela percepção de que o próprio Prajāpati era Morte. Mas, como sempre acontece com os filhos, pouco sabiam da história do Pai. O fato de ser Ano, portanto, Tempo, expunha-o a uma desintegração contínua. Não podia evitar o convívio com esses dois parasitas irredutíveis, que ele mesmo criara, mas eles se aninhavam nele e igualmente iriam se aninhar em todo ser gerado.

A conexão entre o mal e Mṛtyu, Morte, além da ligação entre morte e desejo, ficou definitivamente esclarecida quando se chegou à equivalência: "Morte é fome".[44] Nessa revelação estreitava-se o vínculo entre o desejo e o mal, por meio de Morte. Fome é um desejo, mas desejo que implica uma morte, porque faz desaparecer algo. A inevitabilidade do mal, que é Morte, dava-se assim no primeiro desejo, o de perpetuar a vida, que é fome.

Tais como os deuses, os homens lamentaram que seu pai Prajāpati tivesse gerado também Mṛtyu, Morte. Lembravam sempre que: "Acima das criaturas, [Prajāpati] criou Morte como aquele que as devora".[45] Mas Prajāpati foi também o primeiro a sentir o terror de Morte, que se instalou nele, embora encerrado no imortal. Essa parte dele teve medo de Morte com a mesma intensidade e violência que depois conheceriam os homens. A primeira de todas as fugas para se esconder — anterior às fugas de Agni, Indra, Śiva — foi a de Prajāpati, que, para escapar de Morte, se tornou água e argila. A terra nasceu como refúgio do medo de Morte. Contudo, Morte mostrou-se benevolente com Prajāpati. Garantiu aos deuses que não o feriria. Morte sabia, de fato, que Prajāpati estava protegido por seu lado imortal. Mas Morte foi além: convidou os deuses a procurar o pai com seus membros dispersos, convidou-os a recompô-lo. Assim, o altar do fogo não só salvava Prajāpati da agonia, mas, *por instigação de Morte*, recompunha seu corpo desarticulado. Uma ambiguidade que não se dissolveria jamais. No fundo, entre todos os seus filhos, Morte fora o primeiro a se perguntar onde estava o pai desaparecido. Os deuses, por seu turno, talvez já estivessem tocados por aquela indiferença que depois mostrariam em relação ao pai. Mas se puseram ao trabalho e, camada por camada, colocaram os tijolos uns sobre os outros.

Prajāpati é aquele que derrotou Mṛtyu, Morte, num incerto e incansável duelo ("prosseguiram por muitos anos, sem um triunfo duradouro").[46] Por fim, Morte se refugiou na cabana das mulheres. Mas, em outros relatos (anteriores? posteriores? simultâneos?), Prajāpati *é* Morte. Enquanto tal, aterroriza não só os homens, mas também os deuses: "Os deuses tinham medo desse Prajāpati, o Ano, o Morte, o Terminador, temendo que ele, através do dia e da noite, alcançasse o fim de suas vidas".[47] Para eliminar — ou pelo menos atenuar — esse medo, vários ritos foram inventados: o *agnihotra*, o sacrifício da Lua Nova e da Lua Cheia, o sacrifício dos animais, o sacrifício do *soma*. Mas o que resultou foi uma série de fracassos: "Oferecendo esses sacrifícios não alcançaram a imortalidade".[48]

Foi o próprio Prajāpati quem ensinou aos deuses e aos homens como avançar. Vira-os atarefados em construir um altar de tijolos, mas continuavam a errar nas dimensões, na forma. Como um pai paciente, Prajāpati lhes disse: "Não estais me dispondo em todas as minhas formas; fazeis-me demasiado grande ou insuficiente: por isso não vos tornais imortais".[49] Mas qual poderia ser a forma correta? A que conseguisse preencher totalmente a cavidade do tempo, empilhando tantos tijolos quantas são as horas do ano: 10 800. Essa quantia conformara os tijolos *lokampṛṇā*, "que preenchem o espaço".[50] E, dessa vez, os deuses conseguiram se tornar imortais.

Mṛtyu estava preocupado. Pensava que um dia os homens, que imitam os deuses, também conseguiriam se tornar imortais. Então:

> Morte disse aos deuses: "Assim certamente todos os homens vão se tornar imortais, e então qual será minha parte?". Eles responderam: "De agora em diante, ninguém será imortal com o corpo: somente quando pegares o corpo como tua parte, aquele que deve se tornar imortal por meio do conhecimento ou por meio da obra sagrada se tornará imortal, depois de ter se separado do corpo".[51]

Mesmo quando todos os cálculos estão corretos, mesmo quando os 10 800 + 360 + 36 tijolos correspondem, um por um, às indicações de Prajāpati, o último interlocutor é sempre Morte. Ele não queria renunciar à sua parte só porque os deuses tinham se tornado mestres em compor formas. Se agora os homens, empilhando tijolos, também conseguissem se tornar imortais, Morte ficaria sem função, como um pastor ocioso abandonado por seu rebanho. Os deuses viram aí uma ocasião para criar mais uma barreira em relação aos homens. Não pretendiam assistir ao desaparecimento de seus privilégios duramente conquistados. Assim, por sobre a cabeça dos homens foi selado o pacto entre Morte e os deuses. Os homens se tornariam imortais, mas sem seus corpos. Estes eram os despojos entregues para sempre a Morte. É esse o ponto que sempre tornou dúbia qualquer promessa de imortalidade. Os homens, de fato, preferiam seu corpo caduco aos esplendores do espírito. Desconfiavam das almas desencarnadas, entidades vagamente maçantes e sinistras. Desse modo, o compromisso entre os deuses e Morte foi tido como um logro.

A imortalidade celeste que os deuses concederam aos homens era uma imortalidade diminuída. No decorrer do tempo, o corpo celeste estava destinado a se adelgaçar e se fragmentar. A atração pela terra agiria outra vez, como um poderoso sorvedouro para baixo. A vida recomeçaria, em outras formas. Mas também a morte se repetiria. Assim, os homens acabaram por ver as diversas vidas como, sobretudo, uma sequência de mortes. E pensaram que, para escapar à repetição da morte, a imortalidade celeste não bastava. Era preciso libertar-se da própria vida.

Já nos Brāhmaṇa — e não só nas Upaniṣad — o verdadeiro inimigo não é Morte, Mṛtyu, mas "morte recorrente", *punarmṛtyu*. A obsessão pela cadeia das mortes — e, portanto, dos nascimentos — não é budista, mas védica. O Buddha formulou de outra maneira, com desvios radicais, uma via para se subtrair a essa cadeia. Mas a doutrina que o antecedera não era menos ousada.

Onde acabara Morte, após o extenuante duelo com Prajāpati, depois de se refugiar na cabana das mulheres? Ninguém o viu sair de lá, até hoje. Nem por isso Morte desapareceu. Para vê-lo, basta erguer o olhar. A luz do sol nos ofusca numa claridade difusa. Mas no interior descobrimos um círculo negro. Permanece, insistente, nos olhos. Há uma figura, um homem no Sol: este é Morte. E sempre estará ali, porque "Morte não morre",[52] protegido em todo o seu entorno pelo imortal. Este é seu sarcástico paradoxo: a perenidade da casca garante também a perenidade do que ela encerra — nesse caso, Morte. Quando se celebra o imortal, ao mesmo tempo — e sem sabê-lo — celebra-se Morte, que está "dentro do imortal".[53]

> Prajāpati estava ardendo enquanto aqui criava os seres vivos. Dele, exausto e superaquecido, saiu Śrī, Esplendor. Estava ali resplandecendo, cintilante e trêmula. Os deuses, vendo-a tão resplandecente, cintilante e trêmula, fixaram sua mente nela.
>
> Disseram a Prajāpati: "Matemo-la e tiremos tudo isso dela". Ele disse: "Esta Śrī é uma mulher e não se mata uma mulher, mas arranca-se tudo dela e deixa-se-a viva".[54]

Śrī, o esplendor do mundo, foi o primeiro objeto de roubo. Era uma moça luminosa, que tremia na solidão, enquanto os olhos cobiçosos se detinham sobre ela. O primeiro pensamento que tiveram foi o de matá-la. Imediatamente contaram ao Pai. Prajāpati agonizava. Estava pensando mais em sua morte. O criar o desarraigara de dentro de si. E agora seus filhos lhe vinham pedir aprovação para matar sua última filha, a mais jovem. Prajāpati sabia que a ira ou a fúria não teriam eficácia contra os deuses. Eram gananciosos demais. No fundo, ainda eram seres desprovidos de qualidade, ainda precisavam conquistar todas as espécies de encanto e potência. Não eram muito diferentes dos assaltantes à espreita nas estradas. A comparação era inevitável, embora os homens ainda não existissem — nem os bandoleiros. Assim Prajāpati disse: "Matar uma mulher é coisa que não se faz. Mas arrancar tudo o que traz sobre si, até a mais fina tornozeleira, isso se pode fazer". Os deuses seguiram o conselho do Pai, a quem já desdenhavam, mas no fundo era o único ser que tinha conhecimento de algo. Os deuses sabiam apenas que eram os *parvenus* do mundo. Afastaram-se persuadidos pelo Pai.

Eram dez deuses, nove masculinos e uma feminina. Rodearam Śrī e a dominaram. Cada um dos agressores tinha em mente algo preciso de que queria se apoderar. Śrī ficou abandonada, mais trêmula do que nunca. Mas continuava sempre a resplandecer, pois, para cada membrana de luz que lhe arrancavam, outra aflorava. Mas ela não sabia. Desesperada, humilhada, pensou também em pedir conselho ao Pai. Prajāpati continuava a agonizar. Tudo ocorrera como havia previsto. Tratava-se agora de dar o conselho mais eficaz à filha. Śrī jamais poderia recuperar seus soberbos ornamentos com a força. Ririam na cara dela. E os mais gentis pediriam algo em troca. Assim Prajāpati sugeriu a ideia do sacrifício. Na clareira desolada, ela colocaria um certo número de oferendas. Modestas, em recipientes de barro. Mas o que mais havia, ali em torno? Sarças e areia. Como uma moça diligente na cozinha de casa, Śrī preparou as oferendas aos dez seres que a haviam atacado. Humildemente, pedia de volta o mesmo número de partes de si mesma, como a Soberania ou as Belas Formas. Os deuses ouviram em silêncio suas invocações — e apreciaram sua precisão. Depois, com cautela, aproximaram-se e aceitaram as pobres oferendas. Śrī voltou a se vestir, pouco a pouco, com suas membranas cintilantes. Mas nem por isso os deuses foram privados delas. Cada um continuaria a supervisionar aqueles esplendores — pelo menos para que, depois de Śrī, outros seres, por exemplo os homens, continuassem a lhes prestar oferendas, talvez um pouco mais ricas.

"No início", *agre*, o sacrifício é um recurso sugerido por Prajāpati à filha para reagir à rapacidade dos deuses. Os homens não tomaram parte, a não ser muito mais tarde — e apenas como imitadores daqueles eventos. O fato anterior a todo fato foi uma violência, uma dilaceração prolongada, cujas consequências era preciso remediar, abrandar. "O que aparece, no próprio momento em que aparece, é já um objeto de roubo", pensou Prajāpati, aquele que fora o primeiro a sofrê-lo, quando não hesitaram em pilhá-lo de si mesmo. Tal como ocorrera com sua filha. Mas, se o mundo queria existir, se queria ter uma história e algum sentido, tudo o que saíra de Prajāpati e depois desaparecera como butim a ser escondido precisaria ser reencontrado e reintegrado. Longo empreendimento, tão longo quanto o mundo. Para que chegasse a bom termo, era preciso que outras coisas, talvez um pouco de água ou uma papa de arroz, fossem consumidas, destruídas. Todo dia era preciso pôr o sacrifício em obra. Essa era a obra, a única obra. Toda ação, todo gesto seria uma parte dele. Assim pensou Prajāpati, estendido e abandonado.

O que aconteceu com Prajāpati ao fim de seus mil anos atormentados e solitários? O *Śatapatha Brāhmaṇa* comenta: "Sobre isso diz-se no *Ṛgveda:* 'Não é vão o esforço que os deuses olham com favor': pois, na verdade, para aquele que sabe assim, não há esforço vão e os deuses olham com favor todas as suas ações'".[55] Esse comentário vem como conclusão do relato dos mil anos que Prajāpati passou praticando o *tapas*, enquanto Morte o oprimia. E é uma resposta à primeira dúvida que acometia os ritualistas: será o *tapas* eficaz? E será sempre eficaz? O *tapas* de Prajāpati foi suficiente para gerar o mundo: mas o *tapas* dos homens herdará sua eficácia de alguma maneira? A resposta está no verso do *Ṛgveda*: não há nenhum automatismo na eficácia do *tapas*, que é o trabalho, o esforço por excelência, mas um esforço que também pode ser vão, visto que nada tem efeito se os deuses não tiverem um olhar favorável. Ao mesmo tempo, os deuses não podem se eximir de ter um olhar favorável ao esforço "daquele que sabe assim": o conhecimento, de algum modo, coage os deuses, obriga-os a olhar com perene favor "aquele que sabe assim". Por isso os deuses temem o conhecimento nos homens. Sabem que ao conhecimento não podem resistir.

Quando Prajāpati foi desarticulado, a sequência das cenas que ocorreram variou entre os diversos gêneros literários. Com Agni, o filho primogênito, que logo quis devorar o Pai, descobriu-se a tensão irreprimível do drama entre pai e filho, reduzido a seus elementos constitutivos. Ao redor, tudo era vazio e deserto. Com aqueles outros filhos que eram os Deva, as cenas também foram dramáticas, mas com uma ponta de comédia — e de comicidade macabra, pelo menos na imagem dos filhos que fugiam, ansiosos e furtivos, segurando apertado algum pedacinho do corpo do Pai. Com os Gandharva e as Apsaras, no entanto, entrou-se em plena *féerie*. Aqui o pintor chamado a celebrar o evento deveria ser Füssli. Dos membros doloridos de Prajāpati saíam aos pares, como num corpo de baile, os Gandharva e as Apsaras, modelos de todos os Gênios e todas as Ninfas. Cingiam-se pela cintura, eram a origem de todos os casais. Nem se preocupavam em se apossar de algum pedaço do corpo do Pai. Eram, antes de mais nada, "perfume", *gandha*, e "bela forma". Assim teve início a literatura galante: "Desde então, todo aquele que vai à companheira deseja doce perfume e bela forma".[56]

Mas o Pai agonizante os observava e já pensava em como capturá-los, como reabsorvê-los em seu próprio corpo, do qual haviam escapado. Agora, porém, não houve confronto, nem sequer uma negociação, como fora no caso de Agni, dos Deva, dos Asura. Dessa vez, tudo se passou como numa apresentação de Busby Berkeley. Prajāpati escolheu o cerco. E a arma para fazer o cerco a Gênios e Ninfas seria uma carroça, que logo ficou apinhada com aqueles seres leves e inconscientes, fervilhantes. Por sua vez, "esta carroça é lá aquele Sol".[57] E à sua luz os suaves corpos das Apsaras se tornavam mosquitos. Assim foi que Prajāpati se reapropriou daqueles inúmeros seres demoníacos que, unidos em pares, haviam se afastado dele.

Depois de ter criado os seres vivos, Prajāpati assistira a um espetáculo cruel: "Varuṇa os agarrava [com seu laço] e, tão logo eram agarrados por Varuṇa, inchavam".[58] Era preciso curar esses pobres hidrópicos com as oblações do *varuṇapraghāsa*, uma das quais consistia em espalhar frutos de *karīra* (da família das alcaparras) sobre alguns pratos de leite coalhado:

> Segue-se depois um doce em tigelas de barro para Ka; porque, por meio de um doce numa tigela de barro para Ka, Prajāpati proporcionou felicidade (*ka*) às criaturas e, assim, agora o sacrificante proporciona felicidade às criaturas por meio daquele doce numa tigela de barro: esse é o motivo pelo qual há um doce numa tigela de barro para Ka.[59]

Esse doce numa tigela servia para revelar algo que, de outra maneira, poderia escapar à atenção. Os homens já sabiam que o mistério da identidade se aninhava não nos deuses, mas em seu Progenitor: Prajāpati. Agora, por trás desse nome, que antes era uma denominação, descobria-se outro, que era um pronome interrogativo: Ka, *Quem*? E por trás dele? Não se viam outros nomes. Estava-se no indefinido, ilimitado, transbordante, que era a própria natureza de Prajāpati. Uma natureza que obrigava a dar um passo além dos deuses. Mas em qual direção? De Prajāpati pouco se sabia quanto à sua imensidão ilimitada. E, naquele pouco que se sabia, o que se destacava era o sofrimento, o longo tormento do corpo desarticulado e ferido. O que mais? Desejo puro — ou elaborado no árduo e extenuante *tapas*. Desse modo, se aproximavam dele com cautela, como de algo dolorido. E aqui se mostrou o imprevisto: Ka também significa *felicidade*. Por isso frutos de *karīra* eram espalhados sobre o leite coalhado: para proporcionar felicidade às criaturas. Isso já era uma surpresa. Aquele que era a imagem do tormento tornava-se o acesso à felicidade. Mas o que era a felicidade? Os filhos de Prajāpati, por exemplo, pareciam conhecer apenas a fome ou a fuga. E agora descobriam que algo mais se ocultava em seu Pai, como a sílaba *ka* na planta *karīra*. Como alcançá-lo? Uma vez Prajāpati respondeu à pergunta, e com a precisão de um agrimensor: "O quanto ofereceis, tanta é minha felicidade".[60] A felicidade aparecia ligada, solidamente vinculada à oferenda. E a oferenda primeira era a construção de tijolos na qual se recompunha o corpo de Prajāpati. De fato: "Pois para ele havia felicidade (*ka*) no que era oferecido (*iṣṭa*), por isso esses são tijolos (*iṣṭakā*)".[61] Assim, a palavra que designava os tijolos do altar do fogo unia em si, com a mais forte ligação, que é a da sílaba com a sílaba vizinha, a *oferenda* (*iṣṭi*) e a *felicidade* (*ka*). Significando "felicidade na oferenda". Foi uma surpresa, essa frase do Pai, que ficou gravada na memória dos filhos. A partir daí, os filhos aplicaram-se como nunca ao altar do fogo, aprenderam a elaborar uma composição de *tijolos felizes*, porque queriam obstinadamente recompor a identidade perdida do Pai. Somente assim lhe restituiriam a felicidade, somente assim a felicidade desceria sobre eles mesmos, por meio daquele doce acondicionado numa tigela de barro.

Mas a especulação linguística dos ritualistas é incontrolável. Outro significado aflora na *Chāndogya Upaniṣad*. E provém da voz mais respeitável, a dos fogos que o estudante Upakosala zelara durante doze anos, durante seu noviciado junto a Satyakāma Jābāla. O mestre dispensara todos os seus discípulos, exceto Upakosala, que se tornara triste e se recusava a comer. A mulher do mestre perguntou o motivo e Upakosala respondeu: "Nesta pessoa há desejos múltiplos. Estou repleto de inquietações. Não comerei".[62] Foi aí que os fogos decidiram intervir. Estavam gratos àquele discípulo que zelara por eles com grande cuidado. Quiseram explicar-lhe, com o mínimo de palavras, algo indispensável. Disseram: "O *brahman* é sopro, o *brahman* é felicidade (*ka*), o *brahman* é espaço (*kha*)".[63] O estudante ainda estava perplexo. Disse: "Sei que o *brahman* é sopro. Mas não sei o que é *ka* e *kha*". Os fogos responderam: "O que é *ka* é *kha*, o que é *kha* é *ka*". O texto acrescenta: "Explicaram-lhe assim o sopro e o espaço".[64] Dos comentários linguísticos (*Bṛhaddevatā* e *Nirukta*) depreende-se que Ka era também *kāma*, "desejo", e *sukha*, "felicidade". Mas agora *kha*, "espaço", também se sobrepunha no mesmo nome. E o que ele era foi especificado num ponto crucial da *Bṛhadāraṇyaka Upaniṣad*: "O *brahman* é *kha*, espaço; o espaço é primordial, o espaço é ventoso".[65]

Os etimologistas e lexicógrafos se aproximam de certos detalhes eloquentes que nem sempre os ritualistas admitem. Por trás do corpo desarticulado de Prajāpati, que "correu toda a corrida"[66] e acabou por cair sobre o próprio olho, do qual brotava alimento como se fossem lágrimas ("Dele, assim caído, fluía o alimento: era de seu olho sobre o qual jazia que o alimento fluía"),[67] por trás de sua figura indistinta da qual o filho Indra logo quisera subtrair grandeza e esplendor, começava-se a entrever uma ilimitada extensão de desejo, que se sobrepunha a uma felicidade anterior a toda existência, num espaço anterior a tudo e capaz de acolher tudo, numa perene circulação de ventos. E este era Ka.

Ka, kha, distintas na grafia, quase indistintas no som, essas duas sílabas, unindo-se, deviam curar toda tristeza. Por quê? Dessa vez, em *ka*, somente como uma sombra se delineava Prajāpati, e o que se destacava era o significado de "felicidade", *sukha*. A felicidade se difundia no espaço (*kha*) — e o espaço permitia à felicidade respirar. Em outra ocasião, outro mestre especificara para Upakosala o que é essa simples abertura do espaço que é *kha* (e significa também "orifício", "ferida", "zero").

Mas como se manifesta o *brahman* em *kha*, no "espaço aberto"? Na forma de clepsidra. Na parte superior, ela se expande na totalidade do espaço exterior. No estreitamento, contrai-se num ponto quase imperceptível, situado numa minúscula cavidade no coração de todos. Atrás dela descortina-se uma imensidão equivalente à do mundo exterior. Pelo estreitamento passa o grão de mostarda upaniṣádico (e evangélico) e se expande no invisível. Uma passagem da *Chāndogya Upaniṣad* enuncia tudo isso (uma revelação que subverte todo pensamento anterior) do modo mais simples, mais direto, como numa conversa tranquila e persuasiva: "O que se chama *brahman* é esse espaço, *ākāśa*, que é externo ao homem. Esse espaço que é externo ao homem é o mesmo que é interno ao homem. E esse espaço interno ao homem é o mesmo que fica dentro do coração. É o pleno, o imutável".[68] A aura que envolve as pessoas é o sinal que permite pressagiar a presença da parte inferior da clepsidra. Para os românticos alemães, a exploração da interioridade era uma busca do estreitamento na clepsidra, sem a ajuda dos ritos e dos fogos.

Arka: palavra que pertence a uma linguagem secreta, da qual pouco sabemos. Quem a reconheceu foi o mais severo sacerdote da *Śatapatha Brāhmaṇa*, Armand Minard, que dedicou a obra de sua vida a comentá-la, sílaba por sílaba, não sem a perversa satisfação de dificultar ainda mais o acesso a ela:

> *arká-*: raio (relâmpago, chama, fogo, sol); planta cujas folhas rajadas trazem a oferenda a Rudra em sua centúria lustral (*śatarudriya*); louvação, hino (= *uktha*), que é talvez o sentido primeiro (Ren.

JAs 1939 344 n. 1). Essa polissemia alimenta infinitas especulações (assim x 6 2 5-10). E a palavra é (quase, *525 a*) sempre, como aqui (e *363*), tomada em dois ou mais sentidos.[69]

Essas palavras comentam *Śatapatha Brāhmaṇa*, 10, 3, 4, 3 ("Conheces o *arka*? Muito bem, que Vossa Senhoria se digne a no-lo ensinar"),[70] e podem provocar o frêmito da embriaguez filológica à qual Minard se entregava. Em outro estilo, serve-lhe de contracanto Stella Kramrisch: "*Arka* é qualquer coisa que irradie. É raio, esplendor e fulgor. É o canto".[71]

A passagem comentada por Minard é um exemplo insolente de um interrogatório por enigmas, no qual, por trás dos detalhes da *arka* enquanto planta (*Calotropis gigantea*), transparece o corpo do homem ("Conheces as flores da *arka*? Com isso referia-se aos olhos" —[72] e assim sucessivamente para os demais órgãos), enquanto por trás da *arka*, por sua vez, delineava-se Agni, até a equação derradeira: "Aquele que considera Agni como *arka* e como o homem, em seu corpo aquele Agni, a *arka*, será construído por meio do conhecimento de que 'Eu aqui sou Agni, a *arka*'".[73] Mas na *arka* haviam se instalado também Ka e *ka*, "felicidade". Logo após o início da *Bṛhadāraṇyaka Upaniṣad*, fascinante cortejo de divindades guiadas pela jovem Aurora, Uṣas, que revela ser "a cabeça do cavalo do sacrifício",[74] passa-se à *arka*:

> No início não havia nada aqui embaixo. Tudo estava envolvido por Morte [Mṛtyu], pela fome, porque fome é Morte. Ele [Mṛtyu] concebeu este pensamento: "Que eu possa ter um Si". Assim deu início a uma prece. E, enquanto orava, foram geradas as águas. Ele disse: "Enquanto orava [*arc-*], coube-me a felicidade" [*ka*, segundo Senart; mas *ka* também significa "água", por isso Olivelle traduz: "Enquanto me dedicava a uma recitação litúrgica, a água jorrou de mim"]. Disso deriva o nome *arka*. A felicidade cabe a quem sabe assim,

porque a *arka* se chama *arka* [aqui Olivelle se vê em dificuldades, pois precisa traduzir: "A água jorra daquele que sabe assim"].[75]

Mas a narrativa prossegue: "As espumas das águas se solidificaram e foi a terra. Sobre a terra ele [Mṛtyu] se esforçou. Quando estava exausto e ardente, a essência de seu raio se tornou o fogo".[76] Depois das águas e da terra, formaram-se outras partes do mundo: o Sol, o vento. Era o sopro da vida que se decompunha em partes. Então Morte desejou: "Que possa nascer um segundo Si. Morte, que é fome, uniu-se mentalmente (*manasā*) numa cópula (*mithunam*) com Palavra, Vāc. O que era o sêmen tornou-se o Ano".[77] A Palavra, Vāc, como filha à qual imediatamente se uniria, a aparição do Tempo (Ano): tudo isso já se encontrava no longo texto que tem na *Bṛhadāraṇyaka Upaniṣad* sua parte final, sua despedida: o *Śatapatha Brāhmaṇa*. Porém, ali o tema era Prajāpati, e aqui Mṛtyu, Morte, que continuava a se conduzir como Prajāpati. Pratica o *tapas*, extenua-se, desmembra-se. De seu corpo fogem "os sopros: o esplendor, a energia".[78] Como ocorre também nas histórias de Prajāpati, seu corpo incha. É uma carcaça, mas ainda hospeda a mente. Então Mṛtyu pensou em fazer outro corpo para si. Na mente formularam-se as mesmas palavras que ele se dissera no início: "Que eu possa ter um Si".[79] Então se tornou cavalo, *aśva*, porque tinha "inchado", *aśvat*. E uma vez que Mṛtyu se inchou no cavalo, poderá sacrificá-lo porque "o que inchara se tornara adequado ao sacrifício (*medhya*)".[80] Essa é a origem do sacrifício do cavalo, *aśvamedha*. Sentimos que aqui opera o mesmo procedimento, cifrado e fulminante, que operava na palavra *arka*. De fato, o texto não deixa de indicá-lo: "São dois, *arka* e *aśvamedha*, mas há uma só divindade, que é Mṛtyu".[81] Até o fim, até a instituição do *aśvamedha*, que é o soberano entre os sacrifícios, Mṛtyu e Prajāpati se seguiram mutuamente, um nas pegadas do outro, como dois duplos de si mesmos. Mas só agora, na Upaniṣad "da floresta", formula-se a obsessão dilacerante dos ritualistas védicos, que nos Brāhmaṇa aparece de modo mais fugaz: a "morte recorrente", *punarmṛtyu*, o supremo entre os males que se pode sofrer. E a potência que permite escapar a ela é o próprio Mṛtyu, Morte: "Evita a morte recorrente, a morte não pode alcançá-lo, Mṛtyu se torna seu Si, se torna uma dessas divindades [aquele que sabe assim]".[82]

Como se chegara a essa assombrosa reviravolta, com a qual Morte se torna a libertação da morte? Foi um procedimento em várias etapas. No início, "Prajāpati criou as criaturas: dos sopros ascendentes emitiu os deuses, dos sopros descendentes os mortais. E, acima das criaturas, criou Morte como aquele que as devora".[83] Mais adiante, no mesmo *kāṇḍa* do *Śatapatha Brāhmaṇa*, falava-se de Prajāpati, que, "depois de ter criado as coisas existentes, se sentiu esvaziado e teve medo de Morte".[84] Um pouco adiante, diz-se: "Morte, que é o mal (*pāpmā mṛtyuḥ*)",[85] subjugou Prajāpati enquanto ele estava criando. Quanto mais se avança no texto, mais Mṛtyu se aproxima de Prajāpati e o assedia: presença que intimida e, por fim, entra em duelo. Quando se chega à *Bṛhadāraṇyaka Upaniṣad*, a situação já se inverteu: não se fala mais de Prajāpati, o tema é Mṛtyu — e Morte se submete a todas as provas, a todas as fadigas que Prajāpati passara. Significa isso que a Upaniṣad opera uma mudança radical de perspectiva? Certamente não. Tudo estava previamente determinado. Já no décimo *kāṇḍa* do *Śatapatha Brāhmaṇa* lia-se que Prajāpati é "o Ano, Morte, o Terminador".[86]

Aos oito anos, o pequeno brâmane se apresentou ao mestre dizendo: "Vim para me tornar aluno". Então o mestre lhe perguntou: "*Ka* (Quem, Qual) é teu nome?". Na pergunta já estava incluída a resposta: "*Ka* é teu nome". Naquele momento, o aluno ingressava na sombra de Prajāpati, adotando até mesmo seu nome: "Assim ele o torna pertencente a Prajāpati e o inicia";[87] todo o resto era decorrência. O mestre pegava a mão direita do aluno e dizia: "Tu te tornaste discípulo de Indra. Agni é teu mestre".[88] Poderosas divindades, que lançavam uma sombra. E naquela sombra encontravam-se Prajāpati e o próprio aluno, que naquele instante partia rumo a uma longa transformação. Duraria doze anos.

"Prajāpati é em verdade o sacrifício que aqui se celebra, e do qual essas criaturas nasceram: e de forma similar nascem ainda hoje."[89] As mesmas e idênticas palavras, nitidamente escandidas, se encontram por três vezes, a breves intervalos. Soam como uma advertência, um acordo inicial. Lembram-nos que a teologia de Prajāpati é, antes de mais nada, uma liturgia. Não se trata apenas de reconstituir os atos de Prajāpati, tal como foram na origem, para gerar os seres. Agora trata-se de cumprir atos correspondentes, para que os seres continuem a ser gerados. A ação de Prajāpati é ininterrupta e perene. É a ação que se realiza na mente, em toda mente, saiba ela ou não, quando de sua extensão inarticulada e ilimitada se destacam formas que têm um perfil e se distinguem do resto.

Para os videntes védicos, a cosmogonia não era o relato canônico dos primórdios, mas um gênero literário, que admitia um número indefinido de variantes. Todas, porém, compatíveis — *iva,* "por assim dizer". Ou, pelo menos, todas convergentes para um ponto que nunca deixava de estar presente: o sacrifício. O sacrifício era a respiração das cosmogonias múltiplas: histórias de um sacrifício específico que, ao mesmo tempo, fundavam o sacrifício. Sobre o que aconteceu a Prajāpati no início, há numerosas versões divergentes no interior de uma mesma obra. E a cada vez a nova versão serve para explicar algum detalhe do mundo como ele é. Se as histórias de Prajāpati não fossem uma pluralidade irredutível, o mundo seria mais pobre, menos ágil, menos capaz de metamorfoses. Quanto mais variegada a origem, tanto mais densa e impenetrável a trama do todo. Para designá-la, costuma-se dizer "os três mundos": o céu, a terra e o espaço atmosférico. Tudo o que acontece se desenvolve entre essas três camadas da realidade. E isso por si só bastaria para tornar o conjunto suficientemente complicado, pois as relações entre esses três níveis são densíssimas.

Mas o ritualista é o homem da dúvida. Para cada gesto que cumpre, espicaça-o uma dúvida: será este *o* gesto a ser cumprido? Isso recobrirá toda a realidade? Ou ainda restará uma realidade ulterior, que esse gesto não consegue tocar? Assim, a certo ponto, o ritualista alude a um *quarto mundo*. Se tal mundo existisse, seria uma revelação desestabilizadora, porque tudo o que se cumpriu até então guarda relação apenas com três mundos. Não bastará a pura existência do quarto mundo para inutilizar tal visão? E esse quarto mundo não estará talvez se sentindo ultrajado, por jamais ter sido levado em consideração? No entanto, "é incerto se o quarto mundo existe".[90] Portanto, reconhece-se que há uma dúvida insolúvel sobre a própria existência de um mundo inteiro. O que fazer? O ritualista está acostumado a abrir uma passagem, talvez provisória, por entre esses emaranhados. Se é incerta a existência do quarto mundo, "incerto é também o que ocorre em silêncio".[91] Assim, aos gestos que devem ser cumpridos recitando uma fórmula, será preciso acrescentar um gesto adicional que se cumpra em silêncio. Esse gesto será o reconhecimento de que o quarto mundo *poderia* existir. É o suficiente para prosseguir, rumo a outros gestos. Mas essa dúvida silenciosa permanece como pano de fundo de todas as especulações. Até que de súbito, lateralmente, e com a arrogância peculiar do esotérico, manifesta-se a frase que é a almejada resposta: "Prajāpati é o quarto mundo, em acréscimo e para além destes três".[92] As respostas aos enigmas têm um traço peculiar: tornam-se imediatamente outros enigmas, ainda mais radicais. É assim nesse caso também. Se Prajāpati é o "quarto mundo" — e a existência do quarto mundo é "incerta" —, a própria existência de Prajāpati será incerta: recuando até aquele que deu origem aos seres, já não se encontra algo sólido e seguro, e sim algo de cuja própria existência é legítimo duvidar, algo que, em todo caso, se pode ignorar sem que isso cause qualquer transtorno ao funcionamento do todo, daqueles "três mundos" com os quais mantemos relação contínua. Aqui a ousadia teológica dos ritualistas chega a ser ofuscante: implícita no mistério está a capacidade de instilar a dúvida sobre a própria existência, a capacidade de deixar o todo existir sem que seja necessário recorrer ao próprio mistério. Nada protege tanto o mistério quanto eludir sua própria presença.

Prajāpati: o ruído de fundo da existência, o zumbido constante que precede todo perfil sonoro, o silêncio por trás do qual se percebe o operar de uma mente que é *a* mente. É o *Es* do acontecer, quinta coluna que observa e sustenta cada evento.

5. Aqueles que viram os hinos

Diz-se que os hinos do *Ṛgveda* foram *vistos* pelos *ṛṣi*. Por isso os *ṛṣi* podem ser definidos como "videntes". Viram os hinos como se vê uma árvore ou um rio. Eram os seres mais desconcertantes do cosmo védico, os menos facilmente explicáveis. Dominantes entre eles, os Sete que residiam nos astros da Ursa Maior, os Saptarṣi, não deixavam de ter afinidade com os Sete Sábios helênicos, com os *abdāl* islâmicos e com os Sete Apkallu do Apsu acadiano. Mas algo na natureza dos *ṛṣi* constituía um escândalo epistemológico: somente a eles era concedido pertencer ao não manifesto e ao mesmo tempo intervir nos fatos do cotidiano, que eles regiam ocultamente.

E isto já era alarmante: que uma categoria metafísica, o *asat*, o "não manifesto", fosse uma categoria de seres que têm um nome. Assim, Hermann Oldenberg sentiu imediata necessidade de limpar o terreno de comparações indevidas: "Esse não ser era um ser de espécie muito diferente do de Parmênides — e aqui pouco se encontrava de seu rigor em tratar com apaixonada gravidade o não ser do não existente".[1] O desconforto de Oldenberg era justificado e percebia-se ainda o orgulho de quem fora educado na ideia oitocentista de classicismo. Com os *ṛṣi*, de fato, o movimento segue uma direção totalmente distinta. Apenas o ponto de partida é comum: aquele *asat* que Oldenberg traduz como "não ser". Agora, se o *asat* é o *ṛṣi*, o não ser seria uma categoria de seres. Estes, por sua vez, coincidiriam com os "sopros vitais", *prāṇa* — e aqui mergulhamos na fisiologia. Ademais, o não ser age praticando o *tapas*, o "ardor" que superaquece a consciência. Atribuem-se elementos demasiado palpáveis a esse não ser. E, principalmente, elementos demasiados que depois continuam a se mostrar e a agir no existente, em qualquer existente. Assim, eles vêm a formar no existente uma retícula de fissuras, como que insinuando que nem tudo o que aparece no existente pertence ao existente. Essas passagens metafísicas não eram consoantes com o Ocidente. Oldenberg mal conseguia conter sua indignação: "O não ser se põe a pensar, a agir com tal prontidão, apesar de todo *Cogito ergo sum*, como um asceta se preparando para realizar algum truque mágico".[2] Oldenberg julgava que assim enunciara um paradoxo, se não um absurdo. Mas suas palavras também podiam ser entendidas como uma sóbria e precisa descrição. Do alto de seus astros, os *ṛṣi* observavam com aquela sua gravidade exasperadora, ainda mais escarninha do que o sarcasmo.

Os videntes védicos viram os hinos do *Ṛgveda*, assim como outros dentre eles haviam *encontrado* os ritos que, depois, seriam celebrados e estudados. O conhecimento era um esbarrar em algo preexistente, que os deuses concediam perceber de maneira intermitente. Os deuses não se preocupavam em instruir e guiar o gênero humano, que consideravam com um misto de sentimentos, ora benévolos, ora hostis, e assim "ocasionalmente, seguindo o capricho do momento, a potência celeste comunica ao homem ora um fragmento, ora outro, do inestimável saber"[3] (ainda Oldenberg).

Mas como se depositou e se articulou esse saber? Perfeita demais a métrica, variado demais o léxico, demasiado complexa a composição do conjunto, pois o *Ṛgveda*, que é a concretização desse saber, não pressupõe uma longa elaboração, iniciada antes da descida à Índia, diante de outras paisagens, ao noroeste, e de outras auroras. A mais ofuscante poesia arcaica já é arcaicizante, como se as primeiras estátuas gregas fossem as do Mestre de Olímpia. No momento em que nos aparece, transmitida por milhares de memórias, sem variantes, a palavra dos *ṛṣi* já se mostrava "tributária de uma longa tradição douta".[4] E o *Ṛgveda* já era uma *saṃhitā*, uma "coletânea", uma antologia que "mistura uma massa mais antiga, menos diferenciada, na qual chefes de clãs e mestres teriam se abeberado em momentos variados".[5]

Quando algo (ou alguém) é criado, produzido, emanado, composto — sobretudo nos inícios do mundo —, os textos védicos dizem inúmeras vezes que isso se dá por meio do *tapas*, do "ardor". Mas o que é o *tapas*? Desviados pelas traduções cristianizantes ("ascese", "penitência", "mortificação") que tiveram curso desde as primeiras edições do século XIX (e que ainda hoje podem ser encontradas), muitos indólogos se esquivaram à pergunta. Afinal, é na Índia, mais do que em qualquer outro lugar, que se nota a presença de ascetas, penitentes e devotos que se mortificam. Seriam eles os últimos praticantes do *tapas*. E a questão pareceria resolvida com o recurso a uma espiritualidade genérica.

Ora, certamente o *tapas* é uma forma de ascese, no sentido original de "exercício", mas se trata de um exercício altamente peculiar, que implica o fato de desenvolver calor. *Tapas* é palavra afim ao *tepor* latino — e indica um fervor, um ardor. Aqueles que praticam o *tapas* poderiam ser definidos como "os ardentes". E é um calor que pode se tornar uma labareda devastadora. Assim acontecia com alguns *ṛṣi* que às vezes abalavam o mundo.

Os *ṛṣi* não são deuses, não são demônios, não são homens. Mas amiúde aparecem antes dos deuses, e até antes do ser do qual os deuses emanaram; amiúde mostram poderes demoníacos; amiúde movem-se como homens entre os homens. Os textos védicos ostentam indiferença diante dessas incompatibilidades, como se não as reconhecessem, talvez também porque os hinos do *Ṛgveda* se apresentam compostos pelos próprios *ṛṣi*. Inútil procurar em outras partes, em outros lugares e épocas, figuras que reúnam em si as características dos *ṛṣi*, que convergem para uma só: a incandescência da mente. Os *ṛṣi* eram capazes de instilá-la em qualquer outro ser, fossem deuses, homens ou animais.

Os *ṛṣi* alcançaram um grau de conhecimento inacessível não porque pensavam certos pensamentos, mas porque *ardiam*. O ardor vem antes do pensamento. Os pensamentos emanam como vapores de um líquido superaquecido. Enquanto os *ṛṣi* se sentavam, imóveis, e contemplavam as ocorrências do mundo, neles turbilhonava uma espiral incandescente da qual se desprenderiam, algum dia, as fórmulas dos hinos do *Ṛgveda* ou os "grandes ditos", *makavākya*, das Upaniṣad.

Nada mais equivocado do que imaginar os *ṛṣi* e, acima de tudo, os Sete Videntes como seres quietos e benévolos, apartados das vicissitudes do mundo. Pelo contrário, se o mundo segue seu curso, isso se deve em primeiro lugar às imensas reservas de *tapas* que os Sete Videntes canalizam incessantemente para as veias do universo. Mas esse *tapas* pode, por vezes, mirar contra o próprio mundo — e subvertê-lo. Também não se pode dizer que essa massa de ardor incandescente se deixe conduzir pelos próprios *ṛṣi*. Quando um dos Sete Videntes, Vasiṣṭha, desesperado pela morte de seus filhos, desejou se matar, seu *tapas* o impediu. Caiu de um precipício de grande altura só para ser acolhido num vasto lótus, que o recebeu como num leito macio. Seu *tapas* era poderoso demais para permitir que seu portador se extinguisse.

Jamais suficientemente esclarecida, pertence aos primórdios a história das relações entre os Sete Videntes e suas consortes, as Plêiades. Em suas residências celestes, os Saptarṣi indicavam o norte com a Estrela Polar. Se, numa época, eram chamados também de "ursos", *ṛkṣa*, pode-se pensar que tinham em seu aspecto algo que lembrava esses animais, assim como os Sete Apkallu sumérios, as "Carpas Santas",[6] nos aparecem revestidos com as escamas dos peixes que evocam. Os Saptarṣi eram três pares de gêmeos e "um sétimo nascido sozinho".[7] Amados e respeitados por suas consortes, estavam, porém, separados delas por uma vasta extensão de céu, visto que as Plêiades surgem no leste. Assim se insinuou o primeiro amante, Agni, o primeiro sedutor clandestino que assedia as mulheres solitárias, negligenciadas pelos maridos. Começou roçando com suas labaredas os dedos dos pés das mulheres dos *ṛṣi*, quando se reuniam ao redor do fogo. Por fim tornou-se amante de todas. Somente a austera Arundhatī se negou a ele. Assim, um dia, quando as Plêiades desceram às águas de um caniçal para acolher Agni fugitivo, foi um velho amante em dificuldades que encontraram.

Os ritualistas se perguntavam, no momento de estabelecer o local dos fogos: será preciso recusar a proteção das Plêiades, por serem adúlteras, ou buscar sua proteção pela mesma razão, por terem traído os *ṛṣi* com Agni? A alternativa era a seguinte: situar os fogos sob as Plêiades, procurando de alguma maneira seu olhar cúmplice, ou, pelo contrário, afastá-los delas, por serem exemplo de adultério — ou, pelo menos, de distância entre o casal (e aqui o ritualista observava, atormentado, que "é uma desgraça não manter relações [com a mulher]").[8] Nesse dilema renova-se uma delicada questão recorrente. Os *ṛṣi* são sábios de imenso poder, temíveis na ira, frequentemente desdenhosos e até severos em relação aos deuses. Mas não conseguem assegurar para si a fidelidade das mulheres. As Plêiades, belíssimas e também severas, não conseguiram resistir às seduções de um deus. Foi assim com Agni, por longo tempo amante delas. Mas o episódio mais escandaloso foi a visita de Śiva à Floresta dos Cedros, quando todas o seguiram dançando, tomadas pela embriaguez. E essa história, precisamente, revelava um fundo de cruel vingança. Porque os *ṛṣi* eram, antes de mais nada, os maridos que Dakṣa escolhera para suas filhas. E Śiva era aquele que levara Satī, a filha predileta de Dakṣa, contra a vontade do pai. Assim nascera a tensão que por fim fizera arder o corpo de Satī. E agora Śiva, através dos *ṛṣi*, zombava de todos os que continuavam a representar no mundo a autoridade de Dakṣa, o poder sacerdotal.

Remontando a suas origens internas no divino, essas histórias eram a nova manifestação, em termos eróticos, da tensão entre Brahmā e Śiva, devido à qual Śiva cortara a quinta cabeça de Brahmā e depois vagueara por muito tempo em vestes de mendigo, com o crânio do deus grudado na mão como uma tigela. Mas o que ocasionara a tensão entre Brahmā e Śiva? Ponto obscuro, que não se consegue perceber muito bem. Se de Brahmā derivam a ordem e a autoridade sacerdotal, Śiva, por seu lado, é a perpétua certeza de que, em algum momento, essa ordem será derrubada, não resistirá ao choque de alguma força que subsiste para além do rito. Assim, essa ordem se desagregou no curso da história. E assim as mulheres dos Saptarṣi não puderam resistir ao assíduo e apaixonado cortejo de Agni.

Os videntes védicos consideravam a movimentação da mente indo de um pensamento a outro, assim como a imersão cada vez mais profunda da mente no próprio pensamento, como o modelo de toda e qualquer viagem. Para falarem de oceanos, montanhas e céus, não precisavam de temerárias explorações. Podiam permanecer imóveis ao lado de suas alfaias, em alguma pausa de suas migrações. O resultado podia ser o mesmo. Viajar é uma atividade eminentemente invisível, pensaram. E, de todo modo, manifesta-se numa série de gestos litúrgicos. Por isso, nos rituais do acendimento, preocupavam-se em primeiro lugar em acender a mente, única montaria capaz de transportá-los aos deuses. E murmurava-se: "Sim, o que transporta aos deuses é a mente".[9]

A atividade da qual depende e descende toda a criação é apenas mental. Mas de uma espécie que mostra prontamente a eficácia da mente sobre o que é exterior a ela. E as ramificações do exterior são, para a mente, o interior do próprio corpo. Assim se produz uma combustão invisível, um calor progressivo, até o ardor que decorre do operar mental. É o *tapas*, bem conhecido dos xamãs siberianos, ignorado ou sorrateiro no pensamento ocidental. Ubíquo e soberano, raras vezes é definido em seus poderes, pois evidentes demais. Mas, às vezes, o ritualista se permite especificá-los: "De fato, com o *tapas* conquistam o mundo".[10] O que age sobre o mundo, o que se instila nele é o *tapas*, o ardor interno à mente. Sem ele, qualquer gesto, qualquer palavra é inerte. O *tapas* é a labareda que, oculta ou manifesta, percorre o todo. O sacrifício é a ocasião para que se encontrem e se unam essas duas modalidades do ardor, visível no fogo, invisível no oficiante.

Esta é a maior aproximação permitida, se se quiser citar o dado mais esquivo e inevitável: a sensação de estar vivo. Que, reduzida à sua essência ao mesmo tempo proprioceptora e termodinâmica, é a sensação de algo que está queimando, algo que arde sobre um fogo lento e constante. Todas as suas outras características se acrescentam e se sobrepõem a isso, que é o subjacente e o suporte. Por isso o termo "extinção", *nirvāṇa*, pregado pelo Buddha, iria aparecer como a negação por excelência daquilo que se apresentava como a própria vida. Por isso o sacrifício, enquanto ato de queimar algo, iria aparecer como a mais exata equivalência visível daquele estado que é fundamento da própria vida.

Cabia aos *ṛṣi* serem os guardiões e garantidores da ordem no mundo. Mas a eles cabia também outra função, que a cada momento ameaçava desequilibrar a ordem do mundo. Os *ṛṣi* estavam na origem das histórias. No interminável novelo das vicissitudes dos homens e dos deuses, em cada nó encontrava-se a maldição ou a "graça", *vara*, de um *ṛṣi*. As grandes narrativas épicas como o *Mahābhārata* ou o *Rāmāāyaṇa*, como imensas árvores frondosas, apresentaram-se um dia como obra de um *ṛṣi*, Vyāsa ou Vālmīki. Mas, já antes, o entrelaçamento das histórias que narravam devia-se aos atos dos *ṛṣi*, entre os quais se podia insinuar o autor do poema narrando tais histórias. Assim se deu com Vyāsa e o *Mahābhārata*, como se Homero fosse um dos heróis gregos combatendo junto aos muros de Troia.

Não restam vestígios arqueológicos dos reinos védicos, mas o *Ṛgveda* várias vezes evoca agressões e batalhas. Culminam na "guerra dos dez reis",[11] em que Sudās, o chefe dos Bharata armados de machados, conseguiu desbaratar uma aliança de dez potentados — Ārya e não Ārya — que o cercavam. Assim se impuseram os Bharata, com o nome que ainda hoje designa os indianos. Ou, pelo menos, é o que se pode inferir, pois os hinos nunca narram uma sequência de fatos, mas fazem alusões a eles, dirigindo-se aos deuses e homens que já os conhecem. Quais foram os traços mais salientes dessa guerra? Para definir os inimigos dos Bharata, o texto declara apenas que eram "sem sacrifícios (*áyajyavaḥ*)".[12] Isso devia bastar. Toda guerra — entendia-se — é uma guerra de religião. Quanto aos próprios Bharata, contavam com o respaldo somado de Indra e Varuṇa, divindades nem sempre amigas. Como fora possível tal prodígio? Graças à obra de um vidente, o *ṛṣi* Vasiṣṭha, que tecera essa aliança e se instalara como capelão dos Bharata, expulsando outro vidente, Viśvāmitra, que passou imediatamente para o lado inimigo. Desde então, a luta entre eles foi incessante. Brigavam sentados em lados opostos da Sarasvatī e suas vozes se sobrepunham às flautas ruidosas. Mesmo quando Vasiṣṭha transformou Viśvāmitra numa garça — e Viśvāmitra por sua vez transformou Vasiṣṭha em grou —, continuaram a combater nos céus, trocando furiosas bicadas. Detestavam-se por profundas razões teológicas, "totalmente entregues ao apego ou à aversão, sempre cheios de desejo e de ira".[13]

Viśvāmitra uma vez ameaçara destruir os três mundos, mas Vasiṣṭha contava com seu trunfo secreto: era o único dos *ṛṣi* que vira Indra "frente a frente".[14] Mesmo quando os hinos se referiam a batalhas, não se detinham em reis, guerreiros e suas façanhas, mas falavam de deuses e *ṛṣi*, como se apenas entre eles pudessem ocorrer confrontos decisivos. Se Sudās, ao fim, se revelou um grande soberano, não foi tanto por ter derrotado dez reis, mas porque um dia Vasiṣṭha o ensinou a celebrar um tipo especial de sacrifício do *soma*. Sudās lhe foi grato. Presenteou Vasiṣṭha com duzentas vacas, duas carroças com mulheres, joias e quatro cavalos.

6. Das aventuras de Mente e Palavra

Manas, "mente" (será o latino *mens*), "pensamento". Mas, em primeiro lugar, o puro fato de estar consciente, desperto. Para os homens védicos, tudo derivava da consciência, no sentido de pura consciência, desprovida de qualquer outro atributo. Invocavam-na com toque delicado, como "a divina que aparece vinda de longe quando despertamos e que volta a cair quando adormecemos".[1] Como "aquela graças à qual os videntes, hábeis artífices, operam no sacrifício e nos ritos".[2] Disseram que era um "prodígio inaudito, instalado nos seres".[3] Nela reconheceram "o que envolve tudo o que foi, é e será".[4] Disseram-na "estável no coração e, no entanto, móvel, infinitamente veloz".[5] A inalcançável velocidade da mente: aqui, talvez pela primeira vez, era nomeada, evocada, adorada. Enfim, o desejo, várias vezes repetido: "Que possa o que ela [a Mente] concebe ser propício".[6] A mente é uma potência externa, equivalente à dos deuses, que concebe em solidão e pode, por sua graça, reverberar na mente de cada um. E o primeiro desejo, o mais alto, é que isso possa ocorrer de modo "propício". Então *manas* agiria como "um bom auriga", tornando-se aquela "que conduz vigorosamente os homens como corcéis, com as rédeas".[7]

O absolutismo da mente, pressuposto do pensamento védico, não significava de forma alguma uma onipotência da mente, como se a ela se atribuíssem poderes mágicos soberanos. Se assim fosse, o resultado seria uma construção no fundo tosca, inteiramente equivalente — ao inverso — àquela em que tais poderes soberanos foram atribuídos a uma entidade chamada "matéria".

Para captar a potência peculiar da mente, é preciso remontar ao estado mais misterioso, aquele onde "não havia o não manifesto (*asat*) e não havia o manifesto (*sat*)".[8] As mesmas palavras se encontram numa passagem do *Śatapatha Brāhmaṇa* com o acréscimo de um *iva*, "por assim dizer",[9] que aumenta a incerteza e o mistério. E com uma especificação da qual decorre todo o resto: "Então havia apenas essa mente (*manas*)".[10] O que é a mente, então? Entre tudo o que é, o único elemento que já era, antes que houvesse o manifesto e o não manifesto. Uma espécie de casca em relação a qualquer coisa que seja ou não seja. *Mente* é o único elemento *de onde não há saída*. Qualquer coisa que ocorra ou já tenha ocorrido, *mente* já estava ali. Mente é o ar em que respira a consciência. Por isso tem-se consciência antes que exista algo do qual se tenha consciência. Os guardiões vêm antes daquilo que devem observar e guardar. Os *ṛṣi* são anteriores ao mundo.

O fato de que *manas* já existisse antes que o todo se dividisse entre manifesto e não manifesto confere à mente um privilégio ontológico em comparação a todos os outros elementos. O mundo pode também ser infinito, mas não conseguirá anular aquela entidade que desde sempre o observa. Por outro lado, a imagem de um cosmo totalmente desprovido de consciência é algo que muitos pressupõem, mas ninguém jamais conseguiu representar. No entanto, seria esta a visão positivista mais radical: não seria a mente um *epifenômeno*? Se a consciência deve ser algo que pertence apenas às *funções superiores* (assim se costumava dizer), o que acontecia antes que essas funções tomassem forma? Devia existir uma espécie de naturalidade inata. Mas natureza em relação a quê? E se, como inversamente pretendia a visão evolucionista — ramo vigoroso que brota e se afasta da árvore do positivismo —, a consciência fosse algo que *surge* a certo ponto, como os pássaros ou os insetos? Qual seria então a história anterior? Uma longa sucessão de massacres entre autômatos, desde que se consiga convencer-se de que os autômatos não têm consciência.

Por outro lado, o fato de ter estado presente antes mesmo da cisão entre manifesto e não manifesto insere na mente uma singular fraqueza. E o mesmo valeria para a outra hipótese, de que a mente tenha nascido do não manifesto: "Aquele não manifesto que era por si só fez-se então mente, dizendo: Quero ser".[11] É verdade que ninguém jamais lhe atribuiria essa primazia, visto que *manas* é, de todo modo, o primeiro ser emitido pelo não existente, mas ao mesmo tempo sua contiguidade com a origem sempre faz com que a mente duvide de que exista. Por um lado, *manas* teme sua própria inconsistência, o refluxo no *asat*; por outro lado, a mente é tentada a ver tudo como uma alucinação, porque de fato tudo brotou da mente. Essa incerteza intransponível, que é a angústia peculiar da mente, se transmitiu a Prajāpati, o deus mais próximo da mente, o único sobre o qual se diz que é a mente: "Prajāpati é, por assim dizer, a mente";[12] "a mente é Prajāpati".[13]

O mundo pode funcionar sem recorrer à mente, assim como os deuses avançaram por suas intrincadas histórias sem precisarem se referir a Prajāpati. Certa feita, aconteceu que o próprio Prajāpati saltou sua vez, enquanto dividia as porções do sacrifício entre os deuses. Foi o primeiro a se comportar como se ele mesmo não contasse. De fato, a mente pode facilmente se convencer de que não existe. Nascida antes do existente, é continuamente tentada a se considerar inexistente. E de certo modo sua existência nunca é plena, porque vem sempre mesclada *a algo que era antes que algo fosse*. Isso basta para colocá-la em dúvida.

A palavra *manasā*, "mentalmente", "com a mente", aparece 116 vezes no *Ṛgveda*. Não se encontra nada similar em outros textos fundadores de uma civilização. É como se os homens védicos tivessem desenvolvido uma peculiar lucidez e obsessão em relação ao fenômeno que chamavam *manas*, "mente", que se impunha a eles com uma evidência desconhecida alhures.

O primeiro casal, de que descendem todos os outros, não podia ser senão aquele formado por Mente e Palavra, Vāc (o latino *vox*). Mente é Prajāpati — e a ele, de fato, cabe a primeira oblação; Palavra são os deuses. Assim, a segunda oblação será para Indra, rei dos deuses. Essas duas potências pertencem a dois níveis diferentes do ser, mas, para se mostrarem eficazes, devem se unir, *jungir-se*, com artifícios adequados. Sozinhas, Mente e Palavra são impotentes — ou, pelo menos, insuficientes para levar a oferenda até os deuses. O cavalo da mente deve se deixar arrear com a palavra, com os metros: do contrário, ele se extraviaria.

Mas como se perceberá no rito, a cada momento, a ação das duas potências? "Quando é executado em voz baixa, a mente transporta o sacrifício até os deuses e, quando é executado distintamente em voz alta, a palavra transporta o sacrifício até os deuses."[14] Será, portanto, na incessante alternância entre murmúrio (ou silêncio) e palavra clara e distinta que perceberemos a ação combinada de Mente e Palavra, como uma oscilação perpétua entre dois níveis que não podem estar simultaneamente presentes para que aquilo que se executa tenha eficácia.

Mas não basta estabelecer quais são as duas potências, e apenas elas, que podem transportar a oblação até os deuses. Os ritualistas gostavam dos detalhes e das listas de correspondências. Não se contentavam, como fariam os metafísicos ocidentais, em estabelecer uma polaridade. Por onde começar, então? Por conchas e colheres. *Manas*, que é o elemento masculino (e aqui a especulação precisa recorrer a uma leve distorção linguística, porque *manas* é neutro), corresponderá à "concha", *sruva* (substantivo masculino), e com ela fará "aquela libação que é a raiz do sacrifício";[15] enquanto *vāc*, que é o elemento feminino, corresponderá à colher com o bico, *sruc* (substantivo feminino), e com ela oferecerá "a libação que é a cabeça do sacrifício".[16] Além disso, o silêncio pertencerá à mente, porque "indefinida é a mente e indefinido é o que ocorre no silêncio".[17] A mente corresponde à posição sentada, a palavra à posição em pé.

O ponto mais delicado consiste na busca de um equilíbrio entre Mente e Palavra. Esses dois seres não são equipolentes. A mente é "muito mais ilimitada".[18] Quando se tornarem, juntos, a canga para o cavalo da oblação, essa desproporção se fará notar. A canga ficará inclinada no lado mais pesado, que é o da mente. Por isso não será eficaz, vai atrapalhar o movimento. Então será necessário inserir uma tábua de apoio no lado da palavra, para reequilibrar os pesos. Essa tábua de apoio é um sublime recurso metafísico — e somente graças a ela a oblação consegue alcançar os deuses. O tema da tábua ajudará a entender por que a palavra jamais é inteira, e vem sempre eivada ou composta de vários elementos, ameaçada pela inconsistência — ou, em todo caso, pela insuficiência de seu peso.

As relações entre Mente e Palavra foram sempre tensas e turbulentas. Certa vez enfrentaram-se como dois guerreiros — ou dois amantes. Cada uma pretendia prevalecer sobre a outra.

Mente disse: "Certamente sou melhor do que ti, porque não dizes nada que eu não entenda; e visto que imitas o que fiz e segues em meu rastro, certamente sou melhor do que ti".

Palavra disse: "Certamente sou melhor do que ti, porque dou a aprender aquilo que conheces, faço compreender".

Recorreram a Prajāpati para que decidisse. Ele decidiu em favor de Mente e disse [a Palavra]: "Mente é sem dúvida melhor do que ti, porque imitas o que Mente fez e segues em seu rastro"; e realmente, quem imita o que fez um melhor e segue em seu rastro é inferior.

Então Palavra, por ter sido contrariada, ficou consternada e abortou. Ela, Palavra, disse então a Prajāpati: "Que nunca seja eu a te trazer oblações, eu que fui por ti rejeitada". Por isso, qualquer coisa no sacrifício que se celebrasse para Prajāpati era celebrada em voz baixa, porque Palavra não foi mais portadora de oblações a Prajāpati.[19]

A disputa pela primazia entre Mente e Palavra lembra a que ocorrerá na Grécia entre palavra falada e palavra escrita. E talvez nesse deslizamento de planos se encontre uma diferença irredutível entre Grécia e Índia: na Grécia a Palavra, o Logos, toma o lugar que na Índia é ocupado pela Mente, Manas. No restante, os argumentos da disputa são os mesmos. O que na Índia é acusado de ser secundário, imitativo e derivado (a Palavra) se torna na Grécia a potência que dirige as mesmas acusações à palavra escrita. Na Grécia, o que ocorre se desenvolve no interior da Palavra. Na Índia, tem origem em algo que *antecede* a palavra: Mente. Assim como os Deva gradualmente esqueceram Prajāpati, depois de terem passado muito tempo pedindo sua ajuda, sobretudo quando tiveram de combater seus irmãos mais velhos, os Asura, da mesma forma os Olímpios se consideraram desde o início como a realidade última, relegando entre as obscuras e cruéis histórias das origens os defeitos de Cronos e de sua "mente retorcida",[20] que, no entanto, dera ao cosmo sua ordem e suas dimensões.

De muitas formas foi conduzida e de muitas formas foi concluída a guerra entre os Deva e os Asura, embora o resultado fosse sempre o mesmo: a vitória dos Deva. Mas, antes de alcançá-la, sucederam-se muitas reviravoltas e muitas revanches. O momento decisivo foi quando os deuses se entrincheiraram na Mente e os Asura na Palavra.

Mente queria dizer sacrifício. A natureza de Mente era tal que a fazia coincidir com o sacrifício e o céu. Isso vem exposto na história que justifica a prescrição ao sacrificante de prender um chifre de antílope em suas vestes:

> Depois disso, ele prende um chifre de antílope negro na orla de suas vestes. Ora, os Deva e os Asura, ambos gerados por Prajāpati, adquiriram a herança do pai: os Deva ficaram com a Mente e os Asura com a Palavra. Por isso os Deva ficaram com o sacrifício e os Asura com a palavra. Os Deva ficaram com o céu mais além e os Asura com esta terra.[21]

Assim foi que a guerra entre os Deva e os Asura se transformou na história das relações entre um ser masculino, Yajña, Sacrifício, e um ser feminino, Vāc, Palavra, arauto dos Asura. Então o clangor das armas silenciou e as formações inimigas se dispersaram. O palco se esvaziou — preparando-se para hospedar a primeira comédia amorosa. Os Deva espreitavam dos bastidores. Não eram mais guerreiros, mas sopravam, sussurravam. Assim que viram o esplendor de Vāc, pensaram que, para derrotar os Asura, bastaria raptar aquela mulher — tão imperioso devia ser o poder que emanava de Palavra. É verdade, como escreveu Heródoto, que na origem de todas as guerras está o rapto de uma mulher, mas não menos verdade é que a conquista definitiva de uma determinada mulher marca o fim da guerra. Assim, os Deva começaram a sussurrar a Yajña como deveria seduzir Vāc. O que se seguiu traçou o cânone da abordagem entre homem e mulher como uma etografia que, durante séculos, permaneceria fundamentalmente inalterada.

> Os Deva disseram a Yajña, Sacrifício: "Esta é Vāc, Palavra, é uma mulher: faze-lhe um sinal e certamente ela te chamará". Ou talvez ele mesmo tenha pensado: "Essa Vāc é uma mulher, vou lhe fazer um sinal e certamente ela me chamará". Então, ele fez um sinal. Ela, porém, de início o desdenhou, de longe: por isso uma mulher, quando um homem lhe faz um sinal, de início o desdenha, de longe. Ele disse: "Ela me desdenhou, de longe".
>
> Eles disseram: "Basta que lhe faças sinal, senhor, e certamente ela te chamará". Ele lhe fez um sinal; mas ela lhe respondeu, por assim dizer, apenas abanando a cabeça: por isso uma mulher, quando um homem lhe faz um sinal, responde, por assim dizer, apenas abanando a cabeça. Ele disse: "Ela me respondeu apenas abanando a cabeça".
>
> Eles disseram: "Basta que lhe faças um sinal, senhor, e ela te chamará". Ele lhe fez um sinal e ela o chamou. Por isso uma mulher, no final, chama o homem. Ele disse: "De fato, ela me chamou".
>
> Os Deva refletiam: "Sendo essa Vāc uma mulher, será preciso tomar cuidado para que não te seduza. Dize-lhe: 'Vem até aqui onde eu estou' e depois conta como ela veio até ti". Então ela foi até onde ele estava. Por isso uma mulher vai a um homem que está numa bela casa. Ele contou como ela viera até ele, dizendo: "De fato, ela veio".[22]

Toda essa sequência é irretocável e vem inteiramente temperada pela ironia védica — um tipo de ironia que raras vezes foi percebida no decorrer dos séculos, tanto na Índia como no Ocidente, por exemplo, ali onde se diz: "Por isso uma mulher vai a um homem que está numa bela casa". Com seu gosto pelo elementar e, ao mesmo tempo, pelo sistemático, os ritualistas védicos conseguiram narrar em todas as suas fases canônicas, como se fosse um rito, essa comédia da sedução que, desde os líricos gregos até a história de Don Juan, foi representada apenas aos fragmentos, aguçados e incandescentes, mas sem se preocupar em reconstruir a sequência em todas as suas fases, como aqui ocorre. Essa abordagem galante é uma jogada decisiva numa partida cósmica — e é também o modelo do que virá a acontecer uma infinidade de vezes, nas vielas, nas praças, nas salas, nos bares e nos cafés do mundo.

Na história de Yajña e Vāc, o pressuposto é que os Deva vencem sua guerra porque escolheram o lado da Mente e do Sacrifício. Mas, ao mesmo tempo, eles sentem agudamente a necessidade de Vāc, potência primeira do lado adversário. Mente, antes de mais nada, precisa afirmar sua supremacia sobre Palavra, na medida em que o operar de Mente inclui em si a linguagem, mas também a ultrapassa. Pensar *não* é um ato linguístico: esse era um dos fundamentos da especulação dos *ṛṣi*. Mas pensar *pode* também ser um ato linguístico, quando os Deva, através de Yajña, conseguirem trazer Vāc para seu lado. E essa passagem comporta uma exaltação da potência implícita nos Deva, para além da derrota dos Asura. Neste ponto se estabelece a separação definitiva entre Deva e Asura: os Asura agora são seres que *perderam* a palavra. Tornaram-se "bárbaros (*mleccha*)"[23] depois que Vāc os abandonou. Manifesta-se pela primeira vez o desprezo pelo bárbaro como balbuciante. E a obra do brâmane, obra por excelência da mente, se ateria ao máximo rigor no uso da palavra, para não cair na "língua dos Asura".[24] Desse modo os Deva alcançaram o mais alto e invencível poder. Mas nesse poder supremo estava implícito o supremo perigo. Foi o próprio Indra, soberano dos Deva, que o descobriu. Pois aconteceu que Indra "pensou dentro de si: 'Certamente um ser monstruoso nascerá dessa união de Yajña e Vāc: que não prevaleça sobre mim'. Indra se tornou um embrião e entrou naquela união".[25] Alguns meses depois, aproximando-se o nascimento, Indra voltou a pensar: "Certamente possui grande vigor esse útero que me abrigou: depois de mim, nenhum ser monstruoso deverá nascer dele, para que não prevaleça sobre mim".[26] Então Indra dilacerou o útero de Vāc, onde se insinuara, tornando impossível que gestasse outro ser. Esse útero dilacerado e esgarçado agora está na cabeça do Sacrifício, como um turbante de muitas voltas:

> Tendo-o agarrado e comprimido com força, ele arrancou o útero e o colocou sobre a cabeça de Yajña, Sacrifício, porque o antílope negro é o sacrifício: o couro do antílope negro é o mesmo que o sacrifício, o chifre do antílope negro é o mesmo que esse útero. E visto que Indra arrancou o útero comprimindo-o com força, por esse motivo o chifre está fortemente amarrado na bainha das vestes; e visto que Indra, tornando-se um embrião, nasceu daquela união, por esse motivo o sacrificante, depois de se tornar um embrião, nasce dessa união.[27]

Palavra e Mente devem, ambas, estar do lado dos Deva, mas não podem estar *unidas*: essa cópula, o entendimento íntimo entre Mente e Palavra, acabaria por criar um ser de tamanho poder que sobrepujaria o dos Deva. E os Deva, desde o início, vivem sob o terror de que isso aconteça. A duras penas e com muito esforço conquistaram o céu e a imortalidade. Agora, de um lado expulsam os homens, dispersando os rastros do sacrifício; de outro, ficam de guarda para que não se desprenda do rito um poder capaz de subjugá-los. Se, desde então, Palavra e Mente mantiveram relações incertas, nebulosas e às vezes de indisfarçável hostilidade, isso se deu como consequência da feroz intervenção de Indra: um de seus feitos vis e misteriosos que, porém, trazem enormes consequências.

Assim, a relação entre Mente e Palavra se estabeleceu como viria a acontecer depois no mundo: não mais um casal de amantes, mas uma visão horripilante, que lembrava uma agressão brutal. Um ser masculino, Sacrifício, traz na cabeça o útero dilacerado de sua amante Palavra, no qual não poderá jamais verter seu sêmen. Assim quiseram os Deva, para que o equilíbrio dos poderes não se alterasse novamente, agora em detrimento deles. Tal é a condição em que o mundo deverá viver. A isso é preciso remontar para compreender a atração erótica, mas também o insuperável desequilíbrio e desarmonia que, desde então, reinam entre Mente e Palavra. O tema ressoa no Ocidente na nostalgia e perpétua vã evocação da língua adâmica.

Outra camada de implicações na história de Yajña e Vāc e de sua cópula fatal é a do conflito, da latente hostilidade mortal entre mito e rito. Enquanto na Grécia as histórias dos Olímpios conseguiram se desvincular de suas associações rituais, proliferaram e, por fim, dispersaram-se no vasto estuário da literatura de cunho alexandrino, na Índia védica testemunha-se o processo inverso: a progressiva sujeição das histórias míticas ao gesto ritual, como se a função delas fosse servirem de ilustração a ele — e não mais existirem por força própria, como manifestação primária do divino. Talvez por isso também os Deva sempre conservaram alguns traços timoratos e frívolos. Uma sequência de atos rituais os convertera, um dia, no que eram agora. Em algum outro dia, outra sequência, escapando a seu controle, poderia abatê-los.

Embora opostas em todo o resto, Atenas e Jerusalém acabaram por estabelecer uma aliança estratégica, fundando-a sobre uma palavra: *lógos*. Aliança selada com a primeira frase do Evangelho segundo João. Desde os sábios gregos, o *lógos* fora uma potência ligada à palavra, à discursividade, embora não se deixasse absorver totalmente nela. Já o *noûs* sempre fora uma potência independente da palavra. Tornando-se Verbo e encarnação divina, com o Evangelho segundo João, o *lógos* se reafirmava soberano. Inconcebível uma potência ulterior. E com isso o pensamento, a mente se ligavam indissoluvelmente à palavra. Desde então, o pensamento não discursivo entraria na penumbra, se não na clandestinidade. Era o Egito do pensamento, sua *facies hieroglyphica*, que submergia, expulso pelo formidável exército do *lógos* como Razão e do *lógos* como Verbo.

A Índia védica foi estranha e hostil a essa dramaturgia, sem jamais se curvar a ela. Já nos Brāhmaṇa multiplicam-se as histórias míticas e as sequências litúrgicas dedicadas ao desequilíbrio irreparável entre Mente e Palavra, ao maior peso da primeira em relação à segunda. Por fim, na *Chāndogya Upaniṣad*, a relação é explicitada do modo mais sintético: "A mente, na verdade, é mais do que a palavra".[28] O divisor de águas entre Oriente e Ocidente, ao qual se dedicaram tantas reflexões, é traçado nesse ponto. Todo o resto decorre dessa divergência radical, à qual a Índia jamais renunciaria, do Veda ao Vedānta.

Para formulá-la, a *Chāndogya Upaniṣad* não recorre à linguagem filosófica nem à oracular. Usa de uma pacífica apoditicidade:

> A mente, na verdade, é mais do que a palavra. Assim como uma mão pode conter dois frutos de *amalaka*, de *kola* ou de *akṣa*, do mesmo modo a mente contém a palavra e o nome. Se se pensar na mente: quero estudar os hinos, então os estuda; quero celebrar sacrifícios, então os celebra; quero ter filhos e gado, então os tem; quero me dedicar a este e ao outro mundo, então te dedica a eles.

Porque o Si, *ātman*, é mente, o mundo é mente, o *brahman* é mente. Venera a mente.[29]

O sacrifício não é apenas a oferenda de uma substância específica, como o prodigioso *soma*. O sacrifício é também uma ação concertada que produz uma substância: "'É mel de abelhas', dizem; porque mel de abelhas significa o sacrifício".[30] Mas, se observamos um sacrifício, não vemos esse mel. Assistimos a gestos acompanhados por palavras. E a essência da palavra é ser um substituto: mas do quê? Da coisa nomeada, disseram os teóricos ocidentais. Os ritualistas védicos eram de outra opinião: a palavra substitui o mel produzido pelo sacrifício, mel que os deuses sugaram e enxugaram para impedir que os homens, por meio do sacrifício, encontrassem o caminho do céu: "O sacrifício é palavra: por isso ele, junto com ela, fornece aquela parte do sacrifício que foi sugada e enxugada".[31] Para que a palavra possa substituir o mel, é preciso que ela própria já tenha natureza sacrificial. Lembramos então que Yajña, Sacrifício, assim que viu Vāc, Palavra, pensou: "Pudesse eu me unir com ela",[32] como se nada lhe fosse tão afim quanto ela. E nada o atraía mais. Por isso a palavra age.

Para os ritualistas védicos, tudo era composição, obra. Mesmo o esplendor de Indra (na medida em que também é o Sol) não era tal na origem: "Assim como agora todo o resto é obscuro, assim ele o era".[33] Foi apenas quando os deuses compuseram suas "formas favoritas e potências desejáveis"[34] que Indra começou a resplandecer. Jamais se reconhecera tanto poder à pura composição: de formas, gestos, palavras. Essa é a herança clandestina que o rito — por meio de passagens tortuosas e profundo olvido — transmitiu à arte.

7. *Ātman*

> *O* brahman *ou seu conhecimento não se diferencia nos seres muito poderosos como Vāmadeva ou nos homens atuais, muito menos poderosos. Porém, pode-se levantar a dúvida de que, nos homens atuais, o fruto do conhecimento do* brahman *seja incerto.*
>
> Śaṅkara, *Bṛhadāraṇyakopaniṣadbhāṣya* 1,4,10

Do *Ṛgveda* ao *Bhagavad Gītā* elabora-se um pensamento que jamais reconhece um sujeito único, mas pressupõe, pelo contrário, um sujeito dual. Isso porque a constituição da mente é dual: feita de um olhar que percebe (come) o mundo e de um olhar que contempla o olhar voltado para o mundo. A primeira enunciação desse pensamento aparece com dois pássaros no hino 1, 164 do *Ṛgveda* "Dois pássaros, um par de amigos, estão empoleirados na mesma árvore. Um deles come a doce baga do *pippala*; o outro, sem comer, olha".[1] Não há revelação mais cabal, em sua elementaridade. E o *Ṛgveda* a apresenta com a limpidez de sua linguagem enigmática. A constituição dual da mente implica que, dentro de cada um de nós, perenemente moram e vivem os dois pássaros: o

Si, *ātman*, e o Eu, *aham*. Amigos, semelhantes, postos na árvore à mesma altura, poderiam parecer réplicas um do outro. E assim é na vida de muitos, que jamais chegam a distingui-los. Mas, uma vez reconhecida a diferença entre eles, tudo muda. Cada instante será composto da sobreposição de duas percepções, que podem se somar, anular, multiplicar. Quando se multiplicam, segundo a misteriosa fórmula 1 × 1, brota o pensamento. Mas, visto de fora, tudo permanece igual. O resultado parece ser sempre o número um.

Ātman, o Si, é uma descoberta. Como alcançá-lo constituía a doutrina última para os discípulos que haviam percorrido e assimilado todos os Vedas. Ninguém o alcançaria, se não fosse capaz de entender o que se passava dentro de sua mente como uma troca ininterrupta entre o Eu, *aham*, e o Si, potências semelhantes e inimigas, uma — *aham* — invasora, mas inconsistente, a outra — *ātman* — soberana e inabalável, porém difícil de emergir de sua habitual posição de ocultamento. Chegar a ela requeria uma obra ininterrupta, e no entanto não passava de mero fragmento do modo de manifestar-se do Si. Havia, ademais, tudo o que se abria diante dos olhos: o mundo. E ali se iniciava outra rodada interminável de trocas, que acabava por transformar inteiramente o aspecto do mundo exterior, a ponto de se tornar exterior apenas por convenção. Enquanto isso, o mundo interior, em paralelo, expandia-se e acolhia as partes essenciais do todo: os mundos, os deuses, os Vedas, os sopros vitais.

> Assim ele sabia isto: "Todos os mundos coloquei dentro de meu Si e meu Si em todos os mundos; todos os deuses coloquei dentro de meu Si e meu Si coloquei dentro de todos os deuses; todos os Vedas coloquei dentro de meu Si e meu Si coloquei dentro de todos os Vedas; todos os sopros vitais coloquei dentro de meu Si e meu Si coloquei dentro de todos os sopros vitais". Porque imortais, de fato,

são os mundos, imortais os deuses, imortais os Vedas, imortais os sopros, imortal é tudo isso: e em verdade todo aquele que sabe assim passa do imortal ao imortal, vence a morte recorrente e alcança a medida plena da vida.[2]

Tortuosas, delicadas, ambíguas as relações entre o Si, *ātman*, e o Eu, *aham*. E não poderia ser de outra maneira. Tudo remonta ao início, quando havia apenas o Si, em forma de "pessoa", *puruṣa*: "Olhando ao redor, não viu nada além de Si. E como primeira coisa disse: 'Eu sou'. Assim nasceu o nome 'Eu'".[3] É a cena primitiva da consciência. Que revela, antes de mais nada, a prioridade de um pronome reflexivo — *ātman*, Si. Pensar-*se* antecede o pensar. E esse pensar-se tem forma de pessoa, *puruṣa*: possui uma fisionomia, um perfil. Que se designa imediatamente com outro pronome: Eu, *aham*. Naquele momento aparece uma nova entidade, que tem o nome Eu e se sobrepõe ponto a ponto ao Si de que nasceu. Desde então — e enquanto cintilar o conhecimento, o saber, *veda* —, o Eu será indiscernível do Si. Parecem gêmeos idênticos. Têm o mesmo perfil, o mesmo senso de onipotência e de centralidade. Afinal, no momento em que o Eu apareceu, ainda não havia nada mais no mundo. Assim, o primeiro a cair no engano do Eu foi o Si. Depois que as criaturas foram criadas, em consequência de suas múltiplas metamorfoses eróticas, o Si olhou o mundo e se deu conta de tê-lo criado. E disse: "Realmente Eu (*aham*) sou a criação",[4] já esquecendo que aquele Eu era apenas a primeira de suas criaturas.

A doutrina do Eu e do Si, *aham* e *ātman*, como todas as doutrinas védicas, não pode ser provada nem refutada. Pode ser apenas experimentada: por cada um, sobre si mesmo. Para quem percebe a própria mente como um sujeito compacto, de perfil nítido, que no máximo se acende ou se apaga, quase como por obra de um interruptor, ao chegar o sono ou quando do sono desperta, essa doutrina soará incongruente. Se, inversamente, a mente que age não se apresenta como um bloco único, mas pelo menos atravessada por um talho, mais ou menos profundo a cada momento, entre quem olha e um outro ser, que olha aquele que olha, então começará a luzir aquilo que se oculta por trás da divisão entre *aham* e *ātman*. Mas esse será apenas o início. Também as palavras que se formam na mente — e tendem a constituir uma fortaleza autossuficiente — deverão reconhecer que estão diante de uma outra parte (não linguística, e em perpétua atividade), com a qual se confrontam, se amalgamam ou se entrelaçam a cada instante (mas as modalidades de relação são muito mais numerosas e sutis).

As consequências desse reconhecimento são incalculáveis. E não obrigam necessariamente a seguir a via védica, com todo o seu imponente aparato de correspondências e conexões. Mas, sem dúvida, levam a reconhecer ao desconhecido uma parcela muito maior do que lhe era concedida anteriormente. Um desconhecido que é não só exterior, mas interior à mente, e talvez ainda mais vasto do que o desconhecido que se abre ao exterior. Por isso, esse reconhecimento poderia ser a base sobre a qual o pensamento começa a se elaborar.

Como se explica que a figura que aparece na pupila tenha adquirido tanta importância? É porque, na superfície do corpo humano, a pupila é o único ponto onde se manifesta o *reflexo*, ou seja, a capacidade não apenas de ver, mas de refletir sob outra forma o que o olho vê. E essa forma será impalpável e minúscula, mas *correspondente*, ponto por ponto, à figura que o olho percebe no mundo exterior; por isso, também o ser situado na pupila terá uma cabeça, um tronco, pernas e braços, como aquele que aparece no mundo, diante do olho. E deverá também ter outro olho, onde o olho que olha será por sua vez refletido. Isso garante uma *comunicação dos reflexos*, potencialmente irrefreável e interminável. Se não houvesse essa minúscula figura na pupila, o corpo do homem seria uma superfície compacta e não deixaria vislumbrar a outra vida que se desenvolve na câmara selada da mente.

A autorreferencialidade, aquela jogada do pensamento que bastou a Gödel para demolir por dentro o edifício dos sistemas formais, a começar pela aritmética, apareceu pela primeira vez no palco da palavra quando o pronome reflexivo *ātman*, válido para todas as pessoas, no singular e no plural, se apresentou como uma entidade, um substantivo, que é habitualmente traduzido por "Si". Isso ocorreu no Veda: de início, ao final de alguns hinos — não entre os mais antigos — do *Atharvaveda*, depois de modo difuso nos Brāhmaṇa, e por fim *ātman* se tornou a marca onipresente das Upaniṣad. Desde então, o pensamento da Índia gira em torno dessa palavra, tratando-a das mais variadas maneiras, entre o Buddha e Śaṅkara. Mas nunca permitindo que ela se afastasse do centro. A Índia começa e termina com algo que somente no início do século XX — e pela imprevista via da lógica — se tornou central também no Ocidente, quando foram descobertos os paradoxos da teoria dos conjuntos.

Os ritualistas védicos certamente não se comportavam como aqueles pensadores ocidentais horrorizados perante a descoberta desses paradoxos, ao verem se esfacelar qualquer pretensão de construção especulativa coerente e consequente. Aliás, os ritualistas védicos pareciam perversamente atraídos pelos paradoxos em geral. Reconheciam neles a própria matéria dos enigmas. E de enigmas era formado o estrato rochoso daquilo que enunciavam, nos hinos e nos comentários sobre o ritual. Modos diferentes de tratar, elaborar, iluminar, aplicar a própria incógnita, que chamavam de *brahman.*

Havia um mestre, Sanatkumāra, e um aluno, Nārada. O mestre era um *kṣatriya*, um guerreiro, e o aluno, um brâmane. Um dia, Nārada viria a se tornar um *ṛṣi* onipresente, aquele que, mais do que qualquer outro, gostava de se intrometer nas histórias dos outros. Conversador incansável. Mas, primeiro, foi um daqueles tantos alunos que costumavam se apresentar ao mestre com um tição aceso. O mestre se adiantou a ele dizendo: "Vem comigo com aquilo que sabes".[5] Evidentemente, Sanatkumāra sabia que Nārada não era um aluno qualquer, mas já vinha sobrecarregado de doutrina. E era justamente isso que precisava ser corrigido. Dize-me o que sabes, pediu o mestre, "eu te direi o que vai além".[6] Ironia insolente, pois "saber" em sânscrito se diz *veda.* E o aluno, orgulhoso e diligente, exibiu prontamente seus saberes: "O *Ṛgveda*, o *Yajurveda*, o *Sāmaveda*, o *Atharvaveda* em quarto, as antigas histórias em quinto".[7] Até aí, tudo correspondia à ordem canônica. Mas o aluno queria estar entre os primeiros, pois continuou a arrolar outros saberes que adquirira: "O Veda dos Vedas, o ritual para os antepassados, o cálculo, a divinação, a arte de encontrar tesouros [segundo Olivelle, mas Senart traduziu como "o conhecimento dos tempos"], os diálogos, os monólogos, a ciência dos deuses, a ciência do ritual, a ciência dos espíritos, a ciência do governo, a ciência dos corpos celestes, a ciência das serpentes". Exausto com sua listagem, Nārada concluiu: "Eis, senhor, o que conheço".[8]

Logo a seguir, Nārada revelou uma nova face: não mais o aluno impecável e orgulhoso de seus conhecimentos, mas um jovem ser perdido e angustiado, protótipo do estudante infeliz. Disse:

Eu não conheço, senhor, nada além das fórmulas litúrgicas (*mantra*), não conheço o Si (*ātman*). Mas ouvi dizer, senhor, por outros semelhantes a ti: "Quem conhece o Si vai além do sofrimento". Eu, senhor, sofro. Senhor, transporta-me para a outra margem do sofrimento.[9]

A imensa extensão védica, transbordante de deuses e de potências, reduzia-se de súbito a um afunilamento. O mesmo que logo atrairia o Buddha — e, num dia distante, Schopenhauer. O mestre não se perdeu em preâmbulos e respondeu: "Tudo o que arrolaste não passa de nomes".[10] E então deu início a uma sequência de tirar o fôlego. Num procedimento em espiral, Sanatkumāra começou uma sucessão de pensamentos concatenados, atravessando os mundos, antes de voltar à origem. Em relação a cada potência, apontava-se qual era a potência maior. "A palavra, na verdade, é mais do que os nomes."[11] Perplexidade, no início. Porque o que a palavra conhece (os Vedas e toda a ciência arrolada por Nārada) parece ser o mesmo que os nomes permitem conhecer. Mas agora se tratava da deusa Palavra, Vāc, celebrada no *Ṛgveda* como aquela que tudo penetra e a quem nada se pode negar:

O céu, a terra, o ar, a atmosfera, as águas, a energia incandescente, os deuses, os homens, os animais, os pássaros, as plantas e as árvores, todos os animais até os vermes, os insetos e as formigas, o justo e o injusto, o verdadeiro e o falso, o bom e o mau, o agradável e o desagradável.[12]

É exatamente nessa medida que a palavra é mais poderosa que os nomes.

Aqui sobrevém o confronto com "mente", *manas*, que é a potência seguinte. Agora será Palavra que sucumbirá. *Manas*, por sua vez, não é o termo último, mas sim o inicial. Porque *manas* é termo genérico, que envolve tudo. Mais poderosas do que *manas* são algumas de suas modalidades. Nunca se ensinou com tanta precisão a decompor e a recompor a mente como nas Upaniṣad. *Manas*, por isso, cede passagem à potência seguinte, que é *saṃkalpa*, "intenção", "projeto". É a palavra que usa o sacrificante quando anuncia que decidiu celebrar o sacrifício. *Saṃkalpa* é mais do que a mente, porque é aquilo que põe a mente em ação. *Saṃkalpa* é o impulso primeiro que move o desdobramento daquilo que é. E aqui Sanatkumāra, com suma sutileza, retirava a categoria de seu estreito quadro psicológico, expandindo-a ao cosmo. Uma vez que a mente é posta em movimento, não só se pronunciam palavras, não só as palavras se fixam nos textos, mas "céu e terra se fundam sobre a intenção" —[13] e, em suas pegadas, todo o resto do mundo, até o alimento e a vida. Passagem inopinada, acrobática, fascinante. Gesto védico exemplar.

O *saṃkalpa*, em todo caso, é apenas o primeiro sinal no aguçamento da mente. Ainda há mais a descobrir. "A consciência (*citta*) é mais do que a intenção."[14] Outro limiar decisivo, que algumas traduções não permitem perceber. Senart traduz *citta* por "*raison*", Olivelle por "*thought*". Contudo, *citta* não é a razão extraviante nem o pensamento amplo demais. *Citta* é o termo usado para o ato de *perceber*. É o tomar consciência. É, ao fim e ao cabo, o puro estar consciente. A primazia da consciência sobre tudo é a pedra angular do pensamento védico. Se *citta* é entendido como razão ou pensamento genérico, a argumentação de Sanatkumāra perde sentido, ao dizer: "Por isso, por mais que alguém possa saber muito, dele se dirá, se for desprovido de consciência: 'Não existe'. Se soubesse, se fosse um sábio, não seria tão desprovido de consciência".[15] Os *ṛṣi*, primeiros sábios, são os mestres do estar consciente. Mais do que qualquer outra, antes de qualquer outra, a função deles é a vigília. Assim velam o mundo e o *dharma*, para que permaneça ileso. Mas só podem fazê-lo se, à semelhança dos deuses, se mantiverem em vigília permanente.

A cada limiar alcançado, poderíamos pensar que chegamos ao último deles. Se realmente *citta*, a consciência, é o essencial, que potência poderia ser maior? Agora a máquina especulativa procede com distinções cada vez mais sutis. "A meditação (*dhyāna*) na verdade é mais do que a consciência."[16] Notam-se nos termos alguns tons já budistas: no cânone pali, a palavra *citta* se tornará sinônimo de "mente"; e *dhyāna* é palavra-chave para o Buddha. Mas aqui se abre mais uma vez a grandiosa perspectiva védica, mais cósmica do que psicológica: "A terra, de certo modo (*iva*), medita; a atmosfera, de certo modo, medita; as águas, de certo modo, meditam; os deuses e os homens, de certo modo, meditam; por isso aqueles dentre os homens que alcançam a grandeza são, de certo modo, partícipes da meditação".[17] A partícula *iva*, que assinala a entrada no indefinido e o abandono da literalidade, é usada para a terra tal como para os deuses e os homens. Tudo e todos meditam, *de certo modo*. E para além da meditação? "O discernimento (*vijñāna*) é mais do que a meditação."[18] *Vijñāna*: outro termo que terá grande fortuna no budismo. Para entender sua peculiaridade, é preciso pensar no discernimento dos espíritos que será praticado por Evagrio e pelos Pais do Deserto — e, mais tarde, por santo Inácio.

Poderíamos pensar que *vijñāna* é o último elo da cadeia de Sanatkumāra. Mas não é. Com uma guinada imprevista, diz: "A força (*bala*) é mais do que o discernimento. Um só homem, com sua força, pode fazer cem sábios tremerem".[19] Aqui o texto pega de surpresa e inverte o jogo. Quando pensávamos estar seguindo o *itinerarium mentis*, eis que reaparece a pura força. Uma força como pura entidade física. Mas é suficiente. E logo se inaugura outra sequência de potências que se sobrepujam. Não se fala mais em mente. Agora desfilam o "alimento", *anna*; as águas; a "energia incandescente", *tejas*; o espaço. Chegando ao espaço, também poderíamos nos sentir perdidos. O que haverá para além do espaço? Nova surpresa: a memória. Com outra jogada imprevista, retorna-se à mente. E além? A esperança. E, mais forte do que a esperança, *prāṇa*, o "sopro" que aqui equivale à própria vida. Chegando à vida, finalmente nos assentamos. E o mestre diz ao aluno: "Aquele que vê assim, aquele que sabe assim, este é um *ativādin*".[20] *Ativādin* é alguém além (*ati*) do qual não se pode ir com as palavras.

Chegou-se ao final da cadeia? Não. Imediatamente começa outra, mais densa. Como que para extirpar do aluno a ilusão de ter encontrado a resposta, o mestre continua: "Vence com a palavra somente aquele que vence com a verdade".[21] O que se segue é mais um procedimento em espiral. A verdade agora é sobrepujada pelo discernimento do pensamento (*manas*, que por fim reaparece). O pensamento, pela fé na eficácia dos ritos, *śraddhā*. A fé, pela prática perfeita. Esta, pelo sacrifício. O sacrifício, pela alegria. Aqui também a surpresa: "Somente quando se sente alegria se sacrifica. Não se sacrifica quando se está tomado pelo sofrimento. Somente quando se sente alegria se sacrifica. Mas é preciso conhecer a alegria".[22] Quando já estávamos habituados à sucessão das potências e não víamos seu final, somos de chofre reconduzidos ao ponto de partida: o momento em que o estudante Nārada se apresentara ao mestre e dissera: "Eu, senhor, sofro".[23] Então, finalmente aparece a potência contrária: a "alegria", *sukha*. Palavra muito próxima, no som, a *śoka*, "sofrimento". É preciso descobrir a passagem de uma para a outra. O mestre prossegue sem ceder: "A alegria é plenitude. Não há alegria no que é limitado".[24] Mas onde está essa plenitude?, quer saber o aluno. "Está embaixo, em cima, e está no Oeste, está no Leste, está no Sul, está no Norte, é tudo isso."[25] Aqui novamente sentimo-nos próximos de um termo último. E esse exato ponto é atingido pela mais afiada flecha psicológica. O mestre continua: "Mas o mesmo se pode dizer da egoidade [*ahaṃkāra*, termo com o qual doravante será designado aquilo que a psicologia ocidental define como "Eu"]: o eu está embaixo, está em cima, está no Oeste, está no Leste, está no Sul, está no Norte, o eu é tudo isso".[26] Mais uma ironia: a fictícia soberania do Eu é o obstáculo mais forte à percepção, simplesmente porque é o que mais se assemelha ao verdadeiro termo último: *ātman*, o Si, que outros mestres haviam apontado a Nārada como a via de saída da dor. E, de fato, o mestre descreve o *ātman*, de início, nos mesmos termos utilizados para o Eu, situando-o em todas as direções do espaço. Mas, tal como já ocorrera uma vez com *vāc*, "palavra", em relação aos nomes, também para o *ātman* pode-se indicar algo maior do que ele. E será a frase resolutiva: "Aquele que vê assim, que pensa assim, que sabe assim, que ama o *ātman*, que brinca com o *ātman*, que copula com o *ātman*, que tem sua felicidade no *ātman*, este é soberano, este pode tudo o que quer em todos os mundos".[27] Agora chegou o momento em que se pode repercorrer a cadeia no sentido inverso. Desde a vida, potência por potência, até os nomes, porque "do *ātman* deriva tudo isso".[28]

Seguem-se duas estrofes. A primeira parece uma resposta antecipada ao Buddha, porque nomeia os três males que lhe apareceram logo antes de abandonar a casa paterna (usando a envolvente "dor", *duḥkha* — outra palavra-chave budista — para substituir a velhice): "Aquele que vê não vê a morte, nem a doença, nem a dor. Aquele que vê, vê tudo, em toda parte alcança tudo".[29] A segunda estrofe é um enigma numérico, como se encontra frequentemente no *Ṛgveda*. Por fim, diz-se que, com essa cadeia de argumentos, o mestre Sanatkumāra ensinou a Nārada como "atravessar as trevas". E repercute a palavra *mokṣa*, "libertação".[30] Não há menção a nenhuma resposta de Nārada. Finalmente praticava o silêncio.

O ensinamento de Sanatkumāra a Narata sobre o *ātman*, na *Chāndogya Upaniṣad*, apresenta-se como uma progressão recorrente rumo a um ponto indefinido, o *ātman*, que, uma vez descoberto, revela englobar todas as potências anteriores. A progressão avança num andamento constante, mas há algumas passagens cruciais: antes de mais nada, a da discursividade à não discursividade, quando a "palavra", *vāc*, é subordinada à "mente", *manas*. Depois, o início de uma decomposição hierárquica da mente (*manas*, *citta*, *dhyāna*, *vijñāna*), que parece traçar um perfil preliminar do que virá a ser, durante séculos, a escolástica budista. Por fim, a recusa da linearidade na progressão, que se revela circular. Da extremidade da mente (*vijñāna*) não se passa ao *ātman*, mas de lá se cai no mundo exterior indiferenciado, na pura "força", *bala*, para depois retornar à mente com outro brusco salto: a passagem do "espaço", *ākāśa*, para a "memória", *smara*. Mas a transição mais delicada e arriscada aparece perto do fim, na penúltima passagem, quando Sanatkumāra se arrisca a extrair a "plenitude", *bhūman*, da "alegria", *sukha*: "A alegria é plenitude".[31] *Bhūman* é, antes de mais nada, uma potência cósmica. É o ilimitado. E dessa natureza ilimitada, que é ao mesmo tempo mental e cósmica, Sanatkumāra poderia arriscar uma última passagem e cravar a flecha de seu pensamento no *ātman*. Mas precisamente aqui surge o último obstáculo: o Eu, *aham*. Porque todos os atributos de expansão ilimitada que pertencem à "plenitude" pertencem também ao Eu. Que é centro de qualquer mundo, soberano autonomeado, território ilimitável. E, principalmente, é a mais insidiosa imitação do Si. O Eu se sobrepõe ao Si com tanta perfeição que pode escondê-lo. De fato, é o que ocorre no decurso da filosofia ocidental. Esta jamais se preocupou em dar um nome ao Si, mas escolheu sempre como observatório o Eu, embora assim o tenha chamado apenas em época recente, com Kant. Antes, era o indubitável sujeito, a primeira pessoa do *Cogito* de Descartes. Para Sanatkumāra, no entanto, o Eu é o obstáculo mais temível, aquele que pode impedir definitivamente o acesso ao Si. Se a investigação não prosseguisse, de fato, poderíamos supor que chegara à sua conclusão com o Eu. Mas como dar o último passo? Aqui, mais uma vez, mostra-se a sutileza de Sanatkumāra. Não se trata de repelir, de recusar o Eu. Seria vão — e contrário a qualquer constituição psíquica. Trata-se de seguir seus movimentos e acrescentar mais alguns, que o Eu não se poderia atribuir. Somente quando aparece uma nova entidade, que é o Si, *ātman*, pode-se falar d' "Aquele que ama o Si", "que tem sua felicidade no Si".[32] Esse novo ser não será mais o Eu, em sua ilusória soberania, porque a soberania foi transferida para o Si, com o qual o individual brinca e copula. O ponto de chegada é um sujeito dual, irredutível, desequilibrado (o Si é infinito, o individual é qualquer ser neste mundo), intermitente (a percepção do sujeito dual não é um dado do qual se parte, mas uma conquista, a mais dura e mais sólida conquista). Por isso busca-se o ensinamento do mestre, por isso Sanatkumāra se prontificou a dizer a Nārada "o que vai além disso".[33]

Aos vinte e quatro anos, após doze anos de estudo, Śvetaketu se apresentou novamente ao pai, o mestre Uddālaka Āruni. Estudara todos os Vedas, estava "satisfeito com seus conhecimentos, orgulhoso".[34] Como Nārada. Cabia-lhe agora ir *além*, guiado pelo pai. O preâmbulo escolhido por Uddālaka Āruni foi muito rápido. Serviu apenas para dar a entender ao filho que tudo o que ele aprendera provavelmente não era o essencial. Depois, de chofre, Uddālaka Āruni começou a dizer como era feito o mundo, quase como se o filho nunca tivesse ouvido falar disso: "No início, meu caro, nada havia senão o ser, um sem segundo. Alguns dizem: no início, nada havia senão o não ser, um sem segundo".[35] Palavras semelhantes foram ouvidas na Grécia jônica ou em Eleia. O texto prossegue dizendo que aquele ser "pensou".[36] O ser que aqui pensa é aquele que os Brāhmaṇa chamavam Prajāpati. Para Uddālaka

Āruni, bastava chamá-lo *sat*, o existente. E também o que dele e por ele foi gerado não tinha nome de deuses, mas de elementos: foi *tejas*, a energia incandescente, e não Agni, que era um filho; foi *āpas*, as águas, e não Vāc, que era uma filha; por fim, foi *anna*, alimento. Em comparação aos Brāhmaṇa, tudo ganhava um grau maior de abstração, mesmo que a doutrina continuasse idêntica.

Tal como Sanatkumāra, Uddālaka Āruni também recorrerá a progressões recorrentes. Mas com impaciência. E no fim fará uma menção sarcástica aos "grandes senhores e grandes teólogos"[37] que se satisfazem com tais ensinamentos. Seu pensamento tinha em vista outra coisa, as três palavras. Introduzir o Si, o *ātman* — e imediatamente dizer: "*Tat tvam asi*", "Isso tu és".[38] Em sua brevidade, a argumentação de Uddālaka Āruni não tem grande eficácia. Em compensação, é prodigioso o efeito das três palavras. Comparativamente, o *Cogito ergo sum* parece um fruto estéril e mirrado.

A cosmogonia que Uddālaka Āruni expôs concisamente ao filho, em sua fisionomia pré-parmenidiana, revelava uma concepção nova, moderna, sem dúvida oposta à doutrina que Śvetaketu aprendera estudando o *Ṛgveda*. Pois ali se diz: "Na era primordial dos deuses, o ser nasceu do não ser".[39] Doutrina que se reencontra na *Taittirīya Upaniṣad*: "No início isso [o mundo] era o não ser e disso nasceu o ser".[40] E em outro lugar da mesma *Chāndogya Upaniṣad* lê-se: "No início tudo era não ser, este era o ser. Depois se desenvolveu, tornou-se um ovo".[41]

Isso pressupõe que *sat* e *asat* sejam traduzidos como "ser" e "não ser" (como em Renou). E, no fundo, não faz diferença traduzir por "existente" e "não existente" (como em Olivelle). Mas até que ponto *sat* e *asat* correspondem a "ser" e "não ser", palavras carregadas de uma história inteira da filosofia ocidental? *Asat*, mais do que o lugar do que não é, poderia ser o lugar do que *não se manifesta*. Profundamente enraizada no pensamento indiano é a certeza de que a maior parte (três quartos) do que existe está oculta, não manifesta — e assim está destinada a permanecer. Isso é incompatível com a visão do não ser que tanto Platão quanto os sofistas entendiam em suas argumentações. A diferença específica, a clivagem intransponível entre a Grécia e o pensamento védico, poderia ser apontada já nesta palavra, na primeira palavra: *sat*.

A suspeita se confirma e se agrava perante um obscuro e vertiginoso hino cosmogônico do *Ṛgveda* (10, 129). Eis o início, na última tradução de Renou: "Nem o não ser existia então, nem o ser./ Não existia o espaço do ar, nem o firmamento mais além./ O que se movia com potência? Onde? Guardado por quem?/ Era a água, insondavelmente profunda?".[42] *Sat* e *asat* não existem, porque "este universo nada era senão a onda indistinta (*apraketáṃ salilám*)".[43] Mas não se pode dizer que *asat* não seja. *Asat* espera apenas o "sinal distintivo (*praketa*)"[44] que o destaque do *sat*. Nesse tudo onde "as trevas estavam ocultas pelas trevas",[45] podia-se dizer que existia algo que foi chamado o "Um"[46] (como em Plotino, mas aqui se trata de um neutro que, em outras passagens, se torna masculino). Quem é, o que é este Um anterior aos deuses? Outro hino o define: "No umbigo do não nascido, o Um está fixado,/ ele sobre o qual se apoiam todas as criaturas".[47] Mas também o Um deve sair do indistinto, onde "respirava por impulso próprio, sem que houvesse sopro".[48] Qual potência pode movê-lo? *Tapas*, o "ardor". "Então, pela potência do Ardor, o Um nasceu/ vazio e recoberto de vazio."[49] Bastam esses versos para mostrar a pobreza cristã das traduções de *tapas* que perduraram por muito tempo (*penance* — predileta de Eggeling —, *austerities*, *Kasteiung*, *ascèse*). O ardor é a única potência que pode dissolver a fixidez tenebrosa da origem — e deixa aflorar a primeira distinção: o Um. O qual apareceu imediatamente provido de um caráter desconcertante: é "vazio", *ābhu*, e "recoberto de vazio".[50] Perplexo, Renou anota: "'vazio' (*ābhu*) ou, ao contrário, 'potencial' (*ābhū*)". Mais desenvolto, Karl Geldner considera que a palavra se refere ao "grande vazio" do "caos original".[51] Mas no *Ṛgveda* não há traços de uma concepção do caos como algo que "se escancara", implícito no grego *chaíno*. E, nos 1028 hinos, *ābhu*, "vazio", aparece apenas num outro caso, para dizer "de mãos vazias".[52] Desse modo, é justificado o desconcerto de Renou. No início do Veda, por mais que se observe, nunca se encontra um "vazio", mas sim um "pleno", *pūrṇa*, ou uma "superabundância", *bhūman*: algo que transborda e, transbordando, faz existir o mundo, porque toda vida implica uma inexaurível fonte de excedente. Por isso esse Um "recoberto de vazio" deve ser incluído entre os pontos mais obscuros do hino.

A potência que aparece logo depois do ardor — e quase como imediata consequência sua — é *kāma*, "desejo". Tem-se dele uma definição insuperada: "Desejo, que foi o primeiro sêmen da mente".[53] E aqui Renou traduz *manas* por "consciência", inclinando o texto na direção que lhe é implícita, pois a forma original da mente — ou, pelo menos, a mais cara aos videntes védicos — era o puro ato de estar consciente. E é nesse momento que os videntes-poetas, *kaváyah*, estão prestes a aparecer, primeiros personagens humanos, no hino, não só como testemunhas, mas como atores: "Indagando no coração, os poetas conseguiram descobrir/ com a reflexão a ligação entre o não ser e o ser (*sató bándhum ásati*)".[54]

São palavras que, com alguns séculos de antecedência, desafiam a proibição parmenidiana de pensar uma passagem do não ser ao ser. E fazem-no usando a palavra mais preciosa: *bandhu*, "nexo, vínculo, ligação". O próprio pensamento, para os *ṛṣi*, não era senão um modo de garantir e estabelecer os *bandhu*. Assim começava, assim culminava. Não havia nada mais que o pensamento pudesse oferecer. E estava claro que o primeiro desses *bandhu* só podia ser entre *asat* e *sat*. Aqui, mais uma vez, ao entender os dois termos, *asat* e *sat*, como "não manifesto" e "manifesto" — e não, à maneira demasiado grega, como "não ser" e "ser" —, a fórmula parece bem mais iluminadora: porque o manifesto deve haurir continuamente do não manifesto, assim como uma pata do ganso selvagem, o *haṃsa* que um dia se tornará cisne, deve permanecer submersa na onda. De outro modo, a circulação vital cessaria.

Mas o *bandhu* que acabamos de citar era apenas o limiar do enigma. As três estrofes seguintes são uma progressão impetuosa de dúvidas e ofuscamentos que seria inútil tentar justificar. Fica evidente, apenas, que se entra numa zona de interrogações que não têm — e talvez não possam ter — resposta. Antes de mais nada, o *bandhu* que os poetas encontram, ao indagar o coração, é uma "corda esticada de través".[55] Não se diz ao quê. De fato, segue-se a pergunta: "O que havia embaixo? O que havia em cima?".[56] E então fala-se em potências obscuras, que Renou assim traduziu, com evidente perplexidade: "Ímpeto espontâneo", "Dom de si".[57] São as últimas aparições de algo que se pode tentar afirmar. O que segue é a mais assombrosa e a mais orgulhosa declaração que se conhece sobre a impotência do pensamento. Exemplo ímpar de sarcasmo sublime: "Quem sabe, de fato, quem poderia aqui proclamar/ de onde nasceu, de onde vem essa criação secundária [*visṛṣṭi*, que pressupõe como precedente a *sṛṣṭi*, 'criação']?/ Os deuses [vieram] depois, através da criação secundária do nosso [mundo]. / Mas quem sabe de onde ela surgiu?".[58] É um procedimento rigoroso, que intensifica cada vez mais a incerteza — e culmina na última estrofe: "Essa criação secundária, de onde surgiu,/ se foi ou não instituída,/ aquele que supervisiona este [mundo] do mais alto dos céus, somente ele o sabe, ou talvez nem ele".[59]

Os videntes védicos eram mestres em aumentar sempre as apostas, até torná-las inatingíveis. Aqui o *ṛṣi* pretendia mostrar como o conhecimento esotérico culmina na plena incerteza. E já seria um resultado grandioso. Era preciso envolver também os deuses na mesma incerteza, como seres nascidos demasiado tarde, eles também oriundos da "criação secundária", cuja origem não conseguem apreender. A passagem decisiva seria estender a incerteza — a suspeita da incerteza e da ignorância — até mesmo à figura suprema, não nomeada, "que supervisiona este [mundo]" do ponto mais alto. Ninguém ousara antes, ninguém ousaria depois, negar a onisciência a essa misteriosa figura. Mas o *ṛṣi* o faz. Aliás, com crueldade ainda mais sutil, deixa-nos na dúvida, pois, se afirmasse com segurança algo sobre essa figura, já iria além do que lhe é concedido saber. E assim apenas esboça a possibilidade de um ser soberano, superior aos deuses, que, porém, *não sabe*. E isso vem dito dentro do Veda, que significa Saber.

O que acontece após a morte? Silêncio, indistinção dos elementos. Depois ouve-se uma voz: "Vem, sou eu aqui, teu *ātman*".[60] É o Si divino, *daiva ātmā*, que fala, aquele que se construiu ao longo de muito tempo, penosamente, pedaço por pedaço, por meio dos atos sacrificiais. É outro corpo, que estava à espera no outro mundo — e enquanto isso ele se constituía, porque "qualquer oblação que se sacrifique aqui torna-se seu *ātman* no outro mundo".[61]

J885

8. A vigília perfeita

A vigília de que falam as Upaniṣad (e também o *Ṛgveda*) é um estado que se opõe não ao sono, mas a uma outra espécie de vigília — desatenta, inerte, mecânica. O despertar é um recobrar-se dessa vigília, como de um sono insípido. Esse salto interior da mente não foi considerado digno de exame pelos filósofos, mas se tornou o fogo do pensamento num lugar e numa época: na Índia, entre o Veda e o Buddha — e depois, numa reverberação incontrolável, por todos os séculos subsequentes.

A primeira advertência, no *Ṛgveda*, fora clara e concisa: "Os deuses procuram alguém que esmague o *soma*; não precisam do sono; incansáveis, partem em viagens".[1] Embora os homens não saibam dizer a que "viagens" os deuses se dedicam sem cessar, a tarefa que lhes cabe é indicada de maneira precisa: permanecer despertos e preparar, com sua obra, a embriaguez.

Mas qual é a relação entre o Buddha e o Veda? Questão espinhosa, delicada e intrincada. Por mais que se acentue a nitidez da oposição, permanece um obscuro e imenso pano de fundo comum, sobre o qual se projetam os mais variados contrastes. Esse pano de fundo se mostra no próprio nome do Buddha, no verbo *budh-*, "despertar", "prestar atenção". A primazia do *despertar* sobre qualquer outro gesto da mente não é inovação do Buddha, que ofereceu apenas uma variante radical e tendencialmente destrutiva em relação a todas as anteriores. A preocupação com o despertar, sua posição central, sempre esteve presente nos textos védicos. O despertar estava embutido no ritual, ali onde ficava mais exposto, mais próximo de se desfazer. A atenção intensa (nossa em relação ao que ocorre e do deus em relação a nós) é o suporte necessário, mesmo quando o oficiante é obrigado a cumprir "o que é incorreto" — e isso se dá diversas vezes, porque a própria vida é incorreta. Uma dessas ocasiões ocorre quando se lançam as cinzas sacrificiais na água:

> Quando ele lança Agni na água, ele cumpre o que é incorreto; então pede-lhe desculpas para não lhe acarretar danos. Com dois versos ligados a Agni ele presta adoração, porque é a Agni que pede desculpas, e serão tais que contenham o verbo *budh-*, de modo que Agni possa prestar atenção em suas palavras.[2]

O gesto com que as cinzas são lançadas na água é, em todo caso, uma ofensa ao fogo, porque interrompe um desejo que é total. De fato, "é para todos os seus desejos que ele preparou aquele fogo".[3] Aqui também, portanto, é necessário um gesto que cure, que "reunifique e recomponha",[4] numa perpétua obra de recuperação e restauração. Mas o que poderá atrair a benevolência de Agni, o ofendido, numa situação tão delicada? No momento decisivo, apenas ao despertar pode-se pedir ajuda. E o primeiro despertar se aplica a Agni, no momento em que o fogo se tornou cinza e foi espalhado sobre as águas. Esse fogo foi "todos os seus desejos". Quando o desejo se apaga e volta a seu invólucro aquoso, surge o despertar. Agora, apenas essa palavra pode agir. É como se nessa forma cerimonial de se comportar em relação a Agni estivesse predisposta e prefigurada toda a história posterior, que culmina no despertar do Buddha, sob uma árvore que chama nenhuma poderá afetar.

Que o ato decisivo na vida seja o despertar, já se depreende da passagem da *Bṛhadāraṇyaka Upaniṣad* na qual se diz que, na origem, havia apenas o *brahman* e o *brahman* "era o todo". Depois, "o [*brahman*] se tornou os deuses, conforme iam despertando [*pratyabudhyata*, onde a raiz *budh-* se une ao prefixo *prati-*, que indica um movimento *para a frente*, como um recobrar-se]".[5] Mas os deuses são apenas a primeira entre as categorias dos seres, a que dá o exemplo. A eles seguem-se os *ṛṣi* e, por fim, os homens: "Assim também [fizeram] os *ṛṣi*, assim também os homens".[6] Se se tornar *brahman* é o que se almeja, o instrumento adequado (o único que é citado — nessa passagem, dessa vez, *não* se faz referência ao sacrifício) é o despertar. Mas isso estabelece uma proximidade e uma afinidade preocupante entre os homens e os deuses. E por isso os deuses se opõem com todos os meios, até os mais baixos, para impedir que o homem alcance o despertar. O texto é peremptório. Aquele que pensa: "A divindade é uma coisa e eu outra", este "não sabe".[7] O pressuposto é que homens e deuses são, fundamentalmente, uma coisa só. Para os deuses, nada é mais insidioso e inquietante: "Por isso eles não apreciam que os homens saibam disso".[8] Não por acaso as autoridades do Castelo faziam com que um nevoeiro de torpor descesse sobre K., tão logo ele se acercava de seus segredos.

O que aparece sob o nome de *brahman* é arcano, bem mais do que os deuses. Se vistos em grupo, e não cada um em sua ofuscante singularidade, os deuses se apresentavam como seres afortunados: conseguiram passar da terra ao céu, conseguiram se tornar imortais. No entanto, sofriam a perpétua coação de combater e vencer repetidamente os Asura, seus irmãos mais velhos antes de ser rebaixados a demônios. E isso já era uma diminuição da soberania, que devia ser protegida e reconquistada continuamente. Aliados dos *ṛṣi*, os Deva nem sempre eram vistos por eles com benevolência — nem sequer com respeito.

Já o *brahman* é neutro, inabalado, inabalável. As sete propostas de tradução da palavra enumeradas no dicionário de São Petersburgo são, todas elas, inadequadas. Igualmente inadequadas, porém, são as tentativas mais recentes, como as de Renou e Jan C. Heesterman, que revelam uma intensa investigação, mas também uma derrota na paráfrase: "energia conectiva comprimida em enigmas" (Renou);[9] "ligação entre vida e morte" (Heesterman).[10] No fim das contas, pode-se dizer apenas que o *brahman* é o ápice do qual todo o resto deriva.

Contudo, o *brahman* é um "mundo",[11] *brahmaloka* — e é um mundo onde se pode *entrar* ("ele entra no *brahman*").[12] Mas qual será a fresta que permite o acesso? Não o poder, nem a santidade, nem as boas ações. Mas a pura consciência, o contato com a vigília perene: "Aquele que vela entre os adormecidos, a mente que edifica os vários desejos, este é o puro, este é o *brahman*, é o que se chama o imortal. Todos os mundos se apoiam sobre ele: ninguém vai além".[13] Finalmente, nessa passagem da *Kaṭha Upaniṣad* diz-se aquilo que, sob o nome de *brahman*, desde o início foi tecido por aquele Saber que é o Veda. Se as Upaniṣad o explicitam (ou melhor, definem-se como textos que almejam, antes de mais nada, explicitá-lo), esse segredo do *brahman* como vigília e consciência já está presente, em estado "inexplícito", em todo o *Ṛgveda*. Especialmente num hino como 5, 44, segundo Geldner "o mais difícil hino do *Ṛgveda*".[14] Aqui "a divindade está em toda parte inexplícita (*anirukta*)".[15] Aqui, segundo Renou, "a fraseologia, a intenção esotérica, assinalam inegavelmente o caráter Viśvedevāḥ"[16] (entenda-se: a tipologia da composição situa o hino entre aqueles dedicados aos Viśvedevāḥ, os Todos-os-deuses, entidade peculiarmente védica). Nenhum deus individual é nomeado, a não ser Agni na estrofe 15, no fechamento de um hino em que "as estrofes finais parecem a solução de um enigma", escrevia Geldner, acrescentando: "E este quer ser indubitavelmente o todo".[17] Enigma que, em grande medida, assim permaneceu: até Oldenberg, pai de todos os vedistas, depusera as armas diante do árduo obstáculo ("Tanto a explicação quanto a análise textual desse hino permanecem, de modo geral, dúbias ou sem solução").[18] Contudo, embora a exposição do enigma permaneça em larga medida impenetrável, a "solução" fala com maravilhosa clareza — e remete à soberania da vigília sobre tudo. Eis as palavras: "Aquele que vela, as estrofes o amam; aquele que vela, mesmo os cantos rituais vão em sua direção. Aquele que vela, este *soma* lhe diz: em tua amizade [eu me sinto como] em casa".[19] Visto que os hinos são a própria formulação do *brahman* — ou seja, o manifestar-se do *brahman* como "palavra poderosa" (Kramrisch) —,[20] o nexo que liga a potência à palavra aqui já é reconhecido na *vigília*.

"A vida do sacrifício é, portanto, uma série infinita de mortes e nascimentos", escreveu Sylvain Lévi.[21] E tal será, antes de mais nada, a iniciação, que está implícita no sacrifício. Para celebrar um sacrifício, o sacrificante precisa antes ser consagrado. E a consagração é uma forma de sacrifício. Círculo vicioso sobre o qual tudo se apoia. Mas para o iniciante, mais do que para os outros atores do ritual, nascimento e morte deverão ser literais o máximo possível. E é isso que distingue o iniciante. Durante uma parte da cerimônia, ele será aquele que ainda não nasceu: "Ele depois envolve a cabeça. Porque aquele que é consagrado torna-se um embrião; e os embriões são envolvidos tanto pelo líquido amniótico quanto pela membrana externa: por isso ele cobre a cabeça".[22] A cabeça coberta, que encontramos nas iniciações gregas e para a qual os textos não nos fornecem nenhuma justificativa convincente, é aqui explicada em poucas e enxutas palavras: o iniciante, aquele que é consagrado, é um embrião — e a primeira característica do embrião é a de estar oculto, coberto pela membrana. Por isso o turbante é a lembrança daquele estado de ocultamento que é o do iniciante e do embrião, assim como sua forma retoma a do útero de Vāc, dilacerado por Indra.

Que o iniciante seja literalmente um embrião cria, sem dúvida, algumas dificuldades que podem parecer fúteis, tais como muitos outros detalhes do rito. Por exemplo: como ele se comportará se, durante as longas sessões, sentir coceira? A prescrição é drástica:

> Não poderá se coçar com uma lasca de madeira nem com a unha. Porque aquele que é consagrado se torna um embrião: e, se um embrião se coçasse com uma lasca de madeira ou com uma unha, o líquido amniótico poderia sair e ele morreria. Ademais, o consagrado poderia sofrer de coceira; e sua progênie também poderia nascer com a coceira. Ora, o útero não danifica o embrião e, visto que o chifre do antílope negro é justamente o útero, ele não o danifica; por isso, o consagrado deve se coçar com o chifre do antílope negro e nada mais que não seja o chifre do antílope negro.[23]

As imagens evocadas pelo rito nunca são *apenas* metáforas, no sentido da surradíssima prática literária. São presenças do invisível e, ao mesmo tempo, devem ser entendidas com rigorosa literalidade. Se o consagrado se torna um embrião, isso determinará seu comportamento mesmo no momento mais casual, imprevisível e insignificante: por exemplo, quando sentir uma coceira. Então se assistirá à delicada solução do útero que, com materna solicitude, proporciona alívio ao embrião que contém. Mas como? Aqui se verá a atuação do chifre do antílope negro, que, contra toda evidência e verossimilhança, se declara *ser* o útero. Daí o gesto do consagrado que, durante a cerimônia, se coça com um chifre de antílope negro.

Quando, por fim, o iniciante nascer, quem será seu pai? O novo nascimento que se dá com a iniciação permite escapar ao velho tormento do *pater semper incertus*. Agora o pai será um só — e é um neutro: o *brahman*. E o *brahman*, o que quer que seja, é presença intrínseca ao sacrifício, motivo pelo qual se poderá dizer que "realmente nascido é apenas aquele que nasceu do *brahman*", mas ao mesmo tempo que "aquele que nasceu do sacrifício nasceu do *brahman*".[24] Para além dessa paternidade adquirida, seria possível também ser filho ou descendente de um daqueles Rakṣas que vagueavam pela terra e andavam "à caça de mulheres",[25] unindo-se como os anjos do Gênesis com as filhas dos homens.

A noite anterior à cerimônia, em que o indivíduo instala seus fogos com o ritual do *agnyādheya*, é um momento de grande delicadeza. Até então, ele era um "mero homem" —[26] e o que fazia era indiferente. Mas agora, se quiser começar a estabelecer uma relação com os deuses, os ritualistas sugerem que permaneça desperto durante a noite toda. E aqui reside o ponto decisivo. Qual é a primeira característica dos deuses a que podemos nos equiparar? Não a potência: a nossa continuará sempre modesta. Não a imortalidade: que não temos — e no máximo podemos nos iludir que, após uma longa prática do sacrifício, conquistaremos uma imortalidade provisória, que se esfacela pouco a pouco, como toda conquista devida aos méritos. Não o conhecimento, pois é demasiado inferior ao dos deuses: não conhecemos sequer a mente de nosso próximo, ao passo que "os deuses conhecem a mente dos homens".[27] Então o quê? O puro fato da consciência: o estar desperto. "Os deuses são despertos":[28] aproximar-se dos deuses significa entrar no estar desperto. Não se trata de fazer ações meritórias, de agradar os deuses com obséquios e oferendas. Trata-se simplesmente de estar desperto. É isso que permite a alguém se tornar "mais divino, mais calmo, mais ardente",[29] isto é, mais rico de *tapas*. Não foi o *tapas* que permitiu aos deuses se tornarem deuses? Isolando o puro fato de estar desperto e concedendo-lhe a supremacia sobre tudo, os ritualistas apresentaram a peculiaridade de sua visão da maneira mais incisiva possível. Tudo podia ser reconduzido a isso. E tudo podia ser eliminado, exceto isso.

Tornar-se divino não era uma experiência última reservada aos místicos; era a experiência de quem *entrasse* na cerimônia sacrificial, logo depois de ter sido consagrado: "Aquele que é consagrado vai em direção aos deuses; torna-se uma das divindades".[30] Esta é a passagem a que se referiam Henri Hubert e Marcel Mauss quando assim definiam *a entrada no sacrifício*: "Tudo o que está em contato com os deuses deve ser divino; o sacrificante é obrigado a se tornar ele próprio deus para ser capaz de agir sobre eles".[31] Fechado numa cabana construída expressamente para mantê-lo separado do mundo dos homens, barbeado, lavado, ungido, vestido de linho branco e coberto por uma pele de antílope negro, o "consagrado", *dīkṣita*, aos poucos se transforma num embrião divino. Faziam-no ir e vir ao redor do fogo, como o feto que dá chutes dentro do útero. Como sempre, os ritualistas se atêm aos detalhes mais sutis: é essencial que o consagrado mantenha os punhos cerrados. Mas não o faz por raiva ou por desconforto. Com esse gesto tenta agarrar o sacrifício. Nesse instante diz: "Com a mente me prendo ao sacrifício".[32] Assim deve ser porque o sacrifício é invisível, como os deuses: "De fato, o sacrifício não é agarrado de modo visível, como um bastão ou uma vestimenta, mas, [tal como] invisíveis são os deuses, invisível [é] o sacrifício".[33] Todo evento será cuidadosamente descrito, desde que a descrição compreenda duas partes: a visível e a invisível. Assim, indica-se com precisão o momento correto para descerrar os punhos. Então o feto "nasce para a existência divina, é deus".[34]

Mas, embora o consagrado se aproximasse gradualmente dos deuses durante a viagem sacrificial, sempre restava uma enorme distância. Revelada especialmente por um fato: aos homens não é concedida a ausência do sono. Basta isso para frustrar as pretensões humanas, com um toque de ironia: não só vos cabe morrer, como tampouco sois capazes de não dormir. E também por isso o despertar era o bem supremo, o momento de maior proximidade com a vida divina. Afora isso, enquanto se estava na vida comum, no interior dos ritos que se prolongavam por dias e dias, quando a sonolência começava a pesar, só restava recorrer a Agni, o bom despertador: que ele saiba nos recobrar, intactos, depois de termos sido, durante o sono, abandonados por tudo, exceto pela respiração.

Uma vez enumerados os outros sacrifícios, falta definir o sacrifício ao *brahman*. E assim se diz: "O sacrifício ao *brahman* é o estudo cotidiano do Veda".[35] Há uma linha que parte do sacrifício como longa cerimônia articulada em centenas de gestos, ou seja, totalmente visível, e leva ao sacrifício como atividade invisível e imperceptível, tal como se dá com o estudo do Veda, tardia e preciosa variante.

O estudo do Veda, chamado *svādhyāya* ou "recitação interior", deve ser realizado fora dos limites da aldeia, no lado leste ou norte, num ponto de onde não se enxerguem mais os tetos. Era o primeiro prenúncio do processo pelo qual a pura atividade do conhecimento iria se distanciar e se desvincular gradualmente da sociedade. Mas o estudo podia ser conduzido de outros modos, por exemplo na cama: "E, na verdade, se ele estuda sua lição, mesmo que esteja deitado num leito macio, ungido, adornado e totalmente tranquilo, ele é abrasado pelo *tapas* até a ponta dos dedos:

por isso deve-se estudar a lição cotidiana".[36] Aqui aparece uma figura que julgávamos moderna: o leitor, descrito de uma maneira não muito diferente de uma possível descrição do jovem Proust, entregue a suas *journées de lecture*. E, mais uma vez, pode-se observar o despreconceituoso védico: para praticar o *tapas*, não é necessário cruzar as pernas nem se submeter àquelas "mortificações" que, para alguns, constituem o próprio significado da palavra. Não: *luxe, calme et volupté* também podem ajudar — ou, pelo menos, não atrapalham. Basta que o fervor da mente siga sem cessar, inflamando "até a ponta dos dedos".

9. Os Brāhmaṇa

Aquele que conhecesse o fio esticado sobre o qual são tecidas todas as criaturas, aquele que conhecesse o fio do fio, saberia a grande Exegese.

Atharvaveda, 10, 8, 37 (trad. de Louis Renou, 1938)

Aquele que conhece o fio esticado sobre o qual são tecidas essas criaturas, aquele que conhece o fio do fio, conhece a grande essência do brahman.

Atharvaveda, 10, 8, 37 (trad. de Louis Renou, 1956)

Os Brāhmaṇa são a parte do Veda mais negligenciada pelos estudiosos e mais ignorada pelos leitores. No segundo volume da *Vedic Bibliography* de Dandekar, a lista dos textos sobre os Brāhmaṇa ocupa oito páginas, ao passo que as Upaniṣad ocupam trinta e o *Ṛgveda*, 28. São poucos estudiosos e, presume-se, menos leitores ainda. Cabe perguntar o porquê.

Um primeiro motivo está relacionado com a forma, o gênero literário. O *Ṛgveda*, no final das contas, também pode ser lido como o exemplo mais grandioso — e também convincente — de poesia simbolista, enquanto as Upaniṣad, como já Schopenhauer o reconhecera prontamente, podem ser lidas como um primeiro texto metafísico. Mas os Brāhmaṇa não eram poesia nem filosofia (somente Deussen teve a ousadia de usá-los logo no início de sua história universal da filosofia, mas seu exemplo não foi seguido). Os Brāhmaṇa estão constantemente sobrecarregados pelo peso do gesto: "Ele [o oficiante] faz *x* e *y*". Essa é a frase que ressurge com maior frequência, aquela que, a cada vez, aguilhoa o pensamento. Por que "ele" faz *x* e não *z*? O pressuposto é que se atribua suma importância ao gesto litúrgico. E que se conceda ao rito a primazia em relação a qualquer outra forma de pensamento, como se o rito fosse o modo imediato de manifestação do próprio pensamento. Mas era exatamente disso — desde os gregos e, depois, ao longo de toda a tradição cristã — que o Ocidente pretendia se libertar, como de um estorvo supersticioso. As reformas litúrgicas da Igreja católica, no decorrer dos séculos, marcam um gradual e impiedoso despojamento no aparato dos gestos e das palavras entretecidas aos gestos, até o mísero estado subsequente ao Concílio Vaticano II. Quanto à Reforma, mais do que uma disputa sobre determinados pontos da teologia, foi um apelo ao repúdio geral dos ouropéis do culto. Todavia, o coração da doutrina cristã é sacramental e, portanto, ligado a gestos que não são substituíveis por palavras. Os hinos de ação de graças, por mais numerosos que sejam, nunca poderão substituir o gesto do sacerdote que *reparte o pão*. Se se quiser instaurar o regime da substituição, o gesto sacramental constitui o maior obstáculo. Porque é um gesto insubstituível e é um gesto com eficácia imediata em relação ao invisível. Mas, se o invisível é anulado, deve-se eliminar também a via de tramitação.

Certa vez, Witzel observou num inciso que os Brāhmaṇa são "um dos exemplos mais antigos de prosa indo-europeia".[1] Anotação preciosa, sobre a qual raríssimos demonstraram vontade em se deter. De fato, se for verdade que os Brāhmaṇa "são até hoje considerados incompreensíveis e tediosos pelos próprios estudiosos que os estudam",[2] por que deveríamos nos ocupar com sua forma? Todavia, a prosa, essa forma variada, flexível, preênsil, capaz de se estender a todos os registros, dos manuais de equitação ou de hidráulica até Lautréamont, essa forma que se tornou a própria normalidade, tão normal que se faz transparente a ponto de não se deixar perceber, fez sua aparição em terra indiana por meio desse gênero literário pouco estimulante e frequentemente refratário à compreensão. Os Brāhmaṇa não são pensamento (ou, pelo menos, não são o que os modernos se acostumaram a considerar como pensamento) e não são narrativas (ou são, no máximo, uma série de narrativas fragmentadas e constantemente interrompidas). E, além do mais, discorrem sobre cerimônias cujo sentido, já obscuro por si só, às vezes se torna ainda mais obscuro com as explicações que os Brāhmaṇa pretendem dar sobre elas. A história dedicou enorme esforço para separar quimicamente esses elementos, ligando-os a certas proibições: o pensamento não deve narrar, a narrativa não deve pensar, o rito é uma atividade obsoleta que pode ser descartada. Para entender quão profundamente tais convicções estão ancoradas na psique, cabe prestar atenção na linguagem comum. Nela, quando se diz que algo é um "mito", em geral entende-se que se trata de uma história infundada; quando se diz que algo é um ato "ritual", entende-se sobretudo que se trata de um costume sem conteúdo e já inerte. É o extremo oposto dos Brāhmaṇa: aqui, "mito" é o tecido das histórias que têm sentido, um sentido perene; "rito" é o ato em sua forma de eficácia suprema. Se for esse o equívoco — e não poderia ser maior — sobre as duas palavras que fundam o relato e o gesto, não admira que se tenha criado entre os modernos uma aversão tão obstinada diante desse gênero literário antiquado, mais desordenado e abstruso do que qualquer outro, que são os Brāhmaṇa. Seu florescimento remonta, no mais tardar, ao século VIII a.C. Datação controversa, como sempre ocorre na Índia. Porém, certamente é anterior aos sábios gregos de que temos notícia. Tales, o primeiro pré-socrático para Diels-Kranz, viveu entre os séculos VI e V a.C. Por outro lado, um texto como o *Śatapatha Brāhmaṇa* é tão sutilmente articulado que leva a supor que foi precedido por uma longa elaboração dessa forma. Há, portanto, uma nítida anterioridade indiana em relação aos inícios da especulação grega. Mas o objeto é, no mínimo, semelhante: a *phýsis*, o manifestar-se daquilo que é. Trata-se de *dar nomes* à *phýsis*: na Grécia, pode assumir formas poéticas (Parmênides, Empédocles) ou apotegmáticas (Anaximandro, Heráclito). Na Índia, permanece sempre vinculado ao rito, ao gesto, mesmo nas duas Upaniṣad mais longas e antigas, a *Chāndogya* e a *Bṛhadāraṇyaka*. E, acima de tudo, a própria forma das Upaniṣad — textos situados *no final* de um Brāhmaṇa — pressupõe todo o minucioso, extenuante, impávido murmúrio de pensamento que a antecede.

A *Śtapatha Brāhmaṇa* pertence ao Yajur Veda Branco, ramo do Veda dedicado aos *yajus*, às "fórmulas" que o *adhvaryu* recita nos sacrifícios. E a composição do texto é laboriosa, meticulosa, sempre exposta ao risco de não controlar a imensidão da matéria, análoga em tudo à natureza do *adhvaryu*, esse sacerdote que opera sem cessar e com todos os meios: com o gesto, com a manipulação, com a palavra. Enquanto os demais oficiantes se dedicam ao canto ou à observação silenciosa, o *adhvaryu* age e dá andamento à cerimônia. É o motor em funcionamento.

Quando Renou teve ocasião de assistir, em Pune, a um sacrifício védico do tipo mais simples, o da Lua Cheia e da Lua Nova, ficou muito impressionado com a atividade do *adhvaryu*: "Era possível medir o papel preponderante do oficiante manual, o *adhvaryu*, sobre o qual recai quase tudo, gestos e palavras, a despeito da ajuda que recebe dos dois acólitos". Enquanto o *hotṛ*, o cantor, "aparecia nos momentos importantes, dominando o conjunto com sua alta estatura e sua voz vibrante", cabia ao *adhvaryu* servir de pano de fundo àquele "amplo arranjo de estrofes" com suas "fórmulas curtas, rompidas", similares à argumentação dos Brāhmaṇa — sempre iniciada e sempre interrompida, sempre obrigada a mudar de direção, a tecer a obra retomando a trama a partir dos pontos mais diversos.

A escola do Yajur Veda Branco se diferencia da do Yajur Veda Negro em primeiro lugar porque separa nitidamente os *mantra* — ou "fórmulas" em versos, frequentemente extraídos do *Ṛgveda*, na parte do comentário ao ritual, que é em prosa. Não sabemos nem podemos reconstruir os motivos que deram origem a essa divisão. Mas podemos constatar um resultado: o *nascimento da prosa*, no sentido de uma longa exposição, sem ordenamento métrico, sobre um único objeto — no caso, o conjunto de todos os ritos sacrificiais. Até então, nada de semelhante se mostrara sob aquela forma: uma investigação obstinada, meticulosa, obsessiva, tendencialmente infindável. Embora os Brāhmaṇa tenham vindo a se tornar um gênero literário desprezado, abandonado e vilipendiado, algo daquela origem continuaria a animar a prosa, em especial ali onde essa forma humilde e funcional revelava sua intenção de impregnar cada ângulo do todo, como em Proust. A *Recherche*, de fato, pode ser lida como um imenso Brāhmaṇa, dedicado a comentar e iluminar a tessitura do tempo no interior desse longo ritual (um *sattra*) que foi a vida de seu autor.

O "sabor", *rasa*, do *Śatapatha Brāhmaṇa*, sabor inconfundível, irredutível ao de um tratado metafísico ou de um tratado litúrgico, consiste em primeiro lugar na sensação interrompida de *pensar o gesto* no próprio momento em que o gesto se cumpre, sem o abandonar ou esquecer jamais, como se apenas no momento em que um ser move seu corpo obedecendo a um traçado significante, ele pudesse desferir a centelha do pensamento. Dificilmente encontraríamos outros casos em que a vida física e a vida mental conviveram em tamanha intimidade, recusando-se a se desunir, mesmo que apenas por um instante.

Os Brāhmaṇa não oferecem *uma* cosmogonia como a Bíblia, Hesíodo ou tantos outros épicos tribais, e sim uma miríade de cosmogonias, justapostas, sobrepostas, contrapostas. Isso provoca uma sensação de aturdimento — e, por fim, de indiferença. Se as versões são tão numerosas e conflitantes, não seria o caso de atribuí-las às elucubrações dos ritualistas? A multiplicidade das variantes é um incentivo a minimizar seu significado. Até Malamoud, habituado a tratar os textos com extrema delicadeza e discrição, no fim, dá alguns sinais de impaciência, quando se refere a essas "cosmogonias replicadas, repetidas, que se amontoam, de um texto ao outro ou no interior de um mesmo hino, repelem-se, interpenetram-se, deformam-se mutuamente, como ondas batendo umas nas outras".[3] Expressiva e pontual descrição daquelas histórias de "falsos inícios ou inícios relativos",[4] que parecem condenar à inutilidade qualquer aspiração a uma solidez fundadora quando se trata das origens, sempre veladas. E é Malamoud quem aqui remete a um verso do *Ṛgveda:* "Não conhecereis aquele que criou estes mundos: algo se interpõe como anteparo".[5]

E, no entanto, as cosmogonias se sucedem e se sobrepõem. Mas tem-se sempre a suspeita de que são "criações secundárias".[6] Os deuses ficam não no início, mas quase no fim. Antes deles — tentativas que deram certo após muitos fracassos — haviam aparecido os "filhos nascidos da mente", *mānasāḥ putrāḥ*, de Prajāpati. E antes deles havia o próprio Prajāpati, o Progenitor, o qual, porém — mais uma vez —, não era um início. Para que Prajāpati se constituísse, os Saptarṣi tiveram de se reunir e se combinar, os quais, por sua vez, sentiam que não conseguiam existir *sozinhos*. Trama de histórias atormentadas e obscuras, por trás das quais se perfilava sempre alguma outra coisa, mesmo que apenas a "onda indistinta" a que se refere o *Ṛgveda*.[7]

Chegando ao fim do décimo *kāṇḍa* do *Śatapatha Brāhmaṇa*, depois de cinco *kāṇḍa* dedicados à especificação dos procedimentos para construir o altar do fogo, que equivalem a 678 páginas na tradução de Eggeling, depois de atravessar vórtices de adições e multiplicações referentes ao número de tijolos que devem ser usados para edificá-lo e ao modo como devem ser dispostos, além de vários erros de cálculo que devem ser evitados no decorrer dessas operações, há três passagens surpreendentes, por motivos diversos. Logo após um último e súbito *excursus* sobre o *arka*, palavra em que a cada vez se concentra um ensinamento secreto, passa-se a uma página que se abre como uma imprevista clareira rodeada pela selva dos números e inicia com as seguintes palavras: "Que ele medite sobre o verdadeiro *brahman*",[8] a que, pouco depois, corresponde a passagem que começa com: "Que ele medite sobre o *ātman*".[9] Seguem-se algumas poucas linhas que já apresentam o tom absorto e definitivo das primeiras Upaniṣad e se encerra com as palavras: "Assim falou Śāṇḍilya e assim é".[10] Ora, segundo a tradição, Śāṇḍilya é o autor dos *kāṇḍa* 6-10 do *Śatapatha Brāhmaṇa* e essas suas palavras são definidas como *Śāṇḍilyavidyā*, "doutrina de Śāṇḍilya", como se ali se mostrasse a essência do seu pensamento. E, de fato, é aqui que se encontra, como se necessário fosse, a ligação explícita entre os Brāhmaṇa e as consecutivas Upaniṣad seguintes, onde se descreve o *ātman* como um "grão de painço" e como "este Puruṣa de ouro no coração",[11] isso depois que os cinco *kāṇḍa* anteriores haviam culminado na descrição dos procedimentos para inserir no altar do fogo uma minúscula figura humana, o Puruṣa de ouro, enquanto agora esse mesmo Puruṣa, essa Pessoa se encontra no interior do coração e revela ser "maior do que o céu, maior do que o espaço, maior do que a terra, maior do que todos os seres".[12] É essa a catapulta védica que faz passar subitamente do mínimo ao incomensurável e revela onde se encontra algo que cada um, que cada meditador poderá chamar de "meu Si".[13] Doutrina de altíssima potência, que aqui se enuncia em poucas palavras, límpidas e serenas, e depois irá se expandir por todas as Upaniṣad, sendo seu supremo ensinamento. "Assim falou Śāṇḍilya e assim é."[14] Ao Zaratustra de Nietzsche faltaria apenas a cláusula final: "E assim é". Nem poderia ser de outra maneira.

Antigo tormento dos indólogos é a relação entre os Brāhmaṇa e as Upaniṣad. Divergência? Convergência? Contraste? Para se orientar, pode-se recorrer a um teste simples: se se ler o *Śatapatha Brāhmaṇa* tal como o texto se apresenta — e, assim, imediatamente seguido pela *Bṛhadāraṇyaka Upaniṣad* —, não se escapará à impressão de uma perfeita continuidade especulativa. O que muda é o registro do estilo. Depois do incessante, minucioso, obstinado modo expositivo dos Brāhmaṇa, análogo ao murmúrio obsessivo da voz do *adhvaryu*, agora mergulhamos num *incipit* fulminante, que age como uma descarga de altíssima voltagem, preparada pelo acúmulo de inúmeras nuvens ao longo das cerca de 2 mil páginas anteriores. É como se, depois de uma prolongada compressão e concentração de energias, se assistisse à sua liberação em estilhaços luminosos, que se juntam instantaneamente, sem sequer haver a intercalação da cópula, como a língua sânscrita concede: "Aurora a cabeça do cavalo sacrificial, Sol o olho, Vento o sopro, a boca aberta Fogo-de-todos-os-homens, o Ano o Si"[15] (onde Aurora, Sol, Vento, Fogo são Uṣas, Sūrya, Vāyu, Agni, deuses constitutivos do panteão védico).

À expansão desenfreada dos Brāhmaṇa segue-se e contrapõe-se a condensação extrema das Upaniṣad. O que permanece é o repicar das equivalências: à jovenzinha Uṣas se sobrepõe, com o surgir da aurora, a cabeça do cavalo do sacrifício; o olho — antecipando Goethe — é o Sol; o fogo e o vento se imergem no corpo de todo homem. Fôramos preparados para tudo isso pelos "cem caminhos" trançados, sinuosos, impenetráveis, espinhosos do Brāhmaṇa. Só depois de percorrê-los, a visão aparecerá em seu pleno e fulminante fulgor.

De todo modo, não há dúvida de que se assiste nas Upaniṣad a uma tendencial desvalorização do conhecimento por meio das obras e a uma paralela exaltação de um conhecimento dissociado de qualquer ato. É a primeira gnose, modelo de todas as outras. Mas seria ingênuo e incongruente pensar que essa distinção já não estivesse clara para os autores dos Brāhmaṇa, como se fossem supersticiosos artesãos litúrgicos, ignorantes da metafísica. O contrário é que era verdade — e, às vezes, com irônica secura, referiam-se ao que, mais tarde, no decorrer dos séculos, iria se revelar como o ponto crucial: "Quando disseram: 'por meio do conhecimento ou por meio da obra': é o fogo o conhecimento, é o fogo a obra sagrada".[16] Comentário aparentemente superficial, que, no entanto, toca a questão mais delicada. Enquanto isso, afirmam-se dois regimes de conhecimento: o primeiro é o de um conhecimento que não precisa se combinar com atos visíveis; o outro é o do conhecimento como ação litúrgica. Nesse estágio, a novidade desconcertante está no primeiro regime, que se expandirá na figura do renunciante — e, dali por diante, em toda teorização como condição natural e suficiente do pensar. De fato, aquilo que um dia se tornaria o filosofar, separado de qualquer gesto, era o destino último de um longo processo, em cujo decurso a passagem decisiva foi a interiorização do *agnihotra*, o primeiro e o mais simples entre os sacrifícios. E o que se podia fazer com o *agnihotra* seria feito também com o rito mais complicado, que é o *agnicayana*, a construção do altar do fogo.

Mas a importância dessa passagem não se resume à distinção entre os dois regimes de conhecimento. Consiste ainda em afirmar que o objeto do conhecer permanece sempre o mesmo: o altar do fogo. Quando o próprio conhecer viesse a se separar de qualquer ato litúrgico, tornando-se pura construção e contemplação de relações, essas relações, ainda assim, continuariam a ser as mesmas que se articulam naquela barreira entrecortada de tijolos, erigida e depois abandonada numa clareira da floresta. Isso é o que os ritualistas védicos querem lembrar, esse será o ponto do confronto com o Buddha, que quer apenas *extinguir* o fogo.

Os autores do Brāhmaṇa tratavam o mundo dos desejos (e do sacrifício enquanto fundado sobre o desejo) com meticulosa atenção, mas já viam claramente que a derradeira linha divisória se dava entre o mundo e o que se abria lá onde o desejo já não existia mais: "A isso se refere o verso 'Pelo conhecimento ascendem àquele estado onde os desejos desapareceram': e lá não se chega com honorários sacrificiais e lá não chegam os praticantes do *tapas* desprovidos do conhecimento".[17] Com essas palavras, pela primeira vez, divide-se o caminho do conhecimento e do sacrifício. Este último, que nasce do desejo ("Prajāpati desejou", diz-se inúmeras vezes — e, como ele, dizem todos os sacrificantes), não pode chegar lá aonde "os desejos desapareceram".[18] O conhecimento, que até então coincidia com o sacrifício, agora se apresenta como a via que permite chegar lá aonde o ato sacrificial jamais chegará. Estamos já no registro das Upaniṣad — se com isso se entender que a questão do conhecimento se coloca agora nos termos dos quais partirá o Buddha (ou Espinosa).

Como sanar o erro (que está sempre à espreita no gesto impreciso, na palavra inapropriada)? Os primeiros a perguntar foram os deuses, dirigindo-se a Prajāpati. Ele respondeu com uma concisa e definitiva lição de método:

> Cura-se o *Ṛgveda* com o *Ṛgveda*, o *Yajurveda* com o *Yajurveda*, o *Sāmaveda* com o *Sāmaveda*. Assim como se une uma junta a outra junta, assim une [as partes do sacrifício] aquele que o cura com essas palavras [as três "essências luminosas", *bhūḥ*, *bhuvaḥ*, *svar*, correspondentes respectivamente aos três Vedas]. Mas, se as tratasse de alguma outra maneira diferente desta, seria como se alguém tentasse juntar uma coisa quebrada com qualquer outra que está quebrada, ou se aplicasse um veneno como bálsamo para uma parte quebrada.[19]

Regra que vale também para o estudo e a interpretação do Veda. Foi obedecida por Bergaigne na *Religion védique*, iluminando o *Ṛgveda* por meio do *Ṛgveda* e nada mais. Do mesmo modo, o *Śatapatha Brāhmaṇa* ainda aguarda que um estudioso por nascer o investigue em sua completude, como um imenso *opus* dedicado ao *opus* do sacrifício. Mas os Brāhmaṇa têm a singular característica de fazer os indólogos perderem as estribeiras. É uma antiga tradição. Tão antiga quanto a obra daqueles intrépidos estudiosos (Eggeling, Keith) que dedicaram algumas décadas a traduzi-los e comentá-los. Poderíamos pensar que a impressionante quantidade de estudos que se acumularam a partir da genial *Doctrine du sacrifice dans les Brâhmaṇas* (1898), de Sylvain Lévi, teria modificado radicalmente essa atitude. Mas não foi o que aconteceu. A uma distância de mais de cem anos, ela reaparece inalterada — e paradoxalmente num livro, sob outros aspectos apaixonante, de um dos maiores conhecedores dos Brāhmaṇa: Frits Staal.

Segundo Staal, os Brāhmaṇa são uma massa indigesta de escórias, no interior da qual os olhos esclarecidos do estudioso deverão "desencavar" (*ferret out*, o verbo se repete algumas páginas depois) alguma rara pepita. O "mais suspeito" de todos é o *Śatapatha Brāhmaṇa*. Nota-se que Staal gostaria de avançar em sua condenação desses textos, que contêm "um bom tanto do que poderíamos chamar de magia, mas que seria mais veraz e menos condescendente ou ofensivo definir como pura superstição".[20] Aqui o estudioso se detém e se pergunta, com altiva benevolência: "Mas não deveríamos ser caridosos?". A resposta vem logo a seguir — e é muito menos benévola: "Certamente deveríamos, mas mesmo para a caridade há limites". Conclui-se que, a quase 3 mil anos de distância, os Brāhmaṇa ainda não têm direito à "caridade" do estudioso ocidental. No entanto, de que textos, a não ser dos Brāhmaṇa, foi extraída a maior parte dos conhecimentos que dão vida à obra de alguns dos maiores estudiosos da Índia antiga — Coland, Renou, Minard, Mus, Oldenberg, Malamoud, o próprio Staal?

Podemos nos perguntar por que, em todo o Veda, são especialmente os Brāhmaṇa que provocam tanta irritação. E a resposta reside talvez naquela palavra que, com a veemência de sua prosa, Staal quer suprimir não só do rito védico, mas do rito em geral: *significado* (a intenção vem exemplarmente expressa no título de um importante livro seu: *Rules Without Meaning*). O pressuposto tácito — mas cada vez mais perceptível no decorrer dos anos — é que, *em toda parte* (isto é, não só no ritual védico, mas em todos os tempos e lugares) onde se apresente o significado, tudo se tolda e ruma para o arbitrário, destruindo a nobre transparência da ciência. Há em Staal um contraste violento e distorcido entre a dedicação e grande perícia, que demonstrou ao estudar o ritual védico, e a intolerância depreciativa, que ele não consegue disfarçar, em relação aos textos mais antigos que comentam e explicam o ritual.

Essa intolerância nasce da *hipertrofia do significado* que caracteriza os Brāhmaṇa e o leva a se refugiar no extremo oposto, nas plagas da algebrização e da formalização, incontaminadas por aquele hóspede ingrato que é a semântica. Reduzida à sua formulação mais seca e provocadora, a teoria de Staal afirma que o rito se dá *pelo próprio rito*, como se "a arte pela arte" tivesse uma aplicação retroativa para alguns milhares de anos antes e servisse como fundamento até pré-linguístico da atividade humana. Visão temerária, que não resiste à menor verificação. Mas Staal a desenvolveu porque ficou impressionado com o altíssimo grau de formalização (e tendencial algebrização) que se constata no ritual védico. Suas análises de certas sequências rituais, sobretudo naquelas em que se aplicam procedimentos em espiral recorrente, continuam a ser iluminadoras.

Evidentemente, nessa estruturação — anômala sob qualquer ponto de vista — que é o ritual védico tem-se a coexistência de dois elementos que, em outras partes, tendem a se apresentar divididos: de um lado, um excesso semântico, que leva à proliferação das interpretações e pode facilmente parecer um resíduo arcaico (como se se tratasse de um mundo infantil onde *se pode dizer tudo acerca de tudo*); de outro lado, uma formalização rigorosa, como estamos acostumados a associar apenas a elaborações muito recentes (a própria noção de "sistema formal" é uma aquisição do século XX).

Se eliminarmos o significado dos Vedas, como Staal sugere, será preciso, porém, eliminar pelo menos outras duas palavras: *religioso* e *sacrifício*. Incumbência da qual Staal, impassível, não se exime. E sua desenvoltura não se aplica somente aos textos antigos. Mesmo quando se trata de indólogos modernos, nos raros casos em que são citados de maneira favorável, Staal não deixa de operar intervenções corretivas, que orientam o texto na direção da teoria correta: citando uma importante passagem de Renou sobre a "prioridade dos *mantra* e das formas litúrgicas que eles pressupõem",[21] Staal nos avisa candidamente que substituiu a palavra "religioso" pela palavra "védico".[22] Ora, a palavra "védico" pode designar uma vaga indicação cronológica ou a atinência de algo ao "saber", *veda*. Mas Staal quer visivelmente eliminar o religioso desse "saber", como se se tratasse de um elemento estranho e estorvante. Isso, mais do que em qualquer outro lugar, é insustentável na Índia arcaica, onde é vão procurar detalhes, mesmo que mínimos, que não estejam estreitamente ligados ao religioso. Como disse o próprio Staal, em outra passagem: "Não existem, por exemplo, uma categoria e termos indianos que correspondam à noção ocidental de 'religião'".[23] Pois, claro, não existem justamente porque *tudo*, no campo védico, é religioso. Mas, mesmo no que se refere ao léxico, Staal pretende intervir, apresentando sua sugestão como um indispensável reparo técnico: "Prefiro usar o termo *ritual* em vez de *sacrifício*, visto que reservo este último para designar os rituais que comportam a imolação de um animal".[24] Tom neutro, como se a questão não fosse problemática. Todavia, esse reparo é suficiente para anular inumeráveis passagens dos Brāhmaṇa, em que o rito do *soma* é tratado como uma imolação. Imolação de uma planta e do rei Soma, que é um deus, acolhido na terra. Os Brāhmaṇa são incansáveis em reafirmar que todas as oferendas, inclusive a libação do leite no fogo do *agnihotra*, são sacrifícios. E eis que, 3 mil anos depois, chega o indólogo Staal, e decide que não é assim. Seu zelo o leva ao ponto de corrigir um célebre título de Hubert e Mauss: o *Essai sur la nature et la fonction du sacrifice*, ao ser citado por Staal, torna-se *Essay on the Nature and Function of Ritual*. Foi a ciência ocidental, em sua ingenuidade e sua arrogância, que assim decidiu (e, de fato, Staal intitulou um livro seu como *The Science of Ritual*).

Mesmo nos tempos de Keith (1925), podia-se declarar com certa candura a sensação de que *tudo é possível* (e, por isso, *tudo é arbitrário*) nos textos védicos: "Se as águas podem praticar a ascese, não há de surpreender se a palavra fala pondo-se de pé sobre as estações ou se a consagração sacrificial pode ser perseguida pelos deuses com a ajuda das estações ou se a ascensão dos versos ao céu é visível".[25] Em suma, no Veda *anything goes*, decretava Keith, quase coincidindo com a aparição do estrondoso musical. O que ofendia um saudável ocidental eram, acima de tudo, "as famigeradas 'identificações' dos Brāhmaṇa, que desde longa data fazem chacota dos estudiosos ocidentais". Trata-se de uma "técnica de identificação que estabelece ligações, equivalências, conexões (ou correlações) ou identidades entre duas entidades, coisas, seres, pensamentos, estados da mente etc. As duas entidades são desvinculadas segundo nosso modo de pensar". Exemplos?

> Quando o texto diz "a erva *muñja* é a força" e "a árvore *udumbara* é a força", ou "Prajāpati é o pensamento" e "Prajāpati é o sacrifício", não fica claro como um certo tipo de erva (um ser vivo ou matéria morta) poderia ser o *mesmo* que "força" (uma ideia abstrata ou uma força de que se tem experiência); ou, no segundo caso, por que e como Prajāpati, "senhor da criação", poderia ser o mesmo que o "pensamento/pensar" e, ao mesmo tempo, o ato ou a ideia de ritual ("sacrifício", *yajña*).[26]

Essa passagem se encontra no início do *Kaṭha Āraṇyaka*, na rigorosa edição preparada por Witzel (raríssimo caso de um texto védico que se pode dizer publicado em edição crítica). E é clara sua intenção: ilustrar com tom neutro e equânime por que o pensamento védico continua a ser tão desconcertante, porém sem cair nas tradicionais censuras como as de Keith, Eggeling ou Max Müller. No entanto, mesmo nesse recentíssimo enunciado há um tom fortemente destoante. Qual é, de fato, "nosso modo de pensar" (como se o Ocidente fosse um bloco de puro bom senso)? E os exemplos de identificações bizarras que Witzel nos oferece são realmente tão inconcebíveis? Dizer que uma certa erva "é a força" soará realmente mais incompreensível do que as palavras de Jesus na última ceia, quando diz que um pedaço de pão é seu corpo e o vinho é seu sangue? Dizer "Prajāpati é o pensamento" será mais incongruente do que falar de um verbo que se fez carne? É plausível que "nosso modo de pensar" seja tão árido e esquálido que não inclua dentro de si, pelo menos em alguma medida, o *pensar por imagens*?

Seja como for, ainda está por se examinar por que os textos védicos — e principalmente os Brāhmaṇa — continuam a causar tal sensação de vertigem e obscuridade. Não porque usam o pensamento por imagens (sem o qual todo pensamento seria inerte). Mas porque o usam incessantemente, com dedicação extrema, não se detendo diante de nenhuma consequência, pelo contrário, encenando (no gesto) todas as consequências. É esse o intratável escândalo védico, que desperta tantas reações de repulsa e temor. Em relação às imagens, a atitude ocidental oscila entre a minimização (*x* é *apenas* uma imagem, por isso não se impõe) e a tentação de levar ao pé da letra a metáfora (maquinação original de várias patologias psíquicas fundamentais, sobretudo a paranoia e a esquizofrenia).

Para o pensamento védico, no entanto, as identificações *não* são metáforas. Como oportunamente especificou Witzel, "a maioria das frases que estabelecem identificações são simples proposições nominais do tipo '*x* [é] *z*' ou '*x vai z*', amiúde sintetizadas num enunciado '*x eva z*'"[27] (onde *eva* e *vai* são partículas vagamente correspondentes a "na verdade", "de fato"). Por isso a via cautelosa e não comprometedora da metáfora está excluída desde o início. A identificação (ou equivalência) sobrepõe duas identidades sem recorrer a nenhuma cautela. E aqui já se sente aflorar o leve sorriso de superioridade do ocidental, como o dos cientistas no salão de Diotima, segundo a descrição de Musil. Uma vez excluída a metáfora, iria se instaurar uma confusão irremediável entre as duas entidades ditas equivalentes. Mas há milhares de sinais patenteando que os ritualistas védicos não corriam o risco de confundir os múltiplos planos do que é. Muito pelo contrário, os percebiam a cada instante e deixavam que o pensamento se entregasse ao jogo de uma oscilação constante entre um e outro. Para se protegerem — e comunicar ironicamente que conheciam muito bem os termos e os limites desse jogo —, recorriam frequentemente à partícula *iva* "por assim dizer", "de certo modo". Bem mais sutil do que o desajeitado "como", que em outras partes (no Ocidente) anuncia o ingresso no reino da metáfora. *Iva* é mais vago — e permite que o incerto e o desconhecido ressoem devidamente no mesmo momento em que se afirma um nexo, um *bandhu*.

Iva e *svid*, duas partículas que poderiam até não ser traduzidas (e amiúde não o são), assinalam que se está transpondo a soleira dos pensamentos secretos. Segundo Renou e Silburn, "a partícula *iva* acentua a indeterminação, evoca valores latentes".[28] Paralelamente, *svid* acompanha, antes de mais nada, as perguntas em que se enunciam os enigmas. Eram duas maneiras de insinuar no discurso a parte da *anirukta*, do "inexplícito", que assim está destinado a permanecer, sempre se deslocando, mas sempre rodeando a palavra como um halo. Visto que o pensamento avançava por identificações, correspondências, equivalências, *iva* lembrava que tudo o que se dizia devia ser entendido "de certo modo", sem se prender à identidade. A qual, por si, não existe — ou existe apenas "por assim dizer", *iva*.

Na acidentada história dos Brāhmaṇa, depois de tantas ofensas e ultrajes, finalmente chegou também o dia da legitimação. Aconteceu em julho de 1959, no congresso de indologia que teve lugar em Essen-Bredeney. Um ilustre indo-iranista, Karl Hoffmann, levantou-se para pronunciar algumas palavras que soaram como uma sentença do Supremo Tribunal, por longo tempo esperada:

> Os monumentos da prosa védica (as *saṃhitā* do Yajur Veda Negro e os Brāhmaṇa) são, como já prova por si só a imponência das doze obras principais que a constituem, a condensação literária de uma época significativa para a história do espírito e da religião, que se situa entre o *Ṛgveda*, o mais antigo monumento literário da Índia, e as Upaniṣad. O conteúdo desses monumentos em prosa consiste em discussões teológicas sobre o ritual do sacrifício védico. As argumentações que ali se apresentam e muitas vezes parecem desprovidas de sentido, motivo pelo qual Max Müller pôde descrevê-las como "balbucio de idiotas e delírio de loucos", explicam-se, porém, tendo como base a visão mágica do mundo que aqui domina (Stanisław Schayer). E além do mais, enquanto "ciência pré-científica" (Hermann Oldenberg), constituem a célula germinal do pensamento especulativo dos indianos.[29]

Elaborado, solene, plenamente correto. Na verdade, a escola francesa, de Sylvain Lévi a Mauss, Renou, Lilian Silburn, Mus, Minard, Malamoud, não sentira necessidade de enunciar tal declaração de princípio. Todos sabiam que os Brāhmaṇa eram uma mina do pensamento ilimitada e em grande parte inexplorada — e não se preocuparam em avisá-lo. Preferiram se concentrar no esforço de trazer de volta à luz os textos e conectá-los. Mas sabe-se que a ciência alemã sempre precisa de legitimação. Assim, naquele dia de julho, Karl Hoffmann tomou a si a tarefa de acolher formalmente, depois de quase 3 mil anos, o corpus amorfo e semiclandestino dos Brāhmaṇa na categoria das obras de pensamento imprescindíveis da humanidade. Era como se um bando de pacientes de um hospital psiquiátrico fosse transferido para a Academia.

No início do século XX, os antropólogos se dividiam em duas confrarias inimigas: uma afirmava que o rito precedia o mito; a outra, que o mito precedia o rito. Escaramuças pueris — como se evidenciou alguns anos depois. Foi como Mauss as considerou desde o início. Para ele, essa era uma prova de que "o mito e o rito não podem ser dissociados a não ser abstratamente" — e o escrevia já em 1903. O que importava não era estabelecer precedências ilusórias e infundadas — de um lado ou de outro —, mas mostrar a "recíproca penetração do rito e do mito para se fazer ver o organismo vivo que formaram graças à sua união".[30] E trinta anos depois ele dedicaria um curso inteiro a expor, com base nos documentos australianos de Strehlow, casos de plena interdependência entre rito e mito, que mostravam "sua solidariedade, sua intimidade".[31] De um lado, o rito aparecia todas as vezes como "representação dramática (verbal e gestual) do mito";[32] de outro, o mito, entendido como puro relato e "desvinculado das necessidades do culto", acabava por se revelar "sem fundamento real, sem sumo prático e sem sabor simbólico".[33]

Mas era exatamente isso que exigia uma explicação. Por que certos gestos têm sentido somente se subentendem uma história? Por que certas histórias têm necessidade de se manifestar através de certos gestos? Aqui nos aproximávamos de um novelo emaranhado que se esconde nos caminhos tortuosos da mente. É o emaranhado do *simulacrum*, do *eídōlon*, da imagem que *deve* se tornar visível para agir. Não se trata de uma característica de certas culturas, mas de todas as culturas, assim como o teorema de Pitágoras, mesmo que formulado na Grécia em determinada época e na Mesopotâmia ainda antes, a seguir pertence tanto à cultura grega ou mesopotâmica quanto a qualquer outra, visto que se aplica sempre e em todas as partes. Mas é preciso que, em algum lugar e em alguma época, se alcance um certo grau de lucidez sobre certas relações. Sobre a necessária "intimidade", como a definia Mauss, entre mito e rito, sobre o entrelaçamento entre liturgia e relato, talvez nunca se tenha chegado a uma maior clareza e eficácia em sua atuação do que se chegou na época e na doutrina dos Brāhmaṇa. Por isso, não é a antropologia que deveria se inclinar benevolamente sobre os Brāhmaṇa para extrair daquela mixórdia alguma preciosidade ainda aproveitável. Mas os próprios Brāhmaṇa poderiam guiar a antropologia para reconhecer algo que serve de fundamento a toda a disciplina.

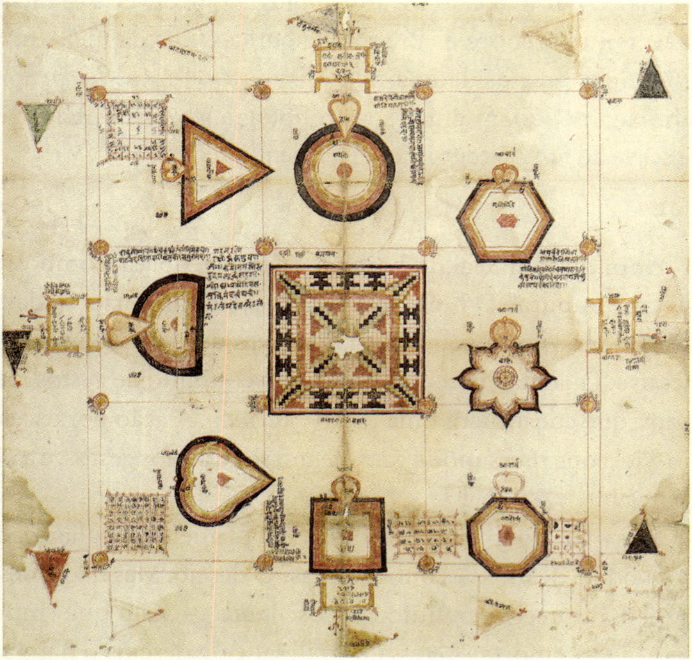

10. A linha dos fogos

A condição inicial do homem é amorfa, opaca, compósita e também "impura". O homem é um ser que "diz a não verdade".[1] Assim poderia continuar a viver, mas sem deixar uma marca significativa. Ou então precisa compor um conjunto de gestos interligados, que constituem uma "ação", *karman*. A ação por excelência, aquela que pressupõe e garante um sentido aos gestos, é a obra sacrificial.

Mas qual é o início dessa obra cuja primeira peculiaridade é ser o modelo de todas as outras obras? O desejo. Mas não o desejo genérico, impreciso, multiforme, oscilante — visto que "muitos desejos tem o mortal"[2] e essa pluralidade de desejos o habita do primeiro ao último instante de sua vida, sem remissão possível. Mas um *só* desejo quer se desprender de todos os demais, quer cortar suas ligações com a rede dos outros desejos e encontrar o caminho para se realizar. Como? Tornando-se um "voto", *vrata*. Num voto, entra-se como que num outro espaço, o do desejo separado, que se impõe, se fecha em relação ao exterior com uma barreira e constrói no interior do novo espaço uma sequência de gestos que o reafirmam a cada vez. Qual é, então, o primeiro desses gestos? Tocar a água. Mas não em qualquer lugar. Tocá-la num ponto da linha invisível que une o fogo *āhavanīya* e o fogo *gārhapatya*. É a *linha dos fogos*. O fogo *gārhapatya*, "doméstico",[3] é circular, situado no ocidente. Ali se acende o fogo. Ali ardem os tições com os quais se acenderão os outros fogos. Não muito distante, a leste, num terreno qualquer, recém-varrido com ramos de *palāśa* (*Butea frondosa*, mas deve-se entender que é o *brahman*), instala-se depois outro fogo, quadrado, chamado *āhavanīya*. Sobre esse fogo oferecem-se oblações — e só poderá ser aceso com um tição tirado do fogo *gārhapatya*. O fogo *āhavanīya* é o céu, o fogo *gārhapatya* é a terra (e é circular porque a terra é um círculo no centro de outros círculos). O que fica entre os dois fogos é a atmosfera, onde respiramos, onde agimos. O que fica no meio é também "o tronco do corpo",[4] onde pulsa o coração, a vida. Haverá depois outros fogos, mas antes é preciso estabelecer estes dois: *āhavanīya* e *gārhapatya*. São a tensão sobre a qual tudo se sustenta. Tudo, a rigor, ocorre na linha invisível que os une. Somente ali pode ocorrer o prodígio que está por trás de todos os outros: que as coisas adquiram significado. Se o homem quiser sair da não verdade em que nasceu e em que estaria destinado a permanecer, deverá pisar essa linha, ali tocar a água e formular um desejo. Assim *entrará no voto*, na arriscada condição em que se pode dizer a verdade, em que o desejo pode se cumprir, em que o gesto adquire um sentido. Se todo sacrifício é um "barco que navega em direção ao céu",[5] os dois fogos *āhavanīya* e *gārhapatya* serão as laterais desse barco, os extremos dentro dos quais deverá se mover o piloto que todo sacrificante é, a partir do momento em que começa a executar certos gestos: esses gestos, se acontecem *entre os dois fogos*, adquirem um significado que os separa dos vagalhões e das ressacas das ações humanas.

A cena deve ser observada também pela perspectiva dos deuses. Antes que o homem (qualquer homem) atravesse a linha dos fogos, os deuses o ignoram. Então, "depois de ter dado a volta em torno do fogo *āhavanīya*, pelo leste, ele passa entre ele e o fogo *gārhapatya*. Porque os deuses não conhecem esse homem; mas, quando passa entre os fogos, então o conhecem e pensam: 'Ele é aquele que está para nos fazer uma oblação'".[6] Quando se inicia a cerimônia, o homem deve, em primeiro lugar, fazer-se reconhecer. Os deuses, até então, pareciam não o ver. Sua sorte lhes é indiferente, sua essência — indefinida. Ficam acocorados ao redor do altar, mas é só isso que sabem e que lhes interessa da terra. Para se dar a perceber e, depois, a reconhecer, o homem então passa entre os dois fogos principais. Essa é a linha onde vibra a tensão que dá o significado. Quando os deuses veem alguém atravessá-la, sabem imediatamente o que está em jogo. Naquele momento o homem é reconhecido e finalmente existe. E existe só enquanto aquele que apresentará uma oferenda. Assim o homem se subtrai à sua inconsistência original e se torna um ser com o qual os deuses têm algo a ver. Assim se estabelecem as relações entre os homens e os deuses.

A primeira angústia do sacrificante será sempre a de agir em vão: as oblações são oferecidas, a complexa máquina litúrgica se move, mas os deuses podem também se virar para o outro lado. Podem não reconhecer o sacrificante. Mais do que o reconhecimento hegeliano entre senhor e escravo, os homens védicos estavam preocupados com o reconhecimento entre os deuses e o sacrificante. Por isso o diálogo exaltado entre *adhvaryu* e *agnīdh*, seu assistente responsável por acender o fogo: "'Foi, *agnīdh*?', e com isso se entende: 'Foi de verdade?'. 'Foi', responde o outro. 'Pede que te ouçam'".[7] Os oficiantes são aqueles que já têm uma familiaridade com o mundo do céu. Isso funda sua existência. Quanto ao mais, dependem dos honorários do sacrificante, o qual, porém, é um homem qualquer, alguém que os deuses podem também ignorar.

O diálogo entre os oficiantes ocorria numa clareira nua, marcada por três fogos. Os oficiantes precisavam entender se o rito *dava certo.* Mas como fazer? Falando do invisível. De algo que estava — talvez — ocorrendo entre os deuses, eles próprios e o sacrificante, ao longo daquela pista aérea que era o sacrifício. Naqueles momentos, podiam parecer absortos num monólogo, participantes de uma mesma alucinação.

Segundo Coomaraswamy, "o tipo mais antigo de arquitetura sacra indiana, cercada e coberta por um teto", é o *sadas*, a cabana onde o sacrificante ou o iniciante passam a noite antes de dar início aos atos litúrgicos. "Local 'à parte' (*tiras, antarhita*) frequentado pelos deuses."[8] Local que permite entender a razão de todo espaço fechado: porque "os deuses são segregados pelos homens e, assim, o que ocorre fechado por todos os lados também é segredo".[9] Ali dorme o sacrificante e, enquanto ali está, "realmente se aproxima dos deuses e se torna uma das divindades".[10] Mas não há nada estável: terminado o rito, a cabana logo será derrubada. Contudo, é naquele lugar vazio, frágil e precário que se estabelece um contato com os deuses, antes ainda do que num templo. Aquele vazio e aquela separação do resto do mundo são suficientes. Primeira imagem daquilo que um dia será o *gabinete*, não só de são Jerônimo, mas de todo escritor: aquele aposento ocasional que assiste à escrita e a protege com "o manto da iniciação e do ardor".[11]

O pressuposto do sacrifício védico é que o homem apenas enquanto o prepara e o celebra pode se tornar algo além de humano. Até o momento de instalar um fogo, é indiferente o que faça: em qualquer caso, será sempre e somente humano. Por isso, na noite anterior ao *agnyādheya*, à "instalação dos fogos", nem sequer é preciso ficar acordado: "Enquanto não instalar um fogo seu, ele é um simples homem; por isso pode também dormir, se quiser".[12]

Certamente, como se diz logo antes, "os deuses estão despertos" —[13] e aproximar-se dos deuses implica participar da vigília deles. Mas seria inútil se não se tivesse já um fogo próprio, se não se tivesse ingressado naquele *opus* que é o sacrifício. A vigília é o cerne do mundo védico. Mas age apenas no interior daquela obra ininterrupta que tem início quando se instala o próprio fogo. Quanto ao resto, os homens védicos sabiam que todo mal nasce de um estado atormentado da consciência. O que desejavam aos inimigos-rivais, antes de qualquer outra enfermidade — enumeravam-nas: "falta de progênie, falta de uma casa, ruína" —,[14] era que fossem corroídos pelos "sonhos ruins".[15]

A premissa de todo ato sacrificial é metafísica: entrando no rito entra-se na verdade, saindo do rito volta-se à não verdade. Afirmação peremptória, que poderia ser emparelhada com a enunciação de Aleteia no poema de Parmênides. O estilo do ritualista é despojado, abrupto, abrasivo. E não se permite gradação nem abrandamento. Por isso, tanto mais penetrantes são as palavras:

> Isso é duplo, não há um terceiro: verdade e não verdade. E a verdade são os deuses, a não verdade os homens. Por isso, ao dizer: "Agora da não verdade entro na verdade", ele [o sacrificante] passa dos homens aos deuses. Ele deverá dizer apenas o que é verdade. Porque os deuses observam esse voto: dizer a verdade. E por isso têm esplendor. Esplêndido por isso é aquele que, sabendo assim, diz a verdade.[16]

Os extremos da existência, os polos entre os quais se estabelece a tensão, são dois: verdade e não verdade. Como ser e não ser em Parmênides. *Tertium non datur*. E o espaço onde isso se manifesta tem como extremos o céu e a terra — ou também o fogo *āhavanīya* e o fogo *gārhapatya*. Mas logo notamos uma peculiaridade: "verdade" e "não verdade", no texto, são *satya* e *anṛta*. Como se *anṛta* fosse a negação de uma *outra* verdade, designada pela palavra *ṛta*. Isso nos reconduz a uma questão em aberto: Heinrich Lüders, em seu imponente e incompleto *Varuṇa*, dedicou páginas e páginas a demonstrar que *ṛta*, frequentemente traduzido por "ordem", significa em primeiro lugar "verdade". E sua teoria parece encontrar corroboração nessa passagem, onde *satya* e *ṛta* se apresentam como equivalentes. Mas os sinônimos não existem. *Satya* é verdade em relação a "aquilo que é", *sat*. *Ṛta* oculta em si um reenvio à ordem, à *articulação correta* que está na raiz *ar-* (de onde o latino *ars*, *artus* — e também *ritus*). Em *ṛta*, a *verdade* está ainda visivelmente ligada à disposição das formas, a uma determinada maneira de se unirem.

É a liturgia do *agnihotra*, a libação da manhã e da noite, célula germinal de todos os sacrifícios, que lança luz sobre a relação entre *satya* e *ṛta*. Numa passagem da *Maitrāyaṇī Saṃhitā* diz-se: "O *agnihotra* é *ṛta* e *satya*".[17] Bodewitz traduz "ordem e verdade" e anota: "Esta é uma das passagens que mostram como *ṛta*, 'ordem', que aqui aparece junto com *satya*, 'verdade', não significa 'verdade', como supõe Lüders em *Varuṇa* II".[18] Assim, em poucas e enxutas palavras, parece desmoronar um vasto edifício de pesquisas. Mas desmorona realmente? Ou, talvez, não teriam ambos, *de certo modo*, razão — e nossa concepção da palavra "verdade" seria estreita demais? Consideremos agora outra passagem na liturgia do *agnihotra*: antes de proceder à oblação, o *adhvaryu* toca a água e diz: "És o raio; separa de mim meu mal. Da ordem sagrada (*ṛta*) entro na verdade (*satya*)".[19] Assim traduz P. E. Dumont. Mas Willem Caland traduz como: "Do correto passo ao verdadeiro".[20] *Ṛta* e *satya*, diriam os ritualistas védicos, são um par (e também, como descobriremos em outro lugar, *satya* e *śraddhā*, "confiança na eficácia do ritual") e a relação entre eles é dinâmica: da *quase* sobreposição passa-se à contraposição. Em *ṛta*, a verdade se entretece à ordem, sobretudo à ordem do mundo velado por Varuṇa. E nesse sentido, a palavra, caída em desuso após a época védica, será substituída por *dharma*, em que o significado de "ordem" é envolvido pelo de "lei" (estamos na origem de *law and order*). Em *satya*, no entanto, a verdade é pura afirmação d'*o que é*, isenta de qualquer outra referência. Assim, da ordem (*ṛta*) pode-se aceder a esta *verdade* (*satya*), como de um grau a outro da própria verdade, já totalmente depurado de qualquer referência cósmica.

A tradução de *ṛta* continuará a ser, porém, um tormento ao indólogo, como frisou Witzel: "Simplesmente não existe palavra em inglês, francês, alemão, italiano ou russo que cubra o arco de significados dessa palavra".[21] Mas há uma boa aproximação, pelo menos na língua materna de Witzel — e é *Weltordnung*, "ordem do mundo". Todavia, para verificá-lo, é preciso recorrer à ajuda de Kafka. Quem queira se introduzir nos significados de *ṛta* poderia começar sua iniciação lendo o capítulo do *Castelo* dedicado ao diálogo noturno entre o conselheiro Bürgel e K. O diálogo culmina em duas frases que poderiam ser atribuídas a um dos Sete Videntes: "Assim o mundo se corrige em seu curso e mantém o equilíbrio. Esta é uma instituição excelente, de uma excelência que a cada vez volta a parecer inconcebível, embora, sob outro aspecto, desolada".[22] O próprio Renou, para traduzir *ṛta*, oscilava entre duas fórmulas: "a Ordem-cósmica" e "o 'curso' regular das coisas = *ordo rerum*", como observou Wilhelm Rau.[23]

Logo se apresentam questões de etiqueta: o que deverá fazer o sacrificante depois de formular seu voto? Qual será o comportamento correto, que não contrarie seu propósito? Em primeiro lugar, deverá jejuar. Depois, na noite anterior ao início do rito planejado, deve dormir no chão, na casa do fogo *gārhapatya*. São as duas primeiras prescrições da etiqueta sacrificial.

Mas como são motivadas? O voto é um modo de receber os deuses como convivas — e já de início ele é percebido dessa maneira, porque os deuses veem todos os movimentos na mente do homem. Por isso, o voto pretende em primeiro lugar abrir espaço, deixar desimpedido o espaço ao redor do fogo, para que ali se sentem aqueles novos hóspedes, que são os deuses, à espera de seu alimento. Isso basta para remeter o jejum a uma regra de etiqueta: nunca comer antes dos convidados. Depois, chegado o momento do sono, o sacrificante se deita no chão, ao lado do fogo. Esta é a primeira cena da nova vida, posterior ao voto: um fogo aceso, protegido por sua casa; presenças invisíveis — os deuses — que pouco a pouco o rodeiam; um homem dormindo no chão: é o sacrificante, que assim começa a se familiarizar com os deuses. Respira junto com eles, aquece-se junto com eles. Mas deve dormir no chão, aqui também como numa regra de etiqueta, que se destina a reafirmar a distância incomensurável entre os novos hóspedes e o homem deitado ao lado do novo fogo: "Porque é de baixo, por assim dizer, que se serve um superior".[24]

Uma vez introduzido o "voto", *vrata*; introduzidos os fogos *āhavanīya* e *gārhapatya*; introduzidas a verdade e a não verdade, qual será o próximo passo? O gesto de *jungir* algo a outra coisa. O sacrificante "junge" a água ao fogo.[25] E anuncia-o com voz "indistinta", *anirukta*.[26] Esse jungir é o mesmo que ocorre na ioga ("jugo", "junção"). É um gesto de captura que a mente opera sobre si mesma. Isso pressupõe que ela seja sempre uma entidade dupla, onde duas partes agem e sofrem reciprocamente. É esse o exercício (a *áskēsis*, a "ascese") que está por trás de todos os outros. Quando, na *Bhagavad Gītā*, Kṛṣṇa insiste em recomendar que a mente seja bem "jungida", *yukta*, é sempre disso que se trata. A imobilidade do renunciante solitário é apenas a última consequência dessa disciplina. Sua primeira manifestação se dá no gesto, na ação litúrgica. Aliás, qualquer liturgia pressupõe esse jungir. E é justamente nessa contínua remissão a um gesto mental preciso que talvez resida o traço distintivo, recorrente em todo o pensamento indiano, dos Vedas ao Buddha — e até ao Vedanta. Mas como se dá esse ato com que a mente (ou dois elementos que a representem, como a água e o fogo) começa a agir sobre si mesma? Esta é a primeira e última pergunta: "'Quem (*Ka*) te junge a este fogo? Ele te junge. A quem te junge? Junge-te a ele'. Porque Prajāpati é indistinto (*anirukta*). Prajāpati é o sacrifício: por isso ele junge Prajāpati, o sacrifício".[27] Quem, *Ka*, cumpre o ato? Na pergunta já se oferece a resposta: quem age é "quem?", *Ka*, nome secreto de Prajāpati, o qual, pode-se dizer, tem nos Brāhmaṇa a narrativa de suas gestas. Assim, em outra passagem diz-se: "Prajāpati é aquele que junge, jungiu a mente para aquela obra sagrada".[28] E saberemos também que esse gesto é preliminar a qualquer outro, na liturgia: "Jungem a mente e jungem os pensamentos".[29] Mas, antes ainda de se apresentar com o nome de Prajāpati, ele vem à frente, como se sua sombra o precedesse, no nome Ka, o mais misterioso, o mais indefinido, o que enuncia do modo mais radical a diferença entre esse ser anterior aos deuses e os próprios deuses. E o nome Ka aparece no modo que mais lhe cabe: murmurado com voz "indistinta", *anirukta*. Pois tudo o que é *anirukta* pertence a Ka: é o implícito que jamais poderá se tornar explícito, é o "inexplícito ilimitado" (segundo a fórmula de Malamoud),[30] o não dito que nunca poderá ser dito, o indefinido que escapará sempre a uma definição. Toda a liturgia é uma tensão entre a forma que se exprime (*nirukta*) e o indistinto (*anirukta*) do qual ela surge. Este último é a parte de Prajāpati. Mesmo porque Prajāpati é feito de todos os outros deuses, sem, porém, que dele se possa dizer — comenta Sāyaṇa a propósito de *Śatapatha Brāhmaṇa*, 1, 6, 1, 20 — que é "isto e aquilo outro".[31] Em cada gesto, em cada pensamento será necessário lembrá-lo, será necessário calculá-lo. Cada gesto, cada pensamento será um lance na partida que se joga entre esses dois modos do ser.

Ao primeiro e simples gesto de avançar trazendo água, o sacrificante poderia julgar que cumpriu sua obra, pois "com este primeiro ato conquista tudo isso [o mundo]".[32] A cena litúrgica começa a se definir. Diz-se que a água (*āpas*) é "onipenetrante" —[33] jogando com a raiz *āp*-, "penetrar" — e por isso alcança tudo, por isso é usada como remédio para suprir as insuficiências dos oficiantes, se porventura não forem capazes de alcançar tudo. A seguir, especifica-se que a água é "um raio",[34] como se pode depreender observando que fende o terreno por onde escorre. E, como raio, já fora usada pelos deuses para se defenderem dos Asura e dos Rakṣas, aqueles demônios malévolos que queriam atrapalhá-los constantemente enquanto celebravam sacrifícios. Esses dois argumentos deveriam ser suficientes para explicar o uso da água. E também sua periculosidade, porque tratar com a água é como empunhar o raio. Mas qual será, afinal, a função da água no decorrer da liturgia? Antes de mais nada, sexual. Uma vez depositada ao norte do fogo *gārhapatya*, tem início sua cópula fecunda com o fogo. Ora, o ato sexual é o primeiro exemplo de um gesto que ao mesmo tempo junge e é jungido, gesto subjacente a tudo o que ocorre na obra sacrificial. Por isso, diz-se logo a seguir: "Que ninguém passe entre a água e o fogo, para evitar que, passando, perturbe a cópula que está acontecendo".[35] O eros é um certo estado de tensão que se estabelece apenas se as distâncias forem corretas. Ora, a relação mais comum entre água e fogo não é de atração erótica, mas de rivalidade. Se a água fosse posta muito distante, além do ponto exatamente ao norte do fogo, o próprio fogo desencadearia sua aversão. Mas também deter-se rápido demais, antes que a tensão erótica se estabeleça, seria um erro e um perigo. Significaria, de fato, não alcançar "o cumprimento do desejo (*kāma*), para o qual ele avançou com a água".[36] Última entre as palavras indispensáveis, apresenta-se aqui o "desejo", *kāma*. E imediatamente se capta sua precariedade. Basta que um jarro d'água seja colocado no ponto errado e todo o enorme edifício dos atos sacrificiais pode desmoronar.

A clareira onde se celebrava o sacrifício era um cenário em que cada passo corria o risco de ofender ou perturbar alguma presença. A água era posta ao norte do fogo, não muito distante. Uma curta linha invisível os unia. E o oficiante devia prestar muita atenção para não a atravessar. Tão poderosa era a erotização do espaço — e, antes de mais nada, desse espaço desnudo onde se moviam os oficiantes — que é fácil perceber por que não sentiam necessidade de criar simulacros. O ar já estava abarrotado deles.

Mas o fogo e a água não eram as únicas potências nas quais era preciso prestar atenção. A área sacrificial era assediada por uma horda de intrusos: para os deuses, os Asura, seus irmãos inimigos. Para os oficiantes, os Rakṣas. Para o sacrificante eram seus rivais, seus inimigos em geral. O maior empenho deles era interromper a obra sacrificial. Para repeli-los (repetidamente, pois jamais se deixavam vencer em definitivo), faziam-se necessários vários expedientes. O primeiro era o silêncio: a liturgia inicia quando a palavra é retida, porque somente o silêncio garante uma continuidade, não marcada por sílabas e formas verbais. Elas continuam a existir no silêncio do discurso mental, mas como que reabsorvidas num elemento aquoso, de onde afloram apenas para submergir novamente. Outro expediente é o fogo. Aproximar os objetos litúrgicos da chama é como dar início ao processo do *tapas*, ao *ardor*, àquela constante produção de calor, na mente e no ato litúrgico, que envolverá todo o rito e o defenderá contra o exterior. Os intrusos serão rechaçados, esfolados.

A cena do sacrifício é um descampado em leve declive, pontilhado por fogos e pelo altar. É preciso atenuar o ríspido confronto de elementos que está para ocorrer. As pontas dos feixes de ervas ainda estão molhadas: apoiando-se na terra, umedecem Aditi, a Ilimitada, que a todos sustenta. Outro feixe de ervas, chamado *prastara*, deve ser desamarrado: é o coque de Viṣṇu. Outro ainda deve ser espalhado ao redor do altar, para que os deuses se sentem e encontrem nele "um bom assento".[37] O sacrificante e sua mulher também se sentarão sobre um feixe de ervas, que tem outro nome. Por fim, há um feixe de ervas cujo nome instila submissão (*veda*, "saber"). Sua função não é clara. Durante a cerimônia, ele migra das mãos de um oficiante às de outro, até chegar às do sacrificante e também de sua mulher, enquanto um oficiante recita um *mantra*. A cena, que era vazia e desolada, começa a se colorir de ervas macias e úmidas. Tal como a terra foi revestida pelas plantas, assim também a cena do sacrifício está agora revestida por sete feixes de ervas. E também o altar — bela mulher de proporções impecáveis, discreta, estendida em sua nudez diante dos olhos dos deuses, que estão sentados ao seu redor, e dos oficiantes — precisa ser revestido, com graça, velado por um sinuoso e espesso manto de ervas: em várias camadas, pelo menos três (o número deve ser ímpar).

Às colheres e conchas, aos sete feixes de ervas, acrescentam-se agora três gravetos ao fogo *āhavanīya*. A cena já se animou numa imensa alucinação: o sacrificante reconhece seu corpo nas colheres e nas conchas, sente-o perpassado pelo sopro da vida; reconhece o coque de Viṣṇu deposto no altar, que os oficiantes se dedicam a vestir. Vê as ervas se multiplicarem, estendidas no terreno para que os deuses encontrem um assento cômodo. Por fim, acrescentam-se três gravetos como uma cerca ao redor do fogo. Quem serão? Sua proximidade com o fogo faz pensar em algo elevado e secreto. São os três primeiros Agni: os primeiros deuses *desaparecidos*. E desaparecidos por medo de si mesmos, do fogo.

Por medo de não conseguirem dominar a natureza do fogo. São o prenúncio da morte como pura ausência. É o exemplo de como os deuses restituem o que se dispersou: em forma de gravetos. Um elevado *páthos* envolve as figuras dos três primeiros Agni. Mudos, não querem nos contar o que lhes aconteceu quando desapareceram, tampouco Agni comentará esse gesto de restituição realizado pelos deuses. Mas sabemos que ele se resignou. Assim assumiu o encargo de *hotṛ*, de "invocador" — e de seu moto incessante deriva a própria vida do sacrifício. A própria vida.

Os três gravetos nunca narraram suas fugas, seus terrores e sofrimentos, mas entenderam que os deuses os estavam usando. Sem a sua presença enrijecida, Agni jamais teria aceitado suas tarefas. Assim, sentiram que podiam pedir o que os deuses costumam pedir: uma parte do sacrifício. E receberam tudo o que *se perde* no sacrifício, tudo o que se derrama por acidente. Solução sutilmente metafísica: aos perdidos cabe aquilo que se perdeu. E, ao mesmo tempo, um grande alívio para os homens, que vivem no terror de não conseguir oferecer totalmente o que oferecem, de perder — por inépcia, por ataques externos, por ignorância — a parte essencial. Finalmente saberiam que nada se perde: a terra o acolhe e o transmite aos três irmãos que haviam desaparecido no interior da própria terra.

Enfim, outros três personagens se apresentam na cena do sacrifício, cada vez mais densa e animada. Mais uma vez, três pedaços de madeira: mas agora estão acesos. O primeiro roça um dos três irmãos de Agni. Nesse leve contato, como dois velhos amigos, acende-se o fogo invisível. Depois é o fogo visível que deve ser acendido: o tição se aproxima do centro do altar, enquanto um oficiante recita uma estrofe no metro *gāyatrī*. Se não a recitasse, não se poderia acender o fogo, porque somente a palavra escandida no metro confere poder, confere sentido à ação. Ao mesmo tempo, o que o tição acende é a própria *gāyatrī*. E, por sua vez, a *gāyatrī* acende os outros metros, em sequência. É o prodígio inicial: o acendimento desses seres verbais — os metros — que transportarão, como pássaros poderosos, a oblação ao céu. E do céu descerão entre os homens. Tão enorme é esse evento que os outros dois tições devem imitá-lo, em outras sequências de acendimentos: o segundo acende a primavera, que acende as outras estações e põe em movimento a circulação do tempo. O terceiro tição, por fim, acenderá o brâmane, o último ser que deverá viajar com a oblação até os deuses — e também ele espera ser acendido. Um metro, uma estação, um sacerdote: o fogo os toca e tudo começa a existir.

Muito antes que o fogo provocasse medo, o próprio fogo sentira terror de si mesmo — e daquilo que os homens (e os deuses) lhe pediriam para fazer. Os três irmãos mais velhos de Agni preferiram desaparecer, perder-se para sempre, ao invés de assumirem as incumbências do fogo. Sabiam que a culpa e a angústia têm origem nesse comércio com os deuses, sabiam que deveriam suprir com a chama do sacrifício. E ao fogo caberia também marcar a vida, as múltiplas estações entre o céu e a terra, as trilhas que Agni deveria percorrer incessantemente. Isso seria a vida, o mundo. E Agni, como também iria acontecer com os outros deuses — até com Śiva e Brahmā —, teve um ímpeto de repulsa. Tentou se esconder. Toda vez que se observa a vida nascendo como o fogo da água — ou mesmo apenas como um brilho da água —, deve-se lembrar que é um rastro do refúgio de Agni, de onde ele foi arrancado. Seria o suficiente para fazer entender que o primeiro sentimento divino em relação à vida — a vida como aparece na terra — foram a pura angústia e a recusa. Se isso não está claro, nunca virá a ficar, porque todos os atos cerimoniais transcorrem numa atmosfera de terror latente — como que manejando algo extremamente perigoso, de que se quer desfazer: a culpa, como nos Bouphonia atenienses, quando se passava de mão em mão o machado que matara o primeiro boi. Com Indra — quando matou Viśvarūpa, o filho tricéfalo de Tvaṣṭṛ, o Artífice —, foram os três misteriosos Āptya que aceitaram a tarefa de absorver a culpa, mas não foi suficiente, e Indra, como um animal abandonado, sofreu por muito tempo as consequências de seu delito: a morte de um brâmane, a culpa mais grave, que se crava na garganta do assassino como um tição ardente. A louca corrida da culpa, rejeitada por todos que a tocam, tem fim na *dakṣiṇā*, aquele "honorário" para os sacerdotes que é a origem do dinheiro e, ao mesmo tempo, uma forma de Vāc, Palavra. É um mistério que aflorará por toda parte: pontual, penetrante, etéreo.

Não só Agni, mas Indra também foi tomado pelo terror e fugiu, depois de arremessar o raio sobre Vṛtra. Mesmo Śiva, saberemos a certa altura, desapareceu. Decerto não por terror — não se consegue atribuir terror a Śiva —, mas seguramente por recusa, por rejeição de algo que poderia também ser o mundo. Até Indra cede no momento que deveria assinalar seu triunfo, a realização de sua ação. Diante de Vṛtra, Indra se sente mais fraco, não tem confiança em seu próprio raio. E quem irá procurá-lo e persuadi-lo a voltar é um outro fugitivo, Agni, que por sua vez não se sentira à altura de assumir seu papel de mensageiro do sacrifício. Poderíamos dizer que todos esses deuses se sentem ocasionalmente paralisados perante a tarefa de existir — de ter uma função. Esses momentos constituíram — talvez — o modelo daquela recusa radical do mundo que depois iria se manifestar de tantas formas entre os homens na Índia.

"Depois disso, ele se despe do voto dizendo: 'Agora eu sou aquele que realmente sou'."[38] O sacrifício está consumado. Centenas de gestos prescritos foram executados. Centenas de fórmulas foram pronunciadas. O que fazer? A situação é delicada. É preciso tratar o sacrifício como um animal suscetível: antes de mais nada, remover o jugo, que agora não é mais necessário, e ao mesmo tempo verter água — aquela água que se define *praṇītāḥ*, "trazida à frente" —, porque "o sacrifício, enquanto lhe é removido o jugo, poderia, recuando, ferir o sacrificante".[39]

Depois o sacrificante deverá pensar em si mesmo. Ele também tem um jugo a remover: o voto. Como anunciá-lo? O sacrificante sabe que, para descrever exatamente o que está fazendo, deveria dizer: "Passo da verdade à não verdade".[40] Mas seria inconveniente, desolador reconhecê-lo, após a exaltação da liturgia. Então ele recorre a uma fórmula que pode parecer tautológica e, no entanto, é discretamente, humildemente alusiva: "Agora eu sou aquele que realmente sou".[41] Ou seja: um homem qualquer, que sabe que é ignorado pelos deuses — e volta com algum alívio, embora não ouse declará-lo, à sua vida anônima, dispersa, irrelevante. Mas também subtraída à coerção dos significados.

O que está subentendido? A verdade é um estado não natural para o homem. Somente pelo artifício do voto e da longa sequência de ações ligada a ele (os ritos), o homem entra em tal estado. Mas não poderia permanecer ali. Tão importante e delicado quanto o procedimento para entrar no voto é o procedimento para sair dele. De certo modo, o homem anseia em voltar à não verdade, assim como anseia pelo sono após a longa tensão de uma vigília. A verdade, que em seu nome (*satya*) remete ao que é (*sat*), para o homem é apenas um estado precário, ao qual tende e do qual cai outra vez. A normalidade, a constância do ser está na não verdade, que imediatamente volta a envolver o homem, tão logo ele sai do *voto*, da ação sacrificial.

A passagem mais importante na tarefa de *instalar os fogos* é a tentativa de transferir os fogos do mundo exterior para o mais recôndito recanto do corpo do sacrificante. Sobre essa operação apoia-se toda a doutrina da ioga, visto que no início "os fogos certamente são estes sopros: o *āhavanīya* e o *gārhapatya* são a expiração e a inspiração".[42] A origem dessa árdua transposição foi um episódio na guerra entre os Deva e os Asura. Os Deva, então, ainda não eram deuses — e por isso eram mortais, como também os Asura. Entre os dois alinhamentos inimigos havia apenas um ser imortal, ao qual todos recorriam: Agni. Desse modo, os Deva pensaram em infundi-lo em si mesmos. Deixaram-se invadir por aquele ser imortal — e assim ganharam vantagem sobre os Asura. Foi uma questão de prefixos: eles preferiram o *ā-dhā-*, "estabelecer dentro", ao *ni-dhā-* "estabelecer embaixo" (isto é, no mundo exterior, onde se queima a erva e se cozinha a carne), ao qual teimosamente aderiram os Asura. A partir daí, ficou muito mais fácil falar do dentro e do fora, do que ocorre visivelmente no mundo e do que ocorre invisivelmente em cada ser. *Cuidar do fogo* era uma só ação, que podia ser igualmente realizada, fosse espalhando manteiga sobre as chamas, fosse pronunciando palavras verdadeiras. Como disse um dia Aruṇa Aupaveśi: "O culto, acima de tudo, é veracidade".[43]

Há vida quando alguma coisa é sempre alguma outra coisa. Há morte quando alguma coisa é somente ela mesma, inflexível tautologia. Esta era uma das implicações da doutrina que o rei dos Pañcāla transmitiu a Śvetaketu e a seu pai Uddālaka. Nesse dia, um guerreiro instruiu um mestre entre os brâmanes e seu filho. O rei não deixou de mencionar a singularidade do fato. Não só Uddālaka não conhecia a doutrina, mas — disse o rei — "esse conhecimento, antes de ti, jamais chegara aos brâmanes".[44]

Contudo, Uddālaka ministrara ao filho a doutrina que vai *além*. Mas a via do esotérico é sem fim. Agora cabia a Uddālaka apresentar-se como um discípulo, um *brahmacārin* tanto quanto o filho. A cada vez, era preciso recomeçar. E foi ele mesmo que propôs: "Voltaremos lá e nos apresentaremos como discípulos".[45]

Sobre o que aconteceu naquele dia restaram-nos duas versões, uma na *Chāndogya Upaniṣad*, a outra na *Bṛhadāraṇyaka Upaniṣad*. Concordantes, mas com ligeiras e preciosas diferenças. As cinco perguntas feitas a Śvetaketu, e nem sequer por um rei, mas por alguém de seu séquito, e às quais ele não soubera responder, referiam-se em especial às duas vias que se abrem após a morte: a "via dos deuses", *devayāna*, e a "via dos antepassados", *pitṛyāṇa*. Mas incluíam ainda uma pergunta estranha, aparentemente sem relação alguma: "Sabes como, na quinta oblação, as águas adquirem voz humana?".[46]

Para explicar quais são as vias para sair do mundo e como são alcançadas, o rei dos Pañcāla teve antes de explicar como é feito o mundo, a começar pelo mundo celeste. Disse que "aquele mundo" era feito de fogo.[47] Mas a chuva, a terra, o homem e a mulher são feitos do mesmo elemento, que é também um deus: Agni. Todos são feitos de fogo.

Portanto, era preciso explicar do que é feito o fogo: de lenha, de fumaça, de chamas, de brasas, de centelhas. Se se quisesse explicar *como* o mundo celeste, a chuva, a terra, o homem, a mulher eram fogo, era preciso mostrar como se ligavam a cada uma de suas partes. O pensamento que opera mediante os nexos, as correspondências, os *bandhu*, é preciso e exigente, não admite vaguezas. Dessa maneira, naquela vez, apresentaram o homem e a mulher na visão do rei dos Pañcāla: "Realmente, ó Gautama [assim muitas vezes chamavam Uddālaka], o homem é Agni: as palavras são a lenha, o sopro é a fumaça, a língua a chama, os olhos as brasas, as orelhas as centelhas".[48] Na versão da *Bṛhadāraṇyaka Upaniṣad* alguns termos variam, mas os nexos essenciais se confirmam: "A palavra é chama, os olhos as brasas".[49]

Quanto à mulher, sua correspondência com o fogo era inteiramente sexual: "Seu ventre é a lenha, a sedução do homem a fumaça, a vagina a chama, as brasas a cópula, as centelhas o prazer".[50] Um compêndio erótico. Mas não se deve pensar que a visão védica da mulher seja tão limitada, embora tão aguda. Este era o ponto: a série de equivalências com Agni, que se referem, por ordem, ao mundo celeste, à chuva, à terra, ao homem e à mulher, era ao mesmo tempo uma sequência de oblações a Agni — e a mulher servia para se poder passar à *quinta* oblação, porque é no fogo da mulher que "os deuses oferecem o sêmen; dessa oferenda nasce o homem".[51] E somente nesse ponto — depois da *quinta* oblação — podia-se entender qual era a resposta à pergunta misteriosa agora feita a Śvetaketu: "Em qual oblação as águas adquirem a linguagem humana, erguem-se e falam?".[52] A resposta de Śvetaketu deveria ter sido: na *quinta* oblação, porque então as águas protegem o embrião por vários meses, até se tornarem a voz do ser humano que nasce. Tudo se completava. Não só os nexos, as correspondências com o fogo e com suas partes, mas também — não menos importante — com a ordem ritual, isto é, com a ordem das oblações, que estão encadeadas uma na outra como uma sequência de equações.

Porém, havia algo que as interrompia: a morte. O homem é concebido, depois "vive aquilo que vive. Quando morre, é posto sobre o fogo. Seu fogo é Agni, a lenha a lenha, a fumaça a fumaça, a chama a chama, as brasas as brasas, as centelhas as centelhas".[53] Até um momento antes, parecia que as brasas e as centelhas podiam se transformar em qualquer coisa — e que tudo estava pronto para se transformar nelas. Mas agora, de repente, eram apenas brasas e centelhas, puras repetições de si mesmas. Então, no momento da cremação, era-se obrigado a descobrir que a lenha era a lenha, a chama era a chama — e, embora, por delicadeza, não se dissesse, o cadáver era o cadáver. Difícil imaginar uma *dedução da morte* mais dura, mais aclarada, mais nítida do que essa redução à tautologia.

> Depois disso, ele se afasta, a pé ou numa carroça; e, quando chega ao que considera ser a fronteira, rompe o silêncio. E quando retorna da viagem ele permanece em silêncio, desde o momento em que vê aquilo que considera ser a fronteira. E, mesmo que um rei estivesse em sua casa, não iria até ele [antes de prestar homenagem aos fogos].[54]

Por trás da enxuta prosa do ritualista, entrevê-se todo o *páthos* da viagem: de qualquer viagem, como se Nerval ou Proust encontrassem aqui seu fundamento. Realmente partiu-se em viagem, e por isso pode-se sair do silêncio que assinala a delicada transição apenas quando se perderem de vista os fogos — ou, segundo outro comentador, o teto de uma das cabanas dos fogos. E o mesmo ocorre no regresso. A pátria, a casa: são os fogos. Mesmo que um rei estivesse em sua casa, antes é preciso render homenagem aos fogos. Há algo de tão íntimo, tão direto, tão secreto nessa relação de cada um com seus fogos que todas as relações pessoais parecem aí encontrar um modelo.

11. Erótica védica

O altar é uma mulher. Tem as proporções da mulher perfeita: "Com os quadris largos, os ombros um pouco menos e a cintura fina".[1] Como uma mulher, não deve estar nu. Espalha-se sobre ele saibro fino ou areia, revestindo seu corpo com uma película levemente brilhante ("o saibro é decerto um ornamento, porque o saibro é bastante luminoso").[2] Depois, reveste-o com ramos e ervas. A mulher — o altar — se embeleza, tem ajuda para se embelezar, à espera de que cheguem os deuses. E assim, uma noite se passa.

Por fim, encontra seu amante, o fogo, "porque o altar (*vedi*) é feminino e o fogo (*agni*) é masculino. E a mulher está deitada envolvendo o homem. Assim ocorre uma cópula fecunda. Por essa razão ele ergue os dois extremos do altar sobre os dois lados do fogo".[3] Todo ato sacrificial se entrelaça com um ato sexual. E inversamente. Essa é a constituição daquilo que é. Preparado para atrair os deuses, para que os deuses percebam o sacrifício. Como conseguir? Como tornar "o altar apreciado pelos deuses"?[4] Fazendo com que se pareça o máximo possível com uma bela mulher. Por isso o altar não pode ser apenas uma pedra sumariamente quadrada. Mas "deve ser mais largo no lado ocidental, mais estreito no meio e largo novamente no lado oriental".[5] Assim, olhando-o, os deuses não poderão deixar de se sentir atraídos como por uma bela mulher, parada na clareira. À espera de seu amante, de seu oficiante, de sua vítima.

A cena sacrificial era também uma cena erótica. Em que não era necessário que a cópula se realizasse sob os olhos de muitos, como no sacrifício do cavalo. Às vezes bastava a aparição de um ser feminino para que se vertesse o sêmen. Alguns *ṛṣi* mais poderosos tiveram essa origem, que remete à superabundância de sua vida mental. Nasceram, de fato, sem que o pai precisasse tocar o corpo da mãe. Tão penetrante era o desejo, *kāma*, que uma vez Prajāpati — Kāma era outro nome seu — verteu seu sêmen apenas à visão de Vāc durante um longo sacrifício. Era um *sattra* de três anos, que ele estava celebrando aos Deva e até aos Sādhya, os obscuros deuses que antecederam os Deva:

> Lá, na cerimônia de iniciação, chegou Vāc em forma corpórea. Ao vê-la, verteu-se simultaneamente o sêmen de Ka e de Varuṇa. Vāyu, Vento, espalhou-o no fogo a seu gosto. Depois, das chamas nasceu Bhṛgu e das brasas nasceu o vidente Aṅgiras. Vāc, ao ver os dois filhos, enquanto ela mesma era vista, disse a Prajāpati: "Que possa nascer um terceiro vidente, além desses dois, como filho meu". Prajāpati, a quem essas palavras eram dirigidas, disse a Vāc: "Que assim seja". Então o vidente Atri nasceu, igual em esplendor a Sol e Fogo.[6]

Não se tratava, aqui, de um caso isolado, entre os numerosos que se encontram na vida de Prajāpati. Pelo contrário, essa cena foi um modelo que viria a se repetir inúmeras vezes. Episódios similares constelam as histórias dos Deva e dos *ṛṣi*. Se não é Prajāpati a verter o sêmen, são quatro dos seus filhos — Agni, Vāyu, Āditya, Candramas — que o vertem ao olhar Uṣas passando diante deles. Mitra e Varuṇa o vertem num vaso litúrgico, durante um rito do *soma*, enquanto olham Urvaśī. E numerosas são as histórias de *ṛṣi* que vertem seu sêmen olhando uma Apsaras (Bharadvāja olhando Ghṛtācī, Gautama olhando Śāradvatī, Nārada olhando um grupo de Apsaras no banho). Entre os *ṛṣi*, essas cenas supõem um meditante solitário, que é perturbado pela súbita aparição de um ser feminino, geralmente uma Apsaras. Mas, entre os deuses, tudo se passa durante um sacrifício, como se o acendimento erótico estivesse sempre implícito e pronto para se libertar em cada cena litúrgica. E a teoria o previa. Diversas vezes, para justificar o silêncio que deve acompanhar certas operações do rito, o *Śatapatha Brāhmaṇa* diz: "Porque aqui no sacrífico há sêmen, e o sêmen é vertido em silêncio".[7] A partir do momento em que são instalados os fogos até o final da liturgia, estamos dentro de um campo de tensões eróticas — e os atos culminam em momentos de silêncio em que o sêmen é vertido.

Os *ṛṣi* que nascem das labaredas sacrificiais têm uma mãe, porque essas chamas são a vagina daquela que seduziu tal ou tais deuses dos quais foram gerados. Por isso Vāc exigirá de Prajāpati outro filho nascido daquelas mesmas chamas que geraram Bhṛgu e Aṅgiras. Se se pensar na grande constância com que se desenvolveram na Índia a teoria e a prática de retenção do sêmen, culminando no tantrismo, ainda mais impressionante é a frequência com que, desde os textos mais antigos, comparece a cena do derramamento do sêmen sem contato. Já o *Ṛgveda* atesta com plena clareza, a propósito de Mitra e Varuṇa diante da aparição de Urvaśī: "Durante um sacrifício do *soma*, excitados pelas oblações, verteram ambos simultaneamente o sêmen num vaso".[8] Nessa vez, não são as chamas que acolhem o sêmen dos dois deuses, mas sim um objeto litúrgico, o *kumbha*, vaso de cerâmica em que se guardam as "águas pernoitantes", *vasatīvarī*. Por isso Vasiṣṭha, o sumo *ṛṣi*, viria um dia a ser chamado de Kumbhayoni, "Aquele-que-teve-um--vaso-como-matriz". Mas o *Ṛgveda* diz ainda que Vasiṣṭha havia "nascido da mente de Urvaśī". O vaso de cerâmica ou as labaredas sacrificiais eram também a *mente* da deusa ou Apsaras, em que se vertera o sêmen dos deuses que a olhavam. Indissociável mescla entre mente e matéria. O sêmen dos deuses jorrava enquanto os deuses permaneciam imóveis. A mente de Urvaśī era a vagina e o vaso ritual em que o sêmen era acolhido. Assim o hino do *Ṛgveda* se dirige a Vasiṣṭha: "Tu, a gota esguichada, todos os deuses guardaram mediante a fórmula sagrada, *brahman*, na flor do lótus".[9]

Se todo ato da vida deriva de um gesto litúrgico, como certos gestos essenciais, que dão sabor a tudo e se entretecem com tudo, mas têm um caráter imprevisível e semiclandestino, podem aparecer no rito e ali encontrar um lugar canônico? Por exemplo, o olhar erótico, o encontro de olhares entre uma mulher e um homem que não se conhecem?

O cinema, o romance, são lugares onde se tecem esses olhares, justamente porque fazem parte do fluxo acidental dos eventos. Mas os ritualistas védicos, em sua fúria de absorver tudo na malha dos gestos prescritos, pensaram nisso também. Havia um sacerdote, o *neṣṭṛ*, cuja função precípua era acompanhar e guiar a esposa do sacrificante — única mulher presente — à cena do sacrifício. Porém não lhe cabia nenhuma tarefa. Apenas dois gestos delicados, eróticos, que o *neṣṭṛ* vigiava. Três vezes a esposa cruzava o olhar com o *udgātṛ*, o "cantor". Era o suficiente para se ter a união sexual, uma das numerosas que marcavam o rito. Pois a mulher, naqueles instantes, pensara: "És Prajāpati, o macho, aquele que confere o sêmen: põe o sêmen em mim!".[10] Depois a esposa se sentava e por três vezes descobria a coxa direita. Por três vezes derramava sobre ela, em silêncio, a água *pannejanī*, que preparara de manhã. Todos ficavam calados, ouvia-se apenas o leve correr da água. Depois a esposa voltava a se recolher atrás de sua cortina.

A certa altura, o sacrificante colocava diante de sua esposa um vaso com manteiga clarificada e ordenava que o olhasse. Assim, a mulher "baixa o olhar sobre a manteiga sacrificial". Ora — dizem-nos —, "a manteiga clarificada é sêmen". Por isso o que está ocorrendo entre o olho da mulher e a manteiga é "uma cópula fecunda".[11] A mulher do sacrificante naquele momento trai o marido, por ordens do próprio marido. Mas, se o marido não lhe pedisse que olhasse a manteiga, a mulher estaria excluída do sacrifício. Por outro lado, no instante em que a mulher olha a manteiga, a cópula torna a manteiga impura, e por isso ela terá de ser reaquecida no fogo *gārhapatya*, para eliminar a impureza antes de trazê-la de volta ao fogo *āhavanīya*. Esta é a fórmula que permite escapar à dificuldade: se a mulher não olhasse a manteiga, o sacrifício estaria incompleto, visto que ela seria excluída dele; se a olhasse sobre o fogo *āhavanīya*, tornaria a oblação irremediavelmente impura. Por isso pode olhá-la, mas apenas sobre o fogo *gārhapatya*. O ritualista é, sobretudo, aquele que ensina a evitar tais colisões, a escapar a tais alternativas paralisantes.

Por meio dos mais variados detalhes, somos lembrados que o que ocorre durante a liturgia do sacrifício é também um ato sexual. O *sadas*, "cabana", tem muitas funções durante as cerimônias, entre outras a de acolher os seis fogos dos oficiantes, *dhiṣṇya*. Mas há também um segredo que deve ser protegido, porque o que encerra é como uma cópula entre marido e mulher — portanto, entre o sacrificante e a esposa. E "se um marido e uma mulher são vistos durante a cópula, fogem imediatamente um do outro, porque fazem coisa inconveniente".[12] Há apenas um ponto de onde é admissível observar o que se passa no *sadas*: a porta, "porque a porta é feita pelos deuses".[13] Qualquer outra vista, qualquer outro ângulo de observação é ilícito, como o ato de um *voyeur*.

A oblação é precedida por um grito, uma invocação, o *vaṣaṭ*: "Que Agni possa conduzir-te aos deuses!". Esse grito é o orgasmo. Se a oblação fosse apresentada antes do *vaṣaṭ*, seria como sêmen não vertido na vagina, o grito do orgasmo não coincidiria com a ejaculação. Por isso "a oblação deve ser feita simultaneamente ao *vaṣaṭ* ou logo depois de ele ser emitido".[14]

A ejaculação, tal como a imolação, pode ser considerada o ápice de um processo, mas assinala também sua interrupção, o início de uma saída do prazer. Se o prazer não se interrompesse, seria como se o sacrificante pudesse se instalar em seu novo corpo, intacto, no céu. Mas então teria de deixar seu outro corpo entre os maxilares de Agni e Soma, desfalecido diante do fogo *āhavanīya*.

Na erótica divina são frequentes as seduções múltiplas: Agni com as mulheres dos Saptarṣi, Soma com suas irmãs ou Śiva novamente com as mulheres dos Saptarṣi. Ou Agni com as águas: "Uma vez Agni desejou as águas: 'Que eu possa me unir a elas', pensou. Uniu-se a elas; e seu sêmen se tornou ouro".[15] Quando Alberich persegue as Filhas do Reno para se apoderar do ouro, procura o sêmen de Agni, que lá está imerso desde os tempos remotos como sinal daquela interpenetração dos opostos que possibilita a vida. Ali está "o olho do ouro que alternadamente vela e dorme",[16] escreve Wagner em termos impecavelmente védicos (Wellgunde no prelúdio do *Ouro do Reno*). Arrancar o ouro das águas é funesto porque reconduz o mundo a um estado de separação entre os elementos do qual não lhe é permitido se regenerar. Nem as águas nem o ouro conseguirão reencontrar aquele brilho que é a marca da vida inapreensível e perene.

Nada mais enganoso do que considerar o *Ṛgveda* como uma obra dedicada apenas ao tom sublime e ao enigma, incapaz de nomear diretamente as coisas. Mesmo a irreverência em relação aos deuses já está presente, junto com outro traço que depois se desenvolverá ao longo da história da Índia. E nenhum deus se presta tanto ao escárnio e à zombaria quanto o rei dos deuses, Indra. No décimo ciclo do *Ṛgveda*, o mais recente entre os altos hinos enigmáticos, encontramos o hino de Vṛṣākapi, o homem-macaco. É um hino em diversas vozes, divididas entre Indrāṇī (uma espécie de senhora Indra, a quem não se concede um nome próprio), o próprio Indra, o homem-macaco Vṛṣākapi e sua mulher Vṛṣākapāyī (reflexo especular de Indrāṇī). Não fica claro quem é o homem-macaco, nem até que ponto é animal ou homem. Talvez seja um filho bastardo de Indra, gerado por uma concubina, que o pai mantém junto de si e protege. Mas o homem-macaco é desrespeitoso (não se sabe de que maneira) com a dona da casa (Indrāṇī), que se zanga com o marido. O tom da situação é quase como se fosse um esboço da *commedia dell'arte* — e também da comédia napolitana, de Scarpetta aos irmãos De Filippo. O *trickster* Vṛṣākapi poderia ser um polichinelo. A cena é uma briga familiar, cheia de alusões sexuais, uma baixaria. A mulher do rei dos deuses, furiosa porque Indra não intervém contra o homem-macaco, apostrofa-o assim: "Nenhuma mulher tem bunda mais bonita do que a minha, nenhuma fode tão bem quanto eu, nenhuma aperta mais apertado, nenhuma sabe levantar mais alto as coxas".[17] Não admira que o austero Leopold von Schroeder tenha confessado a esse respeito: o hino "contém passagens tão obscenas que hesitei longamente antes de incluí-lo nesta coletânea".[18] Na tradução de Geldner, a passagem é eufemizada. Quanto a Renou, recorre duas vezes a reticências na mesma estrofe. Quanto a isso, os modernos, orgulhosos cultores do estilo baixo, não precisam se preocupar. Os videntes védicos já o conheciam e o usavam, quando era o caso. E conheciam também o efeito cômico produzido pelo choque entre tons incompatíveis. Em todo o hino dedicado aos malfeitos do homem-macaco, cada estrofe termina com a exclamação: "*víśvasmād Índra úttaraḥ*", "Indra *über alles*".

No *Atharvaveda* diz-se que Terra "tem os joelhos pretos" como uma criança brincando, mas por outro motivo: porque foram roçados pela chama, pois Terra é "revestida de fogo".[19] E, se se fechar os olhos, como se reconhece Terra? Pelo cheiro. É o mesmo perfume que coube por sorte aos Gênios e às Ninfas, aos Gandharva e às Apsaras. Aquele que invoca Terra também quer ser escolhido para tal perfume. É um perfume ligado a memórias distantes: "Aquele teu cheiro que penetrou no lótus, o odor que, nas núpcias de Sūrya, os deuses imortais trouxeram consigo, ó Terra, aquele odor primevo, faze com que eu fique inteiramente perfumado com ele".[20] O odor de Terra evoca um dos momentos mais felizes na vida dos deuses: quando Sūrya, filha do Sol, se entregou como esposa ao rei Soma. Aquele odor de Terra, Bhūmi, não envolvia apenas Sūrya, mas todos os esplendores de donzela:

> Aquele teu odor que está nos seres humanos, femininos e masculinos, que é a sorte deles, o prazer deles, aquele que está nos cavalos, nos guerreiros, aquele que está nos animais selvagens e nos elefantes, o esplendor, ó Terra, que está na donzela, com ele inunda a nós também, e que ninguém nos queira mal![21]

Todas as núpcias que se seguiram — e que para sempre se seguirão — foram uma cópia desbotada do que ocorreu no dia das núpcias de Sūrya e Soma. Mesmo o hino que o relata no *Ṛgveda* começa por falar de Terra: "Terra é sustida por Verdade".[22] E como seria possível descurar de Terra em tal ocasião? O hino, logo a seguir, diz que é somente por causa do *soma*, dessa planta inebriante, que Terra, aqui chamada de Pṛthivī, a Vasta, "é grande".[23] A imensidão de Terra não seria como o é para nós se o *soma* não nos ajudasse a percebê-la.

Logo aparece a noiva: "A bela vestimenta de Sūrya era inteiramente bordada de versos. O travesseiro era Intelecto, o unguento era Olhar, a cesta era Céu e Terra, no dia em que Sūrya foi a seu noivo".[24] Ao lado dela, dois jovens idênticos, de extrema beleza: os Aśvin, seus irmãos e paraninfos. Sūrya avançava: "Sua carroça era Pensamento, e Céu servia de teto".[25] A carroça era puxada pelos dois meses de verão. Por isso o verão é propício às núpcias. Desde a chegada de Sūrya, todos os gestos que foram realizados repercutem até hoje, mesmo sem a lembrança da filha do Sol. E desde aquele dia a psique da esposa recebeu sua marca. Isso deve convidar o esposo à humildade. Embora seja o primeiro a tocar o corpo da esposa, será seu quarto amante: "Soma foi o primeiro a tê-la, Gandharva o segundo, terceiro esposo seu foi Agni, quarto o filho do homem".[26] Por mais que o século XX arrole a psicologia entre suas descobertas, nenhuma investigação da psique da donzela, da *kórē*, alcançou tamanha precisão. Quando chega às núpcias, e embora seu corpo seja virgem, toda donzela tem atrás de si um longo romance amoroso. Seu primeiro amante foi Soma — ou Ade —, porque é o soberano, alvo como o luar ou negro como as trevas dos Ínferos. Porque é o absoluto e o definitivo. Mas depois de Soma vem o Gandharva Viśvāvasu, o Gênio malicioso, a imagem mental do eros que assedia a jovem na solidão, nos sonhos, nas brincadeiras. É um companheiro pertinaz e sorrateiro, que sabe se insinuar nos quartos femininos e convida à fantasia. Para que a donzela possa chegar às núpcias, ele deverá ser expulso ritualmente: "'Sai daqui: esta mulher tem um esposo!', assim apostrofei Viśvāvasu com a homenagem de meus cantos. 'Procura outra donzela, que ainda more com os pais: eis tua sorte, compreende-o'".[27] E se o Gandharva, teimoso, não se afasta, será preciso dizer-lhe: "'Sai daqui, Viśvāvasu! Nós te imploramos prestando-te homenagem, procura outra, que esteja desejosa! Deixa que a esposa se una ao esposo'".[28]

O terceiro amante é Agni. Por quê? Agni é o amante de todas. Velhas e jovens, as mulheres se ajeitavam ao redor do fogo e lhe mostravam a sola dos pés. Por ali a chama começava a acariciá-las, depois ia subindo cada vez mais, sob as roupas, até as coxas. Se as esposas dos Saptarṣi os traíram com Agni, como qualquer outra jovem que ainda não fora tocada — e que agora é acariciada daquela maneira que ninguém jamais conseguirá igualar — poderia resistir a ele? Em quarto lugar, "o filho do homem".[29] O mais impróprio e inadequado seria se jactar de sua virilidade. Em lugar disso, e exercendo uma longa paciência, sem pretensões de domínio, deverá abrir caminho entre as memórias daqueles amantes inesquecíveis que o precederam e dos quais tentará captar um reflexo para conseguir, afinal, ser pelo menos o quarto. E nada mudará quando a donzela se tornar mãe de muitos filhos. Como diz o hino, perto do final, invocando Indra: "Depõe nela dez filhos, faze com que o marido seja o décimo primeiro!".[30]

12. Deuses que oferecem libações

Há um gesto que une indissoluvelmente todo o mundo indo-europeu. É o gesto da libação. Derramar um líquido sobre um fogo flamejante. Destruir uma matéria preciosa ou comum na chama. Já na época minoica encontra-se a libação, no sarcófago de Hagia Triada. Os heróis de Homero realizam esse gesto com grande frequência, como prelúdio necessário às suas ações. Os sacrifícios celebrados sem libação são extremamente raros. E mesmo deuses do Olimpo são representados em muitos vasos no ato de oferecer uma libação. Erika Simon os estudou — e fez a pergunta inevitável: a quem dedicam a libação? E por que os deuses sentem necessidade de fazê-la, tanto quanto os humanos?

Na Índia, a libação é onipresente. Todas as manhãs, pouco antes do nascer do sol, e todos os fins de tarde, pouco antes do poente, o brâmane deve executá-la. É o rito mais simples, o *agnihotra*, que dura cerca de quinze minutos. Centenas de vezes por ano, milhares e milhares de vezes na vida. Mas, na descrição dos Brāhmaṇa, mesmo esse rito mínimo é decomposto em quase cem atos. E os textos, incansáveis, repetem que esse rito encerra em si todos os demais e o definem como *a ponta da flecha* de todos os ritos: "O que é a ponta para a flecha, é o *agnihotra* em relação aos outros sacrifícios. Pois para onde voa a ponta, voa a flecha inteira: assim, todas as obras de seu sacrifício são liberadas graças a esse *agnihotra* a partir daquela morte".[1]

Não se trata de um rito social. Todo chefe de família o celebra em solidão. Não precisa de oficiantes, não é ajudado pela mulher. A violência, que sempre deixa alguma marca, por mais que se tente ocultá-la, aqui está ausente. Mas está presente a destruição, a irreversível entrega de algo a um invisível. Esse gesto de abandonar algo é definido como *tyāga* — e várias vezes é apresentado como a essência do sacrifício, de todos os sacrifícios. Ou, ainda, como o pressuposto do sacrifício. É o gesto que assinala a aproximação de um indivíduo a um invisível — mostrando submissão ou, pelo menos, a disposição de *lhe ceder passagem*. Marcel Granet, na obra em que mais fulgura seu gênio, *Danses et légendes de la Chine ancienne*, definiu a virtude do *jang*, indispensável ao Filho do Céu se quiser manter a soberania, como um *ceder para ter*, em que o imprescindível é o gesto de ceder ser anterior a qualquer outro.

Libação: o ato de verter um líquido no fogo ou no chão. Pura perda. Irreversibilidade. O gesto mais semelhante ao passar do tempo. Os latinos, muito práticos, tinham apenas uma palavra para nomeá-la: *libatio*. Os gregos, três sutilmente diferenciadas: *choḗ*, *spondḗ*, *leíbō*. *Spondḗ* era também a única maneira, em grego, de dizer "trégua" ou "tratado de paz". No início dos jogos olímpicos, arautos percorriam a Grécia gritando: "*Spondḗ! Spondḗ!*". Então todos os conflitos cessavam. Os homens védicos usavam catorze termos para definir um determinado tipo de libação, *graha*, num determinado tipo de liturgia: o sacrifício do *soma*. Mas somente para as libações da manhã. As do meio-dia demandavam outros cinco nomes. E as da noite outros cinco. Apesar disso, eles também diziam que não há ato mais simples, mais imediato para manifestar a atitude sacrificial. "A prece murmurada é uma forma secreta de sacrifício; a libação, uma forma manifesta",[2] lê-se no *Śatapatha Brāhmaṇa*. Pois a prece se murmura, enquanto o ato de derramar um líquido não pode ser ocultado. Todas as manhãs, todas as noites, os homens védicos cumpriam esse ato. Mas os gregos também, segundo Hesíodo, que recomendava oferecer libações "quando nos deitamos e quando a sagrada luz retorna".[3] Sobre esse único ato os homens védicos construíram um imenso edifício de outros atos rituais — e sobre ele escreveram vastos tratados. Os gregos o acolheram em sua vida e em seus ritos sem teorizá-lo. Homero fala com muita frequência de libações, pois faziam parte dos atos que descrevia. Seu significado estava subentendido. Além da mais simples, a libação — a crermos em Ovídio — era também a forma de culto mais antiga. A água era vertida antes do sangue: "*Hic qui nunc aperit percussi viscera tauri/ in sacris nullum culter habebat opus*"; "A faca que hoje abre as vísceras do touro abatido/ não tinha nenhum papel nos sacrifícios".[4] E, ainda segundo Ovídio, a libação provinha da Índia. Fora introduzida por Dioniso ou Liber, voltando de suas expedições orientais: "*Ante tuos ortus arae sine honore fuerunt,/ Liber, et in gelidis herba reperta focis*"; "Antes de teu nascimento os altares eram sem culto,/ ó Liber, e sobre seus frios lares cresciam as ervas".[5] Mas Dioniso, tendo "conquistado o Ganges e todo o Oriente",[6] teria ensinado a oferecer a canela, o incenso e outros *libamina*. De Liber vem também o termo *libatio*. Com sua ajuda, a doutrina védica do sacrifício se aliava à romana.

Libação: o irrenunciável gesto da renúncia. Jamais tão dilacerante como no momento em que Antígona, diante do irmão morto, é vista enquanto "logo ergue com as mãos o pó seco e um vaso de bronze cinzelado para espargir sobre o morto uma tripla libação".[7] Não é necessário verter água pura — e não é necessário sequer derramar perfumes do Oriente. Mesmo o "pó seco" espalhado por Antígona convém a uma "tripla libação". E a desesperadora incongruência entre esse "pó seco" e o "vaso de bronze cinzelado", que Antígona usa para prestar homenagem ao irmão, remete à origem daquele gesto, que é a pura celebração do que se dissipa.

Os deuses eram grandes especialistas na arte de ampliar e condensar os ritos. Pois o rito, como a poesia, tem uma enorme capacidade de se dilatar ou se contrair. Depois de celebrarem um *sattra* que durava mil anos, os deuses e Prajāpati sabiam muito bem que os homens não conseguiriam acompanhá-los. Fracos demais, ineptos demais. Os deuses disseram entre si: "Conseguimos cumpri-lo com nossos corpos divinos, imortais. Os homens jamais conseguirão. Por isso vamos tentar contrair esse sacrifício".[8] Assim, o *sattra* de mil amos tornou-se o *gavāmayana*, a "marcha das vacas", que continua a ser um *sattra*, mas dura apenas um ano. Nem sequer se podia pretender que todos os homens dedicassem o ano inteiro a esse rito. Por isso os deuses trataram de organizar outras reduções, em escala decrescente, até os ritos que duravam somente três ou dois dias — ou apenas algumas horas. E finalmente chegaram aos dois *agnihotra*, da manhã e da noite. Esse era o núcleo indivisível. O rito consistia em derramar leite no fogo. Nada podia ser mais simples — embora esse gesto estivesse ligado a dezenas e dezenas de outros gestos. Antes, abaixo ou aquém desse rito não poderia haver senão a vida informe, enquanto nesses poucos minutos se concentravam os mil anos do *sattra* dos deuses. "Por isso o *agnihotra* é insuperado. Não será vencido aquele que sabe assim... Por isso o *agnihotra* é ilimitado."[9]

* * *

Toda manhã e toda noite, logo antes do nascer do sol e antes de aparecer a primeira estrela, o chefe de família derrama quatro colheres de leite numa colher maior e com ela verte o leite no fogo, por duas vezes. Desse gesto, realizado por uma pessoa só, com a ajuda da substância mais comum, sem necessidade da assistência de um sacerdote, desencadeiam-se todas as formas do culto. E é algo que não tem início nem fim, porque seriam intermináveis as disputas se se quisesse estabelecer a precedência da libação matinal ou vespertina. Uma remete à outra, num círculo perpétuo. Nada se aproxima tanto da continuidade da vida. Por isso, "como as crianças com fome rodeiam a mãe, assim se reúnem os seres ao redor do *agnihotra*".[10] A elementaridade desse rito apenas fomenta a ousadia das especulações ligadas a ele. E, acima de tudo, o caráter "ilimitado" daqueles gestos tranquiliza quem os cumpre quanto à ilimitação do próprio ser, por mais circunscritas e humildes que possam parecer suas manifestações: "E realmente aquele que assim conhece a ilimitação do *agnihotra*, nasce ele mesmo ilimitado na sorte e na prole".[11]

O *agnihotra* é a ocasião em que se realizam as distinções sobre as quais todo o resto se edificará. Por mais simples que seja, a libação nunca será uma só, será sempre dupla. Por quê? Porque não há o uno. Mesmo recuando até a nascente, encontram-se pelo menos dois seres: Mente e Palavra, *Manas* e *Vāc*. Mente e Palavra se sobrepõem em larga medida e se deixam tratar como "iguais (*samāna*)". Todavia, são "dessemelhantes (*nānā*)".[12] Quando agem no rito, ambas devem ser lembradas: assim, as libações se apresentam uma como a réplica da outra, mas ao mesmo tempo serão dessemelhantes, porque são sempre duas e, por isso, com a precedência de uma sobre a outra. Assim começa a se articular a relação entre as duas potências. E quando Mente e Palavra se desvinculam uma da outra — e isso ocorre no próprio momento em que a libação se duplica —, segue-se o cortejo de todas as dualidades com as quais temos de operar. E em cada uma se reproduzirá aquela tensão entre ilimitado e limitado que já existe na relação entre Prajāpati e os deuses.

"Seja qual for a divindade que alguém alcance com esta libação, essa divindade, sendo capturada por esta libação, atende o desejo pelo qual ele a alcançou."[13] Essas palavras aparecem na passagem onde mais claramente se explicita o jogo acrobático, que atravessa todo o *Śatapatha Brāhmaṇa*, sobre a palavra *graha*. Usualmente traduzível por "libação", *graha* está sempre ligada ao verbo *grah-*, "pegar", "capturar" — tal como, em alemão, *begreifen*, "compreender" (donde *Begriff*, "conceito"), está ligado a *greifen*, "agarrar, prender, capturar". E tem-se uma dificuldade adicional com a contínua alternância dos significados ativos e passivos da palavra: *graha* pode ser quem captura e quem é capturado, o que alcança e o que é alcançado. Eggeling, sobre esse ponto, especificava em nota: "Todo o Brāhmaṇa é um jogo sobre a palavra *graha*, em seus significados ativos e passivos daquele que captura, apreende, influencia; e de líquido alcançado, libação".[14]

A libação é um meio de capturar (de conceber) a divindade. E por ela a divindade se sente presa, capturada. Assim ocorre também com os nomes: são nossas libações à realidade. Servem para capturá-la: "O *graha* em verdade é o nome, porque tudo é capturado por um nome. Por que se surpreender, então, se o nome é o *graha*? Conhecemos o nome de muitos, e não é porventura pelo nome que eles são capturados por nós?".[15]

Uma equivalência decisiva é a que se dá entre Sol — "aquele ardente lá adiante" —[16] e Morte. A fonte da energia não só pode ser causa de morte, mas é a própria morte. Por isso a relação de Sūrya e sua esposa Saraṇyū mostra tantas analogias com a relação de Ade e Core: pois Ade, para os *ṛṣi*, não era aquele que reina sobre as sombras, mas aquele que percorre o céu e espalha luz. Yama, soberano dos mortos, será apenas um filho seu — uma consequência de seu ser, que já em si é Morte.

Incansáveis em entretecer especulações, os *ṛṣi* pensaram que seria possível selar um pacto com Morte. Era preciso encontrar uma maneira de ir além de Sol — isto é, além de Morte. Como? Por meio do *agnihotra*. Era preciso jogar com a relação entre fogo e luz, entre Agni e Sūrya. Assim instituíram o sacrifício cíclico, em que Agni e Sūrya se alternam nas oferendas, o fogo se oferece na luz e a luz se oferece no fogo — no início de cada dia, no início de cada noite, perpetuamente. Diziam: "À noite ele oferece Sūrya em Agni e de manhã oferece Agni em Sūrya".[17]

Tudo, como sempre, derivava de um episódio das origens. Agni, "quando nasceu, tentou queimar tudo aqui: assim, todos tentaram se refugiar na distância". Aqueles que então existiam consideravam-no um inimigo. Assim, "visto que não podia tolerar isso, [Agni] foi ao homem". E propôs um acordo: "Deixa-me entrar em ti! Aí, depois de me reproduzires, mantém-me: e, tal como me reproduzires e me mantiveres aqui, assim eu te reproduzirei e te manterei no mundo lá adiante" —[18] entendendo por "o mundo lá adiante" o mundo celeste que se alcança *além do Sol*. O homem aceitou: é sobre esse acordo que se funda o *agnihotra*, nesse acordo encontra-se, para o homem, a única possibilidade de ir além de Morte: usando Morte como montaria, conseguindo subir em suas costas, como um acrobata de circo. Por isso o homem, nas duas libações diárias do *agnihotra*, no alvorecer e no crepúsculo, deve se apoiar solidamente sobre Morte: à noite "apoia-se solidamente sobre Morte com a parte anterior de seus pés", enquanto de manhã "apoia-se solidamente sobre Morte com os calcanhares".[19]

Está aí implícita a ideia de que Morte é o ciclo. O que destrói é a pura sucessão do dia e da noite. O novo dia significa a destruição da noite. A nova noite significa a destruição do dia. Unidos, significam a destruição das obras realizadas no dia e na noite. Como se subtrair ao ciclo? Erguer-se, olhá-lo de cima, de pé nas costas do céu: "Assim como, quando se fica de pé numa carroça, do alto olham-se as rodas abaixo a girar, da mesma maneira ele olha do alto o dia e a noite".[20]

Mas quem pode nos erguer? O *agnihotra*. Então o Sol, que é Morte, pode deixar que nos ergamos em suas costas, até conseguirmos enxergar o que fica além do Sol — e não é mais tocado por Morte. Como fazer? Para escapar de Morte, é preciso apoiar solidamente os pés sobre Morte. Então começa a viagem. O Sol se levanta e nos leva com ele. Somente apoiando os pés sobre Morte — e apenas se Morte nos ajudar, levando-nos em seu lombo, como se fosse um grande animal, sem nos arremessar dali de cima — poderemos enxergar esse mundo que se abre para além de Morte.

O primeiro nome do Sol foi Mārtāṇḍa, Ovo Morto. Aconteceu que Aditi, a Ilimitada, deu à luz sete filhos, que se tornaram os deuses maiores, os Āditya. Mas, logo a seguir, saiu de seu ventre um ser informe, "tão largo quanto alto":[21] era Mārtāṇḍa, o Ovo Morto. Os deuses decidiram não o jogar fora porque — disseram — "o que nasceu depois de nós não deve ser perdido".[22] E começaram a lhe dar forma. Quando se pensa no sol como a origem de toda vida, a essa imagem mescla-se a lembrança de um ser informe, "uma simples massa de matéria corpórea".[23] A morte ou a informidade, que perseguem a vida a todo instante, estão inseridas em sua própria origem. Aliás, são o fundamento em que se apoia Vivasvat, o Radioso, o Sol, ofuscando-nos com sua luz, que antes de mais nada oculta a ele próprio.

Se o Sol é Morte, o que será a noite? Uma vez feita a libação da noite, abre-se o vasto espaço das trevas. Mas aqui, mais uma vez, os termos se invertem. A treva aparece "rica de luzes",[24] porque a cerimônia a acendeu com os tições de Agni:

> "Ó tu, rica de luz, possa eu alcançar ileso teu término!", murmura [o sacrificante] três vezes. Aquela que é rica de luzes (*citrāvasu*) é sem dúvida a noite, porque, de certo modo, ela descansa (*vas-*) depois de ter recolhido as luzes (*citra*): por isso não se enxerga claramente (*citram*) ao longe.
>
> Ora, foi por meio dessas palavras que os *ṛṣi* alcançaram ilesos o término da noite; e por força delas os Rakṣas não os encontrarão: por força delas, ele também [o sacrificante] agora alcança ileso o término da noite; e por força delas os Rakṣas não o encontram. Isso ele murmura mantendo-se de pé.[25]

Antes da música da Guarda Suíça ("*Notre vie est un voyage/ Dans l'hiver et dans la Nuit,/ Nous cherchons notre passage/ Dans le Ciel où rien ne luit*")* que Céline colocou como epígrafe a seu *Viagem ao fim da noite*, os *ṛṣi* — e, depois deles, todos os sacrificantes — haviam murmurado por muito tempo palavras similares. Uma emboscada sempre iminente, um avanço nas trevas — essa é a tensão subjacente em toda cena litúrgica: "Perigosos realmente são os caminhos entre o céu e a terra".[26] O que se vê é pouca coisa em relação ao emaranhado invisível, onde o Inimigo está à espreita, onde se abrem as águas celestes. Ali entravam os *ṛṣi*, inseguros e aguilhoados como o Bardamu de Céline, agarrados a palavras rituais que lhes indicavam a rota.

* "Nossa vida é uma viagem/ No inverno e na noite,/ Buscamos nossa passagem/ No céu em que nada luz" (Chanson des Gardes suisses, 1793). (N. E.)

Sócrates passou seu último dia — do momento em que o cárcere foi aberto até o crepúsculo — falando com seus discípulos sobre a facilidade com que morre um filósofo. Ao contrário dos deuses, que vivem facilmente. Aludiu também a um "obstáculo". Disse: "A festa do deus foi um obstáculo à minha morte".[27] Obedecendo a um voto feito a Apolo, Atenas não permitia nenhuma execução por vontade do Estado durante o período da peregrinação anual ao santuário de Apolo em Delos. E a condenação de Sócrates à morte fora decretada um dia antes da partida do navio para Delos. Assim, nesse intervalo — de um mês, segundo Xenofonte —, Sócrates compusera um hino a Apolo e algumas fábulas a partir de Esopo. Todos se perguntavam a razão. E Sócrates respondeu que um sonho o exortara a "compor música".[28] Sonho recorrente em sua vida, que sempre interpretara como um incentivo a praticar a filosofia, porque "a filosofia é a grande música".[29] Mas então, nesse prazo antes da morte, Sócrates chegara a uma conclusão diferente: talvez o sentido verdadeiro do sonho fosse o literal. Seria "mais seguro"[30] obedecer ao sonho sem lhe sobrepor nenhuma interpretação. Por isso, ele compôs um hino ao deus então celebrado em festa (e mais adiante, no mesmo dia, iria também revelar que Apolo era *seu* deus). Também por isso — "visto que um poeta, se quer ser poeta, deve compor mitos e não raciocínios (*mýthous all'ou lógous*)" —[31] dedicara-se àqueles mitos que se encontravam "à mão", as fábulas de Esopo. Eram palavras que, ditas naquele dia e com tanta serenidade, podiam causar espanto aos discípulos — e também aos sofistas curiosos e malévolos. Sócrates, como todos sabiam, passara a vida a elaborar discursos, raciocínios, argumentações: *lógoi*. Por que justo agora havia de se dedicar aos *mŷthoi*, que sempre tratara com certo sarcasmo? Sócrates não quis responder; em vez disso, passou o dia a compor *lógoi*, nem mais nem menos fortes do que tantos outros que seus discípulos tinham ouvido nos anos anteriores, para responder a uma pergunta de Cebes, seu discípulo mais difícil de convencer: "Como podes dizer, Sócrates, que não é lícito fazer violência a si mesmo e, por outro lado, que o filósofo não quer senão seguir aquele que morre?".[32] A pergunta era bem urdida. Se o filósofo tem tanta vontade de morrer, não se entende por que condena o suicídio. Sócrates apresentou em resposta uma série de *lógoi*, mas dessa vez pontilhados e sutilmente entretecidos com termos e fórmulas pertencentes a outra ordem: a dos mistérios. E prontamente citou um *lógos*, mas no sentido de "fórmula" que se pronuncia *en aporrḗtois*, "nos indizíveis"[33] (modo canônico de se referir aos Mistérios). Sócrates o apresentou como um exemplo do "mitologizar sobre a viagem para lá", que propôs como a melhor maneira "de passar o tempo até o pôr do sol".[34] É como se seu pensamento, nesse último diálogo, sofresse uma torção que o expõe a uma luz rasante, cuja origem não se consegue captar. Mas agora tudo parece transformado.

Esta é a fórmula dos mistérios: "Nós, homens, estamos numa espécie de posto de guarda (*phrourá*) e não devemos nos libertar nem fugir". Grande obscuridade, reconhece Sócrates de pronto. Mas acrescenta: "É um modo de exprimir bem o fato de que os deuses cuidam de nós e que nós, homens, somos uma das posses dos deuses".[35] Definição brutal e ao mesmo tempo devota: quem se suicida, por conseguinte, subtrairia aos deuses uma propriedade deles. O homem, por isso, está *em dívida*, por sua existência, em relação aos deuses. É esse o ponto de maior aproximação, no Ocidente, com a doutrina védica das quatro "dívidas", *ṛṇa*, que constituem o homem. E, ao mesmo tempo, aqui ficam mais destacadas as diferenças entre Platão e os ritualistas védicos. O que, para eles, era doutrina explícita e obrigatória é apresentado por Sócrates como doutrina secreta e extrema, adequada àquele "compor mitos" com que quis ocupar suas últimas horas.

Embora, pouco depois, Sócrates voltasse a argumentar com seus discípulos como tantas vezes fizera antes, a aura de mistério daquela fórmula inicial envolveria sua "caça ao que é",[36] como definiu então a filosofia. E iria aproximá-la, o máximo possível, de um *katharmós*, termo específico para designar a metamorfose purificadora que se operava nos Mistérios. Até o momento em que Sócrates chega a afirmar que "o pensamento (*phrónēsis*) pode ser ele próprio um *katharmós*".[37] A doutrina de Sócrates nunca se sobrepusera de tal forma, como nessa frase, à doutrina indivulgada e indivulgável dos Mistérios. E era isso, talvez — bem mais do que as argumentações, sempre contestáveis, sobre a imortalidade da alma —, que Sócrates queria deixar como legado seu aos discípulos.

Mas a relação entre sua filosofia e o culto — dos mistérios ou comum — encerrava algum outro segredo. Durante séculos se comentaram — até Nietzsche e Dumézil — as últimas palavras de Sócrates: "Críton, estamos em dívida de um galo com Asclépio. Mas paga a dívida, não te esqueças".[38] Palavras com que se volta a falar do *débito*. No duelo de ambos, trocando enigmas ("'Será feito', disse Críton. 'Mas vê se tens mais algo a dizer'. A pergunta ficou sem resposta"),[39] essas palavras obscureceram aquilo que foi o último *gesto* de Sócrates — e que não menos peso tinha.

Quando o funcionário dos Onze se apresentou com a cicuta, Sócrates lhe fez uma pergunta, "olhando-o de baixo para cima, como de hábito, com seus olhos de touro".[40] Queria saber se era permitido fazer uma libação com aquela bebida. "Trituramos o suficiente para ser ingerida",[41] respondeu o funcionário. Entenda-se: é a dose exata que é necessária para matar. Sócrates concorda — e diz que se limitará a dirigir uma prece aos deuses, "para que a mudança de residência daqui para lá se cumpra bem".[42]

Inesgotáveis as implicações da cena. Até o fim, Sócrates quis manter a atitude sacrificial, que impunha, antes de beber o líquido, que se oferecesse uma parte aos deuses. Costume arraigado, que ia além das práticas cultuais e se repetia em todos os banquetes. Era o gesto de ceder passagem diante do invisível.

Ao mesmo tempo, assim fazendo, Sócrates pretendia oferecer aos deuses um veneno mortal. Tudo o que, no decorrer dos séculos, seria escrito contra ele como agente de dissolução e desagregação está antecipado e anulado por esse gesto. O funcionário, por sua vez, ao declarar que a poção fora preparada na dose exata necessária para matar, revelava que a lei do Estado contrariava a regra primordial, a qual obrigava a verter, a destruir uma parte de toda e qualquer bebida para dedicá-la aos deuses. "*Speísas kaì euxámenos épie*", "depois de ter libado e orado, ele bebeu", diz Xenofonte a respeito de Ciro.[43] Mas a expressão já aparece na *Odisseia*. E toda fórmula homérica está profundamente arraigada na vida grega. O princípio subjacente: não há prece sem libação, não há libação sem prece. Era a mais sólida aliança entre gesto e palavra, ao se dirigir ao divino.

Assim, a condenação à morte se afirmava como assassinato. A Sócrates restara apenas a prece, a palavra. Mas toda a civilização ateniense pressupunha que palavra e libação caminhassem juntas. Uma exigia a outra. E agora ressoavam apenas aquelas palavras insuficientes augurando uma tranquila "mudança de residência", *metoíkēsis*,[44] como condiz a um filósofo. O qual, aliás, tivera seu último desejo negado. Desejo devoto e ímpio: oferecer uma libação, compartilhar um veneno com os deuses. Quando o funcionário dos Onze se recusou a atender ao pedido de Sócrates, que afinal era o último desejo de um condenado à morte, rompeu-se para os gregos o nexo entre gesto e palavra. Desde então, a palavra está só, recolhida em si mesma, órfã e soberana.

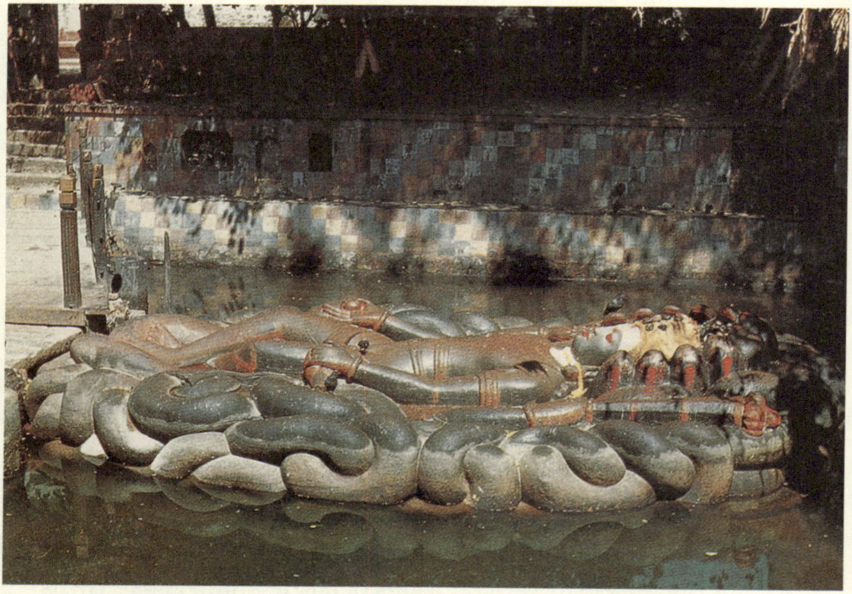

13. Resíduo e excedente

Lá, portanto, o deus beatífico, onipresente, dormindo sobre o oceano, envolveu sua noite em densas trevas. Mas um excedente de qualidade luminosa o despertou e ele viu o mundo vazio.

Mahābhārata 3, 272, 40-41ab

Toda a tradição indiana, em seus vários ramos, é atravessada por uma *doutrina do resíduo*, que se manifesta em três palavras, correspondentes a três fases sucessivas: *vāstu*, *ucchiṣṭa*, *śeṣa*. A doutrina tem uma função fundamental, similar à da *ousía* na Grécia clássica, uma vez que implica a insuficiência do sacrifício (mas, em lugar do sacrifício, pode-se também entender a insuficiência *de qualquer ordenamento*) para sustentar a totalidade do existente. Algo sempre fica de fora; aliás, *deve* ficar de fora porque, se fosse incluído na ordem, iria desarranjá-la internamente. Por outro lado, o sacrifício ou a ordem têm sentido apenas se se estendem a tudo. Por isso era preciso estabelecer um compromisso com aquela parte que permanecera *de fora*, que ficara *para trás*. Assim Rudra se tornou Vāstavya, o soberano do local e do resíduo. E se tratava do local que os deuses haviam abandonado, para alcançar o céu. Mas esse local era a terra toda. Portanto, a terra toda era o resíduo.

Narraram a passagem de uma era para outra como um imenso incêndio, um sacrifício fúnebre em que o fogo atingia a terra toda. Ao final, restaram apenas cinzas flutuando nas águas. Mais uma vez, o resíduo. Aquelas cinzas assumiram a forma de uma serpente, que se chamou Śeṣa, Resíduo, e também Ananta, Infinito. O que no início fora descartado revelava-se sem limites, indominável. As espirais da serpente se assentaram num macio leito branco, para que Viṣṇu se deitasse. O deus dormia — ou meditava, ou sonhava. Um dia, um excedente de *sattva*, aquele fio de qualidade luminosa que se entretece ao existente, viria a sacudi-lo ou despertá-lo. E outro mundo surgiu, enquanto um longo caule de lótus despontava de seu umbigo. Em cima, abria-se uma magnífica corola de pétalas rosadas. E sobre ela apoiava-se outro deus, Brahmā, que olhava ao redor com seus quatro rostos, perplexo, porque, "sentado no centro daquela planta, não via o mundo".[1] Em todas as direções, seus olhos reconheciam as vastas pétalas do lótus e, à distância, a água e o céu. As pétalas impediam que Brahmā visse o outro deus, Viṣṇu, de cujo umbigo despontara o caule. Ao interior daquela fibra porosa Brahmā desceria um dia, para começar um novo mundo.

A questão do resíduo se colocou quando, finalmente, "por meio do sacrifício os deuses ascenderam ao céu".[2] Podia ser o final feliz de sua tormentosa estada sobre a terra. Mas não foi assim, porque naquele momento teve início uma sequência convulsiva e reluzente, que o *Śatapatha Brāhmaṇa* narra com a maestria de seu estilo:

> O deus que governa o gado foi deixado para trás, aqui: por isso chamam-no de Vāstavya, porque foi deixado para trás no local sa-

crificial (*vāstu*). Os deuses continuaram a praticar o *tapas* naquele mesmo sacrifício com o qual ascenderam ao céu. Então o deus que governa o gado e aqui ficara, deixado para trás, viu [tudo isso e disse]: "Fui deixado para trás: estão me excluindo do sacrifício!". Ele os perseguiu e com sua [arma] levantada ascendeu ao norte, e o momento em que isso ocorreu foi o do Sviṣṭakṛt [Aquele-que-oferece-bem-o-sacrifício]. Os deuses disseram: "Não arremesses!". Ele disse: "Não me excluais do sacrifício! Reservai uma oblação para mim!". Eles responderam: "Que assim seja!". Ele se retirou e não arremessou sua arma; e não feriu ninguém. Os deuses disseram entre si: "Todas as porções do alimento sacrificial que fizemos foram ofertadas. Tentemos descobrir um modo de separar uma oblação para ele!". Eles disseram ao oficiante: "Asperge os pratos sacrificiais na sequência certa; e enche-os fazendo uma porção a mais e torna-os novamente adequados ao uso; e depois reparte uma porção para cada um". O oficiante, por conseguinte, aspergiu na sucessão correta e os encheu fazendo uma porção a mais e os devolveu novamente adequados ao uso e repartiu uma porção para cada um. Esse é o motivo pelo qual é chamado Vāstavya, porque um resíduo (*vāstu*) é a parte do sacrifício que resta depois de feitas as oblações.[3]

O sacrifício é uma viagem, o que vale antes de mais nada para os deuses — e é o único meio para alcançar o céu. Mas a quem sacrificavam os deuses, quando ascenderam ao céu? Os elementos do sacrifício estavam presentes: o desejo, que era o de permanecer no céu; o *tapas*, que os deuses praticavam; a matéria para a oblação (a manteiga clarificada). Faltava, porém, o destinatário. O céu aparentemente era vazio. Sobre esse ponto os textos, tão prolixos sobre todos os outros detalhes, silenciam. Pode-se suspeitar, então, que a ação sacrificial tinha eficácia mesmo prescindindo de um destinatário. Aliás, seria possível chegar à consequência extrema: que teria tanto maior eficácia na ausência de destinatário. Um dia, Kṛṣṇa iria ensinar uma doutrina não menos paradoxal, na *Bhagavad Gītā*: o sacrifício em que o desejo é amputado. Ela é sugerida como caminho válido para os homens, um caminho que jamais chega ao destino e por isso precisa ser sempre retomado. Os deuses se concentraram numa viagem que deveria ocorrer uma única vez, definitiva. Assim, não quiseram renunciar ao desejo. Em vez disso, preocuparam-se com outras coisas: apagar seus rastros para que os homens não pudessem segui-los — "Sugaram a linfa do sacrifício, como as abelhas sugam o mel; e depois, tendo esgotado e apagado seus rastros com a estaca sacrificial, esconderam-se".[4] Maldosos, esses deuses. Mas foram igualmente maldosos com um dos seus. Abandonaram-no por terra, no próprio local do sacrifício. Era um deus que preferiam não nomear — e que, de fato, não é nomeado em nenhuma passagem, exceto no fim, com um recurso astucioso, por meio do qual seu nome aparece como um de seus epítetos: Rudra, Selvagem. Aqui já é possível entender a estranha intolerância, mesclada de temor e hostilidade, que os deuses sentiam por duas figuras divinas: Prajāpati, em primeiro lugar, o Pai, o qual, ao se unir a Uṣas, cumprira um ato que era "um mal aos olhos dos deuses";[5] e depois Rudra, esse deus obscuro, de quem os deuses, por obscuras razões que jamais são expostas, quiseram se livrar no momento mesmo em que se tornavam deuses plenos, habitantes do céu. Embora os textos sejam mais reticentes sobre Rudra do que sobre qualquer outro deus, os pontos nucleares parecem claros: os Deva querem se distanciar de Rudra, querem deixá-lo para trás no *local* (*vāstu*) do sacrifício. Mas, depois que os deuses ascenderam ao céu, toda a terra pode ser vista como um *resíduo* do sacrifício. E esse resíduo é poderoso e pode atacar os deuses. Assim, seu senhor, que é Rudra, conserva a capacidade de *ferir* os deuses, como ameaça que o fará, arremessando sua arma que não é nomeada, presumivelmente uma flecha. Aos deuses, portanto, não basta cumprir um sacrifício eficaz. Deverão também *fazer um pacto* com Rudra, que de outra forma os atingiria. E um pacto, para os deuses, é sempre uma nova divisão das partes. Desta vez, será necessária uma divisão que inclua a *parte de Rudra: la part du feu*. E essa parte será, por definição, o *superabundante*, aquele excedente do qual os deuses podem abrir mão para afastar o ataque de Rudra.

A pergunta permanece: como foi possível que os deuses tenham pensado em excluir Rudra do sacrifício? E por que quiseram excluí-lo? "Não o conheciam realmente",[6] diz o *Mahābhārata*, assim revelando o que os textos mais antigos haviam calado. Não o conheciam talvez porque houvesse em Rudra um elemento refratário ao conhecimento, de pura intensidade, anterior ao significado. Os deuses tinham fundado sua obra — o sacrifício — sobre a penetrabilidade da própria consciência, sobre sua transparência. Excluíram-no porque tinham a suspeita, a correta suspeita, de que Rudra desagregaria internamente aquele empreendimento deles. Mas não, decerto, porque Rudra fosse estranho e hostil ao sacrifício. Quando Rudra apareceu no lado norte do céu, aterrorizador, com o arco na mão, os cabelos apanhados na nuca numa rodilha negra, os deuses viram de imediato que aquela arma mortal fora formada com a própria substância do primeiro e do quarto tipos de sacrifício. Viram também que a corda fora constituída pela invocação *vaṣaṭ*, que ressoa diariamente nos sacrifícios.

É o que podemos supor, porém nenhum texto menciona o motivo da exclusão inicial de Rudra. Mas o motivo ficará bem mais claro quando, num outro éon e em outro ciclo de histórias, Rudra se tornar Śiva e a história de sua exclusão se tornar a história da exclusão de Śiva do sacrifício de Dakṣa: outro enredo que os deuses gostariam de ocultar, pois narra a derrota deles. E aqui surge uma suspeita: que o sacrifício pretende, mas não consegue, ser tudo. Todo sacrifício *deixa de fora ou para trás* alguma coisa que pode se revoltar contra ele: seu lugar, seu resíduo.

Śiva é excluído por Dakṣa porque desacatou as regras bramânicas, faltando-lhe com respeito por duas vezes: ao levar embora sua filha Satī e, em certa ocasião, ao não se levantar em sua presença. Mas, ao mesmo tempo, não há a menor possibilidade de entender Śiva como *contrário* ao sacrifício, tampouco Rudra, definido como "rei do sacrifício"[7] e "aquele que leva a cabo o sacrifício".[8] Assim, parece que, ao sacrifício realizado pelos Deva, se opõe um sacrifício posterior, o de Rudra e de Śiva, que ameaça ferir e aniquilar o primeiro — e poderia ser esse o sacrifício que ocorre *em todo caso*, que está inscrito na circulação da vida, em sua respiração e pode derrubar a todos, inclusive os deuses. Invasor e ubíquo, esse sacrifício não tem doutrina, mas mesmo assim se realiza. De todo modo, ele se realiza, quer se queira ou não, como a respiração em nós, que é uma contínua retirada do mundo exterior e uma contínua expulsão para o mundo exterior, mesmo que não se esteja sujeito à disciplina iogue. Por isso pode ser entendido como um sacrifício ininterrupto, coincidente com a vida. Quando essa forma do sacrifício se delineia, resta apenas chegar a um pacto, reconhecer sua parte irredutível. Apenas esse reconhecimento permite que o sacrifício comum dos deuses seja *bem-feito*, como implica o termo Sviṣṭakṛt, que se aplica a esse momento. De certo modo, então, a figura de Rudra e depois de Śiva, em quem Rudra se transforma, é a crítica mais radical ao sacrifício que se manifesta no mundo dos deuses. Mas é uma crítica que não destrói; pelo contrário, acaba por reforçar, ampliando a área do sacrifício para um todo que engloba o resíduo em si.

Rudra é um nome a ser evitado. Se for preciso pronunciá-lo, deve-se logo tocar a água lustral, para se proteger. Melhor chamá-lo de Vāstavya, soberano do local e do resíduo. *Vāstu* significa justamente as duas coisas: local e resíduo. "Semantismo desconcertante", anotou Minard, filólogo eminente.[9] Contudo, o latino *situs* também é motivo de desconcerto: *situs* é o sítio, o local, mas também o pó, o detrito, a ferrugem, o mofo, o mau cheiro que vai se acumulando com o tempo. *Situs* implica que a existência, pelo mero fato de estar situada, segrega um resíduo. Há algo de *rançoso* na existência, enquanto algo que sempre já foi. E isso pode insinuar a dúvida de que a própria existência e que seu local sejam um resíduo, o detrito de um *désastre obscur*.

Depois de oferecidas as oblações, sempre resta algo. E, se não restasse, sempre restaria, em todo caso, o local das oblações, varrido pelo vento. Entre a ordem e a coisa ordenada há sempre um desnível, uma diferença que é o resíduo: ali está Rudra.

Qualquer ordem comporta a eliminação de uma parte do material original. Essa parte é o resíduo. O que fazer dele? Ele pode ser tratado como o primeiro inimigo da ordem, como a ameaça constante de uma recaída no estado anterior à ordem. Ou, ainda, como algo que, excedendo a ordem, lhe garante a permanência de um contato com aquele contínuo que antecedeu a própria ordem. O *soma* sai do corpo de Vṛtra e é o que de mais precioso a ordem pode oferecer. E é também a lembrança de algo que existia antes da ordem, antes do ataque libertador de Indra.

Com quais critérios se podem comparar duas ordens? Duas ordens podem ser comparadas como dois sistemas formais. Ou podem ser comparadas em relação à maneira como dispõem de excedente e resíduo. Em que medida as duas comparações divergem? No primeiro caso, avaliam-se as diferenças de amplitude, funcionalidade, eficácia da ordem, sua capacidade de se manter íntegra. Não há muito mais a dizer. Atribuir um significado a um sistema formal seria arbitrário. No segundo caso, somos obrigados a atribuir um significado à ordem, somos obrigados a avaliá-la. Mas em relação a quê? Então deve haver uma ordem de referência que permita atribuir significado e qualidade a todas as demais ordens. Mas essa ordem não existe. Ou, pelo menos, é nessa condição em que os modernos vieram a se encontrar, é nessa situação em que precisam pensar. Para os homens védicos, ao contrário, excedente e resíduo eram o pressuposto que permitia julgar a ordem que os excluía de si. E podia ser a própria ordem do mundo, *ṛta* — ou também uma ordem qualquer perturbada e desarranjada por homens que ignoram o que fazem quando tratam o excedente e o resíduo.

> O oficiante recita versos de modo contínuo, ininterrupto: assim, ele torna contínuos os dias e as noites do ano e assim se alternam de modo contínuo e ininterrupto os dias e as noites do ano. Dessa maneira, ele não deixa desprotegida nenhuma via de acesso ao rival malévolo; mas, de fato, ele deixaria desprotegida uma via de acesso caso recitasse os versos de modo descontínuo: por isso, recita-os de modo contínuo, ininterrupto.[10]

Aqui aflora do modo mais imediato a principal angústia do oficiante védico: o medo de que o tempo se esfacele, que o curso do dia se interrompa de súbito, que o mundo inteiro fique num estado de irredutível dispersão. Esse medo é bem mais radical do que o medo da morte. Aliás, o medo da morte é apenas uma aplicação secundária disso. Poderíamos dizer, moderna. Algo o antecede: um sentido de precariedade tão grande, tão agudo, tão dilacerante a ponto de fazer a continuidade do tempo parecer um dom improvável, sempre a ponto de ser revogado. Por isso é urgente intervir imediatamente com o sacrifício, definível como aquilo que o oficiante *estica, estende.* Esse tecido da matéria não definida (o sacrifício) deve ser "esticado", *tan-*, para que se forme algo contínuo, sem rasgos, sem interrupções, sem brechas por onde pudesse se insinuar o "rival malévolo" sempre à espreita; algo que, por esse seu caráter de elaborada construção, se oponha ao mundo, que na origem se apresenta como uma série de rasgos, de interrupções, de fragmentos nos quais se reconhecem os pedaços do corpo desarticulado de Prajāpati. Derrotar o descontínuo: essa é a meta do oficiante. Vencer a morte é apenas uma das muitas consequências. Por isso, a primeira exigência é a de que a voz do *hotṛ* se estenda, ao máximo possível, numa emissão contínua de som. Mas como retomar o fôlego? "Se retomasse o fôlego no meio do verso, seria uma lesão do sacrifício."[11] Seria uma derrota perante o descontínuo, que se reintroduziria como uma cunha no meio do verso. Para evitá-lo, é preciso recitar pelo menos os versos do *gāyatrī*, que é o metro mais linear, um a um, sem retomar o fôlego. Assim se criará uma minúscula, inatacável célula de continuidade na desmedida extensão do descontínuo. Assim, um dia, o metro *gāyatrī* se tornou o pássaro Gāyatrī e teve forças para se erguer em voo rumo ao céu para conquistar Soma, aquele líquido inebriante e envolvente no qual o oficiante reconhecia a expansão suprema do contínuo.

Tão grande era, em suma, o terror do descontínuo — e daquela ferida implícita em toda interrupção — que recorreram até mesmo à arma máxima da etimologia para esclarecê-lo: derivaram a palavra *adhvara* ("culto", aquilo de que está incumbido o *adhvaryu*) do verbo *dhūrv-*, "ferir". Com isso entendiam que "os Asura, mesmo desejando feri-los, não conseguiram feri-los e foram neutralizados: por essa razão o sacrifício é chamado de *adhvara*, ileso, ininterrupto".[12] Assim o *adhvaryu* pode apenas murmurar, acompanhando seus atos incessantes com um cicio em que as palavras são irreconhecíveis. Se viesse a proferi-las de modo mais claro, correria o risco de perder o sopro, a vida, porque as fórmulas são o sopro — e o sopro "reside numa moradia silenciosa".[13] No *adhvaryu* concentra-se a potência do indistinto: "Tudo o que ele cumpre sussurrando, quando está cumprido e completo, torna-se manifesto".[14] Para que algo assuma a forma mais nítida e precisa, deve nascer de algo impenetrável, opaco, sem margens.

O resíduo é a lembrança, a presença duradoura, a insuprimibilidade do contínuo. Qualquer ordem que se estabeleça, em qualquer âmbito e de qualquer gênero, deixará fora de si alguma coisa — e deve mesmo deixar, se quiser ser uma ordem. Esse algo que está fora da ordem é o resíduo, mas também o excedente. Resíduo é o que é excluído, excedente é aquele excluído que é oferecido. O sentido da ordem se encontra, antes e acima de qualquer outra coisa, não mais na configuração da própria ordem, e sim no que a ordem determina fazer com aquela parte que não pertence à ordem. Oferecê-la? Consumi-la? Lançá-la ao lixo? É aquela parte maldita e bendita. É de acordo com o que se decide fazer com ela que a ordem recém-estabelecida adquire sentido. Tomadas em si, como pura configuração formal, todas as ordens são equivalentes, na medida em que todas se colocam no mesmo plano, como cristais cortados de diversas maneiras. Tomadas em relação ao que é externo a elas — resíduo, excedente, mas também natureza, mundo —, todas as ordens são divergentes e irredutíveis, tanto quanto o timbre de uma voz em relação a uma outra.

Entre as disputas metafísicas, uma memorável foi quando se estabeleceu que o sacrifício é um cão enrodilhado. Como aconteceu? Fazia tempo que os ritualistas eram atormentados por certas perguntas: "Qual é o início, qual é o fim do sacrifício, qual é sua parte mais estreita, qual a mais larga?".[15] Não havia acordo quanto às respostas.

Um dia, um grupo de teólogos dos Kuru e dos Pañcāla, dois clãs da Terra dos Sete Rios, discutia a esse respeito.

> Então encontraram um cão enrodilhado. Disseram: "Esteja neste cão aquilo que decidirá a vitória". Os Pañcāla perguntaram aos Kuru: "Em que medida este cão é semelhante ao sacrifício?". Eles não souberam dar uma resposta. Então falou Vasiṣṭha Caikitāneya: "Tal como [o sacrifício] jaz unindo o vigésimo primeiro verso do *yajñāyajñīya* aos nove do *bahiṣpavamāna*, assim o cão jaz enrodilhado, unindo suas duas extremidades. Com essa posição, este cão é igual ao sacrifício". Com tais palavras os Pañcāla derrotaram os Kuru.[16]

Assim devem ser tratadas as questões mais árduas: encontra-se um cão enrodilhado ou *qualquer outra coisa* — e então se decide que ali deve estar a resposta. Se uma resposta não está *em qualquer coisa*, não estará em parte alguma. Mas o teólogo dos Pañcāla era também um douto e sua resposta remetia a uma antiga história. No início, quando apenas as águas existiam, Agni cantava os versos do *agniṣṭoma* porque, a esses versos, as águas se retiravam e afloravam alimentos para ele. E foi então que lhe veio num relâmpago a *sampad*, a "equivalência" ou "correspondência", que lhe permitiria prosseguir com um canto ininterrupto, assim impedindo que os outros deuses se apoderassem de seu alimento. Ele *viu* então que a temível lacuna que se abria entre um determinado canto (o *yajñāyajñīya*) e outro determinado canto (o *bahiṣ pavamāna*) podia ser eliminada: a saber, se o último verso de um se tornasse também o primeiro do outro. Com isso, o *bahiṣpavamāna* passava a constar de dez sílabas, transformando-se num metro *virāj*. E *virāj* é o alimento. Tal como se queria demonstrar.

Desse modo, nunca viria a faltar alimento para Agni; desse modo, nunca haveria uma interrupção no sacrifício. Era a isso que se referia Vasiṣṭha Caikitāneya. Pensou que o cão enrodilhado diante de seus olhos era o sacrifício, tal como se tornara depois daquela visão de Agni. Tal era, portanto, o precedente ao qual o teólogo se referia.

Mas, naquela resposta ao enigma, havia mais algo implícito. Antes de mais nada, que o sacrifício não pode senão ser *contínuo*. Uma lacuna, qualquer que fosse, o tornaria vão, assim como permitiria aos outros deuses apossar-se do alimento de Agni. E não conseguiram, porque agora ele já "tinha se tornado sem fim", diz o *Jaiminīya Brāhmaṇa*, e acrescenta: "Era também como tições acesos num recipiente".[17] Mas, se o sacrifício é contínuo, sem início e sem fim, isso significa também que não é uma instituição humana. Não há um momento zero em que o homem dá início a um sacrifício. O sacrifício é algo que está sempre acontecendo. Se assim é, o mundo todo deve ser considerado como a área onde celebra o sacrifício. É essa a diferença entre deuses e homens, em primeiro lugar essa. Certos deuses — como Prajāpati, como Agni, que *são* o sacrifício — fizeram com que o mundo chegasse a funcionar como um sacrifício ininterrupto. Os homens são os últimos a chegar e se inserir na cerimônia e, enquanto suas forças lhes permitirem, darão prosseguimento a ela. Tal era a série inicial de pensamentos que, segundo Vasiṣṭha Caikitāneya, podia-se elaborar naquele dia, observando o cão enrodilhado com que um grupo de teólogos dos Kuru e dos Pañcāla, enquanto seguiam confabulando, havia se deparado em seu caminho.

Sem dúvida, é possível conhecer o mundo — e nele operar — apenas observando as trocas que se dão entre os homens e os 33 deuses. Mas, se se levar em consideração também o que fica excluído dessas trocas, por ser o fundo delas, por ser o resíduo que não pertence a cada figura isoladamente, então tudo muda, assim como mudaria se, em vez de tratarmos com cada uma das figuras, tratássemos com o fundo sobre o qual elas vão se desenhando progressivamente. Mas será possível entender melhor as implicações do resíduo quando se tratar da Sāhasrī (que significa "aquela que faz com que o honorário ritual seja de mil [vacas]").[18] É uma vaca malhada, de três cores. Ou, então, vermelha. Que nunca se aproximou de um touro. Essa vaca é Vāc, Palavra, e aparece junto com outras 999 vacas. Ao todo, devem ser mil — e nenhuma a mais —, porque "com mil se obtêm todos os objetos de seu desejo".[19] A cada dia, 333. A Sāhasrī serve de guia, avançando à frente da manada, por três dias. Ou, inversamente, segue em último lugar. Essas vacas são também os hinos do *Ṛgveda* (aliás, em número apenas um pouco maior: são 1028). A Sāhasrī, a suma potência da palavra, é a milésima vaca: mais uma vez a sobra, o resíduo.

E então ocorre o gesto inaudito. Não a sacrificam, não a entregam aos sacerdotes como honorário ritual, mas "a libertam". Naquele instante, põe-se em risco todo o edifício sacrificial. Como um animal doméstico, destinado a ser sacrificado ou oferecido como honorário ritual aos sacerdotes, pode ser libertado — pode voltar a vagar como um animal da floresta? Se isso ocorrer, será um ordálio. E que valerá para mostrar, sem intervenção humana, a sorte do sacrificante, segundo a direção escolhida pela vaca libertada:

> Se, não sendo impelida por ninguém, vai para o leste, saiba ele que esse sacrificante teve sucesso, que conquistou o mundo feliz. Se vai para o norte, saiba que o sacrificante se tornará muito glorioso neste mundo. Se vai para o oeste, saiba que será rico em servos e colheitas. Se vai para o sul, saiba que o sacrificante logo abandonará este mundo. Esses são os sinais para se discernir.[20]

Assim como aconteceu com a mula de santo Inácio, a qual Inácio, ainda profano e guerreiro, deixou que escolhesse entre dois caminhos: um significava assassinato certo; o outro, ao fim, iria significar a santidade. Se a Sāhasrī se dirige para o sul, o sacrificante entende que sua morte está próxima. O imenso esforço do sacrifício de nada valeu. Como tampouco as 999 vacas dadas em honorário aos sacerdotes. E tudo porque aquela vaca, aquela única, tomou a direção sul. "Esses são os sinais para se discernir."

Por mais que se refletisse sobre ele, Prajāpati continuava a aparecer como único. Mesmo quando se contavam os deuses: "Há oito Vasu, onze Rudra, doze Āditya; e estes dois, Céu e Terra, são o trigésimo segundo e o trigésimo terceiro. E há trinta e três deuses e Prajāpati é o trigésimo quarto".[21] A natureza supranumerária de Prajāpati era uma característica imprescindível sua. Prajāpati estava sempre *a mais* — e foi precisamente a esse aspecto que os ritualistas associaram o nexo entre excedente e resíduo. Viram que constituíam a mesma questão. E a questão era o próprio Prajāpati. Prajāpati é *o que resta* (sobra). Prajāpati é o supérfluo do qual nasceu o necessário.

Excedente e *resíduo* são onipresentes. Antes de mais nada, no tempo. O dia que é o ápice do ano é o *viṣuvat* — e esse dia é *em excesso*. Sem esse dia, o ano se dividiria em duas partes iguais, onde todo rito poderia ter uma contraparte especular. Mas o *viṣuvat* põe em risco essa simetria perfeita. A questão é: "'O *viṣuvat* pertence aos meses anteriores ou aos posteriores?'. Ele deve responder: 'Tanto aos anteriores quanto aos posteriores'". Por quê? "Porque o *viṣuvat* é o tronco do ano e os meses são seus membros."[22] E um corpo não pode dispensar seu tronco. Ou ainda: o ano é uma grande águia. Os primeiros seis meses são uma asa e os outros seis a outra asa. E o *viṣuvat* é o corpo da ave. Por isso, esse dia *em excesso*, que é o *viṣuvat*, é indispensável: somente esse intervalo pode manter o tempo unido, pode permitir que ele se desdobre em duas asas perfeitamente simétricas; somente o dia a mais permite que o ano seja uma totalidade, quando os ritos se dispõem cada qual em correspondência com sua contraparte, na primeira e na segunda metade. Somente assim pode-se chegar com a última cerimônia (a escadaria que se eleva, emergindo do oceano do rito) ao "mundo do céu, ao local sustentador, à abundância".[23]

Tão logo chega ao fim dessa demonstração capital, e capital pois dela depende a articulação de toda a liturgia, o ritualista se permite um *aparte* meditativo, de tom grave, quase uma confissão de quem passou a vida a tratar com cautela, com tenacidade, desse tema:

> Essas são realmente as florestas e as ravinas do sacrifício e são necessárias centenas e centenas de dias para percorrê-las com as carroças; e se alguns se aventuram por elas sem saber disso, serão atacados pela fome ou pela sede, por ladrões e demônios malignos, assim como os demônios malignos atacariam os tolos que vagueiam numa floresta virgem; mas, se são aqueles que sabem disso a fazê-lo, passam de uma divindade a outra, como de um rio para outro e de um local seguro para outro, e alcançam a beatitude, o mundo do céu.[24]

Logo a seguir, como se por um momento se entregasse à contemplação de sua vida e de todo o passado que conhece, e como se isso já fosse uma transgressão da regra, o ritualista volta pacientemente a tratar de algum detalhe técnico da liturgia, a preparar respostas para os ignorantes e os capciosos que sempre perguntam a razão disto e daquilo.

"Aquele é pleno, este é pleno./ O pleno transborda do pleno./ Mesmo depois que o pleno foi alcançado pelo pleno,/ esse pleno continua pleno."[25]

É a "sala da plenitude",[26] que se encontra no início do penúltimo *adhyāya* da *Bṛhadāraṇyaka Upaniṣad*. Paul Mus lhe dedicou um comentário magistral. Mas, como as próprias palavras anunciam, o objeto de que se fala é inesgotável. E poderia estar situado no centro do centro do pensamento védico — embora, nesse caso, o termo "pensamento" possa parecer redutor. A melhor aproximação do "pleno", *pūrṇa*, de que aqui se fala é dada por uma passagem do *Śatapatha Brāhmaṇa*, em que se lê: "Certamente os deuses têm um Si jubiloso; e esta, a consciência verdadeira, pertence aos deuses apenas — e de fato quem sabe isso não é um homem, mas um dos deuses".[27] A verdadeira diferença entre deuses e homens não consiste apenas na imortalidade que os deuses laboriosamente conquistaram — e da qual são muito ciosos. Consiste numa espécie singular de conhecimento, que coincide com a alegria transbordante do fundo do Si. O conhecimento último não é impassível nem imóvel, mas se assemelha ao perene derramar-se da plenitude no mundo. Para essa imagem converge o culto védico do conhecimento.

"Quando o mundo lá adiante transborda, todos os deuses e todos os seres se sustentam, e realmente o mundo lá adiante transborda para quem sabe assim."[28] Tudo é possível — inclusive a existência dos deuses — somente porque "o mundo lá adiante" é superabundante. Seu transbordamento no outro mundo, que é o nosso, oferece aquele excedente sem o qual não existiria a vida.

14. Solitários na floresta

O *saṃnyāsin*, o "renunciante", em cujos traços Louis Dumont teve a lucidez de reconhecer o arquétipo do *sujeito* no sentido ocidental, é uma figura que não aparece na camada mais antiga dos textos védicos. O sistema, então, é compacto e não apresenta brechas. Entrando-se, ao nascimento, no processo das trocas cósmicas, não se sai dele. Mas, quando se chega às Upaniṣad, que levam o pensamento dos ritualistas ao extremo, delineia-se o *saṃnyāsin*: primeiro desertor, não porque recuse o complicado sistema de trocas que se funda no ritual, mas porque pretende absorvê-lo em si, em seu inacessível espaço mental. Assim o *agnihotra* se torna *prāṇāgnihotra*, primeiro caso de interiorização integral de um evento, cerimônia invisível que se desenvolve na "respiração", *prāṇa*, de um indivíduo. Não há mais fogo, não há mais leite vertido, não se ouvem mais as palavras dos textos. Mas tudo isso igualmente subsiste: no silêncio, no exercício da mente. Assim se delineia a aparição do *homem interior* na história. É o "homem-fora-do-mundo",[1] que cortou as ligações com a sociedade — e ao mesmo tempo irá se revelar depois de enorme eficácia na ação *sobre* a sociedade. Dumont reconheceu nele a primeira figura do *intelectual*, até suas manifestações mais recentes, desajeitadas ou letais.

O *saṃnyāsin* pode com todo direito declarar-se homem interior, porque é aquele que foi o primeiro a interiorizar os fogos sacrificiais. Graças a uma sutil elaboração de correspondências, os elementos que constituíam a liturgia do sacrifício védico são transpostos para o corpo e a mente do *saṃnyāsin*, que assim se torna o único ser que não necessita alimentar fogos, porque os hospeda em si mesmo. Com o advento do renunciante, a violência sacrificial não deixa mais marcas visíveis. Tudo é absorvido nesse ser solitário, emaciado, vagante, que no fim se tornaria a própria imagem da Índia. Não é o homem da aldeia e da casa. É o homem da floresta, enquanto lugar da doutrina secreta, lugar subtraído às coerções sociais.

No *Ṛgveda*, não há menções aos *saṃnyāsin*. Tampouco se pode dizer que dominem a cena nos Brāhmaṇa, marcados por figuras de brâmanes poderosos e temíveis como Yājñavalkya, virtuosos guerreiros habituados às arriscadas disputas sobre o *brahman*, conselheiros e rivais dos reis. Mas, mais uma vez, é na literatura litúrgica — em especial nos Sūtra — que se deve procurar a resposta a uma pergunta essencial, que geralmente permanece sem formulação: como surge o *saṃnyāsin*?

A resposta será desconcertante, se pensarmos na imagem desse ser, pacífica e alheia a qualquer violência, que nos é transmitida: o *saṃnyāsin* tem origem no *puruṣamedha*, no sacrifício humano. Após chegarem a esse ponto, quase todos os estudiosos se renderam e declararam que devia se tratar de uma cerimônia descrita nos Brāhmaṇa e nos Sūtra apenas *por completude*, enquanto correspondente à arquitetura formal dos sacrifícios, porém jamais praticada — ou, no máximo, praticada em tempos remotos e depois abandonada. Tudo isso é possível, mas não se pode confirmar ou negar com certeza. O que permanece é apenas uma série de textos. E esses textos falam do *puruṣamedha* nos moldes de vários outros tipos de sacrifício. Mas nem mesmo isso é prova de que certos fatos tenham ocorrido. E é plausível duvidar do *puruṣamedha*, assim como se pode duvidar de que se tenham celebrado outros ritos, em função de sua extrema complexidade e longa duração. Mas, aqui como sempre, o sábio é seguir os textos. Em sua sucinta concisão, é o *Kātyāyana Śrauta Sūtra* que revela as articulações. Antes de mais nada, o *puruṣamedha* se molda pelo "sacrifício do cavalo", *aśvamedha*. Assim, enquanto as prescrições para este se desdobram em 214 aforismos, as prescrições para o *puruṣamedha* demandam apenas dezoito, como se se tratasse de uma variação secundária (que, por sua vez, se duplica logo depois no *sarvamedha*, o "sacrifício do todo"). Mas muito mais significativas serão as diferenças. Para celebrar um *aśvamedha*, é necessário ser um rei e ter "desejo do todo":[2] é a maior expressão da soberania. Para celebrar um *puruṣamedha*, basta ser um brâmane (ou um *kṣatriya*) e "desejar a excelência".[3] Isso já nos leva na direção do indivíduo, que é definido apenas por seu desejo. Temos outra advertência na especificação de que o sacrificante brâmane deverá, como honorário para o sacrifício, doar "todos os seus bens".[4] O que será dele, despojado de todos os seus bens, depois de ter sacrificado um homem? A resposta chega com o penúltimo aforismo: "No fim da *traidhātavī iṣṭi* [um certo tipo de oblação, a ser oferecida no fim do sacrifício], o sacrificante assume os dois fogos dentro de si, dirige preces a Sūrya e, recitando uma invocação [que é especificada], ruma para a floresta sem olhar para trás, para nunca mais voltar".[5] E este é o instante em que se manifesta a figura do renunciante: quando dá o primeiro passo rumo à floresta, sem olhar para trás e sabendo que nunca mais voltará. Naquele instante, o brâmane se desprende de sua vida anterior. Não deverá mais celebrar o *agnihotra*, a cada aurora e a cada crepúsculo, derramando leite no fogo, executando uma centena de gestos prescritos, recitando fórmulas. Além disso, agora o renunciante não deverá mais cuidar e alimentar os fogos sacrificiais, pois os guardará dentro de si. Não deverá observar as outras inumeráveis obrigações que comporta sua vida de brâmane. Agora não comerá nada além de bagas e raízes, quando as encontrar na floresta. Sua vida não interferirá, a não ser o mínimo possível, no curso da natureza. Mas qual o pressuposto de tudo isso? Ter celebrado um *puruṣamedha*, ter desejado que um homem fosse morto num sacrifício, projetado para afirmar sua própria "excelência" enquanto sacrificante. Nunca saberemos se chegou a ser posto em prática, mesmo que uma única vez. Talvez tenha permanecido apenas como prescrição, necessária para a completude formal da doutrina litúrgica. Mas o significado desponta do texto. E é o paradoxo supremo da "não violência", *ahiṃsā*.

No *puruṣamedha*, as vítimas são escolhidas em todas as classes sociais, sem nenhuma exclusão: haverá um brâmane, um guerreiro, um agricultor — e, por fim, um *śūdra*.

Logo a seguir, o brâmane, que fica sentado à direita dessas vítimas amarradas à estaca do sacrifício, recita o hino do Puruṣa (*Ṛgveda*, 10, 90). Esse detalhe, mais do que qualquer outro, pode explicar por que o nome Puruṣa — e não Prajāpati — aparece no hino: *puruṣa* é o termo que designa o homem enquanto vítima sacrificial, amarrado à estaca exatamente como o foi o Puruṣa primordial. É a isso que, com cruel delicadeza, o hino faz referência. A seguir, diz-se que os oficiantes "tinham passado com tições acesos ao redor das vítimas, mas ainda não haviam sido imoladas".[6]

E nesse momento ocorre o prodígio, análogo à voz do anjo de Javé que detém a mão de Abraão já erguida sobre Isaac:

> Então uma voz lhe disse: "Puruṣa, não termines com essas vítimas humanas (*puruṣapaśūn*): se terminasses, homem devoraria homem". Por isso, tão logo fizera circular o tição em torno delas, libertava-as e oferecia oblações às mesmas divindades [às quais dedicara as vítimas humanas] e com isso satisfazia aquelas divindades, que, assim satisfeitas, o satisfaziam com todos os objetos do desejo.[7]

Nenhum Kierkegaard, nenhum Kafka se debruçou nessa passagem, a comentá-la. Mas não seria menos árdua do que a história de Abraão e Isaac. Dessa vez, não é um indivíduo, não é o filho do sacrificante, mas são quatro homens escolhidos nas várias classes da sociedade a esperar a imolação. Foram amarrados a uma estaca, ao lado de vários animais, amarrados a outras estacas, eles também à espera da imolação. Viram um oficiante se aproximar deles e rodear a estaca com um tição na mão. É o momento mais assustador: o anúncio da imolação. A partir desse momento, as vítimas já podem se considerar mortas: estranguladas ou asfixiadas. E então — chega "uma voz". Mas como ela se dirige ao sacrificante? Ela o chama de "Puruṣa"[8] e lhe pede que poupe os *puruṣa*, os homens que estão para ser imolados. E Puruṣa, o ser primordial que os deuses haviam esquartejado, acabara de ser invocado na recitação do hino 10, 90. Portanto, o sacrificante, enquanto se preparava para imolar aqueles quatro homens, era ele próprio o Puruṣa que os deuses haviam imolado. Por isso a voz se dirige a ele chamando-o por Puruṣa — e não por seu nome.

Mas o ritualista não se permite nenhum comentário sobre esse ponto. Inflexível, prossegue descrevendo os atos cerimoniais subsequentes. Poderia ser um rito como tantos outros. Não se teria dado conta da gravidade do que acabou de expor? Com os autores dos Brāhmaṇa, é sempre um equívoco pensar assim.

Tem-se a confirmação com a descrição do que ocorre após a

cerimônia: "Depois de ter assumido os dois fogos dentro de si e depois de ter celebrado o Sol recitando a litania Uttara Nārāyaṇa, ele [o sacrificante] segue rumo à floresta sem olhar para trás; e aquele local, de fato, é distante dos homens".[9] Se essa descrição for — como parece ser — o início da passagem à condição de *vānaprastha*, daquele que se retira para a floresta, estágio imediatamente anterior à condição do renunciante, isso significa que a primeira renúncia é a renúncia a sacrificar outro homem. Cumprido esse ato, pode-se — aliás, de certo modo deve-se — sair da sociedade, "sem olhar para trás". Se não consegue fazê-lo, o ritualista passa em seguida a dar conselhos de conduta a quem queira continuar a viver na aldeia. Mas, para ele, também houve uma cesura. O momento assinala um divisor de águas, como é indicado, com a usual concisão, logo a seguir: "Mas, de fato, esse sacrifício não deve ser ministrado a todos, por receio de que se acabe ministrando tudo a todos, porque o *puruṣamedha* é tudo; deve-se ministrá-lo apenas a quem se conhece e que conhece os textos revelados e que seja caro a nós, mas não a todos".[10]

A figura do renunciante mostra o caminho através do qual uma minuciosa prática cerimonial podia se tornar imperceptível, transformando-se em ato da consciência. Assim o *saṃnyāsin* não cuidava mais dos fogos e retirava-se da comunidade, indo para a floresta. Mas continuava como sacrificante, aliás exaltando esse seu caráter.

A quem se pode associar sua figura, a alguns milênios de distância? A todos os que agiram impulsionados por uma poderosa pressão — geralmente não gostam de dizer que é um dever, mas sem dúvida é algo que sentem dever a alguém, ademais desconhecido — e concentram suas energias numa composição, que por sua vez é oferecida a um desconhecido. São os artistas, são os estudiosos — e na prática de sua arte, de seu estudo encontram a origem e o fim daquilo que fazem. É Flaubert, que ruge na solidão de seu quarto em Croisset. Sem se perguntar o motivo e a finalidade. Mas absorto na elaboração de um ardor — o *tapas* — numa forma.

"Móveis são as águas, móvel o Sol, móvel a Lua e móveis as estrelas; e, tal como se essas divindades não se movessem e agissem, assim ficará o brâmane no dia em que não estudar."[11] O estudo é o que mantém em movimento, que permite a correspondência com o incessante operar das divindades do céu sobre a terra. É a definição mais aproximada do vivo, do que rompe a inércia. O estudo pode também se reduzir, como seu menor núcleo, à recitação de um verso do *Ṛgveda* ou de uma fórmula ritual. Mas isso não basta para que não se rompa o fio do voto, para que se garanta "a continuidade do voto (*vrata*)".[12]

Linha divisória sutilíssima entre *renúncia* e *desprendimento*. Aceitar a vida do renunciante significa seguir um *āśrama*, um estágio vital como os três que o precederam. E cada estágio comporta suas culpas e seus vínculos. O "desprendimento", *tyāga*, é outra coisa — é um gesto da mente que pode pertencer a todo estado da vida. Suprema clareza, sobre esse ponto, em Simone Weil:

> Desprendimento e renúncia; amiúde sinônimos em sânscrito, mas não na *Gītā*: aqui "renúncia" (*saṃnyāsa*) é a forma inferior que consiste em se tornar eremita, sentar-se ao pé de uma árvore e não se mover mais. "Desprendimento" (*tyāga*) é "usar este mundo como se não se o usasse".[13]

15. Ritologia

De fato, dele nada saía e nada entrava por parte nenhuma — na verdade, nada mais existia — e ele [*esse todo,* tónde tòn ólon] *se nutria de si mesmo gerando a própria destruição, enquanto tudo o que ele sofria e operava em si e por si acontecia por arte* [ek téchnēs]. *Quem o compusera, de fato, considerou que seria melhor que fosse autossuficiente e não necessitasse de outro.*

Platão, *Timeu,* 33 c-d

Ainda hoje, nas salas de algum aeroporto indiano, às vezes se lê alguma inscrição: "Faze-me ir do não ser ao ser. Faze-me ir das trevas à luz. Faze-me ir da morte à imortalidade".[1] Os turistas a ignoram ou leem com satisfação, como um sinal da perene espiritualidade indiana. O que são essas palavras? Pertenciam a uma série de fórmulas rituais que eram recitadas durante o sacrifício do *soma* e se chamavam *pavamāna.* Enquanto um sacerdote entoava um canto, o sacrificante proferia em voz baixa essas fórmulas, que vêm citadas dessa maneira na *Bṛhadāraṇyaka Upaniṣad.*

Para a Upaniṣad, o sentido delas é claro: *asat* (não manifesto), *tamas* (trevas), *mṛtyu* (morte) são todos igualmente *morte*. O pressuposto é que toda vida em seu estado bruto é um amálgama de não ser, trevas e morte. Para sair dele, é preciso ajuda. E para ter ajuda, é necessário um rito.

Seja por parte dos deuses, durante sua luta pela supremacia com os Asura, ou do próprio Prajāpati, como relata o *Taittirīya Brāhmaṇa*, o gesto decisivo foi o de dar estabilidade à terra. A terra que hoje nos aparece como "a vasta (*pṛthivī*)",[2] imóvel e quieta, no início era uma folha de lótus agitada pelo vento. Esse início é o estado em que se encontram todos antes do começo do sacrifício. É um ser confuso, oscilante, à mercê de imprevisíveis lufadas. Não consegue se firmar sobre nada. Então deverá imitar o movimento dos Deva: pegará alguns seixos e os colocará nas bordas da área onde pretende instalar os fogos. Antes de tudo, delimitar e circunscrever (é a mesma concepção do *témenos* grego). Assim a terra se tornará um "fundamento", *pratitṣṭhā*, para qualquer ação, para qualquer pensamento.

Existe uma etiqueta nas relações com os deuses, que justifica certas operações sem as quais nada acontece. Uma delas é o cercamento. Se é verdade que "toda a terra é divina"[3] e que é possível sacrificar em qualquer parte sua, também é verdade que a parte escolhida só poderá se tornar o local do sacrifício depois de ter sido isolada do restante. O mesmo ocorre quando se constrói a cabana onde o sacrificante permanecerá durante o tempo da consagração. "Agora os deuses estão segregados dos homens e secreto é também o que está cercado por todos os lados: por isso cercam-no por todos os lados."[4] Qual o pressuposto? "Os deuses não falam com qualquer um";[5] por isso, para se aproximar deles, é preciso antes recorrer a uma providência: segregar-se, assim como eles são segregados dos homens. Talvez então os deuses prestem atenção. Assim deve fazer o consagrante, para que "de fato se aproxime dos deuses e se torne uma das divindades".[6] A primeira separação do resto dos homens se obtém mediante as operações preliminares do rito. Somente com base nessa separação é possível estabelecer uma relação com os deuses. O secreto, a necessidade do secreto nasce da segregação original dos deuses em relação aos homens. Quem pretende violá-la (o sacrificante) deve aceitar sua própria segregação em relação aos demais. O secreto não é uma providência para ocultar algo que, de outra forma, seria evidente para todos. O secreto assinala que se ingressou na área onde tudo, a começar pelo significado, está no interior de um cercado. O secreto é o local isolado pelo recinto, assim como o quadro pela moldura.

Entra-se no ritual como num círculo em movimento perpétuo. Em cada ponto está prescrito algum gesto que deve ser cumprido no ponto seguinte, até se retornar ao ponto de partida. Mas qual é o início? Não existe — é a resposta. Pois a existência, toda existência, nasce *em dívida* por alguma coisa, que é, antes de mais nada, a própria vida. Entre *ṛṇa*, "dívida", e *ṛta*, "ordem do mundo", dá-se uma oscilação incessante. Da ordem nasce a dívida, que à ordem deve ser restituída. De outra forma, o equilíbrio das coisas seria lesado, a vida não poderia continuar. É um processo que se desenvolve a cada instante, a elaboração e a troca de uma substância que pode ser chamada *anna*, "alimento", mas na medida em que também engloba em si a palavra, o pensamento e o gesto de oferecer, a "cessão", *tyāga*, da própria substância. Mas, se não há um início, haverá um fim? Tampouco — porque toda oferenda deixa um "resíduo", *ucchiṣṭa*, e esse resíduo é a origem de uma cadeia de atos posterior. E tampouco se deve pensar que o processo inteiro diga respeito apenas aos homens na relação com os deuses. Pois os deuses também precisam sacrificar, cumprir atos rituais na *devayajana*, "local de oferenda dos deuses", porque eles também têm antepassados, os *pūrve devāḥ*, os "deuses anteriores". A circulação da substância não se limita à terra ou ao "espaço intermediário", *antarikṣa*, entre terra e céu, mas penetra o cosmo inteiro, até o "oceano celeste", que da terra é possível ver na Via Láctea.

O espaço ritual deve ser delimitado com exatidão, porque suas fronteiras são as de um *mundo intermediário*, que se pode definir como o mundo da ação eficaz. Ali se confrontam, de um lado, uma irrefreável pretensão de domínio e de controle sobre tudo e, de outro, um angustiante e agudíssimo senso de precariedade. Os elementos homólogos certamente se correspondem nos diversos casos daquilo que é, mas também são desdenhosos, esquivos, relutantes em obedecer. Por isso os rituais recomeçam incessantemente, por isso se concatenam, por isso tendem a eliminar qualquer lacuna temporal por onde se possa insinuar a inércia. E aqui se encontra o maior obstáculo: o ritual serve para tornar possível a vida, mas, como o ritual tende a ocupar a totalidade do tempo (certos ritos, como o *mahāsattra*, podem durar até doze anos), a própria vida se torna impraticável, pois não sobra tempo para vivê-la — sem obrigações, sem prescrições.

Para os liturgistas védicos, qualquer local, a princípio, pode se tornar *cena ritual*. Basta que a água não esteja distante e haja espaço suficiente para traçar as linhas dos fogos. Isso equivale a admitir que o *opus* ritual pode — aliás, deve — começar sempre do zero. O primeiro gesto é o de preparar uma superfície neutra, indeterminada. Por isso é necessário varrer o passado que possa ter deixado marcas naquele lugar. Mas varrer o passado, no admirável literalismo védico, significa justamente o gesto de um oficiante que, numa clareira, se põe a varrer o terreno com um ramo de *palāśa*, como uma dona de casa obsessiva:

> Quando ele vai instalar o fogo *gārhapatya*, antes varre o lugar escolhido com um ramo de *palāśa*. Pois, quando instala o *gārhapatya*, ele se estabelece naquele lugar; e todos os construtores de altares do fogo se estabeleceram sobre esta terra; e quando ele varre aquele local, com isso varre todos os que se estabeleceram antes dele, pensando: "Para evitar que eu me estabeleça sobre aqueles que já se estabeleceram". Diz: "Fora daqui! Fora! Arrastai-vos para fora daqui"; e depois: "Ide, ide e deslizai para fora daqui", diz ele aos que se arrastam sobre o ventre. "Vós que estais aqui desde tempos antigos e recentes!", ou seja, tanto os que estão aqui há muito tempo quanto os que se estabeleceram hoje.[7]

Um ramo de *palāśa* que varre um lugar plano, discreto. Um gesto que, se fosse visto por um passante, poderia parecer um ritual doméstico apresentado à vista de todos, num local que não pertence a ninguém. Antes de qualquer começo, é necessário um gesto que varra todo gesto anterior, toda silenciosa ocupação dos significados por parte do passado. Momento importante e decisivo, a ponto de ser equiparado a um agir por meio do *brahman*: "Com um ramo de *palāśa* varre; porque a árvore *palāśa* é o *brahman*: por meio do *brahman* ele varre dali aqueles que se instalaram".[8]

O gesto ritual é uma imitação. De outros homens, que viveram nas origens? Ou dos deuses? Mas de quais gestos dos deuses, então? Descobre-se isso quando, durante a edificação do altar do fogo, é preciso dispor certos tijolos, chamados *dviyajus*, "que demandam uma dupla fórmula". Naquele momento, o sacrificante pensa as seguintes palavras: "Quero ir para o mundo celeste seguindo a mesma forma, celebrando o mesmo rito por meio do qual Indra e Agni foram para o mundo celeste!".[9] Aqui não se trata de imitar os feitos heroicos ou eróticos realizados pelos deuses do céu *no* céu ou em várias incursões *do* céu na terra. Aqui a ação primeira que se imita — *ação primeira* significa rito — é aquela por meio da qual os deuses tiveram acesso ao céu. O que o sacrificante imita é o próprio *fazer-se deus* do deus; algo muito mais secreto do que qualquer outro ato que possa ser atribuído ao deus depois de se tornar deus. O que o homem quer imitar é, sobretudo, o processo com o qual se conquista a divindade. E é altamente significativo que, para fazê-lo de maneira eficaz, o homem queira imitar a "forma" dos gestos cumpridos pelos deuses. Isso se tornará, um dia, o fundamento daquela atividade profana que é a arte. Mas imitar o processo pelo qual se conquista o céu tem resultados imprevisíveis. Talvez a imitação pudesse dar tão certo que faria o homem adentrar definitivamente o céu, como um novo hóspede incômodo. Por isso os deuses olham os ritos dos homens com satisfação e, ao mesmo tempo, com desconfiança. Há sempre o risco de os homens irem *longe demais*, até o céu, até os próprios deuses.

O panteão védico não dispõe de um Apolo, a quem pertence a poesia como domínio exclusivo. Se Bṛhaspati é "o poeta dos poetas",[10] também o são Soma, Vāyu, e mesmo Varuṇa, o obscuro, remoto e temível Asura; assim como os deuses em seu conjunto. Por quê? Por um motivo apenas, que tem vastas consequências. Após chegarem ao céu e à imortalidade, os deuses continuaram a celebrar sacrifícios. Não nos dizem qual "fruto invisível" esperavam — agora que possuíam todos os frutos concebíveis —, nem qual desejo os movia. Mas talvez seja preciso resignar-se: "o pensamento misterioso com o qual os deuses se reúnem, nós não conhecemos".[11] O certo é que os hinos apresentam com grande frequência os deuses no ato de sacrificar. Mas um sacrifício só pode ser eficaz se vier acompanhado pelas fórmulas corretas, que apenas os *kavi*, os "poetas", sabem elaborar. É preciso que Agni siga o culto como "vidente inspirado que leva à realização do sacrifício".[12] E aqui o texto utiliza o termo *vípra*, que designa o poeta que freme devido à tensão da palavra. Por isso, se os deuses não tivessem sido poetas, sua vida divina teria se tornado inconcebível, inaceitável.

O rito serve, antes de tudo, para resolver com o gesto aquilo que o pensamento não consegue resolver. É uma tentativa — cauta, temerosa, consciente da própria fragilidade — de responder a dilemas que se colocam todos os dias, que nos assediam, que zombam de nós. Por exemplo: O que fazer das cinzas produzidas pelo fogo sacrificial? Jogá-las fora? Ou usá-las de algum outro modo? A questão se colocava assim:

> Os deuses naquela época jogaram fora as cinzas do recipiente do fogo. Disseram: "Se fizermos destas [cinzas], tais como são, parte de nós, vamos nos tornar carcaças mortais, não libertadas do mal; e se as jogarmos fora, removeremos de Agni aquela parte delas que pertence à natureza de Agni; descobri, então, como podemos fazer!". Disseram: "Meditai!".[13]

E qual será o resultado da meditação? Será necessário, em todo caso, se desfazer das cinzas (do contrário, implicaria aceitar converter-se em matéria que "se exauriu").[14] Mas, ao mesmo tempo, ao se desfazer das cinzas, será preciso evitar que se perca uma parte essencial de Agni. O que acontecerá então? As cinzas são levadas às águas. Diz-se: "Ó águas divinas, acolhei essas cinzas e colocai-as num local macio e fragrante!". Aliás, diz-se: "Colocai-as no local mais fragrante de todos!". Depois acrescenta-se: "Possam as consortes, casadas com um bom senhor, curvar-se perante ele".[15] E entende-se que as "consortes" são as águas, que encontraram em Agni seu "bom senhor". Escolhem-se as águas como local para as cinzas, porque Agni nasceu do ventre das águas. Agora a elas retorna. Mas, com esse gesto, as cinzas simplesmente se dispersariam, mesmo estando em seu lugar certo. Restaria a dúvida de que se perdera algo intrinsecamente pertencente à natureza de Agni. Então o oficiante, passando o dedo mindinho na superfície das águas, recolhe novamente algumas partículas de cinzas, que serão reconduzidas ao fogo. Assim Agni não se perderá. Assim o rito, o pensamento, a vida poderão prosseguir.

Herói anônimo dos ritualistas — e autor ideal dos Brāhmaṇa — é o *adhvaryu*, o oficiante que, durante o rito, executa incessantemente os gestos prescritos e murmura as fórmulas sacrificiais. Sem ele, nada ocorreria, nada assumiria forma. Como um serviçal, passa de uma tarefa para outra. Não conhece o alívio, a libertação do canto. A ele cabe apenas o sussurro. É o artesão das liturgias, que opera humildemente, sem incertezas, sob os olhos inflexíveis do brâmane, imóvel, pronto a captar cada erro, cada incorreção — e a puni-los. Do *adhvaryu* diz-se que "é o verão, porque o verão é, por assim dizer, ardente: e o *adhvaryu* sai do terreno sacrificial como algo ardente".[16] Requeimado e chamuscado por sua contínua azáfama ao redor do fogo, o *adhvaryu* foi o primeiro a poder dizer, com Flaubert (e Ingeborg Bachmann): "*Avec ma main brûlée, j'écris sur la nature du feu*" [Com minha mão queimada, escrevo sobre a natureza do fogo].[17]

O curso do sacrifício é pontuado por momentos dramáticos — ou até cômicos ou permeados por uma sutil ironia. Assim ocorre, por exemplo, com Indradyumna Bhāllaveya (sobre o qual não sabemos muito, mas podemos supor que era um ritualista douto):

> Aconteceu que Bhāllaveya compôs a fórmula incitatória com um verso *anuṣṭubh* e a fórmula da oferenda com um verso *triṣṭubh*, pensando: "Assim receberei os benefícios de ambos". Caiu da carroça e, na queda, quebrou um braço. Pôs-se a refletir: "Isso me aconteceu por causa de algo que fiz". Depois pensou: "Aconteceu por causa de alguma violação minha do curso correto do sacrifício". Por isso não se deve violar o curso correto do sacrifício: assim, as duas fórmulas deveriam ter versos do mesmo metro, ambas serem *anuṣṭubh* ou ambas serem *triṣṭubh*.[18]

O sacrifício é uma forma que se compõe a cada momento. E o erro na forma pode ser causado por alguma ganância do desejo, por uma vontade de conquistar benefícios *demais* mediante as próprias formas. A consequência é imediata: Bhāllaveya caiu da carroça e quebrou um braço. Assim como o mundo exterior está pronto a oferecer o fruto do desejo, também está pronto a castigar a forma que nasce de um desejo corrompido. A primeira função do mundo exterior é a do ordálio. Conforme os metros que escolhe e usa numa fórmula, Bhāllaveya prossegue ou cai da carroça e quebra um braço.

No acidente ocorrido a Bhāllaveya, mostra-se com plena clareza a disposição do homem védico em relação ao mundo. Dão-se três passagens, simultâneas e incluídas uma na outra: todo fato que ocorre é significativo; seu significado está ligado a um ato realizado pelo sujeito; a zona em que todo fato ocorre é, por excelência, a cena do sacrifício. Ali está a ação da qual dependem as ações posteriores. Bhāllaveya não pensa de imediato que o acidente se deve a seus atos censuráveis realizados na vida normal. O primeiro pensamento vai para aquilo que cumpriu *na liturgia*. É aquela zona vibrante de significado, a primeira em que se pensa. A vida normal é apenas uma consequência secundária dela. Assim, não surpreende que os homens védicos não se preocupassem em deixar testemunhos e anais, que a história em si fosse ignorada.

O *sattra* é o rito extremo, esotérico, onipresente — por sua concepção, por sua forma — da liturgia bramânica. Fundado sobre o número doze, deve durar pelo menos doze dias ou, melhor, um ano inteiro e em teoria doze anos (neste último caso, é definido como "grande *sattra*", *mahāsattra*). E essa capacidade de invadir o tempo, de preenchê-lo até a borda, já faz refletir. Caland e Henry, com sua habitual lucidez, logo se deram conta e se perguntaram: Do que vive aquele que celebra um *sattra*? E o que é sua vida fora do rito, se o próprio rito ocupa o ano inteiro? Eram apenas as primeiras perguntas:

> A essa altura, poderíamos nos perguntar já não mais qual era o interesse que tinham em celebrar esse rito — visto que seria irreverente considerá-los incapazes de uma fé sincera e de uma piedade suficiente por si só —, mas, ao menos, do que viviam esses homens que, absortos todos os dias nas práticas de uma laboriosa e minuciosa devoção, certamente não tinham possibilidade de obter recursos por outras vias.[19]

A invasão do tempo, até expulsar toda outra forma de vida, era apenas uma das singularidades do rito. No *sattra* não há um sacrificante: todos são sacrificantes e oficiantes ao mesmo tempo. Por conseguinte, tampouco há o honorário ritual para os sacerdotes. Por conseguinte, todos os doze oficiantes devem passar pela consagração, que nos outros casos é reservada apenas ao sacrificante. E se apresentam como um corpo compacto, um grupo de seres devotados a uma única finalidade. Não há divisões por categorias ou funções. O rito alcança seu caráter absoluto: ocupa a totalidade do tempo e é celebrado por seres dedicados exclusivamente a realizá-lo.

Se um rito dura um ano e logo recomeça, qual o tempo que se pode viver sem ser parte de um rito? Os ritualistas então pensaram: se o jogo se torna insustentável, o contra-ataque é aumentar a aposta. Os homens se assustam diante dos ritos que duram um ano? Ouçam então este episódio da vida dos deuses:

> Certa vez, os deuses estavam celebrando a cerimônia de consagração para uma [sessão sacrificial] de mil anos. Quando haviam se passado quinhentos anos, tudo se desgastara, isto é, os cantos *stoma*, os cantos *pṛṣṭha* e os metros.
>
> Então os deuses perceberam o elemento inexaurível do sacrifício e por meio desse elemento obtiveram o êxito no Veda; e, de fato, para aquele que sabe assim, os Vedas são intactos e a obra dos oficiantes se cumpre com esse inesgotável triplo saber.[20]

Qual será então o elemento que permanece intacto? Todos ficam impacientes em saber. Impassível, o ritualista está pronto para responder. São cinco exclamações, que pontuam certos momentos da cerimônia. Eggeling nem sequer as traduz, como se fossem simples interjeições. Minard, no entanto, em sua tenacidade para definir "o inexaurível do sacrifício", assim as traduz: "Vamos! Escutai! Adorai! Nós, os orantes! Eia, agora!".[21] Parece estar assistindo a uma cena de artesãos no trabalho. Contudo, são as células germinais do sacrifício, carregadas de potência. Mas há um argumento ulterior, decisivo para o ritualista. As sílabas das cinco exclamações, se somadas, resultavam no número dezessete. E Prajāpati se compõe de dezessete partes. É um caso exemplar de *sampad*, aquela "correspondência" que é, acima de tudo, "congruência numérica".[22] A *sampad* é a arma suprema do intelecto, aquela à qual enfim recorre Prajāpati em seu duelo com Morte. Quando perceberam isso, os deuses se deram por satisfeitos. Haviam isolado o elemento inesgotável do sacrifício — e haviam constatado, em gloriosa confirmação, que somando as cinco exclamações obtinham dezessete sílabas. E era outro modo de dizer: obtinham Prajāpati, o Progenitor.

Então, por uma vez, preocuparam-se com os homens. Sabiam que eram fracos demais para resistir. Jamais conseguiriam celebrar sequer um rito de apenas quinhentos anos. Disseram-se: "Encontremos um sacrifício que seja um simulacro do sacrifício de mil anos".[23] E começaram a combinar e comprimir as formas, atividade pela qual tinham predileção. Inventaram ritos *intensivos*, tal como um dia se inventariam cursos intensivos para estudantes atrasados — e todos os homens o são. No fim, com uma sensação de alívio, estabeleceram a fórmula mínima do sacrifício, a mais curta, adequada às energias humanas — e ao mesmo tempo tão articulada que correspondia, como em miniatura, à forma completa. Assim se disseram:

> Quando ele [o sacrificante] passa um ano a celebrar os ritos da consagração, assim se assegura a primeira parte da cerimônia de mil anos; e quando passa um ano celebrando as *upasad* [um certo rito do *soma*], assim se assegura a parte central da cerimônia de mil anos; e quando passa um ano na espremedura [do *soma*], assim se assegura a última parte da cerimônia de mil anos.[24]

Agora tudo estava claro. Os homens não precisavam mais se angustiar. Os deuses haviam encontrado a fórmula reduzida da cerimônia, calibrada de acordo com suas forças. Bastaria que sacrificassem durante três anos seguidos. E os deuses, em sua magnanimidade, aceitariam essa cerimônia como se ela tivesse se prolongado mil anos.

Na descrição de uma sequência do *sattra*, quando se haure a taça *mahāvratīya*, "do grande voto", diz-se: "Pois aquilo que o alimento é para os homens, o voto (*vrata*) é para os deuses".[25] Aqui finalmente aparece, com toda a nitidez, o que os deuses esperam dos homens: alimentar-se de seus "votos", *vrata*, por meio dos quais alguns se sentem comprometidos com um invisível, que nessa tensão mental encontra seu alimento. E certamente não na fumaça nem no sangue dos sacrifícios, como futuramente diriam os opositores teológicos dos ritualistas védicos, em primeiro lugar o autor da *Epístola aos hebreus*, que supõe ainda que os deuses pagãos, mas também o Deus mosaico, se satisfizessem "com o sangue de bodes e bezerros".[26]

Os ritualistas védicos se preocupavam em mostrar que não existe maneira de escapar ao sacrifício. O sacrifício é como uma fórmula secreta que deve ser protegida com todos os meios contra o olhar dos inimigos. Isso não vale apenas para os homens (seria uma afirmação banal e terrivelmente limitada): já fora assim para os deuses. Enquanto se lançavam em seus reiterados e incertos confrontos com os Asura, os Deva pensaram: se viermos a ser derrotados, onde poderemos abrigar o sacrifício? Uma aflição semelhante deve ter acometido alguns durante a Segunda Guerra Mundial, pensando nas fórmulas das bombas nucleares. Responderam-se: na Lua. Seria o refúgio deles, caso fossem derrotados na Terra.

O sacrifício nos acompanha sempre. Mesmo quando erguemos o olhar para a Lua, encontramo-lo. O que são aquelas manchas escuras no disco lunar? Um local de culto. É assim desde o dia em que os Deva resolveram erguer alguns altares do sacrifício sobre a Lua. Estenderam-se na poeira branca e ali se imprimiram, com suas proporções idênticas às de um belo corpo feminino. De lá nos olham, de lá ainda acenam à Terra e operam em seu favor. Os altares se ergueram no ar em direção à Lua enquanto os deuses diziam: "Erguendo a terra que dá vida, antes da batalha sangrenta". E repetiam: "Antes da batalha sangrenta".[27]

O sacrifício era uma "catástrofe controlada", segundo a expressiva fórmula de Heesterman,[28] como revelam algumas observações marginais: "As casas do sacrificante poderiam muito bem desabar às costas de seu *adhvaryu*, quando ele se afasta [da carroça] com o sacrifício e poderiam esmagar a família [do sacrificante]".[29] Aqui se percebe o agudíssimo e dilacerante senso de precariedade que devia impregnar o mundo védico. Quando o sacrificante inicia a cerimônia, ele dá as costas ao mundo anterior, que é, em suma, o mundo da vida cotidiana sobre a terra. Reabsorvido num outro espaço, poderia ignorar o que deixa atrás de si, num primeiro *après moi le déluge*. E o vazio poderoso que então se abre no mundo poderia agir como um furacão que vergasta e estraçalha os frágeis abrigos dos homens. Mas o sacrificante sabe que um dia também deverá *sair* do sacrifício — e gostaria de sair ileso, reencontrando ileso também o mundo que deixara: em primeiro lugar, sua casa. Por isso o sacrificante não se esquece de invocar: "Que possam aquelas [casas] que têm portas permanecer sólidas sobre a terra!".[30] Embora já arrebatado pela embriaguez de vagar na "atmosfera",[31] ele sabe que um dia não só essa embriaguez terminará, mas ele próprio sentirá grande vontade de sair dela, para retornar à imprecisa e opaca vida profana, como a um porto tranquilo.

Quer se tenha celebrado um *aśvamedha* ou um sacrifício do *soma*, tudo acaba com um banho purificador. Demasiada tensão, contaminação, culpa, horror, exaltação se adensaram no sacrificante. Agora ele pensa apenas em se libertar, em se despir desse excesso de energia, em voltar a ser uma criatura qualquer, que vive na não verdade. Ao fazê-lo, o sacrificante revela que, até aquele momento, se sentira como a vítima: a primeira sensação que nomeia é a de alguém "liberto da estaca sacrificial".[32] E, ao mesmo tempo, não dá mais peso a ela do que aquele que, acalorado, procura o frescor e a pureza da água. Tão violento é o senso de libertação que o primeiro pensamento é o de abandonar suas vestes à correnteza. Agora vão embora nas águas, para sempre. Sem dúvida, os ritualistas védicos não eram possessivos. Utilizavam poucos objetos, sempre como veículos provisórios, a serem destruídos, abandonados, dispersados, assim que acabassem de servir ao *opus*, àquela única sequência que se desenhava sobre o invisível e dali refluía. De visível restava apenas um terreno pisado, com cinzas, tocos chamuscados e pouco mais. Melhor se desfazer de tudo, a começar pela própria vestimenta, pele ressecada de serpente.

Um dia — talvez todos os dias — alguém acordava e concebia o "projeto", *saṃkalpa*, de um sacrifício. Escolhia um local adequado, uma clareira não distante de um curso de água, em leve declive. Traçava, mandava traçar linhas no terreno: retângulos, trapézios. Era naquele local que diria: "Agora passo da não verdade à verdade".[33] Mas a cerimônia não era um fato individual. Era obrigatória a presença de dezesseis oficiantes — e também da mulher do sacrificante. A eles depois se acrescentava o *śamitṛ*, encarregado de aquietar (estrangular) as vítimas bem ao lado da área sacrificial. Por fim, para celebrar um sacrifício era preciso pagar, distribuindo os honorários entre os oficiantes. Se faltasse algum desses elementos, o sacrifício seria ineficaz, ou melhor, prejudicial. O sacrifício se revoltaria contra o sacrificante.

Mas havia também outro risco, um impedimento que podia estragar o sacrifício. Era preciso ter certeza de que nenhum outro sacrificante estivesse celebrando seu sacrifício num local demasiado próximo. O Sūtra de Āpastamba fornece instruções precisas a esse respeito:

> Se há a distância de um dia de viagem a cavalo, ou um monte ou um rio por entre as montanhas a separar os dois sacrifícios, ou se há uma montanha entre os dois, ou se os sacrifícios são celebrados em dois reinos diferentes, então não há choque entre os dois sacrifícios. O texto de um Brāhmaṇa de Kaṅkati diz: "Não há choque entre os sacrifícios se os sacrificantes não são inimigos".[34]

Há um certo sabor de múltiplo delírio, se imaginarmos várias clareiras nas cercanias das comunidades (que não deviam ser muito populosas),[35] onde dezenas de oficiantes giravam simultaneamente ao redor dos fogos, recitando, cantando, murmurando, com o risco de se sobreporem, de interferirem uns sobre os outros. Os textos se referem várias vezes a casos do gênero, sugerindo o que fazer, sobretudo quando os sacrificantes são rivais. Então pode-se também supor que estão sacrificando com desejos opostos, cada qual visando à ruína do outro.

O desejo que está na origem do sacrifício, portanto, encontra vários obstáculos: deve ser capaz de se formular (de compreender a si mesmo), de se pagar (para sua própria existência), de evitar a colisão com os desejos dos outros. O sacrifício surge de um indivíduo isolado, mas desemboca no meio de uma comunidade, onde pode ser atingido por desejos adversos de outros indivíduos, demasiado próximos (perigo da imitação) ou opostos (por isso os textos se referem constantemente a *rivais malévolos*).

Mas os ritualistas védicos eram sutis demais para pensar que, se quisessem se desfazer do rival, bastaria exigir que seu sacrifício fosse celebrado a uma distância considerável. O rival é uma presença perene, aninhada no interior, mesclada aos gestos dos oficiantes. Entre os materiais do sacrifício — os *sambhārāḥ*, "utensílios" prescritos para a liturgia —, há duas colheres de madeira iguais. A primeira se chama *juhū*, a outra *upabhṛt*. Ambas são preenchidas com manteiga clarificada. Ambas são postas próximas ao fogo. Mas a oferenda é vertida apenas de uma das colheres, enquanto o oficiante segura a outra logo abaixo, com a mão esquerda. Por quê? Responde o ritualista (neste caso, Yājñavalkya):

> Certamente o sacrificante está atrás da *juhū* e aquele que lhe quer mal está atrás da *upabhṛt*; e se [o oficiante] tivesse de falar de duas colheres, faria com que o rival malévolo se opusesse ao sacrificante. Atrás da *juhū* está aquele que come e atrás da *upabhṛt* está aquele que deve ser comido; e se [o oficiante] tivesse de falar de duas [colheres], faria com que aquele que deve ser comido se opusesse àquele que come. Por isso fala de uma só colher.

O que se verá então? Diante do fogo das oblações, o oficiante está para derramar com a mão direita a manteiga clarificada de uma colher de madeira, enquanto com a outra mão segura uma colher idêntica, igualmente cheia de manteiga clarificada, mas não a utiliza de maneira nenhuma. Por que essa complicação? A segunda colher é a sombra da primeira, é o duplo que se liberta do sacrificante e pode apenas acompanhá-lo, ameaçando se sobrepujar.

À primeira vista, a segunda colher é totalmente supérflua. Mas, se não estivesse ali, isso significaria que se ignora a presença do rival malévolo, tornando-o ainda mais perigoso. Para que a obra seja perfeita e completa, é necessário que apareça tudo o que existe — o mal, além do bem; a mentira, além da verdade; a desordem, além da ordem. Negligenciar mesmo que seja apenas uma dessas potências significa deixá-la livre para atacar. Até a *nirṛti*, que Renou teve a ousadia de traduzir por "entropia",[36] potência antagonista da "ordem", *ṛta*, potência nadificante, que habita nas lacunas, nas fendas, nos orifícios, nos interstícios, tem direito a suas oblações, apresentadas com a mesma devoção reservada a todas as outras deusas (pois assim Nirṛti era evocada: como uma deusa "de boca terrível").[37] Durante a fase em que o sacrificante é consagrado e iniciado, deverá procurar uma fenda ou rachadura no terreno, instalar ali ao lado um fogo adequado e apresentar a oblação com as palavras: "Esta, ó Nirṛti, é a tua porção: aprecia-a, *svāhā*!".[38] É o único modo de evitar que Nirṛti possa arrebatar o sacrificante quando está na condição extremamente delicada de consagrado e iniciado — e por isso regride ao estado mais indefeso de todos, o de embrião.

Assim, não é de admirar que os textos litúrgicos mencionem continuamente o perigo da irrupção de um rival malévolo — ou a possibilidade de que a cerimônia seja distorcida em seu proveito. E não é necessário supor, como Heesterman gostaria, que isso corresponde a uma fase histórica em que o sacrifício, mais do que uma cerimônia religiosa, devia se assemelhar a um torneio de desfecho amiúde fatal. Os ritualistas védicos estavam acostumados a falar do invisível como o que está presente o máximo possível. *Viam* os deuses acocorados ao redor do altar (ao redor de todos os altares, de todos os sacrificantes que celebravam um rito, espalhados entre vales e planícies). E igualmente viam os inimigos humanos, aqueles que têm desejos opostos aos do sacrificante e não pretendem nada além de sua ruína. Mas viam também, em cada fenda ou depressão do terreno, a "boca terrível" de Nirṛti, a deusa que desarticula toda ação composta e cumprida e a reabsorve num vazio vertiginoso. É uma deusa que dispõe de emissários potentes. Entre eles, os dados e as mulheres. Por isso o iniciante (e assim é todo sacrificante), durante os dias da consagração, abstém-se do jogo e do sexo.

No final do sacrifício, o sacrificante está esvaziado, um invólucro encarquilhado. Porque o gesto subjacente a toda cerimônia é o *tyāga*, a "cessão", o ato de abandonar alguma coisa — tendencialmente qualquer coisa — à divindade. Mas o que foi abandonado não se perde. Viaja, está procurando seu "local", *loka*, no céu: lá recompõe um corpo, um ser. E o empreendimento se renova continuamente. Agora é necessário se preocupar em sobreviver também na terra, em sair ileso do sacrifício. É esse o momento de três oblações que revigoram o sacrificante. Mas os deuses são ciumentos e atentos — mesmo então, terminada a cerimônia, permanecem ali e dizem, contrariados: "Estas deverias oferecê-las a nós!".[39] Então o sacrificante insiste: "Aquele que foi esvaziado que se preencha novamente".[40] Assim continua a disputa entre os homens e os deuses.

Nessa última fase da liturgia, era mais do que evidente a preocupação em se desvencilhar dos deuses. O receio era que não quisessem desocupar a área. Tinham sido convidados, receberam suas dádivas. Mas agora precisavam retornar a seus augustos locais. Deixar os homens voltarem à sua vida. Alguns deuses tinham vindo a pé, outros em carroças. Do mesmo modo, agora deviam se afastar, carregados de dádivas. O sacrificante, também para essa delicada fase, precisava de ajuda. Então, mais uma vez, dirigia-se a Agni: "Os deuses bem-dispostos que tu, ó deus, trouxeste aqui, faze com que se apressem de volta à sua morada, ó Agni!".[41] O sacrificante chegava até a dizer, como um anfitrião impaciente: "Vós todos bebestes e comestes". Assim "ele se despede das divindades".[42] Concisão, sequência inflexível, rigorismo, total ausência de compunção: assim falavam os ritualistas védicos.

* * *

Na Índia védica, todo rito sacrificial era uma viagem imóvel, uma viagem numa sala, se se considerar a área sacrificial como uma ampla sala ao ar livre. Fragmentado em centenas, em milhares de gestos acompanhados por fórmulas, por fórmulas sem gestos, por gestos sem fórmulas, concluía-se com um "banho", *avabhṛtha*, que eliminava todos os resíduos acumulados na viagem e permitia retornar à vida comum. Aquele retorno era obrigatório, se se quisesse sobreviver. Diz a *Taittirīya Saṃhitā*: "Se não voltassem a descer ao nosso mundo, os sacrificantes enlouqueceriam ou morreriam".[43]

Mas há um rito que é uma longa e verdadeira viagem, que dura exatamente um ano. Se um hipotético sacrificante o recomeçasse logo a seguir, sua vida inteira seria uma viagem ininterrupta. É o *sattra*, um dos ritos em que o sacrificante é também oficiante. E por isso não há honorários rituais. Seria como recompensar a si mesmo.

Quando os ritualistas falavam "daqueles de outrora",[44] não se referiam a fatos históricos, mas a diferenças nas práticas litúrgicas. E os tempos antigos se mostravam sempre os mais fortes. O que se podia fazer naquela época seria superior à capacidade dos oficiantes atuais. Todo rito contém momentos de máxima concentração e tensão. Num *sattra* que dura um ano, "aqueles de outrora" costumavam celebrar três grandes dias, chamados *mahāvrata*. Mas já na época do *Śatapatha Brāhmaṇa* celebrava-se apenas um. Explicação amarga do ritualista: "Hoje, se alguém celebrasse daquele modo [como os antigos], certamente desmoronaria tal como um vaso de argila crua se desmancha se o enchem de água".[45] Assim são os homens novos: argila fresca, que se desmancha facilmente. Mas, embora o que hoje se consegue fazer seja uma versão atenuada do que se deveria fazer, há sempre uma maneira de estabelecer uma correspondência exata entre o frágil presente e a incólume forma de outrora. Para isso servem os ritualistas, com sua paciente e meticulosa obra.

Nos *sattra* que duravam um ano, os oficiantes construíam para si, pedaço por pedaço, membro por membro, um novo corpo. A cada segmento do rito correspondia uma parte daquele corpo. Com a primeira cerimônia obtinham-se os pés, "porque com os pés anda-se em frente".[46] No dia do ápice e de solstício, o *viṣuvat*, que dividia o ano em dois, proporcionava-se uma nova cabeça. E, visto que o ano se compunha de duas partes iguais, na primeira as unhas tinham "a forma de ervas e árvores",[47] enquanto na segunda assumiam "a forma das estrelas".[48]

Sabiam muito bem que celebrar um rito com a duração de um ano era um empreendimento arriscado. Aqueles que eram consagrados para celebrá-lo "atravessavam um oceano". Por isso o rito de abertura "é uma escada, porque é por uma escada que se entra na água".[49] É esta a origem dos *ghat* que ainda hoje constelam na Índia todos os locais onde se entra nas águas: em Varanasi no Ganges, mas também em inúmeros outros rios ou bacias. A escada, que no Ocidente evoca de imediato a ascensão ao céu, para a Índia era antes de mais nada o modo correto para descer às águas, que são todos os inícios. Assim, o segundo segmento do rito, o dia *caturviṃśa*, era um ponto no qual a água ainda dava pé e chegava às axilas ou ao pescoço. Um momento de descanso antes de entrar na água profunda. Nas fases sucessivas, que duravam mais de cinco meses, era preciso nadar, sem interrupção. Até que se chegava a um baixio, onde a água se tornava cada vez mais rasa: antes batia pela coxa, depois pelo joelho, por fim pelo tornozelo. Era o sinal de que estava se aproximando do solstício, do *viṣuvat*, que "é uma base, uma ilha".[50] Um momento de descanso, antes de se lançar novamente à água e atravessar fases que correspondiam pontualmente, como um espelho, às dos primeiros meses do rito. Depois outro baixio, quando se chegava ao *mahāvrata*. Outro ápice. Depois se saía do rito, mais uma vez, por meio de uma sucessão de degraus. Era preciso sair tal como se entrara.

Um dia, Śvetaketu, a quem o pai Uddālaka Āruni expusera uma doutrina em três palavras que atravessaram os séculos — "*Tat tvam asi*", "Isso tu és" —, disse ao pai: "'Quero ser iniciado para um rito de um ano'. O pai, olhando-o, disse: 'Conheces, tu que tens uma longa vida, os baixios do ano?'. 'Conheço', respondeu ele, pois de fato disse isso como alguém que sabe".[51]

16. A visão sacrificial

Quanto ao próprio Numa, dizem que confiava tanto no divino que um dia, ao lhe anunciarem, enquanto celebrava um sacrifício, que os inimigos estavam se aproximando, ele sorriu e disse: "E eu estou sacrificando".

Plutarco, *Numa*, XV, 12

O sacrifício é uma viagem — ligada a uma destruição. Viagem de um lugar visível para um lugar invisível, com retorno. O ponto de partida pode ser em qualquer lugar. O ponto de chegada também, desde que habitado pelo divino. O que é destruído é a energia que move a viagem: um ser animado ou inanimado. Mas sempre considerado como um ser vivo — animal, planta ou mesmo um líquido vertido, uma substância comestível ou um objeto (um anel, uma pedra preciosa ou talvez algo não precioso, a não ser para o sacrificante).

Essa, muito sucintamente, foi a doutrina dos ritualistas védicos, exposta nos Brāhmaṇa em milhares e milhares de palavras. E não se tratava apenas do modo indiano de praticar o sacrifício, a ser comparado com inumeráveis outros. Como o ato sexual, o sacrifício pode ser praticado das mais variadas maneiras, mas obedece a um diagrama que é imutável.

Os homens mudam continuamente. A fisiologia permanece. Se se quiser realizar uma certa sequência concatenada de gestos, certas modalidades serão constantes. O sacrifício não é como o ato de correr, de respirar ou de dormir. Mas é uma sequência de atos que podem ser comparados a eles. Não importa que as motivações sejam complexas e díspares. Sempre deverão seguir em determinadas trilhas preexistentes.

Os ritualistas védicos compuseram seus tratados entre os séculos X e VI a.C. Em nenhum outro lugar a teoria do sacrifício foi elaborada, desdobrada e exposta com tamanha perspicácia. Todas as outras práticas e descrições, na Polinésia ou na África, na Grécia ou na Palestina, são casos particulares daquilo que se encontra nos meandros dos Brāhmaṇa.

Um dia, em Paris, no final do século XIX, um indólogo — Sylvain Lévi — se propôs a descrever com a máxima precisão a sequência de gestos e pensamentos que animam o sacrifício segundo os Brāhmaṇa. A não ser em alguns leves desvios, Lévi se absteve de expor seus pensamentos sobre essa doutrina. Estava convencido de que o *éthos* do estudioso o obrigava a um único dever: a exatidão.

Pouco tempo depois, dois alunos seus, Hubert e Mauss, esboçaram uma teoria *do* sacrifício — isto é, de todos os sacrifícios, em todas as épocas e em todos os lugares — declarando que seguiriam as linhas traçadas nos Brāhmaṇa e no Pentateuco (e, na verdade, referindo-se quase exclusivamente aos Brāhmaṇa). Essa declaração se apresentava como uma advertência metodológica, que os autores queriam expor no início de seu estudo. Mas era muito mais do que isso. Quase cem anos depois, Valerio Valeri observaria que, "talvez mais do que qualquer outra obra sobre o sacrifício, a de Hubert e Mauss reflete uma perspectiva sacerdotal tradicional".[1] Observação não apenas verdadeira, mas a ser aceita ao pé da letra. Como Sylvain Lévi antes — e agora estendendo a pesquisa a toda a história —, Mauss falava como um ritualista védico disfarçado de jovem sociólogo da Escola de Durkheim. E os raciocínios conferiam, embora expostos na forma da publicística científica ocidental nos anos do positivismo. Graças a esse artifício, os ritualistas védicos podiam se reapresentar em novos trajes, sem nada omitir de sua doutrina. Era o sinal de que essa doutrina possuía uma imensa vitalidade — e era capaz de acolher em si qualquer outra forma daquilo que os antropólogos chamavam de "sacrifício", mas que para os ritualistas védicos era o próprio *agir* (em latim se diria *operari*, de onde o alemão *Opfer*, "sacrifício").

Basta aceitar uma metáfora das mais comuns — "a vida é um dom" — e já nos encontramos enredados na teia implícita no gesto do dom. Até descobrirmos que, pelo menos ali onde se dá uma troca entre um sujeito visível e um invisível, *dom* e *sacrifício* se sobrepõem, se amalgamam: "*Agnaye idaṃ na mama*", "Isto é para Agni, não é meu". A fórmula do *tyāga*, da "cessão" — ou seja, entrega da oferenda a um invisível —, sela de uma vez por todas, a partir do mais simples dos rituais, o dom do sacrifício. Staal comenta: "O *tyāga* é, cada vez mais, considerado a essência do ritual. O termo terá um grande destino no desenvolvimento do hinduísmo. Na *Bhagavad Gītā* o *tyāga* designa o fato de se renunciar aos frutos dos atos e é recomendado como o fim principal da vida humana".[2] Mas quais são as consequências? Ou o mundo que se define moderno renuncia a certas metáforas (e isso implicaria se condenar a uma espécie de mutismo em relação às imagens) — ou aceita arrastar atrás de si, junto com as metáforas, a rede incontrolável de todas as suas conexões, que obrigam a recuar muito no tempo, chegando assim a um certo estado de coisas do qual restam apenas aquelas metáforas, como se tivessem o poder de recobrir a totalidade da existência.

O sacrifício é um dom que deve ser destruído. Se permanecesse intacto, seria algo de ímpio. Somente a destruição garante a correção da cerimônia. Somente a destruição concede não ser destruído: "O sacrificante se põe em dívida com Yama enquanto espalha ervas sobre o altar; se tivesse de partir sem as queimar, iriam apertá-lo pelo pescoço e o arrastariam para o outro mundo".[3]

Na origem da visão sacrificial está o reconhecimento de um débito contraído com o desconhecido e de um dom que é dirigido ao desconhecido. Nenhuma epistemologia pode corroer essa visão. O conceito a margeia sem feri-la. O que objetar a alguém que se sente em dívida em relação ao desconhecido e ao mesmo tempo quer lhe oferecer um dom? No máximo, que se trata de um comportamento desatinado. Mas um sentimento não se deixa refutar. E, antes de se tornar uma liturgia e uma metafísica, a visão sacrificial foi um sentimento — uma reação química que pode se desenvolver em qualquer um exposto à existência. Esse sentimento está no fundo de tudo — e sobre tudo lança sua sombra. Somente se for lábil poderá se dissolver diante de argumentos. Poderia agilmente se subtrair a eles, como o animal que desaparece nas brenhas da floresta assim que se aproxima o caçador.

Um sentimento só pode ser suplantado por um sentimento antagonista. Inútil opor-lhe considerações razoáveis. Bem mais eficaz, bem mais imediato é o desabafo de um excêntrico extremado, John Cowper Powys:

> Diante das forças que nos convocaram ao abismo, temos o pleno direito, nós, homens e mulheres, de nos mostrarmos hostis, vingativos, de ser blasfemos, cínicos. Dedicar a essas forças um culto cunhado

com terna solicitude é ridículo. Prostrarmo-nos diante delas num pânico de terror é humilhante e degradante. Tentar granjear sua simpatia, colocá-las "do nosso lado" é mais natural: mas, quanto a saber se isso teria algum peso, é outra questão totalmente diferente! Não lhes devemos nada. *Não pedimos para nascer*. Não lhes devemos mais do que à chuva quando nos molha ou ao sol quando nos enxuga.

Se precisamos inventar outros encantamentos para "colocá-las do nosso lado", nem por isso teremos de amá-las, e muito menos admirá-las! As contas entre nós estão empatadas. Elas perseguem seus fins. Nós, os nossos.[4]

Há um *débito* que se insinua em todo sentimento de gratidão. Se em algum momento — como sensação subjacente a todas as outras — o puro fato de estar vivo desperta um senso de gratidão, isso basta para estabelecer uma relação com uma contraparte inominada à qual se dirige o sentimento. E também o perfil de uma obrigação, que poderá se manifestar das mais variadas maneiras. Uma delas é o sacrifício.

No sacrifício unem-se *débito* e *desejo*. Potências opostas que convidam, uma a dar, outra a tomar. Chocando-se, provocam destruição. Mais precisamente: a destruição de um ser vivo, mesmo que de uma planta. Essa destruição é o elemento inelidível do sacrifício. Aceitando a destruição, o desejo se salva de si mesmo, no *desprendimento*.

O sacrifício é um jogo no qual as coisas nunca são totalmente aquilo que são. O sacrificante *é* a vítima, porém nunca o é totalmente. Como escreveu Malamoud: "O sacrificante procura ao mesmo tempo ressaltar que é a vítima e que é diferente da vítima".[5] Quando a vítima é desmembrada, Agni é chamado a abençoá-la e ao mesmo tempo a abençoar o sacrificante. Mas o ritualista logo avisa: "'Unindo as bênçãos, não unindo os corpos'. Com isso ele entende: 'Uni as bênçãos, mas não os corpos'; porque, se viesse a unir os corpos, Agni queimaria o sacrificante".[6] Desse modo o sacrificante morreria, enquanto o sacrifício deve exaltar e acrescer sua vida. Mas o jogo é tão mais perfeito quão mais próximo de roçar essa sobreposição o for. Quanto maior o risco, tanto mais correta é a obra.

Esse jogo em que cada elemento, cada entidade dotada de nome é e, ao mesmo tempo, não é outra entidade, à qual está ligada por um parentesco, por um vínculo, por um nexo, é o próprio jogo do pensamento no Veda. Cada passo, cada gesto nele descrito, cada fórmula são uma aplicação sua. Mas como traduzir tudo isso no léxico elaborado no Ocidente? Existe uma palavra que tenha pelo menos afinidade com esse jogo e possa evitar o recurso a tolas perífrases? Essa palavra existe — e é uma só: analogia.

Além de uma liturgia, além de uma metafísica, o sacrifício é um personagem. "O sacrifício [...] não é apenas um conjunto de atos, é também uma estrutura, um organismo."[7] Às vezes aparece como um antílope que foge, às vezes ouvimos apenas sua voz: "O sacrifício disse: 'Tenho medo da nudez'. 'O que, para ti, é não estar nu?'. 'Que espalheis ervas sacrificiais ao meu redor'".[8] Perguntamo-nos por que o sacrifício tem medo da nudez, mas logo sentimos que ele tem razão: na nudez há algo de assustador, tanto mais se o que está nu é o próprio sacrifício, isto é, algo que de certo modo só pode mesmo estar nu, pois se realiza *descoberto*. A erva sacrificial, que aqui é invocada pelo sacrifício, atenua o choque da verdade, de sua aresta intolerável. Mas, ao mesmo tempo, o sacrifício tem "medo da sede",[9] isto é, tem medo de secar até ficar inerte e, portanto, incapaz de agir.

* * *

O sacrifício é uma alternância de dois gestos: dispersar e reunir. Os deuses sugaram a essência do sacrifício, que para eles era doce como o mel. Depois espalharam suas cascas com uma estaca. Não queriam que os homens as alcançassem. Felizes com a "vitória" que obtiveram mediante o sacrifício, pensaram: "Que possa este nosso mundo ser inalcançável aos homens!".[10] Apareceram então os *ṛṣi*, perene contraparte, e reuniram os *disiecta membra* do sacrifício. Esse "reunir", *sambhṛ-*, significa também "preparar", predispor os objetos — as colheres, a espada de madeira, os couros de antílope e outros — que são os "equipamentos", *sambhārāḥ*, do sacrifício. Esse reunir no descampado as cascas vazias do sacrifício, ao qual se dedicaram os *ṛṣi*, é também um afinar os instrumentos do ofício, um exercício métrico, uma sequência de escalas ao piano. Sendo o sacrifício uma alternância, uma combinação, uma sobreposição de dois gestos — dispersar e reunir —, explica-se também por que é inevitável e imediato concebê-lo como respiração, sístole e diástole, como um alquímico *solve et coagula*.

Mesmo depois de terem conquistado o céu graças ao sacrifício, os deuses continuaram a celebrá-lo. Isso pode levar a pensar que o sacrifício é o modelo para todo ato que tem um fim em si mesmo, como um dia alguém viria a pretender em relação à arte. Toda forma de *opus* seria então uma descendência oblíqua da obra sacrificial, a qual — exatamente como na alquimia — pode vir a ganhar eficácia apenas se transpuser um certo limiar de complexidade. Foi isso que Prajāpati ensinou aos homens quando disse que seriam capazes de edificar o altar do fogo somente se empilhassem de determinada maneira um determinado número de tijolos. A forma correta foi, portanto, uma graça, revelada por aquele ser que os deuses tentavam recompor. Prajāpati se comportou com os deuses como um mestre de oficina com seus aprendizes. Aqui vocês estão pondo a mais, ali a menos. Desse jeito nunca vão conseguir. Embora os liturgistas védicos — e Prajāpati antes deles — nunca falassem em arte, não era outra a questão. Quando, no outro extremo da história, em locais e tempos afastados de qualquer liturgia, se começou a falar em termos de *absoluto* a respeito da arte, foi ainda a memória de Prajāpati que redespertou — e de maneira compatível com ele, como se viesse envolta por uma nuvem amorfa, nutrida por aquilo que Bloy chamou de "inconsciência profética". Bloy então falava, e foi praticamente o primeiro, de Lautréamont e escreveu:

> O sinal incontestável do grande poeta é a *inconsciência profética*, a perturbadora faculdade de enunciar, acima dos homens e dos tempos, palavras inusitadas cuja capacidade ele mesmo desconhece. Essa é a misteriosa marca do Espírito Santo sobre certas frontes sacras ou profanas.[11]

Um dos mais torturantes paradoxos que os ritualistas védicos tiveram de enfrentar foi o seguinte: "Aqueles que apresentavam oblações nos tempos passados tocavam no altar e nas oblações naquele momento, enquanto estavam sacrificando. Assim se tornaram mais culpados".[12] Por outro lado, os que se recusavam a sacrificar não aumentavam sua carga de culpa. Isso era intolerável. Então "a incredulidade se apoderou dos homens: 'Os que sacrificam tornam-se mais culpados e os que não sacrificam tornam-se mais prósperos'".[13]

Seguiu-se uma crise de extrema gravidade: "Então não chegou mais aos deuses nenhum alimento sacrificial vindo do mundo".[14] A própria vida corria o risco de se extinguir. Quem ajudou a sair desse beco sem saída foi o capelão dos deuses, Bṛhaspati, que sugeriu que se estendesse sobre o altar uma camada da erva *darbha*. Assim, "graças à erva sacrificial o altar foi pacificado".[15] Retomou-se a vida, mas o episódio se gravou na memória como um dos momentos de maior perigo e de maior incerteza. Naquele episódio ocultava-se uma contrariedade que continuaria sempre atuante e que nada — nem mesmo a erva *darbha* — conseguiria aplacar. Este era o pressuposto: a substância do sacrifício — a oblação e o altar — está impregnada de culpa e é contagiosa. O sacrifício é, antes de mais nada, o local onde habita o mal — e de onde pode se expandir para quem entra em contato com ele. O brâmane, como se pode entrever nessa passagem, é aquele que possui força suficiente para tomar a si o mal, transmitido por contato. Brâmane é aquele que, mais do que qualquer outro, aceita sofrer uma temerária exposição do corpo ao mal. Mas, com o decorrer do tempo, o brâmane se tornaria o contrário: aquele que observa, mais severamente do que qualquer outro, as prescrições que impedem o contato com a impureza. Prosseguindo por essa via, podia tornar-se modelo do bem aquele que evitava expor-se ao mal, isto é, aquele que evitava sacrificar: o ser mais desmerecedor, timorato, banal. Assim a incredulidade abriu caminho: através da pureza. Mas a essa altura a circulação entre deuses e homens estava interrompida: exemplo de um beco sem saída do qual a liturgia devia ensinar a sair. Como? Segundo a sugestão de Bṛhaspati, voltando a sacrificar, mas espalhando uma camada de erva sobre o altar, como um travesseiro que impede o contato imediato com a culpa. É essa uma das tantas sublimes *meias medidas* com que a liturgia ensinou a fazer e, ao mesmo tempo, não fazer alguma coisa. Se não se aceitasse essa via por meio do gesto, restaria apenas a impossibilidade lógica, que imobiliza e impede de pensar além. Toda a Índia védica foi uma tentativa de *pensar além*.

Se ninguém celebra mais os ritos, se já não há locais adequados para celebrá-los — ou somente em campo aberto, mas a própria noção de "campo aberto" se tornou um arcaísmo —, o que resta do sacrifício? Os ritualistas védicos também haviam pensado nessa eventualidade. E respondiam: restam duas sílabas, *svāhā* (invocação como "olá!", "*hail!*"). "O *svāhā* é o sacrifício; aqui ele deixa tudo imediatamente pronto para o sacrifício."[16] Todas as diferenças, ramificações, variações nos reconduzem, ao fim e ao cabo, a uma primeira bifurcação: se no pensamento, se no ato há uma disposição sacrificial ou não, se o ato de uma oferenda qualquer a um invisível qualquer tem um sentido ou não. O que indica a disposição sacrificial, antes de qualquer gesto, antes de qualquer pensamento, o que a encerra em si como uma célula sonora é uma invocação de duas sílabas: *svāhā*. A presença ou a ausência dessas duas sílabas indica que o gesto, o pensamento se encaminharam para uma das duas direções fundamentais. Por isso pode-se dizer que "*svāhā* é o sacrifício":[17] aquela mínima vibração basta para anunciar que se entrou no mundo onde algo será oferecido. O que e a quem será oferecido são, de certo modo, secundários em relação ao gesto daquela invocação preliminar.

E por isso pode-se dizer também: "É apenas com a oferenda que um tijolo se torna inteiro e completo".[18] À pergunta "para que serve o gesto?", inevitável diante da profusão de gestos litúrgicos, essas palavras poderão dar uma resposta. Um objeto — e, portanto, também o objeto do conhecimento — nunca é apenas aquilo que está encerrado num perímetro de matéria ou nos limites de uma definição. Para ser completo, esse objeto deve incluir em si também o gesto da oferenda — e a liturgia é uma imensa variação sobre esse gesto.

"O sacrificante sendo o sacrifício, ele cura o sacrifício por obra do sacrifício."[19] Oculta numa sequência de invocações, encontramos uma fórmula abrangente, que enuncia a essência dessa ação — o sacrifício —, que declara ser tudo. Em tal vórtice autístico e tautológico, acrescenta-se apenas um termo: o verbo "curar". O resto são variações gramaticais sobre a palavra "sacrifício". E se "curar" é a única palavra sobrevivente, já isso indica que tudo se dá ao redor de uma ferida, coincidente com a própria vida.

O sacrifício é uma ferida. Que deve ser curada infligindo-lhe outra ferida, mas *de um certo modo*. E, como à ferida se acrescenta a ferida, a ferida jamais se fecha. Por isso o sacrifício deve ser continuamente renovado.

O sacrifício é um suicídio interrompido, incompleto (Sylvain Lévi, com sua magistral concisão: "O único sacrifício autêntico seria o suicídio").[20] Mas os ritualistas estavam habituados a pensar até o extremo. O que aconteceria se, nessa viagem de ida e volta ao céu que é o sacrifício, alguém se recusasse a *voltar*? Seria um novo rito, o *sarvasvāra* (os ritualistas eram também implacáveis classificadores). Rito adequado para um velho "que deseja morrer".[21] Inicia-se com uma série de atos e cantos que compõem a primeira parte do sacrifício, a que se move em direção ao céu. Quando estiver completa, o sacrificante se deita no chão, com a cabeça coberta. Seguem-se outros cantos. Ao final deles, o sacrificante *deverá* morrer. Mas e se não morrer? Os ritualistas também pensaram nisso: "Se permanecer vivo, deverá celebrar a última oblação do sacrifício do *soma*, e depois disso tentará morrer de fome".[22]

Há ainda outro caso: se alguém, antes de alcançar a velhice, quisesse subir ao céu através do sacrifício e não retornar à terra? Os ritualistas o desaconselharam: "As pessoas dizem: 'Uma vida de cem anos conduz ao céu'. Por isso não se deve ceder ao próprio desejo e morrer antes de alcançar o termo final da vida, pois isso não conduz ao céu".[23] E sabe-se por quê: os deuses não gostam de intrusos.

No pensar não há evolução, e sim ocasional concentração, adensamento, cristalização em certos lugares e em certas épocas. Para a *ousía*, foi na Grécia, entre os séculos VI e IV a.C.; para o *sacrifício*, na Índia, entre os séculos X e VI a.C.; para a *caça*, em algumas tribos, em várias partes do mundo, não se sabe quando. Eles foram os mais tenazes, os mais lúcidos, os mais obsessivos em pensar o que se oculta por trás dessas palavras. Depois, o tempo serviu sobretudo para desaprender, ofuscar os conhecimentos. Eles, porém, permanecem, à espera de ser novamente percebidos, prolongados, reelaborados, conectados.

O sacrifício é um sistema que pode ter inúmeras e incontroláveis variantes. Sempre pertencentes ao mesmo conjunto. Mais do que um sistema, é uma atitude: a disposição sacrificial. Identificável (ou não identificável) em todos os momentos da vida do indivíduo. E presente, segundo a doutrina dos Brāhmaṇa, na vida toda, em sua pulsação perene.

Nas teorias sobre o sacrifício, após curvas e meandros, chega-se a uma bifurcação final: se o sacrifício é um recurso da sociedade para aplacar algumas tensões suas ou para satisfazer certas exigências suas, cumpre dizer que é uma instituição feroz, a qual se apoia sobre uma ilusão coletiva que se perpetua de geração em geração; se, pelo contrário, é uma tentativa da sociedade de se mimetizar na natureza, assumindo em si algumas características irredutíveis, será preciso considerá-lo uma forma de metafísica posta em ação, celebrada e apresentada numa sequência formalizada de gestos. No primeiro caso, consistiria numa forma social a ser abandonada sem remorsos: uma sociedade que, para se sustentar, precisa escolher vítimas arbitrárias, simplesmente porque *deve* matar alguém; é uma sociedade que nenhum pensamento iluminado (ou iluminista) pode adotar como modelo. No segundo caso, consistiria numa metafísica a ser aceita ou refutada. E uma metafísica experimental, que se funda não apenas sobre certos enunciados, mas sobre certos atos.

Rudra é a mais poderosa objeção ao mundo sacrificial dos Vedas. Acompanha-o como uma sombra, vigia sua desagregação. Na Idade Negra, essa paciente e nobre arte de edificadores sacrificiais não será mais exequível, e então Rudra, o Inominado, se tornará o cada vez mais nomeado Śiva, multiforme já nos nomes, dominador de todos os cultos. Pois apenas Śiva, obscuro como obscuro era o arqueiro primordial, o inominado Rudra, se assemelha à obscuridade do tempo. Apenas Śiva pode absorver em seu tecido o tempo, e mesmo o tempo que mata irremediavelmente.

Śiva é o único que pode incinerar o desejo, Kāma, que volteia com seu arco de junco e suas cinco flechas-flores. Este era o pensamento obsessivo: o desejo que provoca a ação, que produz frutos. Um desses frutos é o próprio mundo, é seu encanto. Quem pode incinerar o desejo é, por isso, o destruidor do mundo. Mas isso significa que Śiva seria inimigo do desejo? Simples demais, tosca demais essa oposição. Pelo contrário: Śiva é também aquele que, mais do que qualquer outro, é suscetível ao desejo, que o exaspera continuamente, que o leva ao extremo, que lhe corre pelas veias — a ponto de se poder às vezes pensar que Śiva *é* o desejo, que Śiva é Kāma.

Quando Brahmā amaldiçoa Kāma, instiga-o a ir até Śiva, porque sabe que somente Śiva pode incinerar Kāma. Como também sabe que somente Kāma pode ferir Śiva. Aproximando Kāma e Śiva, Brahmā sabe que assim poderá se vingar de quem o subjugou (Kāma) e de quem dele zombou (Śiva). E espera que se torturem sem cessar, como dois irmãos inimigos.

17. Após o dilúvio

Noé saiu da arca, obedecendo a Elohim. E com ele todos os outros seres, um a um, inumeráveis casais de animais de todas as espécies. Longas procissões, principalmente dos insetos. Saíram da arca no mesmo número em que haviam entrado, porque não houve nenhum acasalamento durante a navegação. Não era admissível se acasalar em época de calamidade. E, nos longos meses de navegação, também a morte foi suspensa e não atingiu sequer os seres de vida mais efêmera. Noé ignorava qual era, agora, a vontade de Elohim. Sua última manifestação fora uma catástrofe que acabara com a terra. E agora sua voz lhe dizia para pisar de novo na terra, que acabava de se enxugar. Mas e se Noé errasse, já no primeiro passo? Se incorresse na ira de Elohim, como acontecera com todos os outros homens de sua geração? Noé, então, decidiu fazer algo que jamais fora feito antes. Ergueu um altar. Nada além de uma pedra cortada. Mas, até aquele momento, nunca ninguém pensara em erguê-lo. Depois Noé escolheu "entre todos os animais puros e todas as aves puras"[1] e os matou, um a um, junto ao altar. Depois dispôs os vários nacos de carne sobre o altar para que queimassem completamente. É o que há de se supor, pois o cronista diz: "Fez subir holocaustos no altar".[2]

Foi um estranho e sistemático morticínio de animais individuais. E seus corpos ficaram reunidos numa mesma pedra. Javé apreciou. O odor daquelas carnes queimadas, horrível para os homens, agradou a suas narinas. Quando Utnapištim executou os mesmos gestos de Noé na Mesopotâmia, após o dilúvio, "os deuses como moscas se reuniram em volta do oficiante".[3] Javé, de sua parte, não se moveu, mas começou a pensar consigo mesmo. Decidiu que não mais "amaldiçoaria o solo por causa do homem".[4] Teria modificado seu juízo sobre o homem? Não, agora pensava — como já antes do dilúvio — que "o objeto do coração do homem é o mal, desde a juventude".[5] Assim era feito o homem. Mas nem por isso deveria ser destruído, ele e a terra, como quase acontecera pouco antes. O homem, porém, teria de seguir algumas regras. E sua vida deveria sofrer algumas mudanças. Antes de mais nada, a partir daquele dia os homens passariam a inspirar "temor e susto"[6] a todas as criaturas. Isso já era uma novidade, pois, logo antes de criar Adão, Elohim pensara apenas em oferecer, a ele e a seus descendentes, "autoridade" sobre todas as criaturas da terra. Entre "autoridade" e "temor e susto" havia uma diferença muito clara. Mas agora estavam na era *pós-dilúvio* — e tal novidade era um sinal disso. Elohim anunciou depois outra novidade: "Tudo o que se move e vive vos servirá de alimento, como as ervas verdes: a vós dei tudo isso".[7] Concessão à qual estava ligada uma única proibição: "Não comereis a carne com a alma, isto é, o sangue".[8] Seguiram-se algumas palavras que tratavam sobre infligir a morte. Quem matasse um homem — fosse o matador um animal ou outro homem —, por sua vez, seria morto. Não se sabia por quem, por isso não se tratava necessariamente de uma vingança. O que havia de certo era apenas que o matador seria morto, mesmo sendo um animal. A morte de um homem era um círculo do qual não se podia escapar. E Elohim acrescentou: "Porque à imagem de Elohim, Elohim fez o homem".[9] Eram as mesmas palavras que Elohim pensara antes de criar o homem, mas que talvez nunca lhe tivesse dito. O cronista não nos informa a esse respeito. Mas agora tais palavras foram ditas a Noé, logo após Javé ter pensado que "o objeto do coração do homem é o mal, desde a juventude".[10] Portanto, aquele ser que fora criado para se assemelhar a Elohim guardava no coração o desejo do mal. Assim era e assim devia continuar a ser, pensou Elohim. Foi um de seus pensamentos que mais escaparam à atenção dos homens.

Preparando-se para estabelecer uma primeira "aliança" com os homens,[11] Elohim se limitou a considerar dois atos: comer e matar. Jamais falou de ídolos, adultério, furto, respeito pelos pais, como se somente no comer e no matar se concentrasse a hipótese de uma culpa tão grave que fosse capaz de romper a aliança. O comer entrava na esfera do matar, visto que agora Elohim permitia comer carne. Mais precisamente, carne de animais abatidos. Mas, se da carne se eliminasse o sangue, que é a alma, aquele matar não seria um verdadeiro matar, ressalvava Elohim com um raciocínio muito similar ao de certos ritualistas védicos em relação ao sacrifício.

Enfim, Elohim estabeleceu que o arco-íris seria o selo da aliança. Era um pacto constituído por um mínimo de regras. Quando Elohim, com o passar dos anos, viesse a sentir que devia renovar a aliança, tudo se ampliaria. Mas agora, com Noé, não quis acrescentar mais nada, como se naquelas sucintas prescrições também estivessem incluídas as outras que se acrescentariam no futuro. Em primeiro lugar, concedia-se ao homem o domínio sobre a natureza. Era-lhe reconhecido um excedente de força sobre todos os outros seres. Ao mesmo tempo, Elohim reservava a vida para si. Por isso o homem jamais seria autossuficiente. Por isso o homem podia matar os animais, mas não ingerir o sangue deles.

Por isso o homem devia sacrificar, porque somente depois do sacrifício voltara a ser apreciado por Elohim. Havia uma evidente dificuldade nesses preceitos, pois o homem — tanto para sacrificar quanto para comer — teria de tirar a vida de outras criaturas. Mas Elohim pensou que era um obstáculo superável: para comer carne animal, bastava que o homem deixasse escorrer o sangue. E no sacrifício? Noé celebrara um holocausto em que o animal era totalmente queimado. Mais do que perder a vida, ele desaparecia da cena terrestre — e passava integralmente para o lado de Elohim. Por ora, a vida dos homens podia prosseguir nessas bases.

Quem abordar o fenômeno do sacrifício por meio da Bíblia encontrará duas perguntas: por que Abel, "depois de certo tempo"[12] e depois que o irmão mais velho Caim oferecera a Javé "frutos da terra",[13] quis matar "os primogênitos de seu rebanho" para oferecê-los "com sua gordura" a Javé?[14] E por que Noé, tão logo pisou em terra firme, quis matar um espécime de "todos os animais puros e todas as aves puras"[15] para oferecê-los a Javé?

A palavra "oferenda" ou "oblação"[16] aparece pela primeira vez na Bíblia em referência a Caim. E a oferenda de Caim — "frutos da terra" — pode ser entendida como o gesto de homenagem de quem oferece a um hóspede as primícias de que dispõe. Naquela época, ao homem era concedido se alimentar exclusivamente dos frutos da terra. Por isso oferecê-los a Javé era um gesto reverente e alusivo, *como se* Javé quisesse partilhar aqueles frutos com o homem.

Bem diferente é o caso de Abel. Até então a Bíblia não mencionara o ato de matar. E Javé ainda não concedera ao homem comer carne. Assim, fica obscuro por que Abel sentiu necessidade de matar alguns de seus animais para oferecê-los a Javé. Se seu gesto devia ser entendido como imitação do de Caim, era *como se*

Abel oferecesse a Javé aquela carne animal ("com a gordura") que o próprio Javé ainda não concedera ao homem comer.

Enquanto a *oferenda* está ligada ao personagem que se tornará o perverso por excelência, a *morte* é o gesto de dois homens de bondade irrepreensível. Mas, ao mesmo tempo, o gesto de oferenda é uma característica essencial do homem devoto, enquanto matar é o primeiro de todos os males. Sacrifício e assassinato, oferenda e morte: desde o início um novelo, que a história não consegue destrinçar. Aliás, a história será demarcada pelas tentativas malogradas de destrinçá-lo.

O sacrifício é poderoso, mas não consegue sanar todas as culpas. Se alguém peca "com a mão erguida (*be-yad ramah*)",[17] indo deliberadamente contra a lei, o livro dos Números diz que nenhum sacrifício poderá salvá-lo. Então deverá ser "amputado"[18] da comunidade. Assim, o sacrifício expiatório, *ḥaṭṭa't*, pode servir apenas para remediar as culpas cometidas "inadvertidamente"[19] pelo indivíduo ou pela comunidade. Mas como poderá a comunidade inteira se aperceber das culpas que cometeu "inadvertidamente"? Nem o Levítico nem os Números elucidam. A resposta está implícita. O sacrifício expiatório pressupõe o alcançar a consciência. Aliás, o próprio sacrifício *é* a consciência, como se o ato de se tornar consciente implicasse também o ato de matar. É esse o ponto mais difícil e misterioso do sacrifício. E, consequentemente, da consciência. Por que adquirir consciência de algo obriga a matar um animal? Pelas culpas da comunidade abatia-se um tourinho, pelas do indivíduo, um bode.

Quando se trata de culpa deliberada, o simples sacrifício de um animal, de força e tamanho proporcionais aos de quem cometeu a culpa, não se aplicará mais. Então será preciso transpor a fronteira entre sacrifício e condenação à morte. Ponto obscuro que é iluminado por uma história exemplar, a mais eloquente, a mais cruel nos Números:

> Quando os filhos de Israel estavam no deserto, encontraram um homem que recolhia lenha no dia do Sábado. Aqueles que o encontraram enquanto recolhia lenha conduziram-no a Moisés, Aarão e toda a comunidade. Puseram-no sob vigilância, porque ainda não se decidira o que lhe fariam. Então Javé disse a Moisés: "O homem deve ser morto: toda a comunidade deve apedrejá-lo fora do acampamento!". Toda a comunidade então o levou para fora do acampamento e o apedrejou e ele morreu, como Javé ordenara a Moisés.[20]

Esse desconhecido que ousou recolher lenha no Sábado se torna o marco que assinala a fronteira entre o sistema sacrificial e o sistema judiciário. Fronteira incerta e indefinida, que certamente não nos leva a pensar que se esteja ingressando numa região mais esclarecida e evoluída. Antes, é como se a condenação pelo julgamento da comunidade não nos fizesse sair do sacrifício, mas, pelo contrário, nos mergulhasse em seu núcleo mais duro e inexplicável. O episódio desponta numa brusca solidão, também porque está situado como elemento de junção entre dois discursos de Javé a Moisés, o primeiro dedicado aos vários tipos de sacrifício exigidos ao povo de Israel (sacrifício das primícias, holocaustos expiatórios, insuficiência do sacrifício expiatório para quem peca "com a mão levantada"); o segundo dedicado à "franja na orla das vestes", sempre provida de um "cordãozinho de púrpura roxa",[21] que os filhos de Israel deverão usar por todas as gerações futuras, em memória dos ordenamentos de Javé. Entre esses dois discursos fundadores, o texto dos Números abre uma fenda relembrando algo que ocorreu num dia qualquer na vida dos filhos de Israel. Um desconhecido foi surpreendido recolhendo lenha durante o Sábado. Os homens não sabem o que fazer com ele. O que segue é uma intervenção direta de Javé. E seria difícil colocá-lo numa posição mais vistosa. Ao que parece, as instruções que Javé acabara de dar sobre certos sacrifícios não bastavam para cobrir todas as eventualidades. Havia casos em que os filhos de Israel não sabiam como decidir. E então Javé volta a falar, antes mesmo que Moisés lhe peça instruções. O acontecimento pode valer como exemplo do que poderia ou deveria ocorrer quando os homens não sabem decidir sozinhos. Evidentemente, a lei divina não consegue abarcar todas as ocorrências. Então Javé intervém e decide a sorte do catador de lenha: "O homem deve ser morto". Especificam-se o local e o modo da morte: "*extra castra*",[22] como um dia acontecerá com Jesus.

As prescrições sacrificiais do Levítico e dos Números não têm aquela meticulosidade, aquela insaciável ânsia classificatória, nem aquela capciosa metafísica que caracterizam os Brāhmaṇa. Mesmo na categoria individual dos sacrifícios expiatórios, os termos se sobrepõem e se misturam, sem que se consiga definir com segurança seu campo de aplicação. Os estudiosos penam muito, sem grandes frutos, para tentar diferenciar as *ḥaṭṭa't* dos *asham*. Serão aquelas "sacrifícios pelos pecados" e estes "sacrifícios de reparação"? Mas existem casos cujas atribuições parecem se inverter e as diferenças se dissolvem. Apenas um ponto permanece constante, e vem sempre especificado: o sangue. O que fazer com o sangue. Nas *ḥaṭṭa't*:

> se o sacrifício é oferecido pelo sumo sacerdote ou por todo o povo [...] o oficiante, depois de recolher o sangue, entra no Santo e por sete vezes realiza uma aspersão diante do véu que encobre o Santo dos Santos, depois espalma sangue nos chifres do altar dos perfumes que fica diante do véu e, por fim, verte o restante ao pé do altar

dos holocaustos. São os únicos sacrifícios cruentos em que se introduz algo da vítima no interior do Templo.[23]

Essa última frase pontua como uma breve pausa a precisa enumeração feita pelo padre De Vaux daquilo que, nos vários ritos chamados de *ḥaṭṭa't* e *asham*, ocorre com o sangue. Pois tal parece ser a verdadeira linha divisória: onde e como é vertido e espalmado o sangue.

Era um imenso matadouro, que assim se justificava. Impossível ignorar ou omitir o que acontecia com o sangue. Impossível esquecer as palavras de Javé a Noé e, depois, a Moisés: "Pois a alma da carne está no sangue e para vós coloquei-a no altar para que opere propiciação a vossas almas, visto que é o sangue que opera propiciação à alma".[24] Com Javé, a salvação ou o mero reequilíbrio das relações, sempre conturbadas, vêm do sangue. E são inconcebíveis sem o sangue.

Os hebreus descobriram que o sangue foi indispensável para a sua salvação na noite em que Javé *pulou* as casas com os umbrais espalmados de sangue quando realizava o extermínio de todos os primogênitos do Egito, humanos e animais. Foi aquela a Páscoa histórica — e por isso única. Antes disso, era uma festa de pastores seminômades, que se repetia todos os anos, na primeira lua cheia da primavera. Também se espalmava o sangue do animal abatido nos umbrais e arquitraves das portas. Mas ainda não se sabia que aquele sangue significava a salvação — e o adeus ao Egito. Pensavam que ele protegia as casas do *mashḥit*, o Destruidor, a potência maligna sempre à espreita. Depois veio a história — a história sagrada que absorve em si a pluralidade desenfreada das histórias — e essa festa cíclica se transformou numa noite só, ocorrida num determinado momento da história. Do retorno se passava à recordação. E desde então cada pai, comendo pães ázimos, poderia dizer ao filho: "É pelo que me fez Javé quando eu saía do Egito".[25] De repente, a festa que se repetia todo ano, ao despontar a lua cheia do mês de Nisan, tornava-se uma *única* noite, que fazia parte da vida de cada pai e era narrada ao filho primogênito, salvo pelo sangue espalmado nos umbrais de sua casa, numa época distante.

18. Tiki

Que a rede das correspondências constitua um elemento fundador de uma sociedade, é uma concepção que foi reconhecida e acolhida no mais rigoroso âmbito universitário no início do século XX, com o ensaio de Durkheim e Mauss, "Algumas formas primitivas de classificação" (1903). Mas logo surgiu um mal-entendido, que espelhava a natureza bicéfala desse texto, fruto da colaboração entre um analogista nato (Mauss) e um determinista nato (Durkheim), ligados por laços de parentesco (Mauss era sobrinho de Durkheim). Estabeleceu-se assim a tendência de afirmar que *antes* vinha a sociedade e *depois* vinham as correspondências, as quais, portanto, apareciam como *determinadas* pela estrutura social. Reconhecia-se o reino da analogia, mas tomado como uma consequência da causa principal, que era a própria sociedade. Por isso, então, o mais vigoroso investigador e elucidador de correspondências — Marcel Granet, que seguia na trilha de Mauss — pôde declarar várias vezes, como que pretendendo encerrar a questão, que era incontestável a dependência e subordinação de todas as formas de pensamento em relação à estrutura da sociedade.

Tratava-se, porém, de um círculo vicioso inelidível: as correspondências pressupõem a sociedade, mas a sociedade pressupõe correspondências. O pensamento e a sociedade se modelam e se plasmam à medida que se sustentam reciprocamente.

Em 1933, exatamente trinta anos após o ensaio sobre as classificações primitivas, e agora livre da tutela de Durkheim, Mauss iria retomar sua concepção das correspondências (o reino da analogia). E o fez num de seus escritos marginais e interlocutórios em que amiúde inseria suas reflexões mais ousadas. Intervindo numa apresentação em que Granet lera seu admirável estudo "La Droite et la gauche en Chine", Mauss aproveitou a ocasião para uma indisfarçada palinódia. Disse: "Por erro, temos sido demasiado ritológicos e preocupados com as práticas".[1] Tal era o vício durkheimiano original, pois *as práticas* (fundamentalmente os ritos) significavam terreno seguro, já que instituídas e radicadas na sociedade, enquanto todo o resto (em primeiro lugar, o mito) podia até se perder nas névoas das crenças e das fábulas. Mas agora, acrescentava Mauss, a cena mudava: "O progresso realizado por Granet consiste em introduzir em tudo isso um pouco de mitologia e de 'representação'".[2] Aproveitando o impulso, Mauss chegava a outros resultados surpreendentes, que faiscavam nas entrelinhas. Antes de mais nada, deslocava decisivamente o eixo das pesquisas na escola durkheimiana, à qual nunca negou pertencer: "O grande esforço que fizemos pelo lado da ritologia é desequilibrado porque não fizemos um esforço correspondente pelo lado da mitologia".[3] Aqui, introduzia-se uma palavra que hoje, mais do que nunca, seria preciosa ("ritologia") e investia contra os próprios fundamentos do trabalho antropológico que se praticara em torno de Mauss, em Paris, nos trinta anos anteriores. E essa crítica poderia ser igualmente aplicada à antropologia anglo-saxã do mesmo período. Prenunciava-se assim aquilo que, anos depois, seria definido como uma mudança de paradigma. E, num último lance teatral, invocava-se como seu representante um estudioso que aparentemente jamais contestara os pressupostos da escola: Marcel Granet. E era ele a quem agora Mauss pretendia transformar em algo altamente suspeito: um mitólogo. Assim escrevia Mauss: "Mas resta-nos um mitólogo, e é justamente Granet".[4] A referência, embora não declarada, era à obra fundamental que Granet publicara sete anos antes: *Danses et légendes de la Chine ancienne*, exemplo insuperado de como se pode *pôr em ato* uma mitologia.

Havia também outra coisa que movia Mauss, nessa intervenção extemporânea. Eram as correspondências. Essa vastíssima subespécie das classificações agia das mais variadas formas para dar sentido ao mundo, desde as origens até as gravuras das *signaturae* em Athanasius Kircher e Robert Fludd, ou seja, em pleno século XVII, isto é, até ontem. "Esses modos de pensar e ao mesmo tempo de agir são, além do mais, comuns a uma imensa massa humana",[5] escrevia Mauss, introduzindo outra fórmula preciosa (do que falam todos os Brāhmaṇa senão de "modos de pensar e ao mesmo tempo de agir"?). Mas como encontrar o fio da meada desse enorme novelo que se formara muito antes de qualquer história documentada? Aqui Mauss intervinha com *sua* potência mitopoética — e aludia deliberadamente ao fato de que, para ele, esse fio da meada existia: era uma pequena placa de jade, de cores que variavam entre o cinzento e o verde-escuro, que os maoris chamam de *hei tiki* e suas mulheres nobres traziam no peito, como um talismã. Tiki era também o nome do Progenitor da espécie humana, o Prajāpati deles. O que representavam esses pequenos e encantadores objetos? "Representam um feto — fortemente estilizado —, os mais belos com um olho de pedra vermelha."[6] Mas não só: "Esses *tiki* representam igualmente o falo, os primeiros homens, o ato criador; esses *tiki* são, acima de tudo, representações do macrocosmo e do microcosmo, de Deus".[7]

A cada vez que Mauss fala dessas placas de jade, sentimos sua mente a vibrar, como se tivesse nas mãos a célula original das correspondências, condensada nesse minúsculo objeto inquebrantável, que os invasores ocidentais certamente iriam considerar um ornamento e revender como quinquilharia exótica.

No entanto, trabalhando um dia no British Museum com Herz, Mauss descobrira na gravura inserida no primeiro volume da *Ancient History of the Maori*, de White, uma reprodução de Tiki, com a lista das correspondências ligadas a cada parte de seu corpo:

> Copiamos com cuidado: Tiki [...] era um homenzinho com um tufo de cabelos, nu, o membro viril pudicamente escondido. Estão logo inseridos em seus devidos lugares os nomes dos deuses de sua direita e de sua esquerda, o deus da guerra e o deus da paz. Além disso, os deuses da inteligência, dos sonhos e do céu que ficam sobre a cabeça, os deuses dos pés e da magia [...] etc. Isso nos interessara extremamente.[8]

Mas a história não para por aí. Anos depois, Mauss apresenta uma comunicação sobre Tiki num congresso de antropologia e sente vontade de voltar ao British Museum, diz ele,

> para rever o texto que citara. Então, para meu grande espanto, trinta anos depois, encontrei-me diante de algo que ia muito além de meu fichamento. Tinha diante de mim uma enorme prancha dobrada, que fora redigida por especialistas e resumia as palavras dos grandes sacerdotes da Nova Zelândia a White, em obediência às disposições de Grey. São documentos que remontam aos anos 1859-86. Assim, está totalmente excluída qualquer possibilidade de adulteração por parte da etnografia profissional, da etnologia e de todas as sociologias que se queira imaginar [impossível passar sem uma ponta de admi-

ração e prazer por esse "todas as sociologias que se queira imaginar"]. Ao redor de todos os membros de Tiki e todas as partes do corpo de Tiki, sobre essa grande prancha dobrada, desfralda-se a classificação completa do mundo, dos tempos e dos espaços e de todas as espécies de coisas com que os deuses o presidem. Por isso é a imagem do microcosmo, tendo ao lado o desenvolvimento completo do macrocosmo, e não fui eu que fiz! É, sem sombra de dúvida, muito mais claro do que todos os textos dos grandes teóricos da divinação da Antiguidade e da Renascença. Com essas palavras, consigno o dado aos materiais de René Berthelot. Os sacerdotes maoris desenharam a figura do macrocosmo e do microcosmo.[9]

Essa cena de reconhecimento, em que Mauss e Herz, e depois Mauss sozinho, debruçados sobre a prancha incluída num livro, descobrem o objeto a partir do qual se ramificavam seus pensamentos mais recônditos e constantes, foi narrada por Mauss em 1937, durante a discussão que se seguiu à conferência de Paul Mus, "La Mythologie primitive et la pensée de l'Inde", na Société Française de Philosophie. Dessa vez, Mauss não disse explicitamente, mas deu a entender que o Prajāpati, o Puruṣa que dominava, solitário, a cena dos Brāhmaṇa, podia encontrar ainda mais a oriente, na Nova Zelândia, um correspondente naqueles pingentes de jade que as mulheres nobres maoris mantinham em contato com o peito, enquanto o Prajāpati védico não deixara nenhuma imagem tangível de si. Tudo, na Índia, começava e acabava com o fogo.

Quatro anos antes, em resposta à conferência de Granet (é sempre importante a ocasião, que estabelece o vínculo entre Mauss e algum outro estudioso), o que estava subjacente ao *tiki* fora apresentado de modo ainda mais minucioso. Então Mauss expusera com a máxima clareza que o *tiki* podia ser considerado o fio da meada e até onde — muito longe — seria possível chegar desemaranhando esse novelo. O *tiki*, escrevia Mauss:

> é, em sentido próprio, a imagem do mundo, uma espécie de edição bárbara de uma das noções fundamentais do Oriente e do Ocidente, a do macrocosmo e do microcosmo em figura humana. Pois, tal como em nossos antigos sistemas das *signaturae*, aos membros do *tiki* e do homem "correspondem" seres, coisas, acontecimentos e partes do mundo. Tudo se divide entre "potências e naturezas", não só da direita e da esquerda, mas também do alto e do baixo, da frente e do atrás, em correlação com um centro.[10]

Percebe-se ainda, nessas linhas, a emoção de quem acredita ter finalmente encontrado — e, pode-se dizer, tocado com a mão — a "edição bárbara" de um variegado e ilimitado texto do pensamento. Aliás, não só do pensamento, mas de toda a experiência. Em poucas palavras, dizia-se que, no Oriente e no Ocidente — ou seja, sem nenhuma limitação geográfica e a despeito de todos os princípios sagrados da antropologia —, uma certa modalidade da mente guiara "uma imensa massa humana".

Das placas de jade dos maoris até as gravuras das *signaturae* nos tomos dos últimos pansofistas do hermetismo seiscentista — e mais além, até as *correspondances* de Baudelaire —, um variado cortejo de seres povoara o vasto reino da analogia, onde as correspondências ressoam continuamente e "os perfumes, as cores e os sons se respondem".[11]

Do que se tratava? De pensamento — mas de um pensamento do qual não se encontravam traços, a não ser ocasionais, nas histórias da filosofia. Por quê? Mauss nunca formulou a pergunta, mas lhe deu uma daquelas respostas de gênio que encontramos esparsas entre as cintilações de seus escritos: "A filosofia conduz a tudo, desde que se saia dela".[12] Frase aplicável em todas as direções, ao passado e àquilo que, no momento em que Mauss a proferia (1939), era o porvir. Que a filosofia — pelo menos sob a forma que assumiu na universidade após a Revolução Francesa — não é *o* pensamento, mas apenas uma das tantas formas do pensamento, uma espécie de trampolim, era um pressuposto tácito da ambiciosa antropologia do século XX, mas sempre silenciado a todo custo. Procedimento exemplarmente respeitado, até Lévi-Strauss. Mas foi o próprio Mauss quem revelou a ambição oculta em *seu* modo de entender a antropologia: "Chegarei a dizer que a antropologia completa poderia substituir a filosofia, porque abrangeria em si precisamente aquela história do espírito humano que a filosofia pressupõe".[13]

Se um pingente de jade que adorna o peito das mulheres nobres maoris pode condensar em si todos os céus, todos os mundos, todos os deuses e até Deus — como Mauss arriscou dizer —, o que ocorrerá com as várias distinções entre primitivos e civilizados, entre povos sem escrita e povos com escrita, entre simplicidade e complexidade? Tudo teria de ser pensado e nomeado de outra maneira. Aquele "homenzinho" de pedra duríssima seria um talismã não só para as mulheres nobres dos maoris, mas também para o antropólogo francês, crescido em época e clima positivista, que o contemplava numa folha dupla desdobrada no British Museum. Pode-se dizer que toda a obra de Mauss, sua incansável, entrecortada, ramificada investigação rumo a uma "antropologia completa", encontrara naquele pequeno ser seu gênio protetor.

Se os maoris, que os predecessores de Mauss tinham considerado exemplarmente primitivos, haviam desenvolvido "uma classificação completa das coisas não menos nítida e incisiva do que qualquer outra das mitologias cosmológicas produzidas pelo mundo antigo",[14] de que modo se poderiam julgar esses sistemas de correspondências? Antes de mais nada, os maoris se colocavam no mesmo plano não só da China arcaica e das civilizações mesopotâmicas, mas da tradição hermética na Europa. Impunha-se uma prodigiosa mescla de tempos, lugares e circunstâncias. E em seguida aflorava uma questão: como se pode avaliar, segundo quais critérios, os sistemas de correspondências? A resposta usual entre os antropólogos, segundo a qual esses sistemas deviam ser julgados em relação à sua funcionalidade social, era insuficiente. Pois era evidente que, em sua sutileza e tortuosidade, eles iam muito além de qualquer aplicação na sociedade. Havia neles uma irredutível superabundância de pensamento. Exatamente como nas prescrições dos ritualistas védicos. Esses sistemas eram uma modalidade da mente. Eram substância de pensamento. E esse pensamento esperava apenas ser apreciado enquanto tal: do mesmo modo como se considera e se julga o pensamento de Espinosa ou Leibniz. Àquela altura, tornava-se evidente qual era o gesto destruidor de Mauss em relação à ordem canônica do pensamento, quando se colocou sob a proteção de Tiki. E talvez fosse possível começar a entender plenamente o que se ocultava em algumas frases suas, de aparência inócua. Como: "As filosofias e as ciências são linguagens. Consequentemente, trata-se apenas de falar a melhor linguagem".[15]

O primeiro passo consiste em reconhecer a vastidão, a complexidade, a precisão, a agudeza, a articulação em múltiplos planos dos sistemas de correspondências. O segundo consiste em indagar por que o pensamento, em situações e tempos tão diferentes, sentiu necessidade de assumir aquelas formas. Mauss também tentou dar esse segundo passo, mas apenas o esboçou. Tão logo foi acolhido na Société de Philosophie (as circunstâncias são sempre eloquentes na vida de Mauss), viu-se levado — como ele mesmo disse — a "pagá-la [essa honra] oferecendo prontamente o espetáculo de dois sociólogos que se entredevoram".[16] No caso, tratava-se de Lévy-Bruhl, que lera uma comunicação sobre *La Mentalité primitive*, e que então Mauss se preparava para atacar duramente.

Para Lévy-Bruhl, a palavra que abre todas as portas era "participação". E era exatamente em relação a ela que Mauss fazia objeções. Não porque a palavra não apontasse na direção correta. Mas porque Lévy-Bruhl a utilizava com uma vagueza e nebulosidade que considerava, equivocadamente, elementos integrantes da própria noção. E isso deu a Mauss a oportunidade de tocar no ponto nevrálgico:

> A "participação" não é apenas uma confusão. Ela pressupõe um esforço em confundir e um esforço em tornar semelhante. Não é uma simples semelhança, mas uma *homoíōsis* [assimilação]. Desde a origem há um *Trieb* [pulsão], uma violência da mente sobre si para superar a si mesma; desde a origem há a vontade de unir.[17]

Recorrendo por uma vez, muito estranhamente, a um termo freudiano como *Trieb*, Mauss quer avançar até a nascente dos *bandhu*, aqueles "nexos" que compõem a rede das correspondências. E, nessa vontade de conectar, ele descobre uma *violência* da mente em relação a si mesma. Momento de suspensão, de assombro, de temor, como se pisasse em território proibido. Aqui estamos nos aproximando da amnésia infantil do conhecimento, barreira de fogo e de trevas. Mauss, dessa vez, não disse uma palavra a mais. Recorreu a um objeto etnográfico, como se daria com o *tiki* dos maoris. Quando se via diante de um nó decisivo do conhecimento, que ameaçava desagregar a ordem, Mauss recorria a uma curiosa estratégia, sem declará-la: trocava os trajes de antropólogo pelos de cicerone, que aponta alguns achados arqueológicos nas vitrines do museu. Dessa vez não seriam joias de jade, mas máscaras:

> No Museu do Trocadéro podem-se ver certas máscaras do noroeste americano em que estão esculpidos totens. Algumas têm uma portinhola dupla. Abre-se a primeira e atrás do totem público do "xamã-chefe" aparece outra máscara menor, representando seu totem particular, e depois a última janela revela aos iniciados de grau mais elevado sua verdadeira natureza, seu rosto, o espírito

humano, divino e totêmico, o espírito que encarna. Pois, fique bem claro, naquele momento supõe-se que o chefe esteja em estado de transe, de *ékstasis*, e não apenas de *homoíōsis*. Há transposição e confusão ao mesmo tempo.[18]

Mauss não se detém a indicar as implicações de seu *argumento por meio da imagem*. Mas essas consequências são de longo alcance. Em primeiro lugar, porque apontam para um conhecimento que se dispõe em camadas, em vários níveis, como que passando de um para outro rosto oculto sob a máscara. E cada um desses níveis está solidamente ligado ao outro, pois são os rostos do mesmo xamã: exemplo eloquente de correspondências extremamente sólidas. Mas há um ponto adicional: referindo-se ao uso da máscara xamânica, que é usada em cerimônias caracterizadas pelo transe, Mauss insinua que a *homoíōsis*, o processo de "assimilação" através do qual a mente liga o semelhante ao semelhante, não seria o gesto primordial do pensamento, mas quase a consequência de um *estado*: o transe. A transposição, a fusão do semelhante com o semelhante encontra seu motor num revolvimento da psique. Por outro lado, que o transe é a origem do conhecimento era o próprio fundamento de Delfos. E Mauss, mesmo na concisão estenográfica do ditado, vai além. Se a "participação" de Lévi-Bruhl remonta definitivamente ao transe, já não é porque se trata de uma forma rudimentar ("pré-lógica", diria o próprio Lévi-Bruhl) do conhecimento. Mas mesmo a santa Razão dos *instituteurs* kantianos e comtianos (bem representada por Durkheim) teria a mesma origem. E aqui Mauss desferia o golpe mais duro contra seus interlocutores, contra sua disciplina e seu insigne parente, mesmo mantendo uma formulação impecavelmente neutra:

> A "participação", assim, não implica somente uma confusão de categorias, mas ela é, desde a origem, como entre nós, um esforço

para nos identificarmos com as coisas e para identificar as coisas entre si. A razão tem a mesma origem voluntária e coletiva nas sociedades mais antigas e nas formas mais incisivas da filosofia e da ciência.[19]

Uma das mais deliciosas ironias da história foi Mauss ter sido escolhido, no início de sua carreira acadêmica, como titular da cátedra de História das Religiões dos Povos Não Civilizados. E, já na oitava linha de sua "Aula inaugural", o novo docente declarava, enfatizando as palavras com um grifo: "*Os povos não civilizados não existem*".[20] Mauss fora convidado a ensinar uma matéria que declarava inexistente.

Trinta anos depois, inaugurando seu curso no Collège de France, Mauss pôde se permitir não só evitar qualquer referência àquela incômoda expressão "não civilizado", mas abolir também uma palavra mais obstinada: "primitivos". Especificando: "Toda a humanidade restante, que se diz primitiva e ainda existe, merece antes o nome de arcaica".[21] Desvencilhado desses incômodos refugos da visão positivista e progressista, restava ver quais dignidade e força de pensamento estava-se disposto a reconhecer ao *arcaico*. Pois o arcaico também podia ser concebido como um tosco ensaio com vistas a algo posterior ou como um confuso repertório de que a história, depois de se tornar *compos sui*, iria se abeberar. Era assim que Durkheim explicava o interesse pelos estudos de religião, que de outra forma teria dificuldades em justificar — e disse naquele que é um autêntico manifesto da escola sociológica francesa, o Prefácio de 1898 da *L'Année Sociologique*: "A religião contém em si, desde o início, mas num estado confuso, todos os elementos que, dissociando-se, determinando-se, combinando-se entre si de mil maneiras, deram origem às várias manifestações da vida coletiva".[22] O pressuposto das palavras de Durkheim, difícil de se abalar, é a convicção de que o complexo se explica pelo simples, o superior pelo inferior, o perfeito pelo imperfeito. Se há um dogma ao qual os modernos não estão dispostos a renunciar é precisamente esse. Seria necessária a lucidez de Simone Weil para jogar areia — uma areia fatal — nos mecanismos desse maquinário especulativo: "O imperfeito deriva do perfeito e não o inverso".[23]

Mimetizadas entre os recônditos do *Annuaire de l'École Pratique des Hautes Études* — usualmente compostos como um *pensum* para justificar a atividade didática —, algumas poucas palavras registram que, para o curso de 1934-5, "o diretor [Mauss] conseguiu providenciar a coletânea de White, *Ancient History of Maori* (seis volumes mais um de gravuras)",[24] e assim as aulas foram dedicadas ao estudo da cosmologia dos maoris. Seguiam-se algumas palavras reveladoras, mesmo naquele espaço restrito: a obra de White continha "um dos corpos de mitos cosmogônicos mais coerentes que conhecemos".[25] Por exemplo, o ciclo de Tiki, "macrocosmo e microcosmo, grande deus masculino, falo e feto, criador do Todo", era agora apresentado como "mais importante, mais bem coordenado e, no fundo, quase mais bem documentado do que qualquer outro ciclo de qualquer outra mitologia conhecida".[26] Afirmação carregada de consequências. O que aqui se vislumbrava era uma revolução copernicana: não mais a mitologia egípcia, grega, mesopotâmica, védica teriam de oferecer apoio para entender certos traços da rudimentar e obscura mitologia maori, mas, pelo contrário, podia acontecer que o imenso corpus bem articulado da mitologia maori fosse capaz de abrigar em si, como casos e desenvolvimentos particulares, os sistemas mitológicos das mais altas civilizações. Ou melhor, até de dispô-los *em seus devidos lugares*, como numa sequência ordenada. Pelo menos era o que sugeria uma frase realmente arrojada: "Todos os temas das grandes cosmogonias antigas encontraram nela sua colocação lógica".[27]

Palavras que bastariam para inutilizar os pressupostos da antropologia, de então e de hoje. Aqui as mitologias se apresentam como uma única árvore — uma árvore-floresta, composta de inúmeras outras árvores, dispostas em relações raciocinadas e concatenadas entre si. E a maior aproximação que nos seria concedida, querendo perceber essa árvore-floresta em toda a sua extensão, estaria nos documentos da mitologia maori. Ou seja, a Nova Zelândia, sempre citada como exemplo de lugar perdido, sem nenhuma ligação com as civilizações *altas*, seria o lugar ao qual remontam, como a uma matriz, alguns dos mais grandiosos sistemas mitológicos e cosmológicos. Mauss não teve como trazer a público essa concepção, que sem dúvida lhe criaria embaraços diante de seus colegas. Mas infere-se que pensou com muita frequência nela, visto que a figura de Tiki e dos *tiki* — do deus e dos pingentes de jade que o manifestam — continuou a reaparecer, inclusive num texto de 1937-8 que se perdeu.

Mauss sempre usava uma quantidade de palavras um pouco abaixo do mínimo permitido. Assim, suas declarações sobre Tiki e os *tikis* equivalem a um ensaio programático. Poderia ter se desenvolvido mais ou menos da seguinte maneira: a mitologia é uma modalidade peculiar e irredutível do conhecimento. Seu material são as imagens, as histórias e as suas combinações, assim como a ciência newtoniana é uma certa modalidade do conhecimento que, como materiais, utiliza números, funções, procedimentos de cálculo. Mas, à diferença da ciência newtoniana, que é praticada todos os dias, a mitologia é algo *cujo uso se perdeu.* Suas imagens, sua história se tornaram "palavras vãs".[28] Qual será então a tarefa do antropólogo? Esotericamente, a de examinar a trama inextricável entre todas as formas de vida e a sociedade subjacente a elas, obedecendo a um único princípio: "Os mitos são instituições sociais".[29] Tarefa fácil, que Mauss era capaz de desenvolver brilhantemente. Mas ao mesmo tempo empregava-a como cobertura para o que mais lhe interessava: a investigação esotérica, visando localizar os elementos desse conhecimento perdido, atestado pelos fragmentos dispersos das mitologias, dos ritos, dos sistemas de correspondências. Empreendimento, dessa vez, dificílimo e quase desesperador. Levava Mauss a reconhecer, amargurado: "Estamos ainda na fase de preparação dos materiais de uma mitologia, e muitas vezes não somos capazes de demonstrar senão que os mitos são fenômenos sociais".[30] Aqui, Mauss se via na posição de praticar um duplo ofício: de um lado, o do rigoroso cientista da *sociedade* — esse ser que tudo abrange e que nunca fora estudado antes em todas as suas ramificações; de outro lado, o de um xamã ou um *medicine man* de uma tribo desaparecida que tenta reconstruir sua doutrina passo a passo. É exatamente por causa da sobreposição dessas duas práticas que a obra de Mauss ainda emana uma energia secreta com a qual a própria antropologia, em suas várias escolas e ramificações, parece ter perdido o contato.

Quando se aproximava do Tiki, Mauss também podia parecer brusco. O que podia oferecer o Ocidente, em comparação? A *Teogonia* de Hesíodo. Mas, se se comparassem os dois textos, o que resultava? "Foram feitos cotejos com a *Teogonia* de Hesíodo. A versão maori (e polinésia em geral) parece mais coerente, mais bem elaborada, mais próxima das instituições vivas do que aquela espécie de compilação grega."[31] Que descaramento... não só os maoris e os gregos se apresentavam no mesmo plano, mas aqui a parte do tosco, do informe era atribuída a Hesíodo — ou a "aquela espécie de compilação" que passa sob seu nome. Era a inversão da concepção wilamowitziana da Antiguidade clássica, a liquidação de qualquer pretensão hegemônica da Europa nas coisas do espírito. Mas onde se anunciava esse evento que era um verdadeiro marco de época? Na ementa (em meia página) do curso de Mauss no ano de 1937-8, dedicado às "relações entre certos jogos e certas cosmologias arcaicas",[32] no *Annuaire du Collège de France*. Poucos se deram conta.

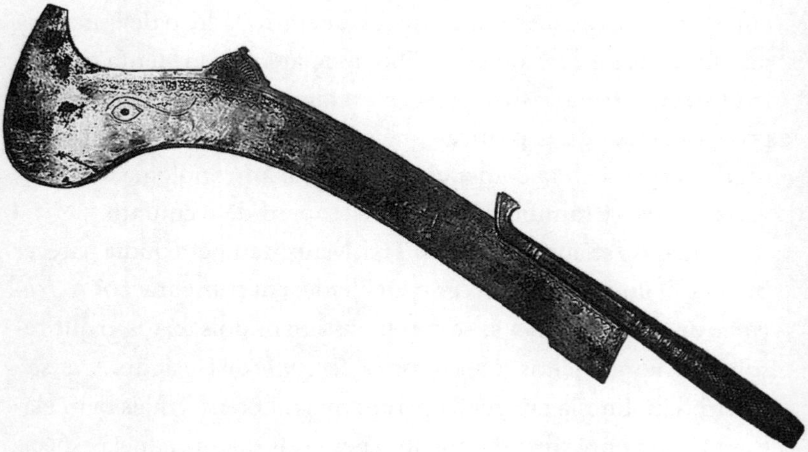

19. O ato de matar

Se, ao escavar o terreno para o altar, já se temia ferir a terra e suas criaturas, a execução de animais devia se afigurar como um horror.

Julius Schwab, *Das altindische Thieropfer*

A pergunta a ser respondida: por que o desequilíbrio entre divino e humano deve ser corrigido com o ato de matar?

O homem é o único ser do reino animal que abandonou sua natureza, se por natureza se entende o repertório de comportamentos que parece acompanhar cada espécie desde o nascimento. Forte, mas não o suficiente para não ter que reconhecer sua condição de indefeso diante de outros seres — os predadores —, o homem decidiu num certo momento, que pode ter se prolongado por 100 mil anos, não se opor a seus adversários, mas *imitá-los.* Foi então que a presa se preparou para se tornar predador. Tinha dentes e não presas — e unhas insuficientes para rasgar a carne. Tampouco dispunha de um veneno produzido pelo próprio corpo, como as serpentes, temíveis predadoras. Teve então de recorrer a algo de que ninguém dispunha: a arma, o instrumento, a prótese. Assim nasceram a pedra lascada e a flecha. Naquela altura, com a imitação e a fabricação de instrumentos, foram dados dois passos decisivos que toda a história restante tenta elaborar até hoje: a mimese e a técnica. Olhando para trás, o desequilíbrio produzido pelo primeiro passo — o da mimese, com o qual os homens decidiram imitar, entre todos os seres, precisamente aqueles que os matavam com maior frequência — é incomparavelmente mais radical do que qualquer outro passo posterior. Uma resposta a essa perturbação foi o sacrifício. Assim, um comportamento incongruente em relação a todos os outros que se encontram no reino animal veio a se manifestar praticamente em todas as partes. O sacrifício era a resposta àquela imensa perturbação no interior da espécie — e a tentativa de reequilibrar uma ordem que fora lesada e violada para sempre.

A morte é onipresente na cadeia alimentar, que atravessa todo o reino animal. Em cada elo seu, certas espécies devem matar outras para sobreviver. Com o homem, a cadeia não se interrompe; pelo contrário, amplia-se. Mas o homem é também o único ser que reflete sobre o matar, que elabora o ato numa sequência de gestos prescritos. Como dizem os ritualistas védicos, o homem é a única das vítimas sacrificiais que celebra sacrifícios. Isso acontece não porque o homem ocupe a posição final, o ponto culminante na cadeia alimentar. Acima dele estão os predadores alfa, que por milênios o aterrorizaram e caçaram — e ainda hoje podem vencê-lo. A capacidade de refletir sobre o matar é, portanto, uma anomalia na cadeia alimentar, uma bifurcação imprevista que se produz somente nesse elo da corrente. Acima e abaixo dela, tudo continua e prossegue como sempre, sem variações. O repertório dos gestos está estabelecido com antecedência e ignora a história. A qual, aliás, é justamente a história dessa anomalia: a transformação de um ser fundamentalmente vegetariano num ser onívoro. História dos diversos modos em que essa anomalia se manifestou em atos e gestos. Se se observasse a cadeia alimentar a uma distância astral, a história humana apareceria como um elo deformado, que assume formas múltiplas e variadas, diante da fixidez geometricamente rigorosa de todos os demais.

O risco mais alto do sacrifício é se assemelhar demais a um simples abate e esquartejamento de um animal. É necessário se antecipar à pergunta: por que inventar a complicadíssima cerimônia do sacrifício, se no fim tudo se reduz a uma distribuição de nacos de carne? Assim responde o *Aitareya Brāhmaṇa*: a vítima sacrificial deverá ser dividida em 36 partes, *porque* a estrofe *bṛhatī* é composta de 36 pés: "Dividindo-a dessa maneira, faz-se da vítima um ser celeste, enquanto os que procedem de outra maneira a dilaceram como bandoleiros ou malfeitores".[1]

Quando se chega à máxima proximidade entre a cerimônia sacrificial e o rude, selvagem e amorfo curso das coisas, a última barreira de defesa, a única ainda capaz de manter uma separação entre o comportamento que obedece a uma ordem e o comportamento de "bandoleiros ou malfeitores" é o metro. E aqui se capta a elevada função que o metro desempenhava no Veda, enquanto primeira escansão de uma forma, primeiro cuidado eficaz para se destacar da sucessão insensata e arbitrária do existente. Por isso a incansável elaboração de correspondências entre cada metro e cada deus. Onde se enuncia, entre outras coisas, que "a *bṛhatī* é a mente".[2] Assim, se a mente abrange em si os 36 pedaços da vítima sacrificial, isso basta para transformar esses pedaços de carne em fragmentos de uma estrutura dotada de vida própria — e que é talvez também "um ser celeste".[3]

A linha divisória é, sem dúvida, muito tênue. Mas surge a dúvida se isso já não era um elemento essencial do jogo. No fundo, era muito mais nobre e muito mais simples verter algo — mesmo um líquido comum como o leite — para dedicá-lo aos deuses. Cerimônia solitária, poderosíssima, incruenta, manancial de todo sacrifício. Portanto, seria possível pensar que, mesmo quando se dedicava aos deuses um líquido precioso como o *soma*, estavam sendo reproduzidos os gestos do *agnihotra*. Mas não era assim. Os ritos do *soma* deviam ser acompanhados por um sacrifício de animais. Era como se, dessa maneira, o sacrifício quisesse se pôr à prova, quisesse mostrar quão próximo estava daquilo que necessariamente ocorria na vida normal, não ritual, a qual é sempre uma vida de "bandoleiros ou malfeitores". E, ao mesmo tempo, quão distante estava dela, como provava a vertiginosa complexidade de todo o *agniṣṭoma*, o sacrifício do *soma* no qual a imolação de animais era apenas uma dentre as numerosíssimas sequências de gestos prescritos.

Puruṣa é uma figura altamente misteriosa. Embora amiúde traduzida por Homem (também por Renou), no *Ṛgveda* não é uma palavra usualmente empregada para designar o homem. Por outro lado, nos Brāhmaṇa o sacrifício humano é chamado de *puruṣamedha* (termo que não aparece no *Ṛgveda*). *Manu* é muito mais frequente no *Ṛgveda* — e a origem da palavra (de *man-*, "pensar") é muito mais clara. Puruṣa, no entanto, aparece no hino 10, 90, que narra como seu corpo retalhado no sacrifício dá origem às várias partes do universo, mas no resto do *Ṛgveda* a palavra aparece, e apenas de passagem, somente em outros dois hinos. Quanto à sua derivação, a única plausível é de *pūrṇa*, "pleno".

Portanto, associável à "sala da plenitude"[4] na *Bṛhadāraṇyaka Upaniṣad*. O *Ṛgveda* apresenta Puruṣa e o esquartejamento de seu corpo apenas uma vez, para mostrar como se estabeleceu a ordem: "Estes foram os primeiros ordenamentos".[5] Do mesmo modo, Prajāpati aparece apenas uma vez, no hino 10, 12, para responder à pergunta sobre *ka*, sobre *quem* deve ser o destinatário do sacrifício. É indiferente se a última estrofe, na qual se pronuncia seu nome, foi acrescentada posteriormente ou não. O decisivo é que, nos 1028 hinos do *Ṛgveda*, apenas num hino fala-se da figura da qual tudo depende, seja ela Puruṣa ou Prajāpati. Em compensação, nas vastas e acidentadas planícies dos Brāhmaṇa e das Upaniṣad, Puruṣa e Prajāpati são infindavelmente abordados.

Pode-se dizer que, no *Ṛgveda*, as duas figuras servem em primeiro lugar como suporte para duas frases com formidável capacidade de expansão, como elas demonstrarão em todo o restante do Veda. Para Prajāpati, é a pergunta que se repete ao final de cada estrofe, antes que se pronuncie seu nome: "A qual deus devemos oferecer a oblação?".[6] Para Puruṣa, a frase ressoa na última estrofe: "Os deuses sacrificaram o sacrifício mediante o sacrifício (*yajñéna yajñám ayajanta devā́s*)".[7] O que indica a especial densidade e solenidade da fórmula é o fato de se repetir idêntica, com todo o verso seguinte, ao final do hino 1, 164, o vertiginoso hino de Dīrghatamas, o *ṛṣi* Longa-Treva. Aqui também, os intérpretes parecem recuar perante a ousadia da fórmula. Geldner traduz: "Com o sacrifício os deuses sacrificaram ao sacrifício".[8] Mas *yajñám* é um acusativo, não um dativo. De um lado, a forma medial do verbo *yaj-* permite também essa leitura. Renou traduz: "Os deuses sacrificaram o sacrifício através do sacrifício".[9] E o significado obviamente muda. Mas mesmo em Renou há uma elisão, tão logo passa a comentar o verso: "Em outras palavras, o Homem é ao mesmo tempo objeto oferecido (vítima) e objeto ao qual se almeja (divindade)".[10] Mas é preciso pelo menos uma glosa adicional: no verso védico desenha-se o círculo vicioso da autorreflexão que, desde então, os homens foram obrigados a percorrer, até Gödel e mais adiante. Círculo vicioso que não é um defeito do pensamento, mas fundamento do próprio pensamento. Os *ṛṣi* tinham certeza: "A isso se ativeram os *ṛṣi* humanos, nossos pais, quando o sacrifício original nasceu nos tempos primordiais. Com o olho da mente tenho a impressão de vê-los, aqueles que foram os primeiros a sacrificar esse sacrifício".[11]

Quanto a Puruṣa: é verdade que os deuses se comportaram com ele como os oficiantes que amarram a vítima à "estaca", *yūpa*. E diz-se explicitamente: "Quando os deuses, ao preparar o sacrifício, amarraram Puruṣa como vítima".[12] É verdade também a passagem seguinte: que os deuses despedaçaram Puruṣa, como ocorre com toda vítima animal ("quando haviam esquartejado Puruṣa").[13] Mas, ao mesmo tempo, Puruṣa já era o sacrifício, como os Brāhmaṇa explicarão amplamente. Junto com Prajāpati, ele aparecera do ovo de ouro que flutuava sobre as águas: "Ao cabo de um ano, dele nasceu Puruṣa, esse Prajāpati".[14] E Prajāpati, como se repete com insistência, *é* o sacrifício. Por isso os deuses, que operavam sobre seu corpo, não eram senão seus instrumentos. E assim, um dia, tais seriam os homens, que imitam os deuses em seus atos. Somente isso podia aliviar a culpa de ter matado aquele do qual tudo nascera, bocado por bocado: os metros, as estrofes, os cantos, mas também o céu, o Sol, a Lua. Culpa que os deuses lançaram sobre os homens, antes que os homens, por sua vez, a lançassem sobre os deuses.

Em suas infindáveis vicissitudes, às vezes Prajāpati parecia ignorar o que ele mesmo havia feito. Depois de gerar o mundo dos homens e o dos deuses, olhou-os como se fossem algo estranho e desconhecido:

Prajāpati desejou: "Que eu pudesse conquistar os dois mundos, o mundo dos deuses e o mundo dos homens". Viu aqueles animais, os domésticos e os selvagens. Tomou-os e por meio deles tomou posse dos dois mundos; por meio dos animais domésticos tomou posse deste mundo, e por meio dos animais selvagens tomou posse do outro mundo: porque este mundo é o mundo dos homens e aquele outro é o mundo dos deuses. Assim, quando toma os animais domésticos, com isso toma posse deste mundo e, quando toma os animais selvagens, com isso toma posse do outro mundo.

Se ele consumasse o sacrifício com os animais domésticos, os caminhos convergiriam, as aldeias teriam fronteiras próximas umas das outras e não haveria ursos, homens-tigre, ladrões, assassinos e bandoleiros nas florestas. Se ele consumasse o sacrifício com os animais selvagens, os caminhos divergiriam, as fronteiras das aldeias ficariam distantes e haveria ursos, homens-tigre, ladrões, assassinos e bandoleiros nas florestas.

A esse respeito dizem: "Certamente este, isto é, o animal selvagem, não faz parte do rebanho e não deve ser oferecido: se ele o oferecesse, aqueles animais em pouco tempo arrastariam o sacrificante morto na floresta, porque aos animais selvagens pertence a floresta; e, se ele não oferecesse os animais selvagens, seria uma violação do sacrifício". Por isso libertam os animais selvagens depois de passar ao redor deles com o fogo: assim, de fato, não é uma oferenda, tampouco uma não oferenda e assim não arrastam o sacrificante morto na floresta e não há violação do sacrifício.[15]

Prajāpati parecia ter esquecido momentaneamente que produzira o mundo, o qual se lhe apresentava desde o início dividido em dois: este e aquele, mundo dos homens e mundo dos deuses. Ou seja, mundo da não verdade e mundo da verdade. Prajāpati queria descobrir a maneira de tomar posse desses mundos. Então "viu" os animais. Esse *ver* tem, nesse caso, uma vibração inquietante, pois está sempre ligado a uma ação. E a ação é uma só: o matar. Nesse "viu" reconhece-se ainda a percepção do caçador pré-histórico.

Para ter acesso à conquista do mundo dos homens e do mundo dos deuses era necessário servir-se dos animais. Os animais são o teclado dos dois mundos. Ao mesmo tempo, há entre os animais uma cisão que corresponde perfeitamente àquela entre homens e deuses: uns equivalem aos animais domésticos, os outros aos animais selvagens. Poderíamos pensar, então, que Prajāpati (modelo de todo sacrificante) se preparava para um duplo sacrifício. Mas não foi assim. De um lado, o único modo da ação é o sacrifício. De outro, o sacrifício do animal selvagem levaria à ruína do sacrifício: a vítima, poderosa demais, mataria quem a mata ou o arrastaria para *seu* mundo. Aqui se acende a centelha metafísica, como sempre, no instante em que nos aproximamos do choque com a contradição insolúvel. Nesse momento, o raciocínio se interromperia e não ousaria dar mais nenhum passo. Não, porém, a liturgia. A solução encontrada — libertar a vítima, mas antes andar à sua volta com um tição aceso, gesto que se cumpre apenas como prelúdio da imolação — não é uma tentativa pueril de conciliação, nem o sinal de uma derrota especulativa. Pelo contrário, é o sinal de que o pensamento, em sua investigação sobre a vida, se deparou com algo que não admite uma solução unívoca, mas exige duas respostas contrastantes. De um lado, o sacrifício só pode ser total — e por isso também deve alcançar o âmbito dos animais selvagens —, porque o sacrifício coincide com a própria vida. De outro, o sacrifício dos animais selvagens implicaria o fim do sacrificante — e por isso a interrupção da atividade sacrificial.

Tal situação é comparável à do mundo contemporâneo, em relação a um fato que se sobrepõe ao que é aqui tratado: matar animais. De um lado, tem-se uma prática irrestrita dessas mortes, com base numa dita necessidade social (não é possível impor o vegetarianismo por decreto). Por outro lado, qualquer tentativa de dar uma justificativa ética ao fato malogra miseravelmente, mesmo no interior de uma civilização que se gaba de dar justificativa ética a tudo. O contraste é evidente e estridente. Mas nem por isso está incorporado à consciência comum. Aliás, deixa-se o tema de lado, como algo incômodo. Será uma provocadora profissional como Elizabeth Costello que o levantará no campo acadêmico, como conta Coetzee, seu cronista. A reação é uma sucessão de tossidelas embaraçadas.

O primeiro gesto do sacrifício enquanto personagem é a fuga. Foge dos deuses, antes do que dos homens. E a fuga dos deuses ocorreu quando estes ainda não eram deuses. Apenas com o sacrifício, de fato, é que virão a sê-lo plenamente. Nunca se diz claramente *por que* o sacrifício foge. Mas sabemos que ser o sacrifício implica, antes de mais nada, permitir-se ser morto. E há uma revolta profunda, em todo ser, diante disso: antes de todos os outros, no ser que é o próprio sacrifício.

Não há nada de imediato e certo no sacrifício: pelo contrário, ele é o resultado de uma ação de recuperar, de chamar de volta por meio da palavra. Os deuses tiveram de implorar ao sacrifício: "Ouve-nos! Retorna a nós!".[16] E o sacrifício então concordou. Mas essa concordância vinha após uma ríspida recusa. Cientes da delicadeza do empreendimento, os sacerdotes passam de mão em mão — "como um balde de água",[17] comenta Sāyaṇa — esse ser frágil como uma semente. Assim se institui uma tradição.

O sacrifício é um animal pronto para fugir. Manter o silêncio é como fechar esse animal num cercado. E isso dá a impressão de possuí-lo. Mas, se o sacrifício foge, tornando-se palavra articulada, então a fórmula sagrada — *ṛc* ou *yajus* — revelará sua natureza de remédio extraído do próprio mal:

> Ao reter a palavra — visto que palavra é sacrifício —, com isso ele encerra o sacrifício dentro de si. Mas quando, depois de ter retido a palavra, ele emite algum som, então o sacrifício, deixado em liberdade, foge. Nesse caso, então, ele deveria murmurar um *ṛc* ou um *yajus* dirigido a Viṣṇu, porque Viṣṇu é o sacrifício; assim ele captura de novo o sacrifício; e tal é o remédio para essa transgressão.[18]

No centro do sacrifício encontra-se uma palavra obscura: *medha*, a essência sacrificial que circula no mundo como a água e se adensa em cem seres, adequados ao sacrifício. E "essência" aqui não se apresenta (apenas) no sentido metafísico: *medha* significa "medula", "suco", "linfa". "No início, os deuses ofereceram o homem como vítima. Ao ser oferecido, a essência sacrificial, *medha*, saiu dele. Entrou no cavalo."[19] E, depois do cavalo, no boi, na ovelha, no bode, por fim no arroz e na cevada. A substituição sacrificial implica que uma substância vivificante continua a fluir, mesmo que hospedada em receptáculos diferentes. A passagem do animal ao vegetal é apenas uma dessas passagens. Mas não se deve pensar que isso se dá porque o sacrifício se torna progressivamente mais inócuo. Pelo contrário: é seu caráter de executor da morte que é reivindicado também para o arroz e a cevada. Mata-se *tudo* o que possui a essência sacrificial, *medha*. O arroz e a cevada, tanto quanto o homem ou o boi. O processo é um só, a circulação é a mesma, "para aquele que sabe assim".

> Então, quando preparam o sacrifício, celebrando-o, matam-no; e quando espremem o rei Soma, matam-no; e quando fazem a vítima concordar e a despedaçam, matam-na. É por meio do almofariz e do pilão e com duas pedras de moer que matam a oferenda de trigo.[20]

Várias vezes os Brāhmaṇa foram acusados de ser "imensamente monótonos".[21] Todavia, no interior desses textos encontram-se às vezes — aliás, com tal frequência que invalidam a acusação de monotonia — frases ou sequências de frases que dizem com plena clareza e máxima concisão aquilo que outros, em outros lugares, hesitaram em formular. Os textos litúrgicos das mais díspares civilizações sempre foram reticentes sobre o ato de matar. Aliás, é a ocasião preferida para o eufemismo. Não é o que acontece no *Śatapatha Brāhmaṇa*. O ato de matar, inato no sacrifício em geral, aqui se aplica, antes de mais nada, ao próprio sacrifício: celebrar um sacrifício implica matar o sacrifício. O que se entende por isso não é imediatamente claro, mas pode ser associado às histórias em que o sacrifício, em forma de cavalo ou de antílope, foge dos deuses. O sacrifício pode ser uma abstração — e às vezes foge diante de outras tantas abstrações, como a "soberania sacerdotal". Mas da mesma maneira pode-se matar uma planta que é um rei: Soma. Ou ainda uma simples oferenda de cevada. Ou também uma vítima animal. A maioria empregaria a palavra "matar" apenas em relação a esta última. Mas, para os ritualistas védicos, o matar a vítima animal é apenas um entre muitos casos, numa sequência de mortes. Tal procedimento poderia ser lido como o oposto da eufemização. Em vez de edulcorar o acontecimento violento, ele é expandido, aplicando-o a tudo. Pois o que ocorre no sacrifício se aplica a tudo o que existe e se encontra em todos os níveis da existência, tanto nas abstrações quanto nas plantas.

Em sânscrito, grego e latim, o matar era definido como "consentimento" do animal a ser imolado. Na Índia, a execução se dava fora da área sacrificial e não devia ser vista por ninguém, exceto pelo *śamitṛ*, o abatedor que executava o ato. E, mesmo no caso em que se sacrificava uma substância vegetal como o *soma*, o almofariz devia atingi-lo na presença de um personagem vendado.

Nos galpões de criação intensiva, no momento presente, milhões de animais levam uma vida torturante, amontoados em espaços que lhes impedem os movimentos, antes de ser abatidos do modo mais prático. Segundo a ideologia da indústria alimentícia, isso aconteceria com o "consentimento", *consent*, dos próprios animais, que se sentiriam *mais seguros* nessas condições.

Quando se chegava a certas passagens cruciais, alguns gestos serviam para contornar e superar uma contradição que, de outra forma, seria paralisante. Quando o animal escolhido como vítima é conduzido à imolação, o sacrificante deve tocar nele ou não? Não deve tocar nele — diz-se — porque está sendo conduzido à morte. Deve tocar nele — diz-se também — porque "essa [vítima] que conduzem ao sacrifício não é conduzida à morte".[22] Qual das vozes tem razão? Ambas. Mas qual seguir? Se o sacrificante toca na vítima, tem contato com a morte. Se não toca, está excluído do sacrifício. O que fazer, então? Observando a cena sacrificial, via-se que o *pratiprasthāṭr* guiava a vítima tocando-a por trás com dois espetos, o *adhvaryu* segurava a barra da veste do *pratiprasthāṭr* e, por fim, o sacrificante segurava a barra da veste do *adhvaryu*. Avançando em fila, em silêncio, como os cegos de Bruegel. Mas um pouco encurvados, concentrados. Essa maneira de avançar era a solução: assim, o sacrificante ao mesmo tempo tocava e não tocava a vítima. Desse modo pensaram escapar à lógica, mediante o gesto ritual.

No momento da imolação, desvia-se o olhar. O animal é morto fora do traçado sacrificial, junto ao *śāmitra*, o fogo onde cozerão os membros da vítima, exterior à área trapezoidal preparada para o sacrifício, no lado noroeste. Como na tragédia grega — e com plena correspondência de significado —, a morte é o que ocorre *fora da cena*. O rito ou a tragédia são complexas operações cerimoniais que permitem elaborar esse evento intratável, ao qual não é permitido assistir.

Esse é o momento principal em que se manifesta a eufemização, intrínseca a todo sacrifício. Antes de golpear a vítima, não se pode dizer: "Mata!", pois "esta é a maneira humana". É preciso dizer: "Faze-a aceitar!".[23] Alguns julgam essa prescrição hipócrita; outros, sublime. É ambas. E, principalmente, é o que ocorre de qualquer maneira, tão logo o gesto mudo se reveste de palavras. Mas seria ingênuo pensar que os ritualistas védicos se preocupavam em encobrir ou atenuar algo. Não correspondia em absoluto ao estilo deles. Se fosse necessário, sabiam especificar com a maior clareza: "Quando fazem a vítima aceitar, matam-na".[24]

A fórmula bramânica mantém exata correspondência com o ritual romano, que exigia o dócil consentimento da vítima para que a cerimônia fosse impecável. E já o oráculo de Delfos reconhecera que "se um animal aceita abaixando a cabeça em direção à água lustral [...] sacrificá-lo é correto".[25]

A contrariedade continua também depois da morte — ou do consentimento, se quisermos adotar o uso dos deuses. Naquele momento, a vítima se tornou alimento para os deuses. Mas "o alimento dos deuses é vivo, imortal para os imortais",[26] enquanto a vítima é um animal exangue, estrangulado ou degolado. A contradição se adensa sobretudo em torno da morte da vítima sacrificial, como grumos que afloram em vários pontos de uma tela, estragando-a. Como proceder? Então via-se avançar a mulher do sacrificante. Dirigia-se ao sacrifício, louvava-o. Depois se aproximava da vítima e começava a limpar seus orifícios com água. Por ali passavam — tinham passado — os espíritos vitais. Mas "os espíritos vitais são água".[27] Assim, agora, recém-umedecido, aquele corpo imóvel voltava a ser "realmente vivo, imortal para os imortais".[28] Outro obstáculo fora contornado.

* * *

A primeira forma tangível do mal é produzida pela angústia da vítima que está prestes a ser morta. Essa angústia se deposita no coração. Mas a primeira característica do mal é que, como a energia, não se deixa eliminar, mas apenas se transformar, se deslocar. Assim, o mal passa do coração da vítima ao espeto que a trespassa. Mas o que acontecerá com o espeto? Os oficiantes gostariam que fosse tragado pela correnteza, perto do terreno sacrificial. Assim, cautelosos, aproximam-se das águas — tentam abrandá-las, pedindo-lhes que sejam amigas. As águas, porém, logo que os veem se aproximando com o espeto, recuam. Então tem início uma negociação. Os oficiantes sabem que precisam entrar num acordo com as águas. Concedem que não lançarão o espeto a elas depois do sacrifício a Agni e Soma — tampouco depois do sacrifício exclusivo a Agni. E em troca eles obtêm que, depois de abatida a vaca estéril, no final da cerimônia, poderão lançar o espeto às águas. Os ritualistas se deram por satisfeitos com esse resultado, porque com a vaca estéril "o sacrifício se completa".[29] E aquilo que conclui — pensaram eles — tem, por sua posição estratégica, o poder de transfigurar tudo o que o antecedeu. Libertando-se dessa extremidade do mal, podiam se convencer de que haviam se libertado de todo o mal. Seria difícil obter mais do que isso.

O sentimento de culpa pelo sacrifício já era extremamente agudo nos deuses. Quando se agarrou a primeira vítima, foram tomados por um sentimento de temor: "Não se sentiram inclinados àquilo".[30] Sabiam que o que estava para se realizar constituía o modelo de toda culpa. E o transmitiriam aos homens. Assim, a despeito de qualquer especulação sacrificial que algum dia se sobrepusesse à culpa, até vaguear na abstração ou nos locais mais remotos do céu ou das origens, ao final da cerimônia essa percepção da culpa reafloraria, ainda mais aguçada, imperiosa — e concentrada num objeto: o espeto que transpassa o coração. Como eliminá-lo? A culpa não se desfaz, não se dissolve, não se atenua. Tal como um material radioativo, ela continua a irradiar. Mais uma vez, tratava-se de encontrar uma solução para o insolúvel: "Enterrará o espeto no ponto onde o seco e o úmido se encontram".[31] Ponto misterioso, não identificável. Ponto — pode-se supor — onde os elementos se neutralizam, onde até a angústia ficaria suspensa, inoperante, embora não eliminada. Isso é o que se pode alcançar: um equilíbrio precário. A angústia permanece. Libertar-se do espeto tão logo se mate a vaca estéril: esse é o pacto vigente, até hoje. A medida mais eficaz tem sido a de esquecê-lo.

No final do sacrifício, são necessários ritos para sair dele. Que correspondem ponto por ponto aos ritos celebrados para entrar no sacrifício. Aqui tem origem a forma A-B-B-A, conhecida por todos os que estudam música. Assim também toda estrutura em que o fim deve corresponder ao início. E, visto que no início não havia nada na área do sacrifício, trata-se em primeiro lugar de destruir, eliminar, anular as marcas. Queimam-se as ervas que serviram de travesseiro para os deuses invisíveis, destroem-se os diversos instrumentos, queima-se a estaca sacrificial. Apenas um objeto permanece intacto, porém oculto: o espeto que trespassou o coração da vítima, porque "o instrumento do crime ou da dor deve ser ocultado".[32]

O dilema máximo do sacrifício se apresentou quando mataram Soma. Então houve uma troca de palavras entre os deuses e Mitra, que o sacrificante relembra no momento em que mistura o *soma* com o leite:

> Ele o [o *soma*] mistura ao leite. A razão pela qual o mistura ao leite é esta. Soma na verdade era Vṛtra. Ora, quando os deuses o mata-

ram, disseram a Mitra: "Mata-o, tu também!". Mas ele não queria e disse: "Sem dúvida sou amigo (*mitra*) de todos; se não sou amigo, eu me tornarei não amigo (*amitra*)". "Então te excluiremos do sacrifício!" Ele disse: "Mato eu também". O gado se afastou, dizendo: "Ele, que era amigo, tornou-se não amigo!". Ele ficou sem gado. Misturando [o *soma*] ao leite, os deuses então lhe forneceram gado; e de modo semelhante agora este [oficiante] lhe fornece [ao sacrificante] misturando [o *soma*] ao leite.

E a respeito disso dizem: "Certamente não lhe agradou matar!". Por isso o leite que havia nessa [mistura] pertence a Mitra, mas o *soma* pertence a Varuṇa: por isso deve ser misturado ao leite.[33]

Sacrificar não pode ser senão uma cumplicidade no matar. Apenas assim consegue-se evitar a exclusão do sacrifício. E deve ser uma ameaça muito grave, se até mesmo Mitra, o Amigo, aquele que representa a pureza do brâmane, aceita participar da execução mortal para não ser excluído do rito. Mas o que perde aquele que é excluído do sacrifício? Tudo — se aquilo que se pode ter é um resultado da ação, e se a ação se desprende do desejo. Quem aceita a ação — e o desejo que a move — aceita também o matar. É a regra inflexível da sociedade sacrificial, nisso semelhante a — e talvez modelo de — qualquer sociedade secreta, qualquer sociedade criminosa. O grupo se funda na cumplicidade — e a cumplicidade mais sólida é dada pelo matar. Que depois essa execução consista em espremer o sumo de uma planta, nada tem de tranquilizante. Pelo contrário, deve dar a entrever que o reino onde opera o matar é mais vasto do que se pode pensar, tão vasto quanto o mundo.

Na época védica, quando se diz *os invisíveis*, não se deve entender como uma alusão metafísica, e sim como referência a uma situação que reaparece em todos os ritos "solenes", *śrauta*. Os presentes pertencem a quatro categorias: o sacrificante, em benefício do qual se celebra o rito (assiste, mas não age, uma vez que tenha passado pela consagração); os oficiantes (dezesseis: os *hotṛ*, os *udgātṛ*, os *adhvaryu*), que devem recitar os versos do *Ṛgveda*, cantar as melodias do *Sāmaveda*, murmurar as fórmulas do *Yajurveda* — e ao mesmo tempo cumprir os incontáveis gestos que compõem a cerimônia (este último é tarefa exclusiva do *adhvaryu*); o brâmane, sacerdote que observa todos os detalhes e intervém apenas se se comete algum erro, mantendo-se em silêncio quanto ao resto. Mas há ainda um último grupo entre os presentes: os deuses, os invisíveis. Ou mais precisamente: aqueles que estão acocorados ao redor do fogo *āhavanīya*, sobre camadas fragrantes de erva *kuśa*, todos invisíveis, exceto Agni e Soma. Agni sempre visível, porque é o fogo. Rei Soma visível no *agniṣṭoma*, porque nesse rito é o próprio *soma* que é oferecido.

Depois de ser purificado graças ao *pavitra* — o "filtro" que, nesse caso, é feito de caules de erva sagrada —, porque "impuro, na verdade, é o homem; é podre por dentro enquanto diz a não verdade",[34] o sacrificante dobra os dedos na palma da mão, um por um, evocando a cada um deles uma potência, porque quer *agarrar* o sacrifício. E o comentador acrescenta: "De fato, o sacrifício não é agarrado de modo visível, como um bastão ou uma vestimenta, mas, como invisíveis são os deuses, invisível é o sacrifício".[35]

Qualquer prática sacrificial, sob qualquer céu, implica a relação com o invisível. Mas nunca essa relação foi tão declarada, celebrada, estudada até os mais ínfimos detalhes, chegando a incluir os movimentos dos dedos mindinhos, quanto na Índia dos ritualistas védicos. Assim descobrimos que os mindinhos são os primeiros dedos a se mover no gesto de agarrar o sacrifício e representam nada mais nada menos que a mente. Essa contínua oscilação entre ínfimo e imenso, com igual atenção a ambos, é a primeira característica da liturgia védica. E são tão grandes a tensão e precisão dessa relação — densíssima, incessante — com o invisível que não admira que a cena visível da vida védica tenha permanecido tão despojada, tão discreta, tão alheia a qualquer monumentalidade, e que seus habitantes tenham se preocupado tão pouco em deixar marcas suas que não fossem textuais e não encontrassem seu objeto naquele invisível que não se pode agarrar como um bastão ou a barra de uma veste, mas que mesmo assim precisa ser agarrado. Assim como outrora o animal da floresta, o invisível é a presa que a liturgia ensina a caçar, ficando à espreita, espiando, agarrando-o. E finalmente matando-o, como ocorria na caça e agora se repete nos atos do sacrifício.

Por fim, coloca-se uma última pergunta sobre o sacrifício: por que o que é oferecido ao invisível deve também ser morto? Asfixiar o animal, espremer o *soma*, moer os cereais: trata-se sempre de matar. E isso já implica uma agudização do pensamento, um esforço de explicitação que não foi considerado necessário em outros lugares. Mas, para os ritualistas védicos, com isso chegara-se apenas à penúltima pergunta. A ela encadeava-se outra, que insistiam em formular: por que a celebração de um sacrifício é também a morte do sacrifício? Por que, no caso do sacrifício, a execução do ato só pode ser a execução capital, não apenas da vítima, mas também do próprio sacrifício? Por que o sacrifício é um ato que não só mata, mas se mata?

Aqui se ingressa na zona mais recôndita da especulação litúrgica védica, uma zona em que se torna cada vez mais difícil encontrar paralelos em outras civilizações. E é uma zona onde é preciso se mover com cautela, porque "os deuses amam o segredo",[36] como repetem incansavelmente os textos, tão logo se transpõe a soleira do esotérico.

Por que então o próprio sacrifício deve morrer, a cada vez que é realizado? E por que depois deve ser realizado novamente? O sacrifício nunca é, nunca poderia ser um ato único. O ato único é o assassinato: a faca que esquarteja um corpo, a flecha que se crava. O sacrifício é — e não poderia deixar de ser — uma *sequência* de atos, uma composição, um *opus*. Tudo converge lenta e meticulosamente para a oblação ou a imolação. Horas, dias, até meses (ou anos) de um lado; poucos instantes — ou um só instante — de outro. O sacrifício exige tempo, exige *o tempo*, a articulação na duração. Mas sabemos pelas vicissitudes de Prajāpati que a articulação na duração equivale à desarticulação do Progenitor, a seu desmembramento no Ano, portanto, à sua morte: "Quando [Prajāpati] se desarticulou, o sopro vital saiu de seu interior" —[37] e, coisa ainda mais grave para o Progenitor dos deuses, Prajāpati sentiu terror da morte: "Depois de ter criado todas as coisas existentes, sentiu-se esvaziado e teve medo da morte".[38]

A vida do Baixo requer a morte do Alto, assim como a vida do Alto exige a morte do Baixo. Para que os deuses continuem a viver, é preciso que se execute uma morte. Para que os homens continuem a viver, é preciso que o Progenitor seja desmembrado no mundo. Este é o *ṛta*, a "ordem do mundo" — ou, pelo menos, um de seus princípios reguladores. Mas mesmo isso não basta — e remete a mais. Entre o visível e o invisível não pode haver uma circulação fluida, uma troca desimpedida. Há um desnível brusco entre os dois polos, que só pode ser superado mediante procedimentos exatos e complexos. O matar sacrificial é o mais grave e evidente deles. Se as oferendas circulassem intactas entre o céu e a terra, se não demandassem o acompanhamento de um ato violento, haveria uma correspondência imediata entre o visível e o invisível. O invisível transpareceria a todo momento no mundo, que viria assim a perder sua opacidade, sua rígida mudez. A vida seria imensamente mais fácil — e também menos aventurosa. Mas não é assim. A cada despertar corresponde uma incerteza radical sobre tudo — e, se o *agnihotra* devia ser celebrado todos os dias, logo antes do nascer do sol, era também porque não havia nenhuma garantia de que fosse amanhecer. Talvez Sūrya, Sol, precisasse de ajuda.

A violência — mesmo que circunscrita, atenuada, eufemizada — era inelidível, enquanto único sinal adequado, pois irreversível, desse desnível, desse hiato, dessa discrepância entre o visível e o invisível que nada poderia remover. Entre os dois extremos havia uma cavidade, uma ferida aberta. Ela podia ser — provisoriamente — sanada apenas à condição de reafirmá-la na ação violenta do sacrifício: "ele assim cura o sacrifício por obra do sacrifício".[39] Se assim ocorria, as ravinas intransponíveis do sacrifício se transformavam numa pista celeste. Então levantava voo aquele falcão que, até um instante antes, fora um altar edificado com 10 800 tijolos, em número igual ao das horas do ano. Um altar feito de tempo. E do tempo não se podia subtrair o poder, ou melhor, a obrigação de matar.

Que entre o visível e o invisível há um desnível, uma divergência, uma fratura, que o visível permanece enfim suspenso no vazio, isso os textos védicos nunca deixam explícito. Nem toda a *doutrina da floresta* (expressão usada para designar o ensinamento esotérico) era enunciada — ou podia ser enunciada em certos termos. Permanecia algo eminente, inacessível, que correspondia à constituição daquilo que é. Se o sacrifício fosse apenas a ilusão de alguns grupos de homens que existiram em épocas e condições remotas, a vida que o ignora não se veria obrigada a lembrá-lo e reencontrá-lo, camuflado, dissimuladamente recorrente e fugaz, como um antílope negro em meio às carroças.

É possível expor alguns pensamentos dos ritualistas védicos sem recorrer a suas categorias e argumentações, mas usando palavras aceitáveis também numa sala universitária do século XXI. Por exemplo: a relação entre o visível e o invisível se sobrepõe à relação entre o descontínuo e o contínuo. Assim como o visível nunca chegará a penetrar no invisível, por mais que se expanda e se faça cada vez mais transparente e significante, da mesma forma o descontínuo nunca chegará a coincidir com o contínuo, que o envolve e o sobrepuja. Há um ponto de fratura entre as duas séries, amiúde identificável por alguns traços de sangue. O invisível e o continuo pertencem à mente e manifestam sua soberania. O visível e o descontínuo são o desdobrar-se daquilo que é exterior à mente, animado pela mente, mas irredutível a ela. Tudo o que ocorre são uma troca e uma passagem ininterrupta entre os quatro ângulos desse quadrilátero. O ponto onde se cruzam e colidem as pistas é o centro do *quincunx*, a quinta pedra sobre a qual se dispõem as hastes do *soma* antes que as outras quatro pedras as golpeiem e as dilacerem, para que delas possa se escoar o sumo inebriante.

20. A corrida do antílope negro

O antílope negro é considerado por muitos o mais belo entre os antílopes devido à elegante pelagem negra e branca do macho e aos longos chifres em espiral. Outrora, a espécie vagava em grandes rebanhos pelas matas e pelas terras cultivadas da Índia — sendo assim o animal mais visível e caçado da fauna local. Agora esses grandes rebanhos não existem mais e o animal se locomove entre o que restou daqueles pastos em pequenos grupos esparsos.

George Beals Schaller, *The Deer and the Tiger*

Mṛga é o antílope negro, por excelência. Mas a palavra designa qualquer animal selvagem. O que ocorria com o antílope negro implicava todo o mundo dos animais não domésticos, o mundo que uma época fora sinônimo de *caça*. Falar do antílope negro desperta a sensação de toda uma ordem da vida e do pensamento, que já na época védica desaparecera, mas ainda continuava a animar todo o pensar. Karl Meuli se excedeu ao tentar derivar da caça o fenômeno do sacrifício em sua íntegra. Mas, se não incluir também a caça — e a época dos caçadores —, qualquer teoria do sacrifício estará mutilada.

Āryāvarta, "a terra dos Ārya",[1] é o espaço onde "por natureza vaga o antílope negro" — e por isso ela é "a terra adequada aos sacrifícios".[2] A civilização é o local do sacrifício — e o sacrifício só pode ser celebrado onde o antílope negro, animal *não* sacrificável, vaga em liberdade. Ao mesmo tempo, por seis vezes o *Śatapatha Brāhmaṇa* afirma: "O couro do antílope negro é o sacrifício".[3] Os ritualistas não eram de desperdiçar palavras.

De fato, o antílope negro não é sacrificado, mas é morto mesmo assim. Aliás, a cena de sua morte primordial se faz visível todas as noites no céu, em que o antílope é Órion, trespassado pela flecha de Sirius. Entenda-se: em que o antílope é Prajāpati trespassado pela flecha de Rudra. Mas então, quando o antílope foi trespassado por Rudra, "os deuses o encontraram e lhe tiraram o couro, levando-o embora com eles". Naquela ocasião, diz-se, "o sacrifício fugiu dos deuses e, tornando-se um antílope negro, se pôs a vagar".[4] Portanto, a emboscada de Rudra a Prajāpati *já* era um sacrifício. Não só: o couro do antílope, animal não sacrificável, pertence ao sacrifício, aliás, é usado "para a completude do sacrifício".[5] Sem se apoiar sobre aquela pele, o sacrifício seria incompleto. E lhe faltaria justamente aquilo que ao sacrifício *é proibido*. Contudo, se o sacrifício não se estende a tudo não é eficaz. A aporia parece insolúvel. Mas para que serve o rito senão para resolver com o gesto o que o pensamento não pode resolver? Assim o couro do antílope negro irá se tornar "o local da boa obra".[6]

Qualquer evento pertence pelo menos a dois mundos — o céu e a terra, o invisível e o visível — e isso está subentendido em todos os momentos das cerimônias. Mas como mostrá-lo a quem é consagrado? Como fazer com que se apoie sobre os dois mundos? Serão estendidos no chão dois couros ou peles de antílope negro, "unidos ao longo da beirada, assim como esses dois mundos estão, de certo modo, unidos ao longo da beirada".[7] Era quase como se fossem mundos de dimensão aparentemente igual e aspecto não dessemelhante, que são costurados ao longo da beirada e depois se comunicam à força, por meio de orifícios pelos quais se passa uma tira. São as duas modalidades do contato: a adjacência osmótica, ao longo das bordas do mundo, em que as coisas parecem pertencer não mais a um, e sim a dois mundos; e a irrupção (os orifícios), que explica o imprevisto sorvedouro ocasionalmente exercido por um mundo sobre o outro. O sacrificante somente poderá ser consagrado se se assentar em dois couros de antílope costurados juntos.

A certo ponto, o sacrificante pegará uma pele de antílope negro e se sentará nela:

> Seus pelos brancos e seus pelos pretos representam os versos *ṛc* e os versos *sāman*: mais precisamente, os brancos, os *sāman*, e os pretos, os *ṛc*; ou inversamente, os negros, o *sāman*, e os brancos, os *ṛc*. Os marrons e os amarelos, por sua vez, representam as fórmulas *yajus*.[8]

Sentar-se sobre um couro de antílope negro: somente esse gesto permite que o sacrifício se complete. E, visto que o sacrifício é tudo, o todo não pode ser incompleto. Por isso a angústia diante da incompletude é aguda e sempre recorrente: o sacrifício terá efeito? Ou, pelo menos, estará completo? Tais perguntas vibram, latejam. Apenas o ato de se sentar sobre o couro de antílope negro pode dar uma resposta apaziguadora. Por quê? Havia uma história por trás, naturalmente: uma história antiga e obscura. O acordo entre os deuses e o sacrifício não é imediato, pelo contrário: "A natureza divina [...] não apresenta nenhuma afinidade especial com o sacrifício".[9] Por isso os deuses sabem que somente através do sacrifício poderão derrotar seus adversários: os Asura, os Rakṣas. Sabem também que, se agora são imortais, o devem exclusivamente ao sacrifício. Mas o sacrifício não é um conhecimento que se revela e se deixa possuir de uma só vez. E não é sequer um corpus bem definido. Por sua natureza, o sacrifício se expande em todas as direções: mas até onde? Em todo caso, "os deuses viram os sacrifícios, um a um",[10] diz a *Maitrāyaṇī Saṃhitā*. Foi uma conquista gradual, incerta, trabalhosa. E com frequência, quando os deuses não conseguiam, conseguiam os *ṛṣi* — como ocorre, entre outros, a um *ṛṣi* serpentino, Arbuda Kādraveya, que ensinou aos deuses como beber o *soma* sem ser tomados pela embriaguez. Então os deuses tiveram de seguir humildemente o que um vidente intuíra antes deles. Assim foi a vida por muito tempo, antes que aparecessem os homens — e tentassem eles também alcançar tudo através do sacrifício. Mas a vida foi bem mais atormentada. Se o sacrifício havia fugido aos deuses, com tanta maior frequência fugiu aos homens. E por que, para começar, o sacrifício fugira e "se tornara um antílope negro, se pusera a vagar"?[11] Nenhum texto fornece uma resposta satisfatória. Mas é preciso lembrar o subentendido: o antílope não é um animal sacrificável. O antílope é, por excelência, o animal selvagem, a presa do caçador. Sacrificáveis são apenas os animais domésticos, mais precisamente cinco entre eles, um dos quais é o homem. Por outro lado, afirma-se várias vezes que "o couro do antílope negro é o sacrifício".[12] Tal é, portanto, o estado das coisas: o animal que "é quase o emblema do sacrifício"[13] não pode ser sacrificado. Ao mesmo tempo, diz-se que "lá onde o antílope negro vaga por natureza é a terra adequada aos sacrifícios, fora da qual se encontra a terra dos bárbaros".[14] Ou, mais sucintamente: "Escutai as leis da terra onde está o antílope negro".[15] A livre corrida do antílope negro traça as fronteiras da civilização, que coincide com os locais onde se pratica o sacrifício. Apenas um animal selvagem pode traçar o perímetro dos locais da lei.

O antílope foge porque os deuses querem sacrificá-lo (o antílope, de fato, *é* o sacrifício) — e o antílope sabe que é um animal que não pode e não deve ser sacrificado. O antílope tem apenas duas contrapartes invisíveis: o predador e o caçador. Dois seres individuais, que matam de modo fulminante, sem empecilhos cerimoniais, com suas patas ou suas flechas. São o próprio imediato. O oposto, portanto, de uma multidão de seres — os deuses — que escolhem sua vítima e em torno dela urdem uma longa cerimônia, que deve ser realizada com uma sequência de atos. Mas no pensamento dos ritualistas, segundo as palavras luminosas de Malamoud, "a execução, no sentido de atuação, do sacrifício equivale à execução, no sentido de matar, não apenas a vítima, mas o próprio ato sacrificial".[16] Por isso o antílope se subtrai aos deuses. Ninguém nos contou o que aconteceu depois, quando os deuses o perseguiram. Mas um dia voltaram com um couro de antílope negro. Haviam-no matado e esfolado, assim como fazem os caçadores. A partir daquele momento não se entregaram mais à caça. Passavam o tempo excogitando e celebrando sacrifícios. Quanto aos oficiantes, tinham sempre de cingir os quadris com um couro de antílope negro. Ou pelo menos tê-lo à mão e tocá-lo, como que para lembrar algo. Ou o iniciante devia se sentar sobre ele, como se o contato com a terra tivesse de ser mediado por aquela pelagem animal, na qual declaravam reconhecer os metros. O contato com o couro do antílope não servia apenas para lembrar aquela fuga e aquela perseguição que ninguém nos contou. Mas outras perseguições, outras fugas, das quais algumas cenas nos foram narradas — ou aludidas. Dois episódios se destacam entre todos.

Prajāpati se aproximou do corpo da filha Uṣas e, enquanto a tocava, transformou-se em antílope, como também Uṣas. Foi então que Rudra o trespassou com sua flecha de três nós. Parecia uma cena de caça — e naquele momento Rudra se tornou *mṛgavyādha*, "aquele que trespassa o antílope".[17] Prajāpati, que "é o sacrifício", então se levantou, ferido, em direção ao céu. Fugia dos deuses, seus filhos, que conjuraram contra ele. Fugia de Rudra, o Arqueiro, que o trespassara no clímax do prazer. O antílope que era Prajāpati fugia, tarde demais, de uma emboscada. Isso não fazia parte de uma cerimônia: seus filhos — agora seus adversários — queriam simplesmente matá-lo, como um dos tantos animais da floresta. O sacrifício fugia diante da morte pura e instantânea, aquela que atinge a presa por meio do caçador. E fugia tarde demais. Mas Prajāpati tinha uma meta: um trecho do céu, onde se instalou formando uma constelação — Mṛga, o Antílope, à qual os gregos chamaram de Órion. E não só a presa, mas o caçador também foi para o céu. O Arqueiro se tornou Sirius, o Caçador do Antílope. As três estrelas em que os gregos reconheciam o cinturão de Órion eram a flecha de três nós disparada por Rudra. Assim essa cena se tornou o pano de fundo de todas as outras. E assim pôde também iluminar todas as cenas: à noite o Antílope, Mṛga, assinala a via, "a trilha", *mārga*, para seus companheiros que vagam na floresta. Desde então e até hoje, os significados dessa cena ainda não se esgotaram. Ainda levantamos os olhos para contemplá-la e descobrimos algo.

No que se refere à história dos homens, um dos significados era o seguinte: a caça é o pano de fundo do sacrifício. O sacrifício é uma resposta à caça: é uma culpa que se sobrepõe à culpa da caça. O homem sacrifica porque caçou, porque caça. E caça porque reconheceu no matar um ato irreparável e inelidível, pelo menos desde que começou a comer carne, imitando os predadores pelos quais fora até então devorado. Assim se tornou mais poderoso, mas se expôs também, para sempre, ao "perigo maior", que consiste nisso:

> O alimento dos homens é feito apenas de almas. Todos os seres que temos de matar e comer, todos os que temos de golpear e destruir

para fazer nossas roupas têm almas como nós, que não desaparecem junto com o corpo e devem ser aplacadas para não se vingarem de nós, a partir do momento em que lhes tiramos os corpos.[18]

Assim falou o esquimó Aua a Knud Rasmussen, com clareza inigualável. Esse era o ponto obscuro, que ninguém queria nomear, porque emanava demasiado terror — e porque nada jamais conseguiria anulá-lo. Era um limiar ofuscante, o local da culpa, ao qual as cerimônias impeliam os homens a voltar a cada vez, fazendo-os incidir em outra culpa — o sacrifício — que sanasse a primeira culpa: o matar. O oficiante que, sem razão aparente, toca constantemente no couro de antílope negro durante a cerimônia, obscuramente repercorre tudo isso, como se toda a história dos homens se condensasse naquele seu gesto. Acima de tudo, era a parte mais remota, mais longa, mais persistente dessa história que se deixava vislumbrar no contato com o couro de antílope negro.

Depois houve outra fuga do antílope. Ocorreu durante o sacrifício de Dakṣa, aquele sacrifício que foi a catástrofe, latente em todo sacrifício posterior. Dakṣa, o oficiante, não quisera convidar Śiva, sedutor e raptor de sua filha Satī. Queria que a ordem sacrificial subsistisse sem esse deus, que a transgredia. Essa recusa em convidá-lo foi a origem da ruína. Afora isso, nunca ninguém fora um oficiante tão impecável como Dakṣa — e nenhum sacrifício jamais fora preparado com tanto zelo e grandiosidade. Mas a precisão e a ordem rigorosa não bastam. Excluir é precisamente aquilo que o sacrifício jamais pode fazer. Se o sacrifício não abarca a totalidade do que existe, não é senão um massacre. Ou melhor, torna-se um massacre. Assim os deuses, castigados pela fúria de Śiva, viram-se a rastejar pelo terreno, sangrando doloridos ao redor do altar. Então o sacrifício fugiu horrorizado, junto com o fogo. Dessa vez, não porque estavam para sacrificá-lo, mas porque o sacrifício fracassara, revelara não ser capaz de sustentar a totalidade daquilo que é. Por isso refugiou-se no céu. Sem o fogo sacrificial, nenhum rito seria possível. Viu-se o antílope se levantar do altar de Dakṣa e correr ao céu e dentro do céu. Mas lá foi alcançado, mais uma vez, pela flecha de Rudra. O sacrifício podia se interromper, se suspender, fugir, mas a imolação não. Essa era a mensagem que se cravava com a flecha na carne do antílope. Impunha-se nesse momento uma constatação: sempre se quer fugir do sacrifício. Ou porque o sacrifício se cumpre ou porque não consegue se cumprir. Mas, de todo modo, é-se atingido por uma flecha. É um retorno à caça? Ou uma extensão do próprio sacrifício? Há algum sentido em perguntá-lo? O que permanece está escrito no céu — e ali a flecha atinge perpetuamente o antílope. Sob essa imagem vivemos nós, testemunhas da fuga e da ferida.

Herdeiro de Rudra num outro éon, Śiva mantém uma relação estreita com o antílope. Costuma sentar-se sobre um couro de antílope negro. Além da serpente, o antílope é o único animal com que o corpo de Śiva entra em contato. Nos bronzes, ele aparece amiúde entre os dedos da mão do deus, pronto a se lançar em corrida. Quando Śiva vaga na floresta como mendigo, é frequente que um antílope se aproxime e erga a cabeça para ele, e este lhe oferece folhas com a mão esquerda, enquanto a direita segura uma tigela que é o crânio de Brahmā. Como Rudra, Śiva é chamado *mṛgavyādha*, "aquele que trespassa o antílope", mas também *mṛgākṣa*, "aquele que tem olhos de antílope". É o caçador e a presa. Não porque alguém consiga atingir Śiva (como se poderia?), mas porque Śiva é a totalidade do sacrifício: aquele que se desenrola segundo os ritos, próximo à aldeia, e aquele que se desenrola sem regras, na floresta do mundo.

A corrida do antílope negro foi também a corrida de um pensamento extremo, que atravessou os desfiladeiros do Afeganistão para se deter na planície do Ganges. Aparentemente, não quiseram seguir mais adiante. Continuaram a venerar uma planta que crescia em montanhas longínquas. Era cada vez mais difícil encontrá-la. Era cada vez mais raro poder espremer seu sumo. Por intermédio daquela planta, veneravam a embriaguez. Era a coisa suprema a conquistar.

Lá onde vaga o antílope negro é a civilização. E o antílope negro fugiu do sacrifício, que funda a civilização. Por isso a civilização se estende por onde circula um ser que fugiu da civilização, por não querer ser morto pela civilização.

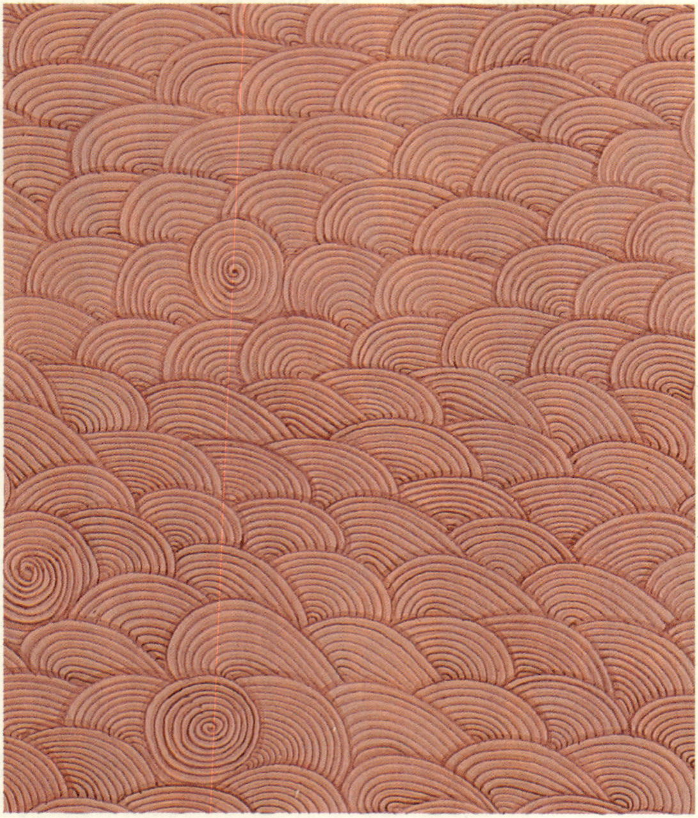

21. O rei Soma

Os Brāhmaṇa e todos os hinos no nono ciclo do *Ṛgveda* dedicam milhares de páginas ao *soma* e seus ritos. Entre os escassos *realia* a que os textos aludem, o que aparece com maior frequência é o *soma*. Mas não sabemos com certeza o que era, a não ser isso: um "sumo", *soma*, que provocava embriaguez. Todas as tentativas de identificá-lo, desde os meados do século XIX até hoje, parecem indecisas e pouco convincentes. Além disso, não explicam o motivo pelo qual, desde a época védica, já se falava do *soma* como algo do passado, que devia ser substituído nos ritos. Mas como se pode substituir a embriaguez? É essa a ironia mais pungente — entre muitas outras — com que se defronta quem se aproxima do mundo védico. Não por acaso foi negligenciada ou removida por muitos estudiosos que continuam a tratar o *soma* como um sinal algébrico: o importante — dizem eles — é reconstruir com precisão os gestos que celebravam o *soma*, menos importante é conhecer o que celebravam. Os modernos em geral ficam orgulhosos quando enunciam preceitos do gênero, indiferentes em relação a *qualquer* substância, preocupados apenas em esclarecer os procedimentos. Pensam que, com isso, chegaram a um grau elevado na escala evolutiva.

Mas não saber o que era o *soma* é como não saber o que é o fogo. Porque Agni e Soma são dois deuses, mas também uma chama e uma planta — e, por meio dessa chama e dessa planta, são os únicos deuses em contínua viagem entre a terra e o céu, entre o céu e a terra. Não saber mais sobre essa planta chamada *soma* é uma fatal amputação do conhecimento.

A expansão da mente provocada pelo *soma* não se detinha perante as *flammantia moenia mundi*, as muralhas flamejantes do mundo. Ia além. A mente se lançava por sobre todas as barreiras e olhava tudo do alto: "Estendo-me além do céu e desta grande terra",[1] proclama Indra (ou quem quer que se sinta semelhante a Indra). E, enquanto isso, no final de cada estrofe, repete, como um murmúrio obsessivo: "Bebestes o *soma*?".[2] Quem fala não está mais dentro do mundo, mas o observa do exterior, como um brinquedo ou um teatro de marionetes. Embriaguez, onipotência, facilidade: "Quero colocar esta terra aqui ou acolá",[3] "Logo quero levar esta terra aqui ou ali".[4] Foi a essa sensação que os ritualistas védicos equipararam a potência. Na vida normal, viviam em casas provisórias e migravam com seus bens. Mas, quando experimentavam o *soma*, toda a terra e o céu tornavam-se seus súditos fiéis, dispostos a se deixar plasmar ou aniquilar por um toque soberano. Quando falavam de poder, não se referiam a impérios, que desconheciam, ou a armas, palácios e exércitos, que igualmente desconheciam, mas a essa sensação do indivíduo, de qualquer indivíduo que tivesse participado de um sacrifício do *soma* e tivesse tomado um gole de uma daquelas taças quadrangulares de madeira, *camasa*, segundo as prescrições litúrgicas.

Pueril e grandiloquente, Indra é o primeiro cantor do *soma* — e somente o *soma* podia lhe infundir aquela exaltação que lhe permitia realizar suas façanhas heroicas. Uma delas foi a conquista do próprio *soma*, graças a uma inversão dos tempos que era intrínseca à lógica védica. Os outros deuses, insolentes, um dia excluíram Indra do *soma*. Culpas demais se adensaram sobre ele, a começar pela decapitação do tricéfalo Viśvarūpa, que afinal era um brâmane. Mas, se Indra estava excluído do *soma*, tanto mais o estariam os *kṣatriya*. O sumo que confere esse senso de soberania era proibido ao próprio deus da soberania e aos homens que se moldavam por ele.

Enquanto isso, os brâmanes bebiam o *soma* — e calavam. Indra celebrava o *soma* — e não podia mais bebê-lo. De súbito aflorava, numa reverberação, o conflito secreto, surdo, perene entre as duas soberanias, entre o sacerdote e o rei. Quanto ao resto, deviam agir em acordo. O Veda, à diferença de todo o mundo que virá a seguir, sempre mostrou um desequilíbrio, embora não demasiado visível, em favor dos sacerdotes.

Quem é nobre? Aquele que pode ostentar uma "sequência de dez antepassados que bebiam o *soma*".[5] Mas, para beber o *soma*, é preciso ser convidado. A culpa de Indra — maior do que qualquer outra — foi a de querer beber o *soma* a todo custo. Tvaṣṭṛ se recusara a convidá-lo. O que era compreensível, visto que Indra acabara de matar seu filho. De todo modo, se Tvaṣṭṛ não o convidara, Indra deveria ser convidado por algum outro brâmane. É esta a fundamental fragilidade dos *kṣatriya*: seu rei precisa ser convidado a beber o *soma*. E somente um brâmane pode convidá-lo. Disso decorre a embriaguez, mas também o mais puro poder. Diz-se dos brâmanes que bebem o *soma* que eles podem matar com o olhar.

A vida de Soma — "o deus menos compreendido da religião védica", escreveu Lommel certa vez —[6] permaneceu na sombra porque muitos se consideraram satisfeitos com sua identificação com a planta do *soma* ou (mais tarde) com a Lua. Todavia, ser ao mesmo tempo um sumo inebriante, um corpo celeste, um rei e um deus, não tem em si nada que perturbe o pensamento védico. Em sua manifestação real, Soma foi o primeiro de uma dinastia — a *dinastia lunar* — que atravessa toda a história mítica da Índia até o *Mahābhārata*.

Soma teve como pai um dos Saptarṣi: Atri, o Devorador. Por 3 mil anos, ele praticara o *tapas* com os braços erguidos. Parecia "um pedaço de madeira, um muro ou uma pedra".[7] Tamanha era a acuidade da sua consciência que nunca piscava. E de seus olhos, um dia, começou a escorrer um líquido que iluminou todos os cantos: era Soma. As deusas que presidiam em todas as direções reuniram-se para acolher aquela fulgência em seus ventres. Mas a luz transbordava. O feto de Soma tombou no solo e Brahmā o colocou sobre uma carroça puxada por cavalos brancos. A carroça começou a vagar pelos céus, difundindo uma claridade perolada. Disseram: "É a Lua". Naquela época, o sumo brâmane Dakṣa precisava casar suas sessenta filhas. Ergueu os olhos ao brilho lunar e decidiu confiar 27 delas a Soma. Iriam acolhê-lo, noite após noite, em seu percurso pelo céu. E todas gozariam igualmente. Tornaram-se as casas lunares, o primeiro corpo de baile das *paillettes* prateadas. Depois Soma foi consagrado rei com as celebrações de um grandioso ritual, em que o futuro soberano ofereceu os três mundos como honorário aos *ṛṣi* que oficiaram o sacrifício.

Ao fim, Soma se purificou no banho *avabhṛtha*, que assinalava o término do rito. De súbito sentiu-se aliviado, leve, finalmente inconsciente. Todos os deuses, todos os *ṛṣi* o haviam reverenciado. Era soberano sobre tudo. O que lhe faltava? O arbítrio. Aquela estranha embriaguez que brota do arbítrio. Sentiu que em sua mente se chocavam novas ondas: soberba e luxúria. Qual podia ser o ultraje mais grave? Raptar a mulher de um brâmane. Soma sabia bem que, "mesmo que uma mulher tivesse tido dez maridos não brâmanes, se uma vez um brâmane lhe segurasse a mão, então somente ele é seu marido exclusivo".[8] Mas ninguém podia se subtrair a Soma, o fluido que penetra em todas as partes e torna tudo desejável. Assim, seu olhar se deteve em Tārā, consorte de Bṛhaspati, capelão dos deuses. Não foi difícil raptá-la e foi exaltante unir-se a ela, de delicioso rosto redondo, lunar.

A consequência do rapto não podia ser outra senão uma guerra no céu. Foi a quinta guerra entra os Deva e os Asura. Em meio aos repetidos massacres, enquanto a sorte ainda não estava decidida, muitos já haviam esquecido as origens do conflito. Mas não Bṛhaspati, que era chamado "o abutre"[9] pela agudeza de sua visão. Percebeu imediatamente que o ventre de Tārā (que naquele ínterim lhe fora devolvida) estava se arredondando. Fitou-a com desprezo e disse: "Jamais poderás ter um feto em teu ventre, que pertence a mim".[10] Depois obrigou-a a abortar. Mas Tārā era teimosa e não havia nada no mundo que odiasse mais do que a arrogância bramânica, de que Bṛhaspati era o próprio modelo encarnado. Não obedeceu.

Interrogada pelos Deva, reconheceu que estava para dar à luz um filho de Soma. Quando Buddha nasceu, condensava em si a beleza luminescente da mãe e do pai. Enquanto isso, Soma definhava. O soberano dos céus, o amante perfeito, o receptáculo da embriaguez sofria de consumpção pulmonar. Sentia-se mais fraco, sua luz diminuía. Então voltou ao pai. Imóvel e seco como uma vara, Atri não se dignou a lhe dar sequer um olhar. Mas a seguir, enquanto servia humildemente àquele ser imóvel e silencioso, Soma sentiu aos poucos que estava se curando. A linfa voltou a correr, lentamente, pelas veias do cosmo.

A traição de Tārā foi ainda mais blasfema e ultrajante porque o rei Soma era o *único* rei para os brâmanes, portanto para Bṛhaspati. Para o rei *kṣatriya*, tudo pode se tornar alimento, exceto o brâmane, porque "o seu rei é Soma".[11] Assim, os brâmanes não podem ser tocados pelos *kṣatriya*, mas têm como destino serem enganados e escarnecidos pelo próprio soberano: Soma. O inimigo mais insidioso é interior à própria potência, mesmo que seja o *brahman*. "*Spiritualia nequitiae in coelestibus*",[12] dirá Paulo um dia. A máxima impiedade provém do deus soberano.

Há uma atitude que é reveladora:

> Por isso o brâmane, durante o rito da consagração do rei, senta-se abaixo do *kṣatriya* [...] O *brahman* é a matriz da realeza (*kṣatra*) e por isso, mesmo que o rei ocupe a mais alta posição, ao final não pode senão se apoiar sobre o *brahman*, sua matriz. Se o prejudicasse, prejudicaria a sua matriz.[13]

Mescla indissociável entre subordinação (o brâmane se põe *abaixo* do rei) e preeminência (o rei não pode nascer a não ser do *brahman*).

Soma é a qualidade pura que está no limiar do reino da quantidade. Somente o *soma* justifica a existência da quantidade: "Visto que ele compra o rei, tudo aqui embaixo se pode comprar";[14] "Visto que mede o rei, por isso há uma medida, tanto a medida entre os homens quanto qualquer outra".[15] O dinheiro e a medida: para entrar no mundo, ambos precisam do rei Soma, a única matéria que é apenas qualidade, incomensurável, insubstituível, origem de toda substituição. Se se cortar esse nó, a ordem se desfaz.

A troca é um ato violento porque não há uma fluidez segura, garantida entre o céu e a terra. O fluxo é impedido, continuamente desviado. O sacrifício e, por conseguinte, a troca servem para restabelecê-lo, mas por meio de uma ação que tem algo de forçado, de ferino, uma restauração que pressupõe uma ferida e acrescenta outra nova.

Aproximamo-nos do *soma* com desejo, mas também com temor: "Não me aterrorizes, ó rei, não trespasses meu coração com teu raio".[16] Percebia-se o risco, em todos os instantes. *Soma*, o fogo líquido, devia ir para a cabeça, onde o esperavam, acocorados, os Saptarṣi, os sopros que seriam exaltados. Mas, enquanto isso, suplicava-se a ele: "Não desças abaixo do umbigo".[17] Caso contrário, eles seriam subjugados.

O primeiro que abusou do *soma* foi também quem o conquistou: Indra. Ávido, impaciente, leviano, arrancou o líquido de Tvaṣṭṛ e o bebeu sem ritos, sem o misturar, sem o filtrar. Seu corpo "se desarticulou por todos os lados".[18] O líquido inebriante saía por todos os seus orifícios. Depois Indra vomitou. Não sabia mais o que fazer, então "recorreu a Prajāpati".[19] "Indra jazia no chão, desmembrado. Os deuses se reuniram ao seu redor e disseram: 'Realmente era o melhor entre nós; o mal o atingiu: temos de curá-lo!'."[20] Isso, um dia, iria obrigar os homens a instituir o rito da *sautrāmaṇī*, para sanar o mal-estar e a culpa de Indra em relação ao *soma*. Desde então, os homens passaram a invocar os goles do *soma* acrescentando um pedido discreto: "Como os arreios a carroça, assim manténs meus membros unidos".[21] E não deixavam de especificar humildemente: "Que esses sumos me protejam de quebrar uma perna e me preservem da paralisia".[22] Ébrios e precisos.

Soma e Agni estão ligados por uma afinidade mais poderosa e secreta do que qualquer outra, antes de mais nada porque, únicos entre os deuses, se permitem também ser visíveis: Agni em todo fogo que flameja; o rei Soma em toda planta de *soma* que alguém colhe nas íngremes montanhas e depois vende para ser oferecida em sacrifício. E estão ligados também pela origem: quando ambos ainda faziam parte dos Asura e respiravam na "longa treva" —[23] diz o *Ṛgveda* —, que era o ventre de Vṛtra. Nascidos ou saídos do monstro, que depois seria morto por Indra com o auxílio do próprio Soma ("Nós dois queremos atingir Vṛtra, vem, Soma!",[24] intimara-o Indra). Mas a história podia se tornar ainda mais desconcertante, ao se descobrir que Soma não só fugira do ventre de Vṛtra, mas *era* Vṛtra. O *Śatapatha Brāhmaṇa* não deixa dúvidas:

> Soma de fato era Vṛtra: seu corpo é o corpo das montanhas e das rochas onde cresce a planta chamada Uśānā, assim disse Śvetaketu Auddālaki. "Vão buscá-la e a espremem; e por meio da consagração e das *upasad*, graças aos *tānūnaptra* [cerimônias que fazem parte do sacrifício do *soma*] e ao revigoramento fazem dele o *soma*."[25]

Nessas palavras condensava-se a vida inteira de Soma, desde que se ocultara dentro de si mesmo até o momento em que se tornara uma planta transportada até os homens e pelos homens transformada e morta.

Por sua origem e suas vicissitudes, Agni e Soma são o elemento mais oculto, que precisa ser desencavado das trevas, e ao mesmo tempo o mais manifesto, aquele que aparece visivelmente no sacrifício, nos fogos e na oblação predileta dos deuses e dos homens. Bergaigne estava certo em separar Agni e Soma do conjunto dos Deva, não só porque Soma é "*fogo no estado líquido*",[26] não só porque as características dos dois deuses são em grande medida intercambiáveis, mas porque toda a existência deles pertence a uma camada mais secreta do ser, assim como a embriaguez invade a consciência trazendo-lhe algo de mais remoto, assoberbante e indecifrável.

Em relação a Agni e Soma, os Deva têm algo de *parvenus*:

nascidos na terra, alcançaram o céu através do sacrifício, ou seja, por meio de Agni e Soma. Estes, por sua vez, nasceram no céu e de lá se transportaram à terra: Soma como *śyenabhṛta*, "trazido pela águia",[27] Agni entregue por Mātariśvan, o Prometeu védico. O *Ṛgveda* recorda o seguinte: "Mātariśvan trouxe um [Agni] do céu, a águia arrancou o outro [Soma] da montanha [celeste]".[28] Há, portanto, um movimento cruzado entre os deuses, que corresponde a duas linhagens. Tanto quanto os homens, os deuses podiam ser diferentes *por nascimento.*

> Agora Soma estava no céu e os deuses estavam aqui na terra. Os deuses desejaram: "Viesse Soma até nós: poderíamos sacrificar com ele, se viesse". Criaram essas duas aparições (*māyā*), Suparṇī e Kadrū. No capítulo sobre os fogos, *dhiṣṇya*, apresenta-se como se deu aquele episódio de Suparṇī e Kadrū.
>
> Gāyatrī voou até Soma, enviada pelos dois. Enquanto o levava embora, o Gandharva Viśvāvasu o roubou. Os deuses perceberam: "Soma foi trazido lá de longe, mas não chega até nós, porque os Gandharva o roubaram".
>
> Disseram: "Os Gandharva gostam de mulheres: vamos enviar-lhes Vāc e ela voltará com Soma". Enviaram-lhes Vāc e ela voltou com Soma.
>
> Os Gandharva a seguiam e disseram: "Soma para vós, Vāc para nós". "Assim seja", disseram os deuses. "Mas, se ela preferir vir para cá, não a leveis à força: vamos cortejá-la." Então a cortejaram.
>
> Os Gandharva lhe recitaram os Vedas, dizendo: "Olha como os conhecemos, olha como os conhecemos".
>
> Os deuses então criaram o alaúde e se sentaram a tocar e cantar, dizendo: "Assim cantaremos, assim te divertiremos". Ela se dirigiu para os deuses; mas, na verdade, dirigiu-se para eles por frivolidade, pois, para ir à dança e à música, afastou-se daqueles que entoavam

hinos e oravam. Por isso até hoje as mulheres são só frivolidade: porque foi assim que Vāc retornou, e as outras mulheres fazem como ela fez. E é por isso que se apaixonam mais facilmente por aqueles que dançam e cantam.

Assim Soma e Vāc ficam com os deuses. Agora, quando alguém compra Soma para obtê-lo, é para sacrificar com o [Soma] obtido. Quem sacrifica com um [Soma] não comprado, sacrifica com um Soma que não é verdadeiramente obtido.[29]

Com a usual sobriedade — e sem desdenhar uma remissão própria de estudioso ocidental a uma outra passagem na qual se expõe detalhadamente o episódio de Suparṇī e Kadrū —, aqui se relata a conquista de Soma, pressuposto de toda e qualquer ação litúrgica. Com efeito, o que seria do rito se não tivesse em seu centro essa substância irradiante, que é também o conviva celeste mais desejado sobre a terra? Os primeiros cuja vida perderia qualquer sentido, sem ele, seriam os deuses. Mas os deuses, sozinhos, não conseguiriam conquistar Soma. Precisam da ajuda de um ser que é ao mesmo tempo um metro e um animal: Gāyatrī, que aparece como um grande pássaro. Jamais o poder da forma fora (nem será) tão temerariamente enunciado como nessa passagem: os deuses não conseguiriam se separar da terra se não fossem socorridos por uma sequência de 24 sílabas, que é um ser vivo. Mais adiante retoma-se o relato da conquista. Aqui a ênfase recai no que ocorreu *depois* da conquista. Em primeiro lugar, o impedimento celeste: os Gandharva, que vivem no céu, não deixam Soma lhes escapar. Assim Viśvāvasu o arranca de Gāyatrī. Novamente, os deuses não saberiam o que fazer se não recorressem à ajuda de outro ser feminino: Vāc, Palavra. A história que se segue não é apenas a primordial comédia dos sexos, que talvez somente Aristófanes saberia colocar em cena com igual sabedoria. Aqui se joga uma partida metafísica — e, pela primeira vez, com suma clareza e concisão, afirma-se uma equivalência: Palavra-Mulher-Dinheiro. À mesma conclusão chegará o iluminista Lévi-Strauss em *Estruturas elementares do parentesco*. E nele não falava a ciência ocidental em sua mais nobre versão? Equivalência repleta de ambiguidades e armadilhas. Mas também de imensa potência. É a via de acesso a toda modernidade: bastará que a troca se amplie e se emancipe de qualquer referência — e já estaremos no mundo novo, pré-ordenado e talvez também delineado no molde do mundo antigo. Isso já seria surpreendente: mas ainda mais surpreendente é a crítica corrosiva que a civilização fundada no *brahman* aqui exerce sobre si mesma. Se a frívola Vāc não aceitasse de bom grado ser usada numa permuta, como uma *putain au bon cœur*; se os deuses — para intensificar ainda mais a insolência da cena — não tivessem escolhido dançar e cantar para reconquistá-la, em vez de entoar os Vedas, como então faziam os Gandharva, comoventes em sua candura, Soma, que é a hipostasia dos Vedas, jamais chegaria aos deuses; enfim, se Soma não fosse comprado — como especifica meticulosamente o ritualista —, não seria o verdadeiro Soma, o Soma eficaz, o Soma "obtido", que permite "obter".[30] A cena deliciosamente erótica e zombeteira da disputa por Soma entre os ignorantes Gandharva — ignorantes e apaixonados pelas mulheres como somente os celestes podem sê-lo — e os astutos deuses é também a cena que introduz o reino do valor de troca, conhecido até demais por todos os leitores modernos. Não há intervalo entre a aventurosa chegada à terra de Soma, substância autossuficiente e radiante, e a instauração universal da troca, em que Soma se incumbe até mesmo da função de lastro e referência oculta, como o ouro em relação à moeda para Marx. Aqui, o arcaico e o novíssimo são enunciados juntos, nas mesmas sílabas. Talvez seja esse o segredo do metro Gāyatrī.

O texto do *Śatapatha Brāhmaṇa* já avisara: "No capítulo sobre os fogos *dhiṣṇya* expõe-se como se deu esse episódio de Suparṇī e Kadrū".[31] Finalmente chega-se ao capítulo e lá se tem:

> Agora Soma estava no céu e os deuses estavam aqui [na terra]. Os deuses desejaram: "Pudesse esse Soma vir a nós; poderíamos sacrificar com ele, se viesse". Produziram duas aparições, Suparṇī e Kadrū; Suparṇī, na verdade, era Vāc (Palavra) e Kadrū era esta [Terra]. Provocaram discórdia entre elas.
>
> Elas então discutiram e disseram: "Quem de nós duas conseguir enxergar mais longe terá a outra em seu poder". "Que assim seja." Kadrū então disse: "Olha lá adiante!".
>
> Então Suparṇī disse: "Na margem lá adiante desse oceano há um cavalo branco perto de uma estaca; eu o vejo, tu também o vês?". "Claro que o vejo!" Depois Kadrū disse: "Sua cauda pende para baixo [da estaca]; agora o vento a agita, eu vejo".
>
> Ora, quando Suparṇī disse: "Na margem lá adiante desse oceano", o oceano em verdade é o altar, e com isso ela queria dizer o altar; "Há um cavalo branco perto de uma estaca", o cavalo branco, em verdade, é Agni, e a estaca significa a estaca sacrificial. E quando Kadrū disse: "Sua cauda pende para baixo; agora o vento a agita, eu vejo", ela não é senão a corda.
>
> Suparṇī então disse: "Vem, vamos até lá para ver qual de nós duas venceu". Kadrū disse: "Voa tu, tu dirás qual de nós duas venceu".
>
> Suparṇī então voou lá adiante e viu que tudo era como Kadrū dissera. Quando retornou, ela [Kadrū] lhe disse: "Venceste tu ou venci eu?". "Tu!", respondeu ela. Esta é justamente a história de Suparṇī e Kadrū.
>
> Então Kadrū disse: "Venci teu Si (*ātmān*); lá adiante está Soma no céu; vai buscá-lo para os deuses e com isso resgata-te da morte". "Que assim seja!", respondeu [Suparṇī]. Então produziu os metros; e aquela Gāyatrī raptou Soma do céu.[32]

Ele [Soma] estava guardado entre duas taças de ouro; as beiradas cortantes se fechavam a cada piscar de olhos; e essas duas taças eram, em verdade, Consagração e Ardor (*tapas*). Esses guardiães Gandharva o guardavam; eles são esses lares, esses sacerdotes dos fogos.

Ela [Gāyatrī] pegou uma das taças e a deu aos deuses. Esta era a Consagração: assim os deuses se consagraram.

Depois pegou a outra taça e a deu aos deuses. Este era o Ardor: assim os deuses praticaram o ardor, isto é, as *upasad* [tripla oferenda de manteiga clarificada a Agni, Soma e Viṣṇu], porque as *upasad* são ardor.[33]

O que Kadrū (Terra) viu e sua irmã Suparṇī (Palavra) não vê — na distância além do oceano onde aparece aquele cavalo branco que é Agni — é a corda que amarra o cavalo à estaca sacrificial: "Nada mais do que a corda".[34] Em relação à Terra, Palavra é aquela que não vê com total precisão. E a total precisão é uma corda que liga à morte. Por isso Kadrū desafia a irmã a cumprir justamente a ação que pode salvá-la da morte: o furto do *soma*. É como se Kadrū dissesse: Já que és assim — e não vês o que te liga à morte —, deverás voar até o céu e realizar esse empreendimento ousado que, somente ele, poderá te resgatar da morte. De outra forma, não ver a corda que liga à estaca do sacrifício significa já estar morto — ou, pelo menos, ter perdido o próprio Si.

A existência só se torna plena como tal em presença do *soma*. Por isso a história do rapto do *soma* é o pressuposto, para os homens, de todas as outras. História de uma libertação que é ao mesmo tempo um resgate, de um dom que é ao mesmo tempo a extinção de um débito. Não surpreende que na história de Suparṇī esteja embutido o princípio que, desde então, rege a vida de todos: "Assim que nasce, o homem nasce enquanto pessoa com um débito em relação à morte; quando oferece sacrifícios, resgata sua pessoa da morte, assim como Suparṇī se resgatou dos deuses".[35] Nessas poucas linhas e com a máxima concisão, apresenta-se o motivo da abissal diferença de pressupostos que separa a Índia védica do Ocidente. Ou, pelo menos, daquilo que, após longo trabalho e elaboração, acabou por se tornar o pressuposto tácito, o *bom senso* ocidental: a concepção do homem como *tabula rasa*, a tabuleta de cera de que falava Locke. Esse é o único pressuposto que permite o funcionamento da complicada máquina da vida social (e para que mais — perguntam alguns — haveria de servir o pensamento?). Sem dúvida, o Ocidente também é Platão, para quem um equivalente do "débito" védico é a memória a ser reconquistada. Mas aqui se fala dos pressupostos que sustentam a vida social. E, em especial, daqueles que se tornaram explícitos somente com o início do moderno (precisamente com a época de Locke). Naquele momento, tornava-se evidente o que antes já operava ocultamente. E que converge na ideia principal do empirismo: o indivíduo como aparato perceptivo totalmente indemonstrado, ser que toma forma com base naquilo que progressivamente atinge seus sentidos — e em nada mais.

"Débito", *ṛṇa*, é palavra-chave para o homem védico. Sua vida inteira é uma tentativa sempre renovada de saldar quatro débitos, que pesam sobre ele desde o nascimento: o débito em relação aos deuses, em relação aos *ṛṣi*, em relação aos antepassados, em relação aos homens. Serão saldados, na ordem, com o sacrifício, com o estudo do Veda, com a procriação, com a hospitalidade. Que não nos enganemos que os débitos sejam quatro. A origem deles é uma só: o débito com a morte e com seu deus, Yama. Porém, o texto aqui não nomeia o deus, mas fala apenas de "débito em relação à morte (*ṛṇaṃ mṛtyoḥ*)".[36]

A vida é um bem que a morte deixou a todo homem como depósito (com usufruto). Bem cuja restituição será pedida pela morte, fazendo o homem reingressar na morte. Tal é o pressuposto de toda vida, seu desequilíbrio congênito. Mas a esse desequilíbrio corresponde um contrapeso, do lado dos deuses: quando o homem oferece a oblação a certas divindades, "qualquer que seja a divindade, ela considera que é dívida sua atender ao desejo do sacrificante no momento em que faz a oblação".[37]

Delineia-se aqui outra palavra-chave: *śraddhā*, "confiança na eficácia do ritual". Tal é o modo védico de enunciar nosso "acreditar". E, além do mais, como observou Benveniste, "a exata correspondência formal entre o latino *crē-dō* e o sânscrito *śrad-dhā* garante uma herança muito antiga".[38] Em sua insuficiência de devedor congênito, o sacrificante oferece sua oblação confiante, enquanto pensa que naquele mesmo instante os deuses começam a se ver em débito para com ele. Apenas o instaurar-se de uma dupla obrigação — dos homens em relação aos deuses, dos deuses em relação aos homens — possibilita essa circulação que é a própria vida. Obtendo um crédito junto aos deuses, o homem (isto é, o sacrificante) *retarda*, pospõe, prorroga o instante em que deverá saldar seu débito em relação à morte. Nesse duplo desequilíbrio funda-se toda ação. Na base desse desequilíbrio toda ação adquire sentido.

Observa Malamoud que a palavra *ṛṇa*, "débito", aparentemente não tem etimologia. Os quatro débitos congênitos e a própria categoria do débito se apresentam de modo abrupto, sem justificações — e estão destinados a percorrer um longo caminho, permanecendo vivos e poderosamente perceptíveis também no interior do mundo, bem mais tardio, da *bhakti*, da "devoção" que pretende dispensar a ortodoxia ritual. A isso Malamoud acrescenta, como que em paralelo, que "não existe nenhuma mitologia do endividamento".[39] De fato, é verdade, sem dúvida, mas com uma exceção: a história das duas irmãs Kadrū e Suparṇī (ou, em outros casos, Vinatā) e da conquista de Soma. História que, não por acaso, é o pressuposto de todas as outras histórias védicas. Ela é suficiente para fundar o sistema de trocas, perenemente desequilibrado, entre os homens e os deuses. Mas também entre a vida e a morte.

Como podem os homens imitar o complexo cenário da conquista de Soma? Reproduzindo sua última passagem: a permuta entre Vāc e Soma. Oferecerão uma vaca a um obscuro personagem (o mercador que traz o *soma* em sua carroça) para *comprar* aquele tesouro. Tudo se dá graças a uma equivalência: a vaca é Vāc. E a vaca é leite. E leite é ouro: "Leite e ouro têm a mesma origem, porque ambos nasceram do sêmen de Agni".[40] A repetição humana não tem nada da transbordante teatralidade divina. Mas desvenda um ponto que antes permanecera oculto: essa permuta — entre um ser feminino e uma substância — é mais precisamente uma venda, que se realiza por meio do ouro, fonte de toda moeda. A primeira troca, a primeira substituição ocorre com o que é insubstituível por excelência: *soma*, a substância que é um estado do ser, um estado da mente ao qual só se pode chegar por intermédio dele.

Mas nem tudo está resolvido com a aquisição do *soma*. Acrescenta-se uma cena, como prelúdio grotesco e enigmático. A primeira venda era uma falsa venda. Assim como Vāc fora oferecida em permuta aos Gandharva para obter Soma, mas depois — graças ao estratagema do cortejar — ela retornara para o campo dos deuses, do mesmo modo a vaca que os homens usam para comprar o *soma* do mercador ao fim retorna para eles. Como? Pois, ao cabo da transação, o vendedor de *soma* é espancado e tiram-lhe a vaca. O que na cena divina era uma deliciosa e insidiosa disputa, na cena humana se torna um ato de pura violência. É como se o gesto da venda fosse grave demais para ser aceito até o fim. É preciso que um ato brutal anule imediatamente suas consequências. Mas isso apenas realça seu caráter de passo fatal.

A venda e a medição, esses dois gestos irreversíveis, podem ser realizados somente após a chegada do conviva real, a planta do *soma* na carroça do mercador, como se apenas o *soma* fosse capaz de oferecer uma amostra absoluta, que todas as trocas, todas as medições podem tomar como padrão: "Ele [o *adhvaryu*] depois estende o tecido dobrado ao meio ou em quatro, com a franja voltada para o leste ou para o norte. Sobre ele mede o rei: e, visto que ele mede o rei, há portanto uma medida, seja a medida entre os homens ou qualquer outra medida".[41] Soma, o ser que é pura qualidade, perceptível somente como intensidade da mente, exaltada pelo sumo daquela planta, garante e funda o mundo da quantidade, onde tudo se mede e se vende. O que aconteceria sem o *soma*? Continuar-se-ia a vender e medir, mas sob a insígnia do "peso falso", diria Joseph Roth.

O *adhvaryu* que oficiava na cerimônia do *soma* mantinha um pedaço de ouro preso num dedo. Por quê? No mundo dos homens, que é o mundo da não verdade, o *soma* irrompe como uma verdade palpável, única substância emissária do outro mundo, do mundo dos deuses, que são a verdade. Isso justifica as cautelas, as precauções que se adotam para se aproximar dele. Tal como se movem os oficiantes ao redor de um núcleo incandescente. Sabem que qualquer gesto pode prejudicá-los, mas pode também danificar a verdade, que está diante deles, indefesa como uma planta qualquer, como um conviva.

Por isso, antes de tocar o *soma* com os dedos, tocam-no com o ouro, intermediário divino enquanto sêmen de Agni, "de modo que [o sacrificante] possa tocar as hastes [do *soma*] com a verdade, de modo que ele possa manusear o *soma* com a verdade".[42] Para tratar o *soma*, para não o molestar, os homens devem se transformar em portadores da verdade, indo contra sua natureza. É para isso que, antes de mais nada, serve o rito. E assim avulta ainda mais, em contraste com essas delicadas atenções, a brutalidade que caracterizou a aquisição do *soma*, quando o mercador que o vendera acabou por ser espancado.

> Ele compra o rei; e, visto que ele compra o rei, tudo aqui embaixo se pode comprar. Ele diz: "Vendedor de *soma*, o rei Soma está à venda?". "Está à venda", diz o vendedor de *soma*. "Vou comprá-lo de ti." "Compra-o", diz o vendedor de *soma*. "Eu o comprarei por um dezesseis avos [da vaca]." "O rei Soma certamente vale mais do que isso", diz o vendedor de *soma*. "Sim, o rei Soma vale mais do que isso; mas grande é a grandeza da vaca", diz o *adhvaryu*.[43]

Essa é a cena fundadora de toda economia. Mas por que é preciso comprar o *soma* — e, se não for comprado, não será eficaz? Por que, senão por insistência, o texto especifica diversas vezes que se está falando do "*soma* comprado"?[44] Porque a dívida vem antes do dom. Nasce-se com a dívida, depois oferece-se e recebe-se o dom — no tempo, no rito. O mercador representa os Gandharva que interceptaram Soma, incidente primordial entre o céu e a terra. Isso nos lembra que, mesmo para os deuses, Soma não chega como simples dom. Antes precisaram resgatá-lo dos Gandharva. Tiveram de se tornar "sem débito"[45] em relação a eles. E, mesmo antes, o próprio *soma* fora raptado por Gāyatrī para resgatar Suparṇī (ou Vinatā) da escravidão. Há sempre um resgate antes da conquista. Pois, entre o céu e a terra, nada ocorre sem obstáculos, nunca. Há sempre pelo menos uma flecha que vibra, há sempre algo que é arrancado. As consequências desse ato pesam depois sobre a vida terrestre. Quem as ignora não conhece o céu.

Por dezesseis vezes o sacrificante se aproxima de um sacerdote e lhe oferece seu honorário ritual. A *dakṣiṇā* pode ser de quatro tipos: "O ouro, a vaca, o tecido e o cavalo".[46] A distribuição dos honorários é feita seguindo uma ordem rigorosa. O último a receber o dom é o sacerdote *pratihartṛ*, a quem é confiada a incumbência mais simples: segurar as vacas, "para que ele [o sacrificante] não as perca".[47]

Observando essa cena, em seu meticuloso compasso, poderíamos pensar que é a parte mais recente do rito — quase um acréscimo, na intenção de selar o encerramento da cerimônia com a oferenda de uma compensação aos sacerdotes que a realizaram. Visão moderna, ingênua. O primeiro que distribuíra os honorários rituais fora Prajāpati. Nesse momento, mal existiam o mundo, os deuses, os homens. Porque todos haviam acabado de surgir do sacrifício de Prajāpati. Mas Prajāpati se preocupava igualmente em distribuir os honorários rituais, como se a troca quase coincidisse com a origem. A tal ponto que aquela distribuição de honorários podia lesar o mundo — ou até exauri-lo, se não fosse interrompida.

Pelo menos foi o que pensou Indra, rei dos Deva, os quais temem sempre ser derrubados por alguém: por seus irmãos Asura, mas também pelos homens que tentam alcançar o céu mediante o sacrifício — ou também, descobria-se agora, pela irrefletida magnanimidade do Progenitor — "Indra pensou consigo: 'Agora dará tudo e não deixará nada'".[48] Naquele momento, Indra percebera que a potência da troca e da substituição, se entregue a si mesma, é incontrolável e corrosiva, como a de um Banco Central que imprime moeda sem cessar. Então ele intervém com seu raio, que nesse caso era uma simples fórmula: o convite a lhe dirigirem uma prece.

A satisfação que Indra obtém para sua aflição foi modesta, se comparada à solenidade e severidade da obrigação ligada aos honorários rituais. Seu princípio foi afirmado e reforçado desta forma: "Não deveria haver nenhuma oferenda, como dizem, sem um honorário ritual".[49] Essa frase é quase um postulado. E são inúmeras as consequências derivadas dessas poucas palavras ramificadas, insinuantes. O próprio postulado é apenas ocasionalmente lembrado, quando é o caso — e sempre acompanhado por aquele "como dizem", que é a maneira mais sóbria e prática de recorrer à autoridade da tradição. Afirma-se assim que não é admissível oferecer coisa alguma, e portanto cumprir um gesto (aliás, *o* gesto) por excelência gratuito, sem dar ao mesmo tempo uma *dakṣiṇā*, que é exatamente o oposto: um honorário, a compensação por uma obra precisa, realizada por outrem. Assim, o implícito é que a gratuidade tem um preço. E não só o tem, mas *deve* tê-lo. A gratuidade *deve* estar ligada a uma troca (porque o honorário é trocado pela obra, pelo trabalho do sacerdote). Mas a troca só pode surgir do ato gratuito, com a pura oferta, com o *tyāga*: a decisão de "ceder", abandonar algo, deixar que desapareça no fogo enquanto se observa com atenção.

Em toda a história do rei Soma, quem ao final é defraudado é o povo dos Gandharva. Aqueles mesmos que tinham como principal missão ser guardiões de Soma agora são guardiões do vazio. Para que o mundo possa manter algum equilíbrio, essa é uma situação que precisa ser corrigida. E assim foi:

> Os deuses oficiavam com ele [o homem]. Aqueles Gandharva que foram guardiões do Soma o seguiram; e, vindo à frente, disseram: "Deixa-nos ter uma parte do sacrifício, não nos excluas do sacrifício; pois nós também temos uma parte do sacrifício!".
>
> Disseram: "E então o que haverá para nós? Tal como no mundo de lá fomos seus guardiões, assim seremos seus guardiões aqui na terra".
>
> Os deuses disseram: "Que assim seja!". Dizendo: "[Eis aqui] vossa retribuição por Soma", eles lhes designam o preço de Soma.[50]

O *soma* deve ser comprado porque foi roubado do céu — e o preço a ser pago serve para quitar seus guardiões, os Gandharva.

Antes uma violência desequilibradora, depois uma troca que oferece uma ilusão de equidade: tal é a relação com o céu, não só dos homens, mas também dos deuses, quando ainda tinham de conquistar o céu.

A troca aparece relacionada a uma lesão. Mais para encobri-la do que para curá-la. A violência que ocorreu no céu com o rapto do *soma* não pode ficar sem resposta, mas a resposta não pode ser senão razoável e enganosa: um preço por algo que não pode ser substituído. A substituição se manifesta em relação ao que não está em seu poder substituir. A *hýbris* da troca se revela plenamente ali onde a substituição do insubstituível pretende operar. E o que é o insubstituível? O *soma*. Somente em relação ao *soma* a troca se mostra em sua cobiça de submeter a si a totalidade do existente.

Se nos perguntarmos o que, antes de mais nada, são os metros, é preciso responder que são pegadas. Pegadas em que outrem pisa. E, ao pisar, entra no ser de quem deixou a pegada. Isso acontece com as pegadas da vaca usada para adquirir o *soma*: "Ele a segue, entrando em sete pegadas suas; assim ele toma posse dela".[51] Essa vaca é Vāc, Palavra: como mulher resplandecente, encantou os Gandharva e no fim os abandonou, preferindo a seus cantos litúrgicos as frívolas canções dos deuses. Em todo caso, é preciso cortejar Vāc — bem como a vaca que se vende para adquirir o *soma*. Entre seus dons está justamente o de ter escandido um primeiro ritmo, uma passagem, que os homens depois imitarão. Mas é essencial que essa medida seja externa ao homem, que provenha de outro ser. A palavra é uma mulher desejável ou um animal usado como moeda. Em todo caso, aquele som que irrompe da escuridão do homem e pareceria lhe pertencer como um gemido, lhe é, no entanto, exterior, aliás, é o primeiro ser visível que ele deseja, embora dela agora permaneça apenas uma sucessão de pegadas.

Para conquistarem aquela mulher que é Palavra, foram obrigados a executar uma sequência de gestos que podiam parecer bastante insensatos, mas eram apenas rigorosos: depois de pôr os pés em seis pegadas sucessivas, sentavam-se em círculo ao redor da sétima pegada deixada pela pata anterior direita da vaca que seria vendida para adquirir o *soma*. Depois pegavam um pedaço de ouro e o colocavam dentro da pegada. Então derramavam manteiga clarificada por cima, até preencher a pegada. Se não houvesse esse pedaço de ouro no meio da pegada, não poderiam fazer oferendas, porque a oferenda se faz somente no fogo. Ora, o ouro — como o leite — é sêmen de Agni. Por isso, verter manteiga sobre o ouro significava verter manteiga no fogo. E, visto que a manteiga clarificada é um raio, a vaca em cuja pegada se vertia a oferenda era libertada, porque o raio é um escudo. Tudo concatenado, mais uma vez. No fim, espalhavam o pó da pegada sobre a mulher do sacrificante. Parecia que os olhares de dois seres femininos se cruzavam. Mas não era o caso. A vaca é feminina, porém o *soma* é masculino. Enquanto a vaca era trocada com o *soma*, a vaca era o *soma*. Por isso seu olhar se torna o olhar de um ser masculino. E ao se cruzar com o olhar da mulher do sacrificante, ocorria um "coito fecundo".[52] A mulher do sacrificante então recitava: "Vi olhos nos olhos a divina *dakṣiṇā* da ampla visão: não me leves a vida, não a levarei de ti; que eu possa obter um herói sob teu olhar!".[53] Aqui, acrescentam os ritualistas, "um herói" significa "um filho".

O *soma* comprado e transportado numa carroça chega e é acolhido como um hóspede real. Ao manipular uma planta, que é o *soma*, o oficiante a veste, move-a — e enquanto isso fala. A planta é o rei, o hóspede, o amigo. Quando a coloca sobre sua coxa direita, que agora é também a coxa de Indra, o *soma* é "amado sobre o amado", "o propício sobre o propício", "o terno sobre o terno",[54] porque "as maneiras dos homens seguem as dos deuses".[55] Também o sacrifício, nessa altura, apresenta-se como uma comemoração obrigatória para o conviva de alta categoria: "Tal como, para um rei ou um brâmane, se colocaria no fogo um grande boi ou um grande bode, assim ele prepara para ele [Soma] a oferenda para o conviva".[56] Mas um rei dificilmente se apresenta sozinho. Quem, então, forma seu cortejo? Os metros. Como os assistentes de K. em *O castelo*, os metros vão aonde Soma vai: "Os metros ficam ao seu [de Soma] redor como seus atendentes".[57] O que se vê é um veículo que transporta os caules de uma planta que "está na montanha".[58] Mas quem sabe também vê, ao lado do veículo, a cintilação dos metros, semelhantes aos raios em torno do sol.

Tal como se sussurram palavras afetuosas e doces ao cavalo, pouco antes de ser morto no decorrer do *aśvamedha*, a fim de persuadi-lo de que ninguém lhe quer fazer mal e que ele não sofrerá, assim também se explica à planta do *soma*, ao conviva real recém-chegado, por que ele foi comprado. Para um fim elevado, certamente, embora obscuro: para "a suprema soberania dos metros". Logo a seguir diz-se: "Quando o espremem, matam-no".[59] A contiguidade entre essas duas frases segue o mais puro estilo védico. Antes a fórmula esotérica ("a suprema soberania dos metros", que o texto não disse de forma alguma o que seria); depois a descrição enxuta, sucinta, clara: "Quando o espremem, matam-no". É a própria tensão de todo o pensamento litúrgico.

Antes que chegasse o momento de espremer, problemas de etiqueta eram apontados. Desciam o rei da carroça e o colocavam sobre as pedras que iriam espremê-lo. As pedras são ávidas, já estão com a boca aberta. Rei Soma, que é a nobreza, desce em direção ao povo das pedras. Já isso insinua uma dúvida no ritualista: convidar o rei Soma àquela descida não será um excesso, uma infração das boas maneiras? Com toda certeza — e (aqui se percebe o suspiro do ritualista) "por isso hoje o povo confunde o bom com o ruim".[60] Todos os lamentos pela degeneração dos tempos parecem ter origem nesse minúsculo *aparte*. Mas prontamente o ritualista se recobra: àquela excessiva magnanimidade do rei Soma, que *desce* até seu povo, inequivocamente para se deixar matar, o povo deverá responder com um gesto, capaz de manter as distâncias, de se pôr de alguma maneira *abaixo*. Como? Ajoelhando-se: "Por isso, quando um nobre se aproxima, todos esses súditos, o povo, se ajoelham, sentam-se abaixo dele".[61]

Agora as pedras circundam o *soma* com a boca escancarada. A oração do sacrificante se dirige sucessivamente a Agni, às tigelas do *soma* e, por fim, às próprias pedras, porque conhecem o sacrifício. Fala-se somente entre quem sabe. "As pedras sabem."[62] E as pedras "sabem" porque elas *são* Soma. Não só Soma é morto, mas é morto por seu próprio corpo, por fragmentos de seu corpo, lascas de rocha tiradas da montanha que o constitui ("aquelas montanhas, aquelas rochas são seu corpo").[63] O que acontece? Um assassinato ou um suicídio camuflado?

E nesse exato momento solene relembra-se que "Soma era Vṛtra".[64] O rei, o nobre ser raptado do céu para difundir a embriaguez sobre a terra, Soma fora também (de algum modo — *qual* modo?) o monstro dos primórdios, o principal obstáculo à vida.

Há sempre algo *antes* dos deuses. Se não é Prajāpati, de quem se originaram, é Vṛtra, massa informe, montanha, serpente sobre a montanha, odre, receptáculo que encerra a substância inebriante: o *soma*. Os deuses sabiam que sua potência era jovem e precária demais em relação àquele ser indefinido. Mesmo Indra, que assumiu o encargo de duelar com Vṛtra, quando desferiu o raio contra ele, não tinha a menor certeza sobre o desfecho. Ainda receava ser o mais fraco. E se escondeu imediatamente. Os deuses se aglomeraram atrás dele. De um lado, Vṛtra agonizava. De outro, os deuses, temerosos, se escondiam. Mandaram Vāyu, Vento, em missão de reconhecimento. Ele soprou sobre o corpo desmesurado de Vṛtra. Não houve nenhum estremecimento. Então os deuses, tranquilizados, lançaram-se sobre o cadáver. Cada qual queria uma porção de *soma* maior do que a do outro. Agitavam os *graha*, as taças, para enchê-las até a borda. Mas o vasto corpo de Vṛtra, sobre o qual os deuses se engalfinhavam como parasitas, já emanava um intenso mau cheiro. Aquela substância inebriante, que extraíam do corpo inerme, devia ser filtrada, mesclada com outra, para se tornar deglutível, até mesmo para os deuses. Era necessária a ajuda de Vāyu, de uma brisa que se mesclasse ao líquido *soma*. Foi essa a versão védica do espírito que vivificava: Vāyu que dissipa o mau cheiro de Vṛtra e transforma o líquido contido em seu corpo numa bebida inebriante e iluminadora.

Assim Vāyu acabou por conquistar o direito a alguns dos primeiros goles do *soma*. Indra se sentiu desprezado. Era ele o herói, o único que aceitara o desafio, tremendo. Fora ele a desferir o raio. E agora tinha de ceder passagem àquele frívolo Vāyu. Submeteram a disputa a Prajāpati. Esta foi a sentença: Indra teria sempre um quarto da parte de Vāyu. Indra disse que, através do *soma*, desejava a linguagem ou, melhor, a palavra articulada. Por vontade de Prajāpati, desde então, entre as linguagens que se estendem pelo mundo, apenas um quarto delas é articulado, isto é, inteligível. Todo o resto é indecifrável, dos trinados dos pássaros aos sinais dos insetos. Assim, portanto, não se reconheceu a Indra o predomínio. Ele abaixou a cabeça, melancólico. Por outro lado, aquela sentença coincidia com uma regra geral: que a maior parte permaneça oculta. Também de Puruṣa aflora apenas um quarto. Também do *brahman*. O não manifesto é muito mais vasto do que o manifesto. O invisível, mais do que o visível. O mesmo com a linguagem. Todos nós, quando falamos, devemos saber que "três partes [da linguagem], depositadas no segredo, são imóveis; a quarta parte é a que usam os homens".[65] Somente porque a língua projeta uma sombra bem maior e inacessível, a palavra conserva e renova seu encanto.

No culto, são essenciais certos filtros chamados *pavitra*: dois caules de erva *kuśa*, usados para purificar a água, ou duas faixas de lã branca, usadas para o *soma*. Sua função pressupõe o drama cósmico entre Vṛtra e Indra. A natureza de Vṛtra era a de cobrir (*vṛ-*), envolver, fechar em si, impedindo qualquer "evolução", palavra que em sânscrito corresponderia a *pravṛtti*, o termo que designa a vida em seu desenvolver. Esse *monstrum* por excelência, visto que incluía tudo em si, incluía também o sumo saber — os Vedas — e a bebida da embriaguez, o *soma*. Para Indra, matá-lo significava não só tornar possível a vida, mas conquistar aquilo que pode tornar a vida inextinguível: o conhecimento. E significava também fazer com que as águas subissem, transbordando no mundo, onde produzem aquele excedente que é a própria vida. No entanto, mesmo que o gesto de Indra tenha sido salvador, ainda assim era uma culpa, uma culpa colossal, compatível com a enormidade de sua vítima. E o primeiro sinal da culpa é a impureza que, desde então, sai do ferimento de Vṛtra e jorra no mundo. Esse líquido é precioso e, ao mesmo tempo, pútrido. E é suficiente para contaminar tudo, exceto aquelas águas que, nauseadas, se elevaram para escapar ao contato maléfico, tornando-se depois a erva *kuśa*. Imediatamente contaminadas, as águas — pelo menos em parte — ao mesmo tempo escapam da impureza. Por isso serão usadas para aspergir, isto é, consagrar todos os elementos. E aqui se coloca uma questão teológica sutil: como elas, que não foram consagradas, poderão consagrar? Esta é mais uma culpa pela qual o oficiante "pede reparação":[66] já um primeiro sinal de que a culpa se estende até o vértice da pureza.

A presença dos filtros permite entender que o mundo é uma massa impura. Se assim não fosse, de outro lado, ele não viveria, mas estaria ainda encerrado no vasto ventre de Vṛtra. Ora, se mesmo as águas são ambíguas, pois parcialmente contaminadas, o que poderá permitir que se recupere a pureza? Será necessário *filtrar* o mundo, assim como é necessário filtrar até o prodigioso *soma*, que de outra maneira não conseguiríamos tolerar. E aqui ocorre uma passagem decisiva: o único elemento capaz de dar um auxílio, nesse cenário de pântano cósmico, é o adejar do vento. O vento que "sopra purificando (*pavate*)"[67] coincide com os dois caules de erva que filtram, *pavitra*: mas por que são dois caules, enquanto o vento é um só? Segue-se aqui uma passagem decisiva para a teologia védica: os filtros são dois porque dois são os sopros fundamentais (na inspiração e na expiração) que, entrando e saindo do corpo, o fazem viver. Assim, o vento é aqueles sopros, e aqueles sopros são os dois filtros de erva *kuśa*. Com essa fulminante equação introduz-se a suprema função da respiração (daqui derivam toda a ioga e as inumeráveis reflexões sobre os sopros) e explica-se por que o mundo, esse informe e fétido amontoado de elementos onde, ainda hoje, continua a escorrer o líquido que se hospedava no corpo ferido de Vṛtra, tem necessidade de um sopro para se filtrar, para se animar, para se tornar utilizável num ato cerimonial.

Os deuses perderam o *soma*, no início; os homens não o possuíram. Mas estes se perceberam realizando os mesmos gestos, quando se tratava de recuperá-lo (ou de comprá-lo): praticar o *tapas*, jejuar — com rigor cada vez maior. Nesse ínterim, tanto os homens quanto os deuses "ouviram seu som",[68] o som do *soma*.

Qual foi esse som, para os deuses? Não nos é dito. Em compensação, sabemos ao que se refere para os homens. O som do *soma* perdido dizia: "Em tal dia acontecerá a aquisição".[69] Para os deuses, era um som indefinido; para os homens, o anúncio de uma troca, de uma venda. Esta é a passagem do divino para o humano: brusca, marcante. Mas mostra que, sem a troca, o homem não subsiste. Ou, pelo menos, nunca poderá obter o *soma*. Quanto à imortalidade, seria ingênuo pensar que, para os homens, ela esteja relacionada com uma duração interminável. Por isso especifica-se: "Esta certamente é a imortalidade para o homem: quando ele alcança a vida inteira".[70] O imperativo, para o homem, consiste em dar forma à vida, tornando-a inteira, perfeita, tal como inteiro, perfeito deve ser o altar do fogo. Não há resposta à pergunta que desde sempre afligiu as criaturas de Prajāpati: a vida perfeita inclui Morte? Quanto a isso, não há resposta, nem positiva nem negativa.

A "comédia da inocência" vale tanto para o urso que os caçadores estão prestes a golpear quanto para Soma. Quando as pedras estão a ponto de se abater sobre os caules da planta divina, para fazer seu sumo sair, a intenção de matar deve ser dirigida a um inimigo qualquer ou a um ser que se odeie. Então o sacrificante poderá dizer: "Assim eu golpeio *x*, não a ti".[71] A culpa residiria, portanto, não no ato — matar Soma —, mas na visão mental que o acompanha. E se não se tem inimigos? Se não se odeia ninguém? Então que se dirija o pensamento, com ódio, a uma palha: "Se ele não odeia ninguém, pode pensar numa palha e assim não incorre em nenhuma culpa".[72] Corolários: o ato é uma necessidade, um passo inevitável. E é em si uma culpa. Mas quem não quiser aumentar sua culpa, que já reside no fato de existir, deve separar a mente do ato e dirigi-la a um objeto que atenue a culpa. A palha indica que estamos nos aproximando do inexistente e do invisível.

Existe algo para além da palha? Sim, o desprendimento que Kṛṣṇa ensinará a Arjuna na *Bhagavad Gītā*, a não adesão ao ato. Essa opção está num grau mais elevado, em comparação ao mero desvio do ato para outro objeto.

"E ele [Soma], enquanto é gerado, gera-o [o sacrificante]":[73] fórmula que se repete três vezes. Pois alude a um ponto delicado e essencial: a geração recíproca. Regra entre os deuses, agora ela encontra uma contraparte ritual. Nada existe por si, tudo é resultado de uma obra. Assim também o *soma*: a planta vinda do céu não existe como tal enquanto não for espremida, filtrada, aspergida pelo sacrificante e pelos outros sacerdotes. Mas, no momento em que o *soma* passa a ser, ele gera o sacrificante. A existência do *soma* comporta uma metamorfose naquele que o trouxe ao ser com seus gestos.

E, tal como no final da cerimônia o rei Soma será um feixe de caules esmagados, reduzidos a um "corpo inadequado para a oferenda",[74] assim também o sacrificante, exausto, se dirigirá como um fantoche estéril à água que corre um pouco além do espaço sacrificial. Ali o espera o banho purificador, *avabhṛtha*. O *soma* e o sacrificante: ambos anseiam por uma nova linfa. Querem mergulhar naquela água, esquecer-se de si.

> Depois disso, ambos [o sacrificante e sua mulher], depois de terem descido, se banham e lavam as costas um do outro. Depois de se envolverem em outras vestes, saem: assim como uma serpente abandona a pele, ele se liberta de todo o mal. Nele não há mais culpa do que numa criança ainda sem dentes.[75]

Quem entra no rito carrega-se de gestos, de atos, de *karman* — assim é, ao pé da letra, o *karman*: ação ritual. Não há dúvida:

alcança-se a luz, o imortal, tocam-se os deuses. Mas, ao final, igualmente quer esquecer, exausto. Quer-se voltar à normalidade opaca, não ressoante, não assoberbante. O sacrificante e sua esposa repercorrem as mesmas pegadas que trilharam para chegar ao local do sacrifício. Banham-se em água corrente. Os acessórios do sacrifício são lançados à água, como se ninguém mais quisesse se lembrar da existência deles. Agora tudo deve ser novo. A inocência do recém-nascido jamais é algo dado. Pelo contrário, é duramente conquistada. E de brevíssima duração. Pois a ação recomeça imediatamente. E a ação, toda ação, e antes de mais nada aquela ação sacra que permite ter acesso à luz por meio do *soma*, é culpa. Não mais porque danifique ou fira algo ou alguém, embora inevitavelmente danifique e fira, mas simplesmente porque é ação. De outro lado, sem *essa* ação toda vida é amorfa e vazia. Mas é preciso retornar periodicamente àquele amorfo, àquela insignificância, porque não suportamos sentido demais, luz demais ou culpa demais. O sacrificante não se cinge mais com suas vestes. Elas também pertencem a uma fase já submersa. Mas como se vestirá agora? Cinge-se com o pano em que estavam envolvidos os caules do *soma*, em que haviam aparecido naquele tempo extremamente remoto, poucas horas antes, quando o *soma* ainda precisava ser espremido. A esposa, por sua vez, cinge-se com o outro pano que envolvera o pano no qual estava o *soma*. Depois se afastam, silenciosos, indiferentes, limpos, vazios. Do ocorrido resta apenas uma fragrância levemente perceptível — e talvez perceptível apenas por eles — que emana daqueles dois panos em que o *soma* se hospedara por algum tempo.

"Quando Gāyatrī voou para Soma, um arqueiro sem pés, depois de mirar, cortou uma pena, de Gāyatrī ou do rei Soma; e a pena, caindo, tornou-se uma árvore *parṇa*."[76] O misterioso arqueiro sem pés, que aqui aparece, terá seu nome apresentado em outro lugar: Kṛśānu; mas não muito mais. Sua figura e seu gesto nos permitem entrever um ser no limiar do não manifesto — ou do "pleno", *pūrṇa*, que é outro nome seu. Como um outro arqueiro — Rudra —, Kṛśānu se opõe a uma ação que infringe a ordem do mundo e dá origem à vida como a conhecemos. No caso de Rudra, o incesto de Prajāpati e Uṣas. Em seu caso, o rapto do *soma*, que permitirá aos homens se inebriarem. Essa natureza de Kṛśānu também está implícita, talvez, no fato de ser "sem pés", *apād*, característica que o liga a outra figura enigmática: Aja Ekapād, o Bode sobre uma pata só. Se recuarmos ao "não nascido", *aja*, ao "autoexistente", *svayambhū*, as últimas duas figuras que se deixam reconhecer, porém apenas em lampejos e reverberações, sem que jamais sejam descritas, estas são um bode (Aja Ekapād) e uma serpente (Ahi Budhnya). Não há nada que se distinga para além deles. O bode deve ficar em pé porque é o "sustento do céu",[77] mas, se olharmos bem, veremos que ele se apoia numa pata só (*ékapād*). Às vezes, aparece como uma coluna de fogo tingida de negro, o negro das trevas sobre as quais avulta. E abaixo dele? Está a Serpente do Fundo, Ahi Budhnya. Nenhum texto se atreve a dizer algo mais. Evoca-se somente seu nome. Cinco vezes, nos hinos védicos, ao lado do nome do Bode, como se nessas duas figuras se desenhasse aquilo que não concede ir além: o Não nascido, o Fundo. O inevitável e quase imperceptível bojo de tudo o que existe.

O mundo deve sua existência ao infinitesimal atraso de uma flecha. Ou de duas flechas: a de Rudra, que se cravou na virilha de Prajāpati, mas não conseguiu impedi-lo de verter seu sêmen; a de Kṛśānu, que raspou a asa do falcão portador do *soma* e fez cair uma pena na terra, mas não conseguiu impedir que o *soma* chegasse aos homens. Essa partícula do tempo era todo o tempo, com sua potência irrefreável. Era a saída da plenitude fechada em si mesma, a passagem à plenitude transbordante em outro, no próprio mundo. Mas tal superabundância só se tornara operante graças a um ferimento. Os ritos que os homens védicos quiseram instituir foram, em primeiro lugar, uma tentativa de tratar e curar essa ferida, renovando-a. E queimando uma parte da superabundância que lhes permitia viver.

Soma não só levava à embriaguez, mas favorecia a verdade. "Para o homem que sabe, isso é fácil de reconhecer: a palavra verdadeira e a falsa se chocam. Entre as duas, a verdadeira, a correta é a que Soma favorece. E combate a não verdadeira": assim diz o hino 7, 104 do *Ṛgveda*.[78] Esse duplo dom — da embriaguez e da palavra verdadeira — é o que distingue o conhecimento védico. Se Soma não encetasse a embriaguez, não poderia sequer lutar pela palavra verdadeira. E o mesmo ocorre com quem acolhe Soma na circulação de sua própria mente. Dioniso arrastava à embriaguez e usava o sarcasmo contra quem se opusesse. Jamais proclamou sustentar a palavra verdadeira. Era como se a palavra se mesclasse a seu cortejo entre Mênades e Sátiros, mas sem se fazer notar demais. Dioniso era intensidade no estado puro, que atravessava e desmantelava todo e qualquer obstáculo, sem se deter na palavra, fosse falsa ou verdadeira. Possuído pelo deus, Baco intimava: "Ponde-vos todos de parte,/ não contamineis a boca com palavras".[79]

"Agora bebemos o *soma*; tornamo-nos imortais; chegamos à luz, encontramos os deuses."[80] Formulação ardente, imediata, o oposto daquela sequência de enigmas que compõem, em grande parte, o *Ṛgveda*. Para que os homens possam *encontrar* os deuses, precisam do *soma*; mas os deuses, por sua vez (e, acima de todos, seu rei: Indra), precisam do *soma* para ser deuses. Um dia, escolheram o *soma* como sua bebida inebriante, porque ao *soma* se deve "a força dos deuses".[81]

Se o *soma* é desejado igualmente pelos deuses e pelos homens, irá se tornar também o elemento comum entre eles. Somente na embriaguez deuses e homens podem se comunicar. Somente no *soma* se encontram: "Vem para nossa espremedura, bebe o *soma*, ó tu, bebedor de *soma*".[82] Assim se dirigem os homens a Indra, no primeiro hino dedicado ao deus no *Ṛgveda*. Somente à medida que os homens conseguem oferecer embriaguez aos deuses é que podem pretender atraí-los à terra. O que os homens oferecem ao deus é o que o deus conquistou para eles — e para os outros deuses —, maculando-se com a mais grave culpa, o bramanicídio, quando cortou as três cabeças de Viśvarūpa. Há um pacto oculto entre Indra e os homens, porque Indra é o deus mais semelhante aos homens (e também por isso será algumas vezes objeto de zombarias): matou um brâmane para obter o *soma*, assim como os homens matam o rei Soma para que escorra o líquido inebriante de que é feito. O matar, o sacrifício e a embriaguez estão unidos, tanto para o deus quanto para os homens. E isso os torna cúmplices, obriga os homens a celebrar os longos e exaustivos ritos do *soma*. Mas é também o único modo de alcançar uma vida — por algum tempo — divina.

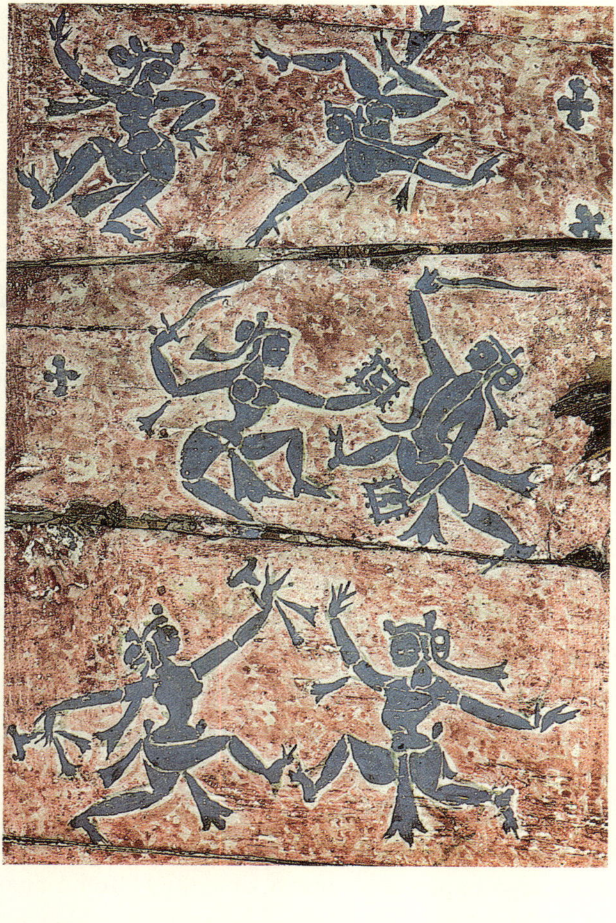

Antecedentes e subsequentes

Quando vós, deuses, estáveis nas flautas, comprimindo-se uns aos outros, então se alçavam de vós densas espumas, como de dançarinos.

Ṛgveda, 10, 72, 6

Este livro teve origem, não poucos anos atrás, no irrefletido propósito de escrever um comentário ao *Śatapatha Brāhmaṇa*, o *Brāhmaṇa dos cem caminhos*. O *Śatapatha Brāhmaṇa* é um tratado sobre os rituais védicos que remonta ao século VIII a. C. e se compõe de catorze *kāṇḍa*, "seções", num total de 2366 páginas nos cinco volumes da tradução de Julius Eggeling, publicada em Oxford entre 1882 e 1900, na coleção Sacred Books of the East. Essa tradução é, até hoje, a única completa (a de C. R. Swaminathan, até agora, chegou apenas ao oitavo *kāṇḍa*). Os Brāhmaṇa — e o *Śatapatha Brāhmaṇa* é eminente no gênero — contêm pensamentos desde sempre inevitáveis, que, no entanto, raramente encontraram acolhida nos livros de filosofia. Desse modo, foram amiúde tratados com impaciência, como intrusos.

O *Śatapatha Brāhmaṇa* é um antídoto poderoso à existência atual. É um tratado que mostra como se pode viver uma vida totalmente dedicada a passar para uma *outra* ordem das coisas, que o texto ousa chamar de "verdade".[1] Vida invivível, pois se esgota quase inteiramente no esforço dessa passagem. Mas é uma vida que alguns, numa época remota, experimentaram — e da qual quiseram deixar testemunho. Era uma vida fundada sobretudo em certos gestos. Se alguns desses gestos sobrevivem até hoje na Índia e estão difundidos entre multidões que, muitas vezes, quase nada sabem de suas origens, ao passo que outras grandes civilizações não deixaram nenhuma herança comparável, isso não deve nos iludir: a civilização dos ritualistas védicos não resistiu ao choque do tempo e se desintegrou, permanecendo em grande parte inacessível e incompreensível. Todavia, o que ainda transparece tem um poder tal que abala qualquer mente que não esteja totalmente escravizada àquilo que a rodeia.

As religiões têm dado muito que falar no início do século XXI. Mas o que subsiste de religioso, em sentido estrito e rigoroso, no mundo é muito pouco. E não tanto nos indivíduos, mas sobretudo nas estruturas coletivas. Quer sejam igrejas, seitas, tribos, etnias, o modelo é o de um superpartido amorfo, que permite fazer ainda mais do que já permitia a ideia de partido, em nome de algo que é amiúde definido como "identidade". É a vingança da secularidade. Depois de passar séculos e milênios numa condição de sujeição, como serva de poderes que se impunham sem se justificar, agora a secularidade — zombeteiramente — oferece a tudo o que ainda se refere ao sacro as modalidades de ação mais eficazes, mais atualizadas, mais incisivas, mais adequadas aos tempos. É esse o novo horror que ainda precisava se cristalizar: todo o século XX foi seu longo período de incubação.

Para que se possa falar de algo religioso, é preciso que se estabeleça alguma relação com o invisível. É preciso que haja o reconhecimento de potências situadas além e fora da ordem social. É preciso que a própria ordem social almeje estabelecer alguma relação com o invisível. Nada disso parece ser a preocupação primordial das autoridades religiosas no início do século XXI. Nas altas hierarquias da cristandade ou do Islã, ou entre os pandits do hinduísmo, é fácil encontrar engenhosos sociólogos e engenheiros da sociedade, que utilizam os nomes santos das respectivas tradições para impor ou sustentar uma certa ordem dos costumes. Mas seria difícil encontrar alguém que soubesse falar a língua de Meister Eckhart, de Ibn ʿArabī ou de Yājñavalkya — ou ao menos lembrasse sua entonação.

Diante disso, o *Śatapatha Brāhmaṇa* oferece a imagem de um mundo constituído *apenas* pelo religioso e aparentemente desprovido de curiosidade e interesse por tudo que não o seja. Do modo como entende os Brāhmaṇa, o religioso permeia todo e qualquer ínfimo gesto — e invade também tudo o que é involuntário e acidental. Para os ritualistas védicos, um mundo que não tivesse tais características pareceria insensato, tal como seus textos tão frequentemente parecem para os leitores de hoje. A incompatibilidade entre as duas visões é total. E é incomensurável a disparidade das forças: de um lado, um encadeamento de procedimentos que, pela primeira vez, veio a recobrir a totalidade do planeta com uma rede digital imperceptível; de outro, um aglomerado de textos, em parte acessíveis apenas numa língua morta e perfeita, que fala de gestos e de entidades que parecem não ter mais nenhuma relevância. Em sua excentricidade por vezes abissal, o pensamento dos ritualistas védicos tinha, porém, a seguinte peculiaridade: colocava sempre questões cruciais, diante das quais o pensamento de linhagem iluminista se mostra canhestro e impotente. Os ritualistas não ofereciam soluções, mas sabiam isolar e contemplar os nós que não se desatam. Não é dito que o pensamento possa fazer mais do que isso.

Seria um pleonasmo utilizar a palavra *símbolo* num mundo onde qualquer fiapo implicava outros significados. O que, por exemplo, a água no Veda poderia simbolizar, senão — quase — tudo? Se aplicássemos a noção ocidental de "símbolo" ao mundo védico, logo chegaríamos a uma condição de insignificância generalizada por excesso de significados. E, de fato, o sânscrito não dispõe de uma palavra que corresponda precisamente a "símbolo". *Bandhu, nidāna, sampad*: são palavras que indicam uma afinidade, uma ligação, um vínculo, uma correspondência, um nexo, uma equiparação, mas não podem ser remetidas a funções de *representação*, como ocorreu com o símbolo.

Na mentalidade comum ocidental, como veio a se formar durante uma elaboração secular antes de produzir exércitos de anônimos Bouvard e Pécuchet, o pressuposto é que a imensa maioria das coisas pode facilmente se eximir da tarefa de ser símbolo de outra coisa, salvo em alguns casos bem circunscritos, nos quais se admite a legitimidade — e também a utilidade — dessa função. A *bandeira* é um bom exemplo. Mas o mundo védico seria, então, uma infindável sucessão de bandeiras.

Ao mesmo tempo, uma mente ocidental atual consegue, mesmo que com alguma dificuldade — e por vezes deparando-se com obstáculos que parecem intransponíveis —, abrir caminho entre os textos védicos e neles encontrar algo de vital que não o faz em outros lugares. E as dificuldades com que se depara não são maiores do que as que um indiano contemporâneo precisa enfrentar. A distância entre as duas culturas contemporâneas, a indiana e a ocidental, é evidente e notável, mas se torna irrelevante comparada à distância astronômica de ambas em relação ao mundo védico.

Qual é a via que permitiria o contato? A via analógica. Nas silenciosas planícies do passado, o Veda é, com toda probabilidade, a área mais vasta, mais complexa e ramificada onde já viveu o homem, conferindo a soberania e o predomínio apenas a um polo da mente: o analógico. Esse polo age perpetuamente (não pode não agir) em qualquer ser, de qualquer tempo, assim como seu correspondente, o polo digital. Hoje, o mundo em sua totalidade vive sob o reinado do polo digital — condição experimental que não tem precedentes. Mas, mesmo já estando instaurado e sendo inexpugnável o predomínio do polo digital, nem por isso o polo analógico desaparece. E, de fato, só pode mesmo continuar a operar, porque assim impõe a fisiologia. Mas às vezes opera de modo dissimulado, sob falsas vestes ou, em todo caso, sem se dar a reconhecer. Assim também a digitalidade estava presente e ativa, embora refreada e reprimida, no mundo védico. E não poderia ser de outra maneira, porque assim são feitos nosso cérebro e nosso sistema nervoso. Isso implica, entre outras coisas, que nada, a princípio, pode impedir que eles tentem agir e reagir segundo modalidades que experimentaram outrora, durante alguns milênios. Na escala do cérebro, essas épocas nem sequer são muito remotas.

Por trás do *Ṛgveda*, por trás do pulular dos deuses, por trás dos videntes que viram os hinos, por trás dos atos rituais vislumbra-se algo que, por aproximação, deveria se chamar *o pensamento védico*. Se tal pensamento foi a tentativa temerária e metódica de ordenar a vida com obediência exclusiva à modalidade analógica, essa tentativa não podia se sustentar — e não deixa de ser surpreendente que ele tenha conseguido sobreviver em certos tempos e lugares, como uma cunha de matéria estranha. Mas também é verdade que essa tentativa, tão vulnerável, teve a capacidade de preservar a vida de algumas características suas, mesmo à distância de séculos, ao passo que outras grandiosas construções desapareceram. Hoje, os deuses gregos e seus ritos falam na Grécia apenas por meio do silêncio das pedras. O mesmo vale para o Egito, a mais idosa das civilizações. Mas os *mantras* védicos continuam a ser recitados e entoados, incólumes, por vezes nos mesmos locais onde se formaram — ou até em Kerala. E certos gestos rituais, aos quais o pensamento dedicara uma obsessiva atenção, continuam a ser realizados nos *saṃskāra*, as cerimônias sacramentais que ainda marcam inúmeras existências na Índia.

Os deuses habitam lá onde sempre habitaram. Mas na terra perderam-se algumas indicações que se tinha sobre esses locais. Ou já não se consegue mais encontrá-las em velhas folhas, abandonadas e dispersas. A vida, enquanto isso, continua como se nada fosse. Alguns pensam que algum dia essas folhas serão reencontradas. Outros pensam que elas nunca tiveram nenhum interesse especial. Outros ainda ignoram que elas existiram.

A humanidade não dispõe de uma superabundância de *modos do pensamento*. E dois se destacam como irmãos inimigos: o *conectivo* e o *substitutivo*. Cada qual se baseia num enunciado: "*a* interligado com *b*" e "*a* está para *b*" (em que "*a* implica *b*" é um subconjunto de "*a* interligado com *b*"). Não existe forma do pensamento que não possa ser subsumida num desses dois enunciados. Eles mantêm entre si uma relação de sucessão cronológica, porque o *conectivo* sempre e em todas as partes antecedeu o *substitutivo*, se se entender o *conectivo* em referência aos *bandhu* védicos, isto é, aqueles "vínculos" e "nexos" que ligam os mais díspares fenômenos por afinidade, semelhança e analogia.

Quanto mais maduro — no sentido de múltiplo, envolvente, preciso — for o pensamento, tanto mais ele praticará até o fim, até o extremo de suas possibilidades, *ambos* os modos. Escolher um ou outro, como se fossem dois partidos, seria pueril. Mas é indispensável distinguir os respectivos campos de aplicação. Nem o *conectivo* nem o *substitutivo* têm a capacidade de se estender a tudo. Em certas áreas, tornam-se vazios e inertes. A atividade de um dos modos de pensamento se torna tanto mais sutil e eficaz quanto mais é capaz de reconhecer e delinear com precisão as zonas às quais se aplica.

Conectivo e *substitutivo*: os dois *modos* da mente podem ser definidos dessa maneira, referindo-se à sua característica predominante. Mas, se nos referirmos à aplicação prática de suas operações, também poderiam se definir como *analógico* e *digital*. Digital, na medida em que o principal meio da substituição é a codificação — e o número é o que lhe permite agir com a máxima facilidade e eficácia. E o modo digital se aplica, antes de mais nada, ao reino da quantidade, no qual o resultado de uma operação é um número que substitui um número inicial. Por sua vez, o modo analógico se funda na semelhança, isto é, na conexão entre entidades de qualquer espécie.

Convenção e *afinidade* são outros termos úteis para definir os dois polos da mente. *Convenção* significa que qualquer coisa que seja *a* pode-se decidir que "está para *b*", ou seja, que o substitui. Princípio impositivo, não fundado sobre um raciocínio — e imensamente eficaz. *Afinidade* significa que, por motivos não necessariamente claros ou evidentes, em *a* existe algo que o associa a *b*, e por isso qualquer coisa que se diga de *b* envolverá *a* de alguma maneira. É um terreno em grande parte obscuro, de início — e destinado a se manter em alguma medida obscuro, mesmo ao término de qualquer investigação. A percepção das afinidades é interminável. Pode-se apontar onde o processo tem início, mas não onde se detém. A *convenção*, ao contrário, tem origem e se encerra no ato com que se instaura.

Assim somos feitos. Tal como a numeração binária, em sua elementaridade, permite uma quantidade inesgotável de aplicações, da mesma forma as duas modalidades da mente se prestam a sustentar as mais diversas construções, combinando-se, mesclando-se ou repelindo-se. E remetendo-se perpetuamente uma à outra. Qualquer decisão que pretenda dividi-las ou declare o predomínio de uma sobre a outra é vã, porque ambas continuam a operar, conscientemente ou não, a todo instante, para todos e em todos.

O modo conectivo e o modo substitutivo correspondem a dois elementos irredutíveis da natureza — e da mente que a observa: o contínuo e o descontínuo. O contínuo é o mar; o descontínuo, a areia. O modo conectivo se assemelha ao contínuo, enquanto produz incessantemente um amálgama, uma faixa ininterrupta de figuras que se interpenetram. O modo substitutivo multiplica indefinidamente os grãos que, vistos a alguma distância, compõem uma figura só e bem definida, assim como a retícula permite reconhecer as coisas fotografadas. Mais do que categorias, o contínuo e o descontínuo são dimensões com as quais a mente opera sem cessar. E com ela opera o mundo. São os "polos de uma complementaridade fundamental do pensamento em todos os tempos".[2] Nesse fundo obscuro e inesgotável haurem a mente e o mundo, como artesãos na mesma oficina.

Não há nenhuma beleza na imagem de alguém agarrando um animal para amarrá-lo numa estaca e depois estrangulá-lo, asfixiá-lo ou degolá-lo. Apesar disso, esse gesto esteve no centro de muitos rituais solenes, na Índia e em outros lugares. Evidentemente, devia ser considerado necessário, inevitável. Ao invés de escondê-lo, ostentaram-no, cercando-o de especulações ousadas e misteriosas. Depois, a partir de certa altura na era depois de Cristo, esse mesmo gesto, enquanto gesto público, tornou-se inaceitável. Mas o número dos animais que eram mortos a cada dia — estrangulados, asfixiados, degolados (e, nesse meio-tempo, acrescentaram-se ainda outras formas de abate) — nunca diminuiu; pelo contrário, cresceu regularmente. Não se falava mais de *sacrifício*, a não ser nos livros. Contudo, nos laboratórios, dizia-se que os animais das experiências eram *sacrificados*.

As práticas sacrificiais guardam entre si um ar familiar, quer sejam celebradas nos Camarões ou entre os aborígenes australianos, no noroeste dos Estados Unidos ou no templo de Jerusalém, no México, no Irã ou na Roma imperial. Examinando seus testemunhos ou restos arqueológicos, é impossível negar que sabemos — obscuramente — do que se trata. São palavras e trechos de frases que pertencem aos dialetos de uma mesma língua, que em nenhum lugar teve sua gramática e sua sintaxe elaboradas ao grau de perfeição como o que se encontra na Índia dos ritualistas védicos. Sobre o sacrifício védico pode-se dizer o mesmo que se disse no *Mahābhārata*: nele encontra-se tudo o que existe nos outros lugares — e o que não se encontra ali não existe. Todos os detalhes dos ritos sacrificiais de todas as partes do mundo podem ser iluminados passando-se pelo sistema do sacrifício védico, enquanto muitos detalhes do sacrifício védico só podem ser iluminados por eles mesmos. Por trás das práticas sacrificiais díspares, ramificadas, discordantes — tão díspares e discordantes que muitos estudiosos atuais, por timidez especulativa, gostariam de tratar o próprio sacrifício como uma invenção dos antropólogos —, é possível reconhecer uma *visão sacrificial* que, onde está presente, permeia a totalidade. Ubíqua e obstinada, essa visão, porém, tem também a seguinte característica: se não for aceita, pode se dissolver instantaneamente. Nada obriga a descrever, a entender o mundo em termos sacrificiais. Nada impede pensar prescindindo por completo da visão sacrificial. O próprio sacrifício pode ser facilmente descrito como um distúrbio psíquico. Apesar disso, seu léxico não aceita ser suprimido. Desdenhosamente permanece e retorna. Desapareceram as práticas do sacrifício. Mas a palavra continua a ser usada — e todos parecem entendê-la imediatamente, mesmo não sendo antropólogos. No extremo oposto, na Índia védica o sacrifício era como a respiração. Ou seja, um fenômeno que se mantém, mesmo que inconsciente, ou melhor, uma condição implícita de nossa própria vida, sempre e em todos os lugares.

No embate entre a atitude sacrificial e a não sacrificial, o resultado mais plausível poderia ser a gradual derrota da primeira, que seria deixada de lado, removida, esquecida, hegelianamente superada. Permaneceria, se tanto, num estado de *sobrevivência arcaica* (quase tudo pode ser considerado como uma sobrevivência arcaica) e algum erudito se encarregaria de identificar seus vestígios.

Mas não é o que ocorre. Em sua variante védica — a mais complexa, articulada, sutil, vertiginosa —, a atitude sacrificial contém uma implicação de longo alcance: pode-se facilmente ignorar o próprio pensamento do sacrifício, mas o mundo continuará a ser — aconteça o que for — uma imensa oficina sacrificial. Nas palavras de Paul Mus: "A partir do *Śatapatha Brāhmaṇa*, 10, 5, 3, 1-12, um aprofundamento da doutrina sacrificial demonstra que, se o sacrifício é a razão de toda vida, uma vida, mesmo que não seja resgatada por ele, é como um sacrifício que se ignora".[3] Ora, se qualquer vida é "um sacrifício que se ignora", toda derrota do sacrifício se revelará ilusória. Mas por que o mundo inteiro deveria ser uma oficina sacrificial? Simplesmente porque é fundado — em todas as suas partes — em uma troca de energias: do exterior para o interior e do interior para o exterior. É o que ocorre a cada respiração. E também na alimentação e na excreção. Interpretar a troca fisiológica como sacrifício é o passo decisivo do qual depende todo o resto. E é um passo que, reduzido à sua forma mais elementar, implica apenas que, entre cada interior e cada exterior, existe uma relação, uma comunicação que pode se carregar de sentido — e dos sentidos mais diversos, até a exaltação hipersignificante do Veda.

A atitude sacrificial implica que a natureza tem um sentido, ao passo que a atitude científica nos oferece a pura descrição da natureza, em si desprovida de sentido. E essa ausência de sentido na descrição não se deve a um estado imperfeito do conhecimento, algum dia superável. De fato, jamais será possível da descrição chegar ao sentido. O conhecimento de uma rede neural, por mais completo que seja, nunca se traduzirá na percepção de um estado da consciência. É esse o obstáculo maior, insuperável, o qual, porém, a atitude sacrificial supera desde o primeiro passo. Talvez arbitrariamente. Ou melhor, sem dúvida arbitrariamente, no que tange às minuciosas correlações que depois pretende estabelecer. Mas não será igualmente arbitrário, a partir de certa altura da investigação científica, o gesto de pretender introduzir um sentido naquilo que é descrito?

O sentido é obra da mente — e poderíamos dizer que a mente é obrigada a vir sempre acompanhada por aquilo que foi a dúvida dos primórdios, quando "no início este [mundo], por assim dizer, existia e não existia: então havia somente aquela mente".[4] Para o Veda, a "mente", *manas*, ocupa posição soberana, mas apenas na medida em que corresponde a um estado em que o próprio mundo não sabia se existia ou não. De certo modo, o absolutismo védico da mente está muito mais pronto a acolher uma dúvida radical sobre si mesmo do que o empirismo da ciência, o qual oferece sempre seus resultados — por mais provisórios e aperfeiçoáveis que sejam — como uma transcrição verificada (isto é, *verdadeira*) daquilo que existe.

Nos mais variados tempos e lugares elaborou-se um *rito* em que se praticava a *destruição* de algo em relação com uma *contraparte invisível*. Se um desses três elementos não estiver presente, não haverá sacrifício. E, estando os três presentes, os significados da cerimônia podem ser os mais variados e também contrastantes. Mas todos terão em comum pelo menos uma característica: o *desprendimento*, a cessão, o abandono de algo a uma contraparte invisível. Se esse ato fosse realizado num palco, metade dele ficaria vazio: a metade que deve acolher os destinatários do sacrifício.

A isso se acrescenta que o sacrifício não pode deixar de ter um elemento *destrutivo*. Se não há algo que é consumido, disperso, expulso, vertido, não pode haver sacrifício. E em grande número de casos a cerimônia exige uma morte, um derramamento de sangue. Entender o sacrifício implica entender por que, ao oferecer algo a uma entidade invisível, é preciso matar o que se oferece.

Se é possível encontrar sem muita dificuldade um motivo para o ato da oferenda em si (oferenda por temor, por reverência, para corromper, para estabelecer uma relação), o motivo que justifica o ato de matar não tem nada de evidente. Em primeiro lugar, não fica muito claro por que a entidade ou as entidades às quais se dedica o sacrifício exigem que a oferenda seja destruída. Ademais, também não está muito claro por que, mesmo quando o sacrifício tem como centro a oferenda de uma substância preciosa (o *soma*), essa oferenda deve vir acompanhada pela morte de vários animais.

Não há teoria do sacrifício que consiga abranger o fenômeno em sua inteireza. O rito é demasiado flexível, mutável, adaptável aos motivos mais diversos. No entanto, não é forçado a designar todos esses atos, realizados em tempos e locais remotos, como *sacrifícios*. O que os mantém unidos é não tanto seu significado específico, mas sim alguns pressupostos indefectíveis.

São eles: todo sacrifício é uma sequência formalizada de atos que se dirigem a uma contraparte invisível; todo sacrifício implica uma destruição — alguma coisa deve se separar daquilo a que pertencia e se dispersar. Pode ser a vida, para o animal que é morto; ou dinheiro, para o contribuinte que é convidado a realizar "sacrifícios" (e, nesse caso, não se trata mais de um rito, mas a palavra continua a ser usada em sentido amplo); ou um líquido, mesmo a simples água, que é vertido, como na libação; ou um perfume, como o incenso, que é difundido; ou a própria vida do sacrificante, como na *devotio* romana. As variantes são sutis e inumeráveis. Os motivos são sórdidos ou sublimes. E antiquíssimas ou improvisadas são as cerimônias, que o *Śatapatha Brāhmaṇa* definia por "ação suprema (*śreṣṭhatamaṃ karma*)".[5] Em todo caso, fica por entender por que, no decorrer dos milênios e nos locais mais distantes e separados, se sentiu a necessidade de se dirigir a uma contraparte invisível, cumprindo uma sequência de gestos que inclui, sem exceções, uma destruição — e, em todo caso, o *desprendimento* de alguma coisa do ser animado ou inanimado ao qual se pertencia. O sacrifício é, em primeiro lugar, um corte, uma *cesura* no sentido original da palavra, que deriva de *caedo*, verbo técnico para o ato do matar sacrificial. Mas, se o sacrifício introduz uma cesura na vida (em qualquer vida), é preciso também perguntar o que ocorre se não houver tal cesura. Ocorrerá outra *cesura*, mas agora no sentido de *interrupção*, após uma série incalculável de atos. Toda a história dos homens pode ser observada dessa perspectiva, se se pensar que desde o Paleolítico se encontram vestígios do sacrifício que antecedem em muito qualquer testemunho verbal. Por outro lado, até hoje, em certos locais e em certos dias, continuam a se realizar sacrifícios cruentos.

Abdellah Hammoudi, professor de antropologia na Universidade Princeton, marroquino de família sunita, num dia de 1999 resolveu fazer a peregrinação a Meca, como haviam feito inúmeros parentes, conhecidos e compatriotas seus. Queria entender, como antropólogo. E descobrir o que restava de sua educação de fiel islâmico. A peregrinação a Meca implica várias obrigações, entre as quais a tarefa de escolher e degolar um cordeiro na Festa do Sacrifício. Hammoudi queria evitá-lo. Pagou a uma "irmandade de caridade"[6] para realizar o ato em seu lugar. Hammoudi seria apenas o espectador.

Quando se aproximou o dia,

> em Mina, os apriscos pareciam um gigantesco campo de concentração de animais; 2, 3, 4 milhões de cabeças ou até mais. Uma multidão de peregrinos se preparava para cumprir a obrigação do sacrifício a título de "oferenda", à qual se acrescentavam os sacrifícios de expiação ou de esmola [...]. Estávamos todos reunidos para salvar nossas vidas, e nossa salvação nos impunha matar aqueles animais. A multidão dos peregrinos, chegados ao auge da abnegação após a "estação" de Arafat, a oração em Muzdalifah e a lapidação em Mina, suprimiria milhões de vidas [...]. A modernização da peregrinação certamente tinha seu peso: áreas otimizadas, superfícies cercadas, distribuição ortogonal do espaço, sistemas infalíveis de segurança e vigilância. A cada reino da natureza era designado um campo: as multidões animais em seus cercados e, não longe dali, as multidões humanas em seus acampamentos, cercados por altas grades de ferro, ao longo das ruas de traçado geométrico [...]. A circulação das viaturas policiais e a ronda incessante dos helicópteros completavam o quadro. Aquela ordem permitiria à multidão humana aniquilar a multidão animal em nome de Deus.[7]

Quanto à sociedade secular, não são admitidas cerimônias sacrificiais. Mas a palavra continua a circular, como uma serpentezinha venenosa que, por engano, é usada com finalidades terapêuticas. E então será sempre pronunciada em contextos elevados, referindo-se a nobres gestos de abnegação e renúncia. Mas, acima de tudo, voltará a ser de uso frequente e adequado durante as guerras, para designar os tombados, todos os tombados, mesmo aqueles que mais se horrorizavam à ideia de ser morto numa guerra.

A pergunta derradeira que o sacrifício coloca: por que, para estabelecer um contato entre o humano e o divino, é preciso matar um ser vivo? Ou pelo menos destruir — queimando ou derramando — uma determinada quantidade de alguma matéria? Estranhamente, é essa própria pergunta, que se encontra na raiz de todas as demais, que é contornada e evitada nas várias teorias conflitantes do sacrifício. Girard não se esquiva dela, mas porque entende o sacrifício como puro fato social, em que o divino é apenas uma fachada conveniente. E então a violência sacrificial se torna o escape de uma violência difusa. No entanto, se o divino, como o entendiam os antigos teólogos, tinha existência — e era a existência em sua plenitude —, como se explicaria a contínua repetição de atos cruentos que lhe são dirigidos?

Em sua pureza, a sociedade secular ignora os ritos. Mas não é fácil se libertar deles. Para isso, batalhões de protestantes tiveram de limpar o terreno, deixando em herança, entre outras coisas, as guerras religiosas, modelo de todas as guerras civis, e um determinado modo de conduta, modelo daquela quimera que, depois, foi chamada de "moral laica". Na sociedade secular, os ritos sobrevivem por certas necessidades jurídicas: o juramento nos processos, as fórmulas predeterminadas nos casamentos. Todo o resto é composto de hábitos inveterados, como os aniversários. Assim também os desfiles militares ou os discursos dos chefes de Estado no dia de Ano-Novo. Hábitos revogáveis, hábitos aos quais é possível — se se quiser — nem prestar atenção. A rigor, e com alguns cuidados, poderíamos evitar a participação em qualquer rito, desde o nascimento até o túmulo. Para a morte não há ritos. Nem para os funerais. Nesses momentos, mesmo os hábitos inveterados parecem particularmente frágeis.

Acordar, numa manhã nublada ou radiosa, e saber que não se tem nenhuma obrigação em relação a ninguém. Fazer um café, olhar pela janela. Sentimento de uma duração amorfa, indeterminada. Indiferença. Para chegar a ele, passaram-se vários milênios. Mas nada restou desse decurso, a não ser uma cortina opaca, por todos os lados. Ninguém celebrou o fato como uma conquista. Era a normalidade, finalmente alcançada. Um estado sem características, anterior aos desejos. Uma surda base da existência. Não faltaria tempo para se formarem os caprichos, os planos, as medidas para a sobrevivência. E este era o ponto decisivo: o tempo já não era ocupado, compassado, ferido por gestos obrigatórios, cuja ausência acarretaria o temor de que tudo se desintegrasse. Isso poderia ter produzido uma sensação exaltante. Mas não foi o que aconteceu. Pelo contrário, a primeira sensação foi a de vazio. E de um certo tédio, ligado a esse vazio. O animal metafísico olhava ao redor de si, sem saber a que se agarrar.

Assim a sociedade secular não soube apreciar suas descobertas. Não teve uma sensação de alívio. Pelo contrário, olhando para si mesma, achou-se inconsistente. Logo sentiu a necessidade de alguma *causa* à qual pudesse aderir, para ganhar corpo e reconquistar a solidez. E, com as causas, voltaram as obrigações. Uma rede de significados preestabelecidos voltou a baixar sobre o mundo. Por que então ter abandonado os ritos? As *causas* são sempre mais toscas do que os ritos. São igualmente *parvenus* do significado. Os ritos, pelo menos, canalizavam todo o passado, certos gestos repetidos inumeráveis vezes, até penetrarem na fisiologia, e uma estranha confiança em sua eficácia. A queda dos ritos também trouxe consigo uma acentuada decadência estética. O gesto livre era sempre mais desairoso, mais impreciso, em comparação ao gesto canônico. E as formas tendiam a se tornar incertas e inertes, agora que podiam se expandir quase desimpedidas.

Assim a sociedade secular (e se tratava potencialmente do planeta inteiro) perdeu uma grande ocasião. Poderia ter reencontrado uma condição de assombro perante o mundo, porém agora à uma distância de segurança, que a protegesse de sua intromissão. Mas algo diferente ocorreu. Formou-se uma poderosa mescla entre procedimentos técnicos e ignorância das potências que imprimiu seu caráter na vida comum.

Como definir a *sociedade secular*? Antes de recorrer a complexidades teóricas, pode-se dizer que são as sociedades que compartilham os procedimentos de embarque nos aeroportos. Portanto, uma rede de sociedades que recobre o planeta. Essencial para definir a *sociedade secular* é a aceitação de certo número de procedimentos. Os dos aeroportos se incluem entre os mais simples, mas em outros casos os procedimentos podem alcançar uma enorme e vertiginosa complexidade, antes de mais nada quando se trata de dinheiro. Uma vez aplicados, os procedimentos podem se associar às formas de sociedade mais variadas: tribais, policiais, cosmopolitas, libertinas, comunistas, teocráticas, democráticas, feudais. O mostruário é muito amplo, com imprevisíveis possibilidades de hibridação. Mas a base não muda — e é constituída pelos procedimentos. Essa é a novidade decisiva, em relação a todas as formas anteriores de sociedade. Quanto às próprias formas sociais, podem também ser consideradas incompatíveis e contrárias a práticas letais. Todavia, têm em comum muito mais do que se dispõem a admitir. E essa base comum pode também ter um peso específico superior a todas as diferenças religiosas e ideológicas. Do ponto de vista dos procedimentos, a sociedade secular é a primeira *sociedade universal*, sulcada por numerosas guerras civis, que parecem pertencer desde o início à sua fisiologia.

Substituição, troca, valor: outros tantos eixos sobre os quais gira o mundo que se definiu como moderno. A origem deles está nas práticas sacrificiais — e na metafísica sacrificial. Não há sacrifício que não implique uma troca; não há sacrifício que não admita a substituição; não há sacrifício que não tenha em seu centro um valor. O que ocorre, porém, quando não se admite mais o sacrifício, como anuncia orgulhosamente o mundo moderno? Onde ele foi parar? Entre as superstições? Mas como justificar que as três categorias (substituição, troca, valor), das quais ninguém ousaria dizer que são superstições, tenham nascido e se formado no interior de uma mesma superstição?

A proibição da prática do sacrifício cruento nas sociedades ocidentais nasce e se desenvolve em paralelo à proibição das penas capitais. Mas esta última é um tema jurídico, que vem acompanhado de vastas discussões candentes e se cristaliza nos códigos. Já a proibição do sacrifício cruento quase nunca é nomeada. Vem subentendida — e assim se evita o tema, com certo desconforto. Contudo, se alguma etnia, em obediência a suas práticas tradicionais, hoje pretendesse, em Londres ou Nova York, realizar ao ar livre o sacrifício cruento, a polícia interviria imediatamente. Aplicando quais leis? Teria de recorrer a prescrições contra a crueldade com os animais. E essas prescrições se encontram nas margens da lei, como medidas elementares de ordem pública. Não existe uma bibliografia jurídica de alto nível que enfrente a questão. O sacrifício cruento é algo que deve ser deixado de lado, se possível sem palavras. Matar animais deve ser prerrogativa de quem trabalha nos abatedouros, assim como somente a polícia está autorizada a usar a violência. Mas toda decisão que diz respeito ao monopólio da violência é constitutiva da sociedade e é tratada com meticulosa atenção aos detalhes (a polícia pode recorrer à violência apenas em certas circunstâncias formalmente definidas), enquanto o que ocorre nos abatedouros escapa a qualquer controle (salvo alguma medida *humanitária* — e o termo em si já é arrepiante — em relação aos animais) e é regulado exclusivamente de acordo com a eficiência e a funcionalidade. Hoje em dia, há uma imponente omissão em torno da questão de matar os animais. E para descobrir a que sutilezas e a que tormentos pode chegar o pensamento ao tratar do tema, não existe uma via mais direta do que a literatura dos textos védicos. Textos de uma civilização remota que celebrava inúmeros sacrifícios, também cruentos.

A tese dominante na antropologia do século XX, afinada e levada ao extremo no pensamento de Girard: toda sociedade, para sobreviver, necessita do sacrifício, como instituição que produz um efeito homeostático ou como mecanismo que permite concentrar a violência produzida em seu interior sobre uma vítima da própria sociedade.

A tese dos Brāhmaṇa: o mundo se funda sobre o sacrifício que se realiza quando se queima o excedente de energias disponíveis. A sociedade védica pretende ser coincidente, ponto a ponto e momento a momento, com esse processo — e dedica a energia queimada a potências que têm um nome. As diversas maneiras escolhidas por uma sociedade para queimar o excedente acabam por diferenciar seu perfil.

Os dois mecanismos têm uma zona em comum: aquela em que se desenvolve a culpa. No caso da sociedade, segundo Girard, a culpa se funda no fato de que a vítima é inocente — e seus matadores sabem disso. No caso dos Brāhmaṇa, a culpa se funda no fato de que toda destruição de excedentes é um matar. E o matar lembra a passagem decisiva no constituir-se da sociedade: a transformação do animal-homem, passando de caça a caçador. Antes de se tornar caçador, o homem fora um animal caçado. E antes de se tornar um ser sedentário vivendo da agricultura, o homem fora um caçador, que vivia da carne de animais que matava. Isso se liga a outra passagem decisiva na memória da espécie: a passagem da alimentação à base de carne, pela qual um primata essencialmente vegetariano se transformou em animal carnívoro, assumindo uma característica específica de seus próprios inimigos. Foi uma transformação radical, que ficou marcada para sempre na psique. Por isso subsiste a memória de como se formou o sacrifício. E essa história secreta, permeada de culpa, deixa um rastro nos atos do sacrifício. Assim a culpa constitui o fundo do sacrifício, em qualquer versão.

A ilusão de Girard consistia em pensar que o sacrifício na versão bramânica era uma camuflagem do outro sacrifício, visando à expulsão de um bode expiatório. Assim, com a autoconfiança do desmistificador, a mesma de Freud e outrora de Voltaire — autoconfiança da qual o Ocidente se orgulha, como uma qualidade sua, única e insubstituível —, Girard passou então a desmascarar de início a tragédia grega e depois outras formas literárias e religiosas, incluindo, por fim, as especulações dos Brāhmaṇa.

Mas, obedecendo a tal ilusão, Girard nada fazia além de percorrer novamente o movimento interior à sociedade secularizada, que não consegue mais enxergar a natureza ou qualquer outra potência além de si mesma e se considera equivalente ao todo. Esse movimento continua em curso ainda hoje, levando o mundo a ser uma totalidade secular salpicada de ilhas e faixas de religiões fundamentalistas. A essa altura, há bons motivos para considerar o próprio mundo secularizado como propenso ao fundamentalismo, na medida em que adora a própria sociedade como único interlocutor ao qual deve consagrar suas oferendas. Oferendas que o revigorariam e poliriam seu verniz: em primeiro lugar a publicidade, a faixa ininterrupta de imagens que envolve a epiderme do todo e se renova sem cessar, única oficina que não conhece pausas e recobre a totalidade do tempo, como um *sattra*. A *religião da sociedade*, que é a forma suprema da superstição, ainda não recebeu a atenção do pensamento, a não ser em algumas cintilações, como em Simone Weil. No entanto, seria ela o imenso objeto de contemplação que nos desafia, tão imenso e penetrante que nem sequer é percebido como objeto.

Para o homem metropolitano, a natureza é uma variação meteorológica e uma certa quantidade de ilhas arborizadas, espalhadas pelo tecido urbano. Afora isso, ela é material para produção e cenário de entretenimentos. Para o homem védico, a natureza era o local onde se manifestavam as potências e onde ocorriam trocas entre as potências. A sociedade era uma cautelosa tentativa de se inserir entre essas trocas, sem perturbá-las demais e sem se deixar aniquilar.

A guerra — tão logo se tornou total e imensamente mais sangrenta, pelo número de mortos e pelo poder das armas, do que qualquer guerra anterior — absorveu em si a herança lexical do sacrifício. Vítima, abnegação, consagração, resgate, prova de fogo: todas elas são palavras e expressões recorrentes nos boletins de guerra. Neles, o termo dominante é o próprio "sacrifício". O fenômeno alcançou seu auge, como se a história europeia convergisse para aquele ponto, na Primeira Guerra Mundial. Nunca se gastara tanta linguagem sacrificial, na ausência de *ritos* sacrificiais.

A Segunda Guerra Mundial expandiria ainda mais o poder das armas e o número de mortos. Mas um elemento novo se acrescentaria: o extermínio dos judeus e de outros inimigos, por razões raciais, por parte da Alemanha de Hitler. Por alguns anos, logo depois da guerra, a linguagem hesitou: não sabia bem como nomear esses eventos. Ainda em 1948, a obra de Raul Hilberg, um dos primeiros e mais importantes livros sobre o assunto, intitulava-se simplesmente *The Destruction of the European Jews*. A linguagem, naquele momento, não oferecia nada além da palavra "destruição". Mas, já poucos anos depois, começou a se insinuar uma outra, que se estenderia até hoje: *holocausto*. Palavra que não pertence à linguagem corrente e designa um dos dois tipos fundamentais de sacrifício judaico: *'olah*, a oferenda "que sobe" em direção ao altar e onde a vítima é completamente queimada. Sacrifício que se opõe aos "pacíficos", *shelamim*, cerimônias em que os oficiantes podiam se alimentar de uma parte da carne sacrificial. Assim, o extermínio de 6 milhões de judeus por obra dos nazistas passava a ser designado com o termo que indicava certas cerimônias sacras, celebradas desde os tempos de Noé pelos antepassados dos mortos. Embora alguns observassem que assim se cometia uma indignidade, não foram ouvidos e, com a força do uso, a palavra se impôs nas várias línguas europeias. Algo irreversível ocorrera: nos fatos, que se iam revelando em todos os seus pavorosos detalhes, o extermínio dos judeus fora realizado não como uma operação de guerra, mas como uma ação de desinfestação. E agora essa ação, da qual os judeus foram as vítimas, era designada com o termo que os próprios judeus, enquanto oficiantes, usaram para certas cerimônias apreciadas por Javé. A enormidade desse mal-entendido era o sinal de que a história ingressara numa fase em que a mistura e a confusão entre o arcaico e o atual tinham ido longe demais, como nunca antes.

No entanto, na escolha imprópria e estridente do termo "holocausto" para designar o extermínio dos judeus operava uma mão invisível, que não era só a mão da ignorância. Com tal palavra aludia-se a algo que se estava desenhando obscuramente. A guerra suplantara o sacrifício, mas agora o sacrifício estava a ponto de suplantar a guerra. O extermínio dos judeus, em seus procedimentos, fora algo intermediário entre o abatedouro e o saneamento. E poderia ocorrer em tempo de paz, como uma gigantesca operação de escoamento de escórias. Por isso os termos militares não se adaptavam mais. Por isso era espontâneo, horrivelmente espontâneo recair na terminologia do sacrifício.

Decorreriam alguns anos — e o século XXI abriu os olhos ao ver ruir as Torres Gêmeas. Mais uma vez, incerteza nas palavras. Os autores do atentado foram imediatamente definidos como "covardes". Mas a covardia é a mais incongruente das acusações que se podem dirigir a quem se mata com plena determinação e máxima violência. Depois os autores dos atentados suicidas foram definidos como *camicases*. Mas os camicases japoneses eram militares que realizavam ações de guerra. Os autores dos atentados de Nova York, por seu lado, eram civis que agiam em tempo de paz. Aqui também operava uma dissimulada vontade de desviar a atenção, fixando-a sobre uma palavra exótica e inadequada. Melhor teria sido abrir Lívio e constatar que os assassinos-suicidas islâmicos guardavam profunda relação com uma obscura instituição sacrificial da Roma antiga: a *devotio*.

Que o sacrifício pode se tornar uma nova peculiaridade da guerra, o mostra a experiência cotidiana no início do segundo milênio. Os assassinos-suicidas islâmicos retomam, com variações, o rito romano da *devotio* testemunhado por Lívio no episódio de Décio Mure, o cônsul que em 340, combatendo contra os latinos sob o Vesúvio, depois de se consagrar aos deuses ínferos, arremeteu a cavalo entre as fileiras inimigas e, trespassado várias vezes, caiu "*inter maximam hostium stragem*".[8] Sua morte tinha a finalidade de arrastar todo o exército dos latinos à ruína, por contágio.

Mais do que a guerrilha, foi a figura do assassino-suicida que pôs em dificuldade todo o aparato tecnológico-militar dos Estados Unidos com seus aliados. E isso porque a arma letal do sacrifício é a morte voluntária. Tanto mais temível por encerrar em si a *substituição*. A *devotio*, a princípio, era reservada àqueles que exerciam o supremo *imperium*, como no caso do cônsul Décio. Mas Lívio especifica: "*Illud adiciendum videtur, licere consuli dictatorique et praetori, cum legiones hostium devoveat, non utique se, sed quem velit ex legione Romana scripta civem devovere; si is homo qui devotus est moritur, probe factum videri*". "Parece oportuno lembrar que o cônsul, ditador ou pretor que formulam a *devotio* para as legiões do inimigo podem também designar à *devotio* não necessariamente ele mesmo, mas qualquer cidadão que escolha entre os que fazem parte de uma legião romana. Se esse homem designado para a *devotio* morrer, tudo parece ter se desenvolvido de modo correto."[9] O único inconveniente seria se o soldado designado pelo chefe para a *devotio* ao final *não* morresse. Nesse caso, prescrevia-se o recurso a um sacrifício expiatório: "Uma imagem do homem é enterrada sete pés abaixo do solo e mata-se uma vítima expiatória".[10]

A *devotio* reúne em si as duas possibilidades extremas do sacrifício, as mais devastadoras: o sacrifício daquele que tem o carisma do poder e a substituição de uma vítima humana por outra vítima humana, *qualquer* uma. Hoje, a única forma de sacrifício universalmente visível nas telas, a um ritmo quase diário, é essa última variante da *devotio*.

A *devotio* de Décio Mure se deu durante uma guerra que, segundo Lívio, muito se assemelhava a uma "guerra civil".[11] Eram demasiado grandes as semelhanças entre os romanos e os latinos, "pela língua, costumes, armas e instituições militares".[12] Ocasião ideal para a manifestação da *devotio*.

A guerra civil se define pelo desaparecimento de qualquer linha de frente. Desse modo, o fronte está em toda parte — e o ataque pode vir de qualquer lado, como acontece no Iraque e Afeganistão após as Torres Gêmeas. Mas a *devotio* pretendia arrastar para a ruína um exército inteiro, magicamente contaminado pela morte do inimigo, ao passo que os assassinos-suicidas islâmicos causam a morte instantânea — e simultânea à deles — de um grupo de pessoas semelhantes "pela língua e costumes" ao autor do atentado. O cônsul romano — ou quem o substituísse — devia combater até a morte. O assassino-suicida islâmico deve explodir a si mesmo. O ordálio é substituído pela morte, que golpeia cegamente como por imperscrutável decreto. E, acima de tudo, a *devotio* não será mais um ato único, que atinge apenas uma tropa. O essencial agora é a pluralidade dos atos, sua multiplicação em todas as direções. Isso implica que a forma exclusiva da *devotio* passe a ser aquela em que vários indivíduos desconhecidos substituem em sequência o chefe ausente. Na guerra contra os latinos, o impulso a acionar a *devotio* viera no silêncio de uma noite, quando os dois cônsules foram visitados pela

> aparição de um homem maior e mais majestoso do que costumavam ser os homens, o qual disse que o comandante da tropa, de um lado, e o exército adversário, de outro, deviam ser oferecidos aos Deuses Mani e à Mãe Terra; e o exército e o povo cujo chefe devotasse à morte as legiões inimigas e ao mesmo tempo ele próprio alcançariam a vitória.[13]

Sempre se evoca um nome divino para convidar ou instigar ao ato.

E continua-se a recorrer aos nomes das divindades, como por invencível atração, quando se trata de armas consideradas decisivas. Saturno e Apolo foram imediatamente recrutados pela Nasa. Agni é um míssil indiano de longo alcance. Se para Saturno podia valer sua aura funesta e para Apolo sua denominação como "aquele que atinge de longe", *hekatēbólos*, para Agni a correspondência é ainda mais estreita. Agni é Fogo, ou seja, o próprio elemento que constitui a arma. E é o primeiro mensageiro, aquele que tece uma perpétua circulação entre a terra e o céu, entre o local dos homens e o local dos deuses. E é ao céu, de fato, que ainda hoje aponta Agni. Mas, quando desaparecer de vista e se tornar uma imperceptível partícula na atmosfera, Agni inverterá sua rota e procurará seu objetivo na terra. A viagem vertical, para o alto e do alto, que era o pressuposto do sacrifício, tornou-se um deslocamento horizontal, no qual o céu serve apenas como terreno livre e desimpedido. É essa parábola — também no sentido geométrico — a melhor representação do estado atual das coisas: a compulsão de recorrer aos deuses, mas eliminando-os do existente e utilizando seus nomes para evocar uma potência mortífera. Recurso de infiéis, mas que não deixam de usar o brasão da família.

A religião de nosso tempo, dentro da qual a cristandade ou o Islã são imensos enclaves, é a religião da sociedade. Seu arauto, não de todo consciente, foi Émile Durkheim, que cristalizou a doutrina num livro de 1912, *As formas elementares da vida religiosa*. Ali, mais do que das formas elementares da vida religiosa, tratava-se da transformação da sociedade em religião de si mesma. Mas o fato de que a religião da sociedade não queira se definir e se reconhecer enquanto tal pertence à sua própria natureza. Seu modo de agir é comparável ao da religião de outrora: penetrante, onipresente, como o ar que se respira.

Segundo Durkheim, a "ascendência moral"[14] da sociedade, graças à pressão que exerce sobre cada indivíduo, seria suficiente para explicar a origem da religião. Quanto à própria religião (*qualquer* religião — e não apenas a dos aborígenes australianos, de que se tratava logo antes), Durkheim a define como "o produto de um certo delírio".[15]

E se a religião se extinguir? Nem por isso se extinguiria o delírio. Durkheim é consequente — ninguém poderá negá-lo — e imediatamente se arrisca a escrever: "Talvez não haja nenhuma representação coletiva que, num certo sentido, não seja delirante".[16] Ou seja, delirante ela também, essa representação laica e desencantada daqueles que, no início do século XX, pretendiam explicar aquela "inexplicável alucinação"[17] que consideravam ser a própria religião.

Visto à distância de quase um século, esse modo de ver, exposto numa prosa sucinta e austera, poderia por sua vez ser plausivelmente descrito como um tranquilo delírio. A sociedade é mais viscosa e pesada do que nunca, mas é difícil reconhecer nela uma "ascendência moral". Não se vê, por exemplo, qual poderia ser o argumento para negar tal "ascendência moral" à Alemanha de Hitler. Não seria ela, talvez, uma *sociedade* como tantas outras? Pelo contrário, parece indubitável que a vida se volta cada vez mais para o interior de um "tecido de alucinações",[18] que é a secreção irreprimível da própria sociedade (de *qualquer* sociedade, assim como Durkheim se referia a qualquer religião): camadas finas e cada vez mais densas de pixels que enfaixam repetidamente o mundo, como uma nova espécie de múmia, em que o próprio corpo tende a desaparecer sob as múltiplas bandagens.

O que Durkheim descrevia não era a explicação de todo e qualquer fenômeno religioso como produto inevitável da sociedade ("o deus nada é além da expressão figurada da sociedade").[19] Pelo contrário: era o documento fundador da transformação da própria sociedade num novo culto que envolve tudo, em relação ao qual toda forma anterior pareceria infantil e inadequada. Mas tal era justamente o grandioso fenômeno histórico que vinha se aperfeiçoando na época de Durkheim — e agora domina o planeta. Tão onipresente e evidente que nem sequer é percebido. Paradoxo: a sociedade totalmente secularizada é a que se revela menos secularizada do que todas as outras, porque o caráter profano, no momento em que se expande sobre tudo, assume em si mesmo aquelas caraterísticas alucinatórias, fantasmagóricas e delirantes que Durkheim identificara no fenômeno religioso em geral. E era disso que, sem querer e sem perceber, Durkheim falava ao escrever: "Assim, há uma região da natureza em que a fórmula do idealismo se aplica quase ao pé da letra: é o reino social".[20] A "fórmula do idealismo" era um modo antiquado de designar aquilo que, pouco antes, Durkheim definira com maior perspicácia como um "tecido de alucinações". Mas o ponto decisivo era outro: residia inteiramente naquele "quase ao pé da letra". Desde então, e cada vez mais, a vida prossegue no interior de um "reino social" no qual as alucinações devem ser entendidas "quase ao pé da letra".

O que são os ritos?, pergunta-se Durkheim com um ar de quem espreita certas sequências de gestos incompreensíveis. E logo chega ao ponto: "De onde pode ter vindo essa ilusão de que, com alguns grãos de areia lançados ao vento, algumas gotas de sangue espalhadas numa rocha ou sobre a pedra de um altar, era possível sustentar a vida de uma espécie animal ou de um deus?".[21] Tudo leva a crer que "a eficácia atribuída aos ritos" não seja senão "o produto de um delírio crônico que afligiria a humanidade".[22]

Até aí, o raciocínio segue uma concatenação. Mas Durkheim dá um passo além. Para ele, os ritos (*todos* os ritos) não são um delírio insensato, mas têm sentido. Aliás, têm *um único sentido*, que se encontra em todas as partes. Entre os aborígenes australianos, tanto quanto na Grécia antiga: "De fato, o culto tem o efeito de recriar periodicamente um ser moral do qual dependemos, assim como ele depende de nós. E esse ser existe: é a sociedade".[23] Com um lance bem ensaiado, Durkheim conseguiu tirar de sua cartola algo que poderia parecer ainda mais alucinado e delirante do que um deus ou um animal totêmico: nada menos do que um "ser moral", que se deve supor idêntico em todas as partes e capaz de envolver todas as formas da existência humana enquanto ente supremo e total: a sociedade ("o conceito de totalidade é apenas a forma abstrata do conceito de sociedade" —[24] assim, não admira que, alguns anos depois, se tenha começado a falar de *totalitarismo*).

Talvez, algum dia, o gesto de Durkheim venha a parecer não menos improvável do que o dos Urabunna, que separam pedras da rocha e as lançam ao acaso em todas as direções "para obter uma abundante produção de lagartixas".[25] No entanto, ao longo de todo o século XX, a voz de Durkheim foi a voz da ciência, de um saber sóbrio e cauteloso, que dissipa qualquer delírio, embora se debruce benevolamente a estudá-lo. E isso não poderia ocorrer a não ser por um ato de fé que conferia a uma entidade invisível (a sociedade) um estatuto divino.

Ao fim e ao cabo, a questão dos ritos poderia ser colocada da seguinte maneira: a sociedade ou celebra os ritos para sustentar, reafirmar, corroborar a si mesma — e então nada lhe corresponde melhor do que os desfiles militares nos dias das festas nacionais, as homenagens às lápides dos tombados, os discursos dos chefes de Estado no fim do ano (e desses ritos, exemplares ao mais elevado grau, deveriam se inferir todos os outros) — ou então, a sociedade os celebra para estabelecer um contato com algo exterior a ela, em grande medida desconhecido e certamente poderoso — algo de que a própria natureza faria parte. No último caso, o rito exemplar seria também o mais invisível, realizado pelo indivíduo, em silêncio, sem corresponder a marcos temporais obrigatórios, como festejos, celebrações e momentos significativos. As duas vias são divergentes e incompatíveis. Estão separadas por uma diferença essencial: a segunda via jamais poderá absorver em si a outra, devido à irredutível disparidade entre os destinatários do rito. Mas a primeira pode absorver em si a segunda: para isso, basta que a própria noção de sociedade se deixe equiparar àquele destinatário *em grande medida desconhecido e certamente poderoso* a que se dirigem certos ritos. Se se tratasse de um deus — e de um deus feroz que exige vítimas humanas —, a sociedade não teria dificuldade em tomar seu lugar, como já se pôde constatar muitas vezes. São incontáveis aqueles que se tornaram vítimas humanas para o bem de uma sociedade.

A palavra *sacrifício* assumiu hoje um significado psicológico e econômico que é claro para qualquer pessoa. Alguém *faz sacrifícios* pela família. Um governo *pede sacrifícios* aos cidadãos. Mas, se o mesmo governo pedisse aos cidadãos para *celebrar sacrifícios*, cruentos ou não, a proposta soaria como uma aberração. Pensaríamos num acesso de loucura.

Contudo, os homens, na maior parte de sua história, têm *celebrado sacrifícios*. No Egito, Mesopotâmia, Índia, China, México, Grécia, Roma, Jerusalém, nas zonas mais variadas da África, Austrália, Polinésia, das Américas, na Ásia Central e na Sibéria, em todas as partes se celebraram sacrifícios. Por que então tais atos se tornaram inconcebíveis — pelo menos para uma entidade que ainda se chama Ocidente, mas já se estende por quase todo o planeta?

"Os grandes deveres do governo são os sacrifícios e a atividade militar",[26] lê-se no *Zuozhuam*. Mas "o dever mais importante do governo é o sacrifício".[27] E, em época não muito distante desse texto chinês, Platão escrevia nas *Leis* que "a regra mais bela e mais verdadeira" era esta: "Para o homem bom, o ato de sacrificar [*thýein*, termo técnico do sacrifício] e manter relações constantes com os deuses mediante orações, oferendas e todo o culto divino, é a coisa mais bela, melhor e segura para a vida feliz".[28] Tanto o *Zuozhuan* como as *Leis* pretendem definir a ordem correta da vida, para a comunidade e para o indivíduo. E ambos indicam imediatamente o sacrifício. Algo tão essencial assim poderia estar sujeito a transformações (como a arte da guerra), mas custamos a crer que desapareça, tornando-se inconcebível. E foi exatamente isso que ocorreu com a *celebração de sacrifícios*. Uma ruptura separa os últimos séculos do Ocidente secular e cristão (e secular porque antes foi cristão) de tudo o que ocorreu anteriormente. É essa ruptura que é necessário observar, contemplar.

Sacrifício é uma palavra que cria um embaraço imediato. Muitos a empregam com desenvoltura a propósito de fatos psicológicos, econômicos, bélicos. Sempre ligados a algum sentimento nobre. Mas, quando é utilizada para se referir às modalidades rituais daquilo que, no passado, foi chamado de *sacrifício*, nota-se prontamente uma reação de repulsa. *Sacrifício* é, por definição, aquilo que *não* é admitido na sociedade, aquilo que pertence definitivamente ao passado. *Sacrifício* seria algo bárbaro, primitivo, reservado aos filmes de tema bíblico ou mitológico. Como explicar, então, o recurso constante a essa palavra? Ademais, em assuntos essenciais, onde parece insubstituível?

Os temas dos sacrifícios descritos no *Śatapatha Brāhmaṇa*, no *De abstinentia* de Porfírio ou no Levítico permanecem intactos, quando se percebem os *numina* a que se dirigem os rituais. Mas essa percepção se ofuscou com o tempo. Assim, as cerimônias não podem aparecer senão como sequências de gestos ensandecidos, frequentemente culminando na morte de um animal. E esse é o único ponto sobre o qual não há ofuscamento possível, pois todos hoje hão de reconhecer a evidência de que o mundo se sustenta sobre o abate cotidiano de milhões de animais. São mortes que ocorrem segundo as mais variadas modalidades, mas todas elas, sem exceção, obedecem a uma única regra: não devem ser públicas. Essa regra se impôs, nas culturas mais variadas, como inviolável e irrenunciável, sem que houvesse oposição digna de nota. Assim, a execução de animais durante os sacrifícios deveria provocar uma reação geral de repulsa. E assim é — mas, ao mesmo tempo, o sacrifício se associa a uma série de imagens nobres e elevadas. Aliás, a própria palavra ainda hoje é usada, por transposição, em situações em que denota indefectivelmente algo árduo e louvável. Esse nó, em que se unem sentimentos incompatíveis e de grande intensidade, torna-se evidente tão logo começamos a examinar o mundo atual, que declara desconhecer o sacrifício. E talvez seja nesse nó, mais do que em qualquer outro lugar, que se pode constatar simultaneamente a separação e a dependência do mundo atual em relação a todos os que o antecederam. O insuperável embaraço que acompanha todos os que se aproximam da questão do sacrifício é apenas um sintoma da persistência daquele nó, que parece se tornar mais inextrincável a cada vez que alguém se arrisca a desatá-lo. E, acima de tudo, o nó permanece invisível para a maioria das pessoas. O simples ato de percebê-lo já provocaria uma mudança radical.

O problema que atormentava Lutero, a respeito da eucaristia, não era apenas a diferença entre consubstanciação e transubstanciação. Havia outra questão que exigia resposta. Era a Última Ceia um banquete divino e humano, que a missa tinha apenas o dever de comemorar? Ou fora um sacrifício celebrado por um sacerdote que também era a vítima? E um sacrifício que anunciava outro sacrifício — dessa vez cruento —, a crucificação?

A certa altura, Lutero não conseguiu mais se conter e, com sua veemência inata, declarou que entender a missa como sacrifício era "o abuso mais ímpio (*impiissimus ille abusus*)",[29] e qualquer ensinamento nesse sentido produzia "monstros de impiedade (*monstra impietatis*)".[30] Aquele momento marcou o divisor de águas na história ocidental do sacrifício. Finalmente uma voz dizia que se podia dispensar o sacrifício. Aliás, que o sacrifício era algo bárbaro e incompatível com a verdadeira religião, pela qual *iustus ex fide vivit*, sem necessidade de recorrer a certos gestos, a certos atos, que são, além do mais, uma maneira de procurar a justificativa por meio das obras. E acerca desse ponto Lutero era inflexível.

Mas igualmente inflexível foi a Igreja romana. Aqui não se tratava de condenar ou defender as indulgências, questão imputável aos vícios humanos, demasiado humanos. Aqui estava em jogo toda a liturgia, isto é, a própria estrutura da vida religiosa. Assim, 42 anos após Lutero ter enunciado suas terríveis palavras, no dia 17 de setembro de 1562 o Concílio de Trento promulgou nove cânones, o primeiro dos quais dizia: "Anatematizando quem disser que não se oferece na missa um verdadeiro sacrifício a Deus", enquanto o terceiro condenava com minuciosa firmeza

> quem disser que a missa é sacrifício apenas em louvor, agradecimento ou mera comemoração do sacrifício da cruz, e não propiciatório, ou que favorece somente quem o recebe e não se deve oferecer pelos vivos, pelos mortos, pelos pecados, sofrimentos, satisfações e outras necessidades.[31]

Assim, o que se rejeitava não era apenas a negação do sacrifício, mas também aquela forma de eufemização que consistia em transformar a missa em *comemoração* de um sacrifício. Porque comemorar não é realizar, não pertence mais ao âmbito dos gestos que agem. Aqui, depois de tantas disputas vãs, reaflorava a arcana e arcaica sabedoria da Igreja romana, sua capacidade de reconhecer onde e quando estava em jogo um fundamento de sua própria existência. Mas era uma batalha já perdida. Lutero apontava não só que uma parcela da sociedade religiosa queria se livrar do sacrifício, mas que a sociedade secular inteira, espraiando-se por todo o mundo, veria o sacrifício como uma instituição insensata, a ser descartada no depósito de velharias. Assim, não surpreende que, mais de quatro séculos depois, um teólogo católico, Stefan Orth, conclua seu exame de alguns escritos recentes dedicados ao sacrifício dizendo que, agora, "muitos católicos estão de acordo com o veredito e as conclusões do reformador Lutero, segundo o qual falar de sacrifício da missa seria 'o maior e mais terrível horror' e uma 'idolatria maldita'".[32] É uma espécie de deposição atrasada das armas, como se a pressão do mundo obrigasse a Igreja a recuar também dessa doutrina. Mas, sem ela, o edifício inteiro de são Pedro só poderia desmoronar.

O gesto de Jesus de partir o pão durante a Última Ceia e proferir as palavras "*Hoc est corpus meum*"[33] é uma nesga de luz ofuscante, que revela a coexistência de duas perspectivas, para trás e adiante. Para trás de Jesus pode-se recuar até a origem, até a situação em que o oficiante e a oblação coincidem ("*ipse offerens, ipse et oblatio*", nas palavras de Agostinho).[34] A essa situação aludem todos os sacrifícios, mas ela está reservada à divindade. Adiante de Jesus, abre-se uma perspectiva que sempre se estende para além de quem olha, em direção àquilo que ainda está por acontecer. Pois o sacrifício anunciado pela *fractio panis*, que prefigura o deslocamento e rompimento das articulações na crucificação, não é um sacrifício e sim uma condenação à morte, reforçada por um plebiscito. Ou seja, algo que pertence não à ordem religiosa, mas à ordem secular e, por último, à ordem da opinião pública. Assim se estabelecem dois extremos: de um lado, o sacrifício que nenhum homem poderia celebrar, a não ser se suicidando; de outro, o abandono do sacrifício, substituído por uma sentença judicial e pela escolha majoritária de uma comunidade. A novidade eucarística implica a abertura simultânea de duas perspectivas conflitantes e incompatíveis. O pão sacramental assumirá o nome de *hóstia*, que é o termo técnico para designar oblação nos sacrifícios expiatórios. Mas o processo contra Jesus e a execução da sentença seguirão os procedimentos impostos pelo Estado romano, estranho à religião do povo de Jesus. Restava apenas um ponto de contato com o sacrifício: a morte ocorreria "*extra castra*",[35] fora da cidade.

Atravessar o *Śatapatha Brāhmaṇa* é como ingressar no centro irradiante da Índia. Mas certamente não era esse o objetivo — depois abandonado — do comentário. Pelo contrário, era uma tentativa de sair de qualquer coordenada geográfica e temporal para voltar a observar, em sua elementaridade, certos gestos, percebidos ou não, que nos acompanham sempre e sem os quais não existiríamos: os atos de respirar, engolir, copular, decepar, matar, evacuar, falar, queimar, derramar, pensar, sonhar, olhar — e alguns outros. Sobre cada um desses atos as culturas se exerceram ou, melhor, se definiram por meio das técnicas e modalidades utilizadas para elaborá-los. Mas, quando os antropólogos potencialmente encerraram a compilação dessas configurações, sobreveio um sentimento de indiferença e debilitamento. Todas as culturas desfilavam, uma ao lado da outra, como soldadinhos de chumbo envergando seus diversos uniformes. Não rumando para uma guerra, mas para uma exposição universal, respeitando toda a diversidade e sendo fútil em seu fundamento. Este, em suma, era:

toda diversidade deve ser respeitada porque, dentro de uma determinada cultura, isso serve para manter o equilíbrio social. Mas, já que se trata, como sempre, de técnicas dispostas no mesmo plano, como avaliar qual seria a técnica correta? E o que poderia significar, para uma técnica, ser *correta*? Toda técnica, por sua natureza, reconhece apenas um critério, a eficácia. Mas eficácia em relação a quê? A única aceitável é a que se refere à potência material e à conquista. Mas e se a meta fosse uma eficácia de outro gênero? Então talvez os Brāhmaṇa pudessem vir em auxílio. Pois eles tratam apenas de gestos irredutíveis, eliminando qualquer outra preocupação. E introduzem técnicas e critérios de eficácia que, com muita frequência, parecem uma glosa irônica e impaciente daquilo que, 3 mil anos depois, se afirmou como senso comum. Esse deslocamento de perspectiva, brusco e desorientador, já poderia ser salutar por si só, como uma súbita mudança de clima.

Os deuses aparecem como espumas, prestes a se dissolver. Suas ondas perduram. "Uma vitalidade divina, infinitamente ágil e traidora",[36] escrevia Céline numa carta de 1934, pensando nos Estados Unidos que o rodeavam. Falava também do mundo.

Por fim, podemos nos perguntar: que relevância podem ter os textos do Veda, visto que não guardam mais nenhuma ligação com a vida corrente da sociedade secular? Nenhuma, poder-se-ia dizer. Mas tampouco a mecânica quântica corresponde de algum modo à vida corrente, enquanto a física newtoniana acabou por se tornar o próprio modelo do senso comum. E por isso deveríamos talvez pensar que a mecânica quântica é irrelevante? O Veda é mais comparável a uma microfísica da mente do que a outras categorias (pensamento arcaico, mágico, selvagem ou outras fórmulas do gênero, já inertes). A tremenda vivacidade desses escritos, que no entanto não encontra nenhuma corroboração na experiência comum, poderia indicar que, naquilo que existe, subsiste algo onde tudo continua a se afigurar tal como o viram os videntes védicos. Ou, pelo menos, aquilo a que mais se assemelha é o que nos foi transmitido pelos *ṛṣi*.

O mundo atual é constelado de marcas que aspiram a se tornar mitos. Mas a expressão "mitos de hoje" é um abuso lexical. Um mito é uma bifurcação num ramo de uma imensa árvore. Para entendê-lo, é preciso ter alguma percepção da árvore inteira e de um grande número das bifurcações que ali se ocultam. Aquela árvore já deixou de existir faz muito tempo, derrubada por machados muito afiados. Por isso as histórias modernas que mais se assemelham aos mitos (*Don Juan*, *Fausto*) não possuem um tronco a que possam se ligar. São histórias órfãs, autossuficientes, mas desprovidas daquela seiva que circula numa árvore de mitos e que possui uma composição constante em todos os seus pontos. Essa seiva traz um certo coeficiente de verdade. E é precisamente esse coeficiente que permite entender e utilizar histórias pertencentes a locais e tempos distantes. O que essas histórias oferecem é algo que, uma vez verificado, permanece inabalável a qualquer pesquisa ou descoberta posterior. Quem ingressou na correnteza das histórias míticas poderá se deixar arrastar para todos os lados, sabendo que um dia essa mesma correnteza o reconduzirá à paisagem de onde partiu. E de lá poderá, a qualquer instante, partir novamente.

Notas

1. SERES REMOTOS [pp. 13-36]

1. *Ṛgveda*, 10, 68, 12.
2. *Viṣṇu Purāṇa*, 4, 6, 9.
3. Ibid., 4, 6, 32.
4. *Ṛgveda*, 10, 109, 4.
5. *Śatapatha Brāhmaṇa*, 10, 5, 2, 6.
6. Ibid., 3, 1, 1, 2.
7. Joseph Conrad, *Chance* [1913]. Oxford: Oxford University Press, 1988, p. 4.
8. *Śatapatha Brāhmaṇa*, 4, 2, 5, 10.
9. Ibid., 1, 2, 4, 4.
10. Louis Renou, "L'Ambiguité du vocabulaire du Ṛgveda" [1939]. In: ______, *Choix d'études indiennes*. Org. de N. Balbir e G.-J. Pinault. Paris: Presses de l'École Française d'Extrême-Orient, 1997, v. 1, p. 113.
11. Id., "Langue et religion dans le Ṛgveda" [1949]. In: ______, *Choix d'études indiennes*, op. cit., v. 1, p. 11.
12. *Śatapatha Brāhmaṇa*, 13, 3, 3, 6.
13. Ibid., 13, 2, 10, 1.
14. Ibid., 3, 6, 2, 26.
15. Louis Renou, *Religions of Ancient India* [1953]. 2. ed. Londres: Athlone Press/University of London, 1972, p. 1.
16. Frits Staal, *Rules Without Meaning*. Nova York: Peter Lang, 1989, p. 65.

17. Michael Witzel, *Das Alte Indien*. Munique: Beck, 2003, pp. 28-9.

18. *Ṛgveda*, 3, 26, 5.

19. Ibid., 1, 88, 1.

20. Ibid., 5, 59, 2.

21. Ibid., 5, 60, 3.

22. Paul-Louis Couchoud, *Stages et Poètes d'Asie*, p. 6 apud Louis Renou, "Introduction". In: ______ (Org.), *Hymnes et prières du Veda*. Paris: Librarie d'Amérique et d'Orient, 1938, p. 1.

23. Carta de Stéphane Mallarmé a Paul Verlaine, 16 nov. 1885. In: *Correspondance*. Org. de H. Mondor e L. J. Austin. Paris: Gallimard, 1965, v. 2, p. 301.

24. *Ṛgveda*, 4, 58, 1 (trad. Louis Renou).

25. Arthur Schopenhauer, *Die Welt als Wille und Vorstellung*, Tomo I. In: *Sämtliche Werke*. Org. de A. Hübscher. 3. ed. Wiesbaden: Brockhaus, 1972, v. 2, p. XII. [Ed. bras.: *O mundo como vontade e como representação*, Tomo I. Trad. de Jair Barboza. 2. ed. São Paulo: Editora Unesp, 2015.]

26. *Ṛgveda*, 4, 5, 3.

27. Louis Renou, "Les Pouvoirs de la parole dans le Ṛgveda". In: ______, *Études védiques et pāṇinéennes* [1955]. 2. ed. Paris: Collège de France, 1980, v. 1, p. 10.

28. *Śatapatha Brāhmaṇa*, 1, 4, 1, 13.

29. Ibid., 5, 1, 1, 1.

30. *Ṛgveda*, 8, 48, 3.

31. Ibid., 8, 48, 9.

32. Ibid.

33. Ibid., 8, 48, 5.

34. Ibid., 8, 48, 7.

2. YĀJÑAVALKYA [pp. 37-64]

1. Frits Staal, *Discovering the Vedas*. Nova Déli: Penguin, 2008, p. 77.

2. *Śatapatha Brāhmaṇa*, 11, 3, 1, 2-4.

3. Ibid., 1, 1, 2, 17.

4. *Jaiminīya Brāhmaṇa*, 1, 19 (trad. de Louis Renou).

5. *Bṛhadāraṇyaka Upaniṣad*, 4, 2, 1.

6. Ibid.

7. Ibid.

8. Ibid.

9. Ibid., 4, 2, 2.

10. René Guénon, *Le Règne de la Quantité et les Signes de Temps*. Paris: Gallimard, 1945, p. 114.

11. *Bṛhadāraṇyaka Upaniṣad*, 1, 4, 1.

12. Ibid., 4, 2, 3.

13. *Śatapatha Brāhmaṇa*, 10, 5, 2, 11.

14. *Bṛhadāraṇyaka Upaniṣad*, 4, 2, 4.

15. Ibid.

16. Ibid., 4, 3, 1.

17. Ibid., 4, 3, 33.

18. *Śatapatha Brāhmaṇa*, 11, 6, 2, 5.

19. Ibid., 11, 6, 2, 10.

20. Ibid., 1, 3, 1, 21.

21. Ibid., 3, 1, 1, 4.

22. Ibid., 3, 1, 1, 5.

23. *Bṛhadāraṇyaka Upaniṣad*, 3, 1, 2.

24. Ibid., 3, 1, 3.

25. Ibid.

26. Ibid., 3, 1, 4.

27. Ibid., 3, 1, 3.

28. Ibid.

29. Ibid.

30. Ibid., 3, 1, 6.

31. Ibid.

32. Ibid., 3, 9, 26.

33. Ibid., 3, 6, 1.

34. Ibid., 3, 8, 2.

35. Ibid., 3, 8, 3.

36. Ibid., 3, 8, 4.

37. Ibid., 3, 8, 7.

38. Ibid., 3, 8, 1.

39. Ibid., 3, 8, 10.

40. Franz Kafka, *Nachgelassene Schriften und Fragmente II*. Org. de J. Schillemeit. In: ______, *Kritische Ausgabe*. Org. de J. Born, G. Neumann, M. Pasley e J. Schillemeit. Frankfurt: S. Fischer, 1982, p. 124.

41. *Bṛhadāraṇyaka Upaniṣad*, 3, 8, 8.

42. Ibid., 3, 8, 11.

43. Ibid.

44. Ibid., 3, 8, 10.

45. Julius Eggeling, *Introduction to the Śatapatha-Brāhmaṇa*. Oxford: Clarendon Press, 1900, v. 5, p. XIII. (Coleção Sacred Books of the East).

46. Platão, *A república*, 614 b.

47. *Śatapatha Brāhmaṇa*, 1, 9, 3, 16.

48. Ibid., 1, 4, 3, 1.

49. Ibid.

50. Ibid., 2, 3, 2, 13.

51. Johann Wolfgang von Goethe, *Epirrhema*, v. 6. In: ______, *Gedenkausgabe der Werke, Briefe und Gespräche*. Org. de E. Beutler. Zurique; Stuttgart: Artemis, v. I, 1950, p. 519.

52. *Śatapatha Brāhmaṇa*, 4, 1, 3, 8.

53. Ibid., 4, 1, 3, 3.

54. Ibid., 4, 1, 3, 4.

55. Ibid., 4, 1, 3, 6.

56. Ibid., 4, 1, 3, 7.

57. Ibid., 5, 1, 3, 6 (resenha de Kāṇva).

58. *Bṛhadāraṇyaka Upaniṣad*, 1, 4, 1.

59. Ibid., 1, 4, 3.

60. Ibid.

61. Ibid.

62. Ibid.

63. Ibid., 1, 4, 4.

64. Ibid.

65. Sófocles, *Antígona*, 781.

66. *Bṛhadāraṇyaka Upaniṣad*, 4, 3, 21.

67. Ibid., 1, 4, 1.

68. Ibid., 1, 4, 3.

69. Louis Renou, *Le Passage des Brāhmaṇa aux Upaniṣad* [1953]. In: ______, *Choix d'études indiennes*, op. cit., v. II, p. 906.

70. Ibid.

71. Ibid., p. 907.

72. *Bṛhadāraṇyaka Upaniṣad*, 4, 5, 1-2.

73. Ibid., 4, 5, 6.

74. Ibid., 4, 5, 7.

75. Ibid., 4, 5, 15.

3. ANIMAIS [pp. 65-89]

1. *Śatapatha Brāhmaṇa*, 11, 6, 1, 3.

2. Ibid., 11, 6, 1, 7.

3. Ibid., 11, 1, 6, 19.
4. Ibid., 11, 7, 1, 2.
5. Ibid., 3, 7, 3, 2.
6. Ibid.
7. Ibid., 3, 7, 3, 1-5.
8. Ibid., 3, 7, 3, 4.
9. Ibid., 3, 7, 4, 2.
10. Ibid.
11. Ibid., 3, 7, 4, 1.
12. Ibid., 3, 7, 4, 3.
13. Ibid., 3, 7, 4, 5.
14. Ibid.
15. Ibid., 3, 1, 2, 13-17.
16. Ibid., 3, 1, 2, 14.
17. Ibid., 3, 1, 3, 7.
18. Ibid., 3, 1, 2, 17.
19. Ibid.
20. Ibid.
21. Ibid., 3, 1, 2, 13.
22. Ibid.
23. Ibid.
24. Ibid., 3, 1, 2, 18.
25. Ibid., 3, 1, 2, 21.
26. Ibid.
27. Ibid.
28. Ibid.
29. Ibid.
30. Ibid., 3, 6, 3, 19.
31. Ibid., 3, 6, 4, 14.
32. Ibid., 3, 6, 4, 10.
33. Ibid., 3. 1, 2, 7.
34. Ibid., 12, 9, 2, 6.
35. Ibid., 3, 6, 4, 15.
36. Ibid., 3, 6, 4, 13.
37. Ibid., 3, 6, 4, 19.
38. Ibid., 2, 1, 4, 16.
39. Ibid., 3, 6, 4, 7.
40. Ibid., 3, 1, 3, 18.
41. Ibid., 3, 6, 4, 6.

42. Ibid., 3, 6, 4, 7.
43. Ibid., 3, 6, 4, 18.
44. Ibid., 3, 6, 4, 26.
45. *Odisseia*, XII, 129-30.
46. Ibid., XII, 130-1.
47. Ibid., XII, 341-2.
48. Ibid., XII, 343.
49. Ibid., XII, 297.

4. O PROGENITOR [pp. 90-126]

1. *Aitareya Brāhmaṇa*, 3, 21 (trad. de Charles Malamoud).
2. Ibid.
3. *Taitttirīya Brāhmaṇa*, 2, 2, 10, 1.
4. *Ṛgveda*, 10, 121, 1.
5. Ibid., 10, 121, 8.
6. *Śatapatha Brāhmaṇa*, 4, 5, 7, 2.
7. *Ṛgveda*, 10, 121, 2.
8. Ibid., 10, 121, 7.
9. *Śatapatha Brāhmaṇa*, 11, 5, 8, 1.
10. Ibid.
11. Ibid., 6, 1, 1, 1.
12. *Pañcaviṃśa Brāhmaṇa*, 20, 14, 2.
13. *Śatapatha Brāhmaṇa*, 6, 1, 2, 6.
14. Ibid., 6, 1, 2, 8.
15. Ibid., 6, 1, 1, 1.
16. Ibid., 6, 1, 1, 2.
17. Ibid., 6, 1. 1, 3.
18. Ibid., 6, 1, 1, 5.
19. *Jaiminīya Brāhmaṇa*, 2, 159 (trad. de Willem Caland).
20. *Pañcaviṃśa Brāhmaṇa*, 24, 13, 2.
21. Ibid., 24, 13, 3.
22. *Śatapatha Brāhmaṇa*, 13, 3, 1, 1.
23. *Maitrāyaṇī Saṃhitā*, 1, 8, 1.
24. *Jaiminīya Brāhmaṇa*, 1, 283.
25. Paul Deussen, *Allgemeine Geschichte der Philosophie*. 3. ed. Leipzig: Brockhaus, 1920, v. I, 1, p. 190.

26. Arthur B. Keith, *The Religion and Philosophy of the Veda and Upanishads*. Cambridge: Harvard University Press, 1925, v. II, p. 442.

27. *Jaiminīya Brāhmaṇa*, 1, 357 (trad. de Jan Gonda).

28. *Śatapatha Brāhmaṇa*, 10, 4, 4, 2.

29. Ibid., 10, 4, 4, 3.

30. Ibid., 2, 2, 4, 4.

31. Ibid.

32. Ibid., 2, 2, 4, 6.

33. Ibid.

34. Ibid., 2, 2, 4, 9.

35. Ibid., 1, 7, 4, 1-8.

36. Ibid., 1, 8, 1, 10.

37. Ibid., 1, 7, 4, 4.

38. Ibid., 1, 7, 4, 9.

39. Ibid., 1, 7, 4, 15.

40. Ibid., 1, 7, 4, 19.

41. Charles Malamoud, "Tenir Parole, retenir sa voix". *L'Inactuel*, n. 5, outono 2000, p. 223.

42. *Śatapatha Brāhmaṇa*, 1, 7, 4, 18.

43. Ibid., 10, 4, 4, 1.

44. Ibid., 10, 6, 5, 1.

45. Ibid., 10, 1, 3, 1.

46. *Jaiminīya Brāhmaṇa*, 2, 69.

47. *Śatapatha Brāhmaṇa*, 10, 4, 3, 3.

48. Ibid., 10, 4, 3, 4.

49. Ibid., 10, 4, 3, 6.

50. Ibid., 10, 4, 3, 20.

51. Ibid., 10, 4, 3, 9.

52. Ibid., 10, 5, 2, 3.

53. Ibid.

54. Ibid., 11, 4, 3, 1-2.

55. Ibid., 10, 4, 4, 5, que cita *Ṛgveda*, 1, 179, 3.

56. *Śatapatha Brāhmaṇa*, 9, 4, 1, 4.

57. Ibid., 9, 4, 1, 15.

58. Ibid., 2, 5, 2, 2.

59. Ibid., 2, 5, 2, 13.

60. Ibid., 6, 1, 2, 23.

61. Ibid.

62. *Chāndogya Upaniṣad*, 4, 10, 3.

63. Ibid., 4, 10, 5 (trad. Émile Senart).
64. Ibid.
65. *Bṛhadāraṇyaka Upaniṣad*, 5, 1, 1.
66. *Śatapatha Brāhmaṇa*, 7, 1, 2, 1.
67. Ibid.
68. *Chāndogya Upaniṣad*, 3, 12, 7-9 (trad. Émile Senart).
69. Armand Minard, *Trois Énigmes sur les Cent Chemins*. Paris: Les Belles Lettres, 1949, v. I, pp. 80-1.
70. *Śatapatha Brāhmaṇa*, 10, 3, 4, 3.
71. Stella Kramrisch, "Pūṣan" [1961]. In: _______, *Exploring India's Sacred Art*. Org. de B. Stoler Miller. Filadélfia: University of Pennsylvania Press, 1983, p. 171.
72. *Śatapatha Brāhmaṇa*, 10, 3, 4, 5.
73. Ibid.
74. *Bṛhadāraṇyaka Upaniṣad*, 1, 1, 1.
75. Ibid., 1, 2, 1.
76. Ibid., 1, 2, 2.
77. Ibid., 1, 2, 4.
78. Ibid., 1, 2, 6.
79. Ibid., 1, 2, 7.
80. Ibid.
81. Ibid.
82. Ibid.
83. *Śatapatha Brāhmaṇa*, 10, 1, 3, 1.
84. Ibid., 10, 4, 4, 1.
85. Ibid.
86. Ibid., 10, 4, 3, 3.
87. Ibid., 11, 5, 4, 1.
88. Ibid., 11, 5, 4, 2.
89. Ibid., 4, 5, 5, 1; 4, 5, 6, 1; 4, 5, 7, 1.
90. Ibid., 1, 2, 4, 21.
91. Ibid.
92. Ibid., 4, 6, 1, 4.

5. AQUELES QUE VIRAM OS HINOS [pp. 127-36]

1. Hermann Oldenberg, *Vorwissenschaftliche Wissenschaft*. Göttingen: Vandenhoeck & Ruprecht, 1919, p. 54.
2. Ibid.

3. Ibid., p. 224.
4. Louis Renou, *La Poésie religieuse de l'Inde antique*. Paris: PUF, 1942, p. 4.
5. Ibid.
6. *Epopea di Erra*, 162.
7. *Ṛgveda*, 1, 164, 15.
8. *Śatapatha Brāhmaṇa*, 2, 1, 2, 4.
9. Ibid., 1, 4, 3, 6.
10. Ibid., 3, 4, 4, 27.
11. *Ṛgveda*, 7, 33, 5.
12. Ibid., 7, 83, 7.
13. *Devībhāgavata Purāṇa*, 6, 12, 26.
14. *Taittirīya Saṃhitā*, 3, 5, 2, 1.

6. DAS AVENTURAS DE MENTE E PALAVRA [pp. 137-50]

1. *Vājasaneyi Saṃhitā*, 34, 1 (trad. de Louis Renou).
2. Ibid., 34, 2 (trad. de Louis Renou).
3. Ibid. (trad. de Louis Renou).
4. Ibid., 34, 4 (trad. de Louis Renou).
5. Ibid., 34, 6 (trad. de Louis Renou).
6. Ibid., 34, 1-6 (trad. de Louis Renou).
7. Ibid., 34, 6 (trad. de Louis Renou).
8. *Ṛgveda*, 10, 129, 1.
9. *Śatapatha Brāhmaṇa*, 10, 5, 3, 1.
10. Ibid., 10, 5, 3, 2.
11. *Taittirīya Brāhmaṇa*, 2, 2, 9, 1.
12. Ibid., 2, 5, 11, 4.
13. *Śatapatha Brāhmaṇa*, 4, 1, 1, 22.
14. Ibid., 1, 4, 4, 2.
15. Ibid., 1, 4, 4, 9.
16. Ibid.
17. Ibid., 1, 4, 4, 5.
18. Ibid., 1, 4, 4, 7.
19. Ibid., 1, 4, 5, 9-12.
20. *Ilíada*, II, 205; II, 319; IV, 59.
21. *Śatapatha Brāhmaṇa*, 3, 2, 1, 18.
22. Ibid., 3, 2, 1, 19-22.
23. Ibid., 3, 2, 1, 24.

24. Ibid.
25. Ibid., 3, 2, 1, 26.
26. Ibid., 3, 2, 1, 27.
27. Ibid., 3, 2, 1, 28.
28. *Chāndogya Upaniṣad*, 7,3, 1.
29. Ibid.
30. *Śatapatha Brāhmaṇa*, 3, 4, 3, 14.
31. Ibid., 3, 4, 3, 16.
32. Ibid., 3, 2, 1, 25.
33. Ibid., 3, 4, 2, 15.
34. Ibid., 3, 4, 2, 16.

7. *ĀTMAN* [pp. 151-69]

1. *Ṛgveda*, 1, 164, 20.
2. *Śatapatha Brāhmaṇa*, 12, 3, 4, 11.
3. *Bṛhadāraṇyaka Upaniṣad*, 1, 4, 1.
4. Ibid., 1, 4, 5.
5. *Chāndogya Upaniṣad*, 7, 1, 1.
6. Ibid.
7. Ibid., 7, 1, 2.
8. Ibid.
9. Ibid., 7, 1, 3.
10. Ibid.
11. Ibid., 7, 2, 1.
12. Ibid.
13. Ibid., 7, 4, 2.
14. Ibid., 7, 5, 1.
15. Ibid., 7, 5, 2.
16. Ibid., 7, 6, 1.
17. Ibid.
18. Ibid., 7, 7, 1.
19. Ibid., 7, 8, 1.
20. Ibid., 7, 15, 4.
21. Ibid., 7, 16, 1.
22. Ibid., 7, 22, 1.
23. Ibid., 7, 1, 3.
24. Ibid., 7, 23, 1.

25. Ibid., 7, 25, 1.
26. Ibid.
27. Ibid., 7, 25, 2.
28. Ibid., 7, 26, 1.
29. Ibid., 7, 26,2.
30. Ibid.
31. Ibid., 7, 23, 1.
32. Ibid., 7, 25, 2.
33. Ibid., 7, 1, 1.
34. Ibid., 6, 1, 2.
35. Ibid., 6, 2, 1.
36. Ibid., 6, 2, 3.
37. Ibid., 6, 4, 5.
38. Ibid., 6, 8, 7.
39. *Ṛgveda*, 10, 72, 2.
40. *Taittirīya Upaniṣad*, 2, 7, 1.
41. *Chāndogya Upaniṣad*, 3, 19, 1.
42. *Ṛgveda*, 10, 129, 1 (trad. de Louis Renou).
43. Ibid., 120, 129, 3 (trad. de Louis Renou).
44. Ibid., 120, 129, 2 (trad. de Louis Renou).
45. Ibid., 120, 129, 3 (trad. de Louis Renou).
46. Ibid., 120, 129, 2 (trad. de Louis Renou).
47. Ibid., 120, 82, 6 (trad. de Louis Renou).
48. Ibid., 120, 129, 2 (trad. de Louis Renou).
49. Ibid., 120, 129, 3 (trad. de Louis Renou).
50. Louis Renou em *Hymnes spéculatifs du Véda*. Org. de Louis Renou. Paris: Gallimard, 1956, p. 254.
51. Karl F. Geldner, *Der Rig-Veda aus dem Sanskrit ins Deutsche übersetzt*. Cambridge: Harvard University Press, 1951, v. III, p. 360.
52. *Ṛgveda*, 10, 27, 4.
53. Ibid., 10, 129, 4.
54. Ibid.
55. Ibid., 10, 129, 5 (trad. de Louis Renou).
56. Ibid. (trad. de Louis Renou).
57. Ibid. (trad. de Louis Renou).
58. Ibid., 120, 129, 6 (trad. de Louis Renou).
59. Ibid., 120, 129, 7 (trad. de Louis Renou).
60. *Śatapatha Brāhmaṇa*, 11, 2, 2, 6.
61. Ibid.

8. A VIGÍLIA PERFEITA [pp. 170-80]

1. *Ṛgveda*, 8, 2, 18.

2. *Śatapatha Brāhmaṇa*, 6, 8, 2, 8.

3. Ibid., 6, 8, 2, 11.

4. Ibid.

5. *Bṛhadāraṇyaka Upaniṣad*, 1, 4, 10.

6. Ibid.

7. Ibid.

8. Ibid.

9. Louis Renou, "Sur la Notion de 'brahman'" [1949], com a colaboração de Lilian Silburn. In: ______, *L'Inde fondamentale*. Org. de Charles Malamoud. Paris: Herman, 1978, p. 114.

10. Johannes C. Heesterman, *The Broken World of Sacrifice*. Chicago: University of Chicago Press, 1993, p. 156.

11. *Bṛhadāraṇyaka Upaniṣad*, 4, 4, 23.

12. Ibid., 4, 4, 6.

13. *Kaṭha Upaniṣad*, 5, 8.

14. Karl F. Geldner, *Der Rig-Veda aus dem Sanskrit ins Deutsche übersetzt*, op. cit., v. II, p. 46.

15. Ibid.

16. Louis Renou, *Études védiques et pāṇinéennes*. Paris: De Bocard, 1958, v. IV, p. 69.

17. Karl F. Geldner, *Der Rig-Veda aus dem Sanskrit ins Deutsche übersetzt*, op. cit., v. II, p. 46.

18. Hermann Oldenberg, *Ṛgveda. Textkritische und exegetische Noten*. Berlim: Weidmannsche Buchhandlung, 1909, p. 340.

19. *Ṛgveda*, 5, 44, 14 (trad. de Louis Renou).

20. Stella Kramrisch, *The Presence of Śiva*. Princeton: Princeton University Press, 1981, p. 3.

21. Sylvain Lévi, *La Doctrine du sacrifice dans les Brâhmaṇas* [1898]. Paris: PUF, 1966, p. 81.

22. *Śatapatha Brāhmaṇa*, 3, 2, 1, 16.

23. Ibid., 3, 2, 1, 31.

24. Ibid., 3, 2, 1, 40.

25. Ibid.

26. Ibid., 2, 1, 4, 7.

27. Ibid., 2, 1, 4, 1.

28. Ibid., 2, 1, 4, 7.

29. Ibid.

30. Ibid., 3, 1, 1, 8.

31. Henri Hubert e Marcel Mauss, "Essai sur la nature et la fonction du sacrifice" [1899]. In: Marcel Mauss, *Œuvres*. Paris: Minuit, 1968, v. 1, p. 213. [Ed. bras.: *Sobre o sacrifício*. São Paulo: Cosac Naify, 2013.]

32. *Taittirīya Saṃhitā*, 1, 2, 2, 3.

33. *Śatapatha Brāhmaṇa*, 3, 1, 3, 25.

34. Henri Hubert e Marcel Mauss, "Essai sur la nature et la fonction du sacrifice", op. cit., p. 214.

35. *Śatapatha Brāhmaṇa*, 11, 5, 6, 3.

36. Ibid., 11, 5, 7, 4.

9. OS BRĀHMAṆA [pp. 181-201]

1. Michael Witzel, *On Magical Thought in the Veda*. Leiden: Universitaire Pers, 1979, p. 20.

2. Ibid.

3. Charles Malamoud, "Sans lieu ni date". In: ______, *Tracés de fondation*. Org. de M. Detienne. Louvain; Paris: Peeters, 1990, p. 188.

4. Ibid., p. 190.

5. *Ṛgveda*, 10, 82, 7 (trad. de Louis Renou).

6. Charles Malamoud, "Sans lieu ni date", op. cit., p. 188.

7. *Ṛgveda*, 10, 129, 3.

8. *Śatapatha Brāhmaṇa*, 10, 6, 3, 1.

9. Ibid., 10, 6, 3, 2.

10. Ibid.

11. Ibid.

12. Ibid.

13. Ibid.

14. Ibid.

15. *Bṛhadāraṇyaka Upaniṣad*, 1, 1, 1.

16. *Śatapatha Brāhmaṇa*, 10, 4, 3, 9.

17. Ibid., 10, 5, 4, 16.

18. Ibid.

19. Ibid., 11, 5, 8, 6.

20. Frits Staal, *Discovering the Vedas*, op. cit., p. 151.

21. Louis Renou, "Les Connexions entre le rituel et la grammaire en Sanskrit" [1941-2]. In: ______, *Choix d'études indiennes*, op. cit., v. I, p. 366.

22. Frits Staal, *Jouer avec le Feu*. Paris: Collège de France, 1990, p. 80.

23. Ibid., p. 6.

24. Ibid., p. 5.

25. Arthur B. Keith, *The Religion and Philosophy of the Veda and Upanishads*, op. cit., p. 483.

26. Michael Witzel, "Introduction". In: *Kaṭha Āraṇyaka*. Org. de Michael Witzel. Cambridge: Harvard University Press, 2004, p. XXXI.

27. Ibid.

28. Louis Renou e Lilian Silburn, "*Nírukta and ánirukta*". In: *Sarūpa-bhāratī*. Org. de J. N. Agrawal e B. D. Shastri. Hoshiarpur: Vishveshvaranand Institute Publications, 1954, p. 76.

29. Karl Hoffmann, "Die magische Weltanschauung im Veda" [1959]. In: ______, *Aufsätze zur Indoiranistik*. Org. de S. Glauch, R. Plath e S. Ziegler. Wiesbaden: Richert, 1992, v. III, p. 709.

30. Marcel Mauss, "Intorduction aux mythes" [1903]. In: _____, *Œuvres*, op. cit., 1969, v. II, p. 271.

31. Id., "Mythologie grecque et théorie des mythes selon Gruppe" [1903], In: _____, *Œuvres*, op. cit., v. II, p. 283.

32. Id., "Leçons sur l'unité des systèmes mythiques et rituels" [1932-3], In: _____, *Œuvres*, op. cit., v. II, p. 289.

33. Ibid.

10. A LINHA DOS FOGOS [pp. 202-22]

1. *Śatapatha Brāhmaṇa*, 1, 1, 1, 1.

2. *Ṛgveda*, 1, 179, 5.

3. *Śatapatha Brāhmaṇa*, 2, 3, 3, 13.

4. Ibid., 7, 1, 2, 14.

5. Ibid., 2, 3, 3, 15.

6. Ibid., 2, 3, 3, 13.

7. Ibid., 1, 8, 3, 20.

8. Ananda K. Coomaraswamy, *An Indian Temple: The Kandarya Mahadeo* [1947]. In: ______, *Selected Papers*. Org. de R. Lipsey. Princeton: Princeton University Press, 1977, v. I, p. 3.

9. *Śatapatha Brāhmaṇa*, 3, 1, 1, 8.

10. Ibid.

11. Ibid., 3, 1, 2, 10.

12. Ibid., 2, 1, 4, 7.

13. Ibid.

14. *Atharvaveda*, 9, 2, 3.

15. Ibid., 9, 2, 2.

16. *Śatapatha Brāhmaṇa*, 1, 1, 1, 4-5.

17. *Maitrāyaṇī Saṃhitā*, 1, 8, 7.

18. Hendrik W. Bodewitz, *The Daily Evening and Morning Offering ("agnihotra") According to the Brāhmaṇas*. Leiden: Brill, 1976, p. 118.

19. *Āpastamba Śrauta Sūtra*, 6, 5, 3 (trad. de P. E. Dumont).

20. Ibid. (trad. de Willem Caland).

21. Michael Witzel, "How to Enter the Vedic Mind? Strategies in Translating a 'Brāhmaṇa' Text". In: ______, *Translating, Translations, Translators. From India to West*. Org. de E. Garzilli. Cambridge: Harvard University Press, 1996, p. 172.

22. Franz Kafka, *Das Schloss*. Org. de M. Pasley. In: ______, *Kritische Ausgabe*, op. cit., p. 425. [Ed. bras.: *O castelo*. Trad. de Modesto Carone. São Paulo: Companhia das Letras, 2000.]

23. Wilhelm Rau, "Resenha de Louis Renou, *Études védiques et pāṇinéennes*, v. XVI, Paris: De Boccard, 1967". *Orientalistische Literaturzeitung*, LXIV, ½, 1969, col. 72.

24. *Śatapatha Brāhmaṇa*, 1, 1, 1, 11.

25. Ibid., 1, 1, 1, 13.

26. Ibid.

27. Ibid.

28. Ibid., 6, 3, 1, 12.

29. Ibid., 14, 1, 2, 8.

30. Charles Malamoud, "Tenir Parole, retenir sa voix", op. cit., p. 223.

31. Sāyaṇa em *Śatapatha Brāhmaṇa*, 1, 6, 1, 20.

32. *Śatapatha Brāhmaṇa*, 1, 1, 1, 14.

33. Ibid.

34. Ibid., 1, 1, 1, 17.

35. Ibid., 1, 1, 1, 21.

36. Ibid.

37. Ibid., 1, 3, 3, 11.

38. Ibid., 1, 9, 3, 23.

39. Ibid., 1, 9, 2, 32.

40. Ibid., 1, 9, 3, 23.

41. Ibid.

42. Ibid., 2, 2, 2, 18.

43. Ibid., 2, 2, 2, 20.

44. *Chāndogya Upaniṣad*, 5, 3, 7.

45. *Bṛhadāraṇyaka Upaniṣad*, 6, 2, 4.
46. *Chāndogya Upaniṣad*, 5, 3, 3.
47. *Bṛhadāraṇyaka Upaniṣad*, 6, 2, 9.
48. *Chāndogya Upaniṣad*, 5, 7, 1.
49. *Bṛhadāraṇyaka Upaniṣad*. 6, 2, 12.
50. *Chāndogya Upaniṣad*, 5, 8, 1.
51. *Bṛhadāraṇyaka Upaniṣad*, 6, 2, 13.
52. Ibid., 6, 2, 2.
53. Ibid., 6, 2, 13-14.
54. *Śatapatha Brāhmaṇa*, 2, 4, 1, 6.

11. ERÓTICA VÉDICA [pp. 223-33]

1. *Śatapatha Brāhmaṇa*, 1, 2, 5, 16.
2. Ibid., 3, 5, 1, 36.
3. Ibid., 1, 2, 5, 15.
4. Ibid., 1, 2, 5, 16.
5. Ibid.
6. *Bṛhaddevatā*, 5, 98-101.
7. *Śatapatha Brāhmaṇa*, 6, 6, 1, 11; 6, 2, 2, 22.
8. *Ṛgveda*, 7, 33, 13.
9. Ibid., 7, 33, 11.
10. *Śatapatha Brāhmaṇa*, 4, 4, 2, 18.
11. Ibid., 1, 3, 1, 18.
12. Ibid., 4, 6, 7, 9.
13. Ibid.
14. Ibid., 1, 7, 2, 14.
15. Ibid., 2, 1, 1, 5.
16. Richard Wagner, *Das Rheingold*, Prelúdio.
17. *Ṛgveda*, 10, 86, 6 (trad. de Louis Renou).
18. Leopold von Schroeder, *Mysterium und Mimus im Rigveda*. Leipzig: Haessel, 1908, p. 304.
19. *Atharvaveda*, 12, 1, 21.
20. Ibid., 12, 1, 24 (trad. de Louis Renou).
21. Ibid., 12, 1, 25 (trad. de Louis Renou).
22. *Ṛgveda*, 10, 85, 1 (trad. de Louis Renou).
23. Ibid., 10, 85, 2 (trad. de Louis Renou).
24. Ibid., 10, 85, 6-7 (trad. de Louis Renou).

25. Ibid., 10, 85, 10 (trad. de Louis Renou).
26. Ibid., 10, 85, 40 (trad. de Louis Renou).
27. Ibid., 10, 85, 21 (trad. de Louis Renou).
28. Ibid., 10, 85, 22 (trad. de Louis Renou).
29. Ibid., 10, 85, 40 (trad. de Louis Renou).
30. Ibid., 10, 85, 45 (trad. de Louis Renou).

12. DEUSES QUE OFERECEM LIBAÇÕES [pp. 234-47]

1. *Śatapatha Brāhmaṇa*, 2, 3, 3, 10.
2. Ibid., 3, 1, 4, 1.
3. Hesíodo, *Opere e giorni*, 339. [Ed. bras.: *Os trabalhos e os dias*. Trad., introd. e notas de Mary de Camargo Neves Lafer. São Paulo: Iluminuras, 2006.]
4. Ovídio, *Fastos*, I, 347-8.
5. Ibid., III, 727-8.
6. Ibid., III, 729.
7. Sófocles, *Antígona*, 429-31.
8. *Jaiminīya Brāhmaṇa*, 1, 3 (trad. de Hendrik W. Bodewitz).
9. Ibid., 1, 4 (trad. de Hendrik W. Bodewitz).
10. *Chāndogya Upaniṣad*, 5, 24, 5.
11. *Śatapatha Brāhmaṇa*, 2, 3, 1, 13.
12. Ibid., 2, 3, 1, 17.
13. Ibid., 4, 6, 5, 5.
14. Julius Eggeling, In: *The Śatapatha-Brāhmaṇa*, op. cit., v. II, p. 42.
15. *Śatapatha Brāhmaṇa*, 4, 6, 5, 3.
16. Ibid., 2, 3, 3, 7.
17. Ibid., 2, 3, 1, 36.
18. Ibid., 2, 3, 3, 1-2.
19. Ibid., 2, 3, 3, 9.
20. Ibid., 2, 3, 3, 12.
21. Ibid., 3, 1, 3, 3.
22. Ibid., 3, 1, 3, 4.
23. Ibid., 3, 1, 3, 3.
24. Ibid., 2, 3, 4, 22.
25. Ibid., 2, 3, 4, 22-23.
26. Ibid., 2, 3, 4, 37.
27. Platão, *Fédon*, 61 a.
28. Ibid., 61 a.

29. Ibid.
30. Ibid.
31. Ibid., 61 b.
32. Ibid., 61 d.
33. Ibid., 62 b.
34. Ibid., 61 e.
35. Ibid., 62 b.
36. Ibid., 66 c.
37. Ibid., 69 c.
38. Ibid., 118 a.
39. Ibid.
40. Ibid., 117 b.
41. Ibid.
42. Ibid., 117 c.
43. Xenofonte, *Ciropedia*, VII, 1, 1.
44. Platão, *Fédon*, 117 c.

13. RESÍDUO E EXCEDENTE [pp. 248-64]

1. *Bhāgavata Purāṇa*, 3, 8, 16 ab.
2. *Śatapatha Brāhmaṇa*, 1, 7, 3, 1.
3. Ibid., 1, 7, 3, 1-8.
4. Ibid., 1, 6, 2, 1.
5. Ibid., 1, 7, 4, 2.
6. *Mahābhārata*, 10, 18, 3.
7. *Ṛgveda*, 4, 3, 1.
8. Ibid., 1, 114, 4.
9. Armand Minard, *Trois Énigmes sur les Cent Chemins*. Paris: De Boccard, 1956, v. II, p. 309.
10. *Śatapatha Brāhmaṇa*, 1, 3, 5, 16.
11. Ibid., 1, 3, 5, 14.
12. Ibid., 1, 4, 1, 40.
13. Ibid., 10, 4, 3, 15.
14. Ibid., 10, 3, 5, 16.
15. *Jaiminīya Brāhmaṇa*, 1, 258 (trad. de Willem Caland).
16. Ibid.
17. Ibid., 1, 238 (trad. de Willem Caland).
18. *Śatapatha Brāhmaṇa*, 4, 5, 8, 14.

19. Ibid., 4, 5, 8, 11.
20. Ibid.
21. Ibid., 4, 5, 7, 2.
22. Ibid., 12, 2, 3, 6.
23. Ibid., 12, 2, 3, 11.
24. Ibid., 12, 2, 3, 12.
25. *Bṛhadāraṇyaka Upaniṣad*, 5, 1, 1.
26. Ibid.
27. *Śatapatha Brāhmaṇa*, 10, 3, 5, 13.
28. Ibid., 14, 3, 2, 23.

14. SOLITÁRIOS NA FLORESTA [pp. 265-72]

1. Louis Dumont, "La Genèse chrétienne de l'individualisme moderne". *Le Débat*, n. 15, set.-out. 1981, p. 26.
2. *Kātyāyana Śrauta Sūtra*, 20, 1, 1.
3. Ibid., 21, 1, 1.
4. Ibid., 21, 1, 15.
5. Ibid., 21, 1, 17.
6. *Śatapatha Brāhmaṇa*, 13, 6, 2, 12.
7. Ibid., 13, 6, 2, 13.
8. Ibid.
9. Ibid., 13, 6, 2, 20.
10. Ibid.
11. Ibid., 11, 5, 7, 10.
12. Ibid.
13. Simone Weil, *Cahiers*. Paris: Plon, 1953, v. II, p. 429.

15. RITOLOGIA [pp. 273-95]

1. *Bṛhadāraṇyaka Upaniṣad*, 1, 3, 28.
2. *Taittirīya Brāhmaṇa*, 1, 1, 3, 6.
3. *Śatapatha Brāhmaṇa*, 3, 1, 1, 4.
4. Ibid., 3, 1, 1, 8.
5. Ibid., 3, 1, 1, 10.
6. Ibid., 3, 1, 1, 8.
7. Ibid., 7, 1, 1, 1-2.

8. Ibid., 7, 1, 1, 5.

9. Ibid., 7, 4, 2, 16.

10. *Ṛgveda*, 2, 23, 1.

11. Ibid., 10, 12, 8.

12. Ibid., 3, 27, 8.

13. *Śatapatha Brāhmaṇa*, 6, 8, 2, 1.

14. Ibid., 6, 8, 2, 3.

15. Ibid.

16. Ibid., 11, 2, 7, 32.

17. Ingeborg Bachmann, *Malina*. Frankfurt a.M.: Suhrkamp, 1971, p. 96 (retoma a carta de G. Flaubert a L. Colet de 5-6 de julho de 1852. In: *Correspondance*. Org. de J. Bruneau. Paris: Gallimard, 1980, v. II, p. 128).

18. *Śatapatha Brāhmaṇa*, 1, 7, 3, 19.

19. Willem Caland e Victor Henry, *L'Agniṣṭoma*. Paris: Leroux, 1906, v. I, p. X.

20. *Śatapatha Brāhmaṇa*, 12, 3, 3, 1-2.

21. Armand Minard, *Trois Énigmes sur les Cent Chemins*, op. cit., v. I, p. 102.

22. Ibid., p. 73.

23. *Śatapatha Brāhmaṇa*, 12, 3, 3, 5.

24. Ibid., 12, 3, 3, 12.

25. Ibid., 4, 6, 4, 2.

26. Epístola aos hebreus, 9, 12.

27. *Śatapatha Brāhmaṇa*, 1, 2, 5, 19.

28. Johannes C. Heesterman, "Veda and Dharma". In: ______, *The Concept of Duty in South Asia*. Org. de W. Doniger e J. D. M. Derret. Nova Déli: Vikas, 1978, p. 87.

29. *Śatapatha Brāhmaṇa*, 1, 1, 2, 22.

30. Ibid.

31. Ibid.

32. Ibid., 12, 9, 2, 7.

33. Ibid., 1, 1, 1, 4.

34. *Āpastamba Śrauta Sūtra*, 14, 20, 4.

35. *Śatapatha Brāhmaṇa*, 1, 5, 2, 2.

36. Louis Renou, "Védique '*nirṛti*'" [1955]. In: ______, *L'Inde fondamentale*, op. cit., p. 127.

37. *Atharvaveda*, 6, 84, 1.

38. *Śatapatha Brāhmaṇa*, 5, 2, 3, 3.

39. Ibid., 4, 4, 4, 5.

40. Ibid., 4, 4, 4, 9.

41. Ibid., 4, 4, 4, 11.

42. Ibid.
43. *Taittirīya Saṃhitā*, 7, 3, 10, 3-4.
44. *Śatapatha Brāhmaṇa*, 12, 1, 3, 23.
45. Ibid.
46. Ibid., 12, 1, 4, 1.
47. Ibid.
48. Ibid., 12, 1, 4, 3.
49. Ibid., 12, 2, 1, 1.
50. Ibid., 12, 2, 1, 3.
51. Ibid., 12, 2, 1, 9.

16. A VISÃO SACRIFICIAL [pp. 296-310]

1. Valerio Valeri, *Kingship and Sacrifice*. Chicago: University of Chicago Press, 1985, p. 64.
2. Frits Staal, *Joeur avec le Feu*, op. cit., p. 40.
3. *Taittirīya Saṃhitā*, 3, 3, 8, 3-4.
4. John C. Powys, *The Religion of a Sceptic*. Nova York: Dodd, Mead, and Company, 1925, p. 30.
5. Charles Malamoud, *Cuire le Monde*. Paris: La Découverte, 1989, p. 214.
6. *Śatapatha Brāhmaṇa*, 3, 7, 4, 11.
7. Charles Malamoud, "Tenir Parole, retenir sa voix", op. cit., p. 220.
8. *Śatapatha Brāhmaṇa*, 1, 7, 3, 28.
9. Ibid.
10. Ibid., 3, 1, 4, 3.
11. Léon Bloy, *Belluaires et Pochers* [1905]. Paris: Stock, 1946, p. 10.
12. *Śatapatha Brāhmaṇa*, 1, 2, 5, 24.
13. Ibid.
14. Ibid.
15. Ibid., 1, 2, 5, 26.
16. Ibid., 9, 2, 3, 44.
17. Ibid.
18. Ibid., 10, 4, 3, 23.
19. Ibid., 14, 2, 2, 24.
20. Sylvain Lévi, *La Doctrine du sacrifice dans les Brâhmaṇas*, op. cit., p. 133.
21. *Kātyāyana Śrauta Sūtra*, 22, 6, 1.
22. *Lāṭyāyaṇa Śrauta Sūtra*, 8, 8, 40.
23. *Śatapatha Brāhmaṇa*, 10, 2, 6, 7.

17. APÓS O DILÚVIO [pp. 311-20]

1. Gênesis, 8, 20.
2. Ibid.
3. *Epopeia de Gilgamesh*, tabuleta XI, 163 (trad. de A. R. George)
4. Gênesis, 8, 21.
5. Ibid.
6. Ibid., 9, 2.
7. Ibid., 9, 3.
8. Ibid., 9, 4.
9. Ibid., 9, 6.
10. Ibid., 8, 21.
11. Ibid., 9, 9.
12. Ibid., 4, 3.
13. Ibid.
14. Ibid., 4, 4.
15. Ibid., 8, 20.
16. Ibid., 4, 3.
17. Números, 15, 30.
18. Ibid.
19. Ibid., 15, 27.
20. Ibid., 15, 32-36.
21. Ibid., 15, 38.
22. Epístola aos hebreus, 13, 13.
23. P. de Vaux, *Les Sacrifices de l'Ancien Testament*. Paris: Gabalda, 1964, p. 83.
24. Levítico, 17, 11.
25. Êxodo, 13, 8.

18. TIKI [pp. 321-35]

1. Marcel Mauss, "La Polarité religieuse et la division du macrocosme" [1933]. In: ______, *Œuvres*, op. cit., 1969, v. II, p. 144.
2. Ibid.
3. Ibid., p. 146.
4. Ibid.
5. Ibid., p. 144.
6. Ibid., p. 145.

7. Id., "Rapports entre aspects religieux et sociologiques des rites" [1934]. In: ______, *Œuvres*, op. cit., 1968, v. I, p. 557.

8. Id., "Débat sur les visions du monde primitive et moderne" [1937]. In: ______, *Œuvres*, op. cit., 1969, v. II, p. 156.

9. Ibid., pp. 156-7.

10. Id., "La Polarité religieuse et la division du macrocosme", op. cit., p. 146.

11. Charles Baudelaire, "Correspondances", *Les Fleurs du Mal*. In: ______, *Œuvres complètes*. Org. de Claude Pichois. Paris: Gallimard, 1975, v. I, p. 11, verso 8. [Ed. bras.: "Correspondências". In: *As flores do mal*. Trad., intr. e notas de Ivan Junqueira. 3. ed. Rio de Janeiro: Nova Fronteira, 1985.]

12. Marcel Mauss, "Conceptions qui ont précédé la notion de matière" [1939]. In: ______, *Œuvres*, op. cit., 1969, v. II, p. 161.

13. Id., "Mentatalité primitive et participation" [1923]. In: ______, *Œuvres*, op. cit., 1969, v. II, pp. 127-8.

14. Id., "Résumé d'un exposé sur le dieu Tiki maori, image du macrocosme" [1937]. In: ______, *Œuvres*, op. cit., 1969, v. II, p. 161.

15. Id., "Conceptions qui ont précédé la notion de matière", op. cit., p. 161.

16. Id., "Mentatalité primitive et participation" [1923], op. cit., pp. 125-6.

17. Ibid., p. 130.

18. Ibid., pp. 130-1.

19. Ibid., p. 131.

20. Id., "Extrait de la 'Leçon d'ouverture' à l'enseignement d'ethnologie à l'École des Hautes Études" [1902]. In: ______, *Œuvres*, op. cit., 1969, v. II, p. 229.

21. Id., "Leçon sur l'emploi de la notion de 'primitif' en sociologie" [1932]. In: ______, *Œuvres*, op. cit., 1969, v. II, p. 233.

22. Émile Durkheim, "Préface". *L'Année Sociologique*, n. II, 1899, p. IV.

23. Simone Weil, *Cahiers*, op. cit., 1956, v. III, p. 194.

24. Marcel Mauss, "Leçons sur la cosmologie polynésienne" [1934-5]. In: ______, *Œuvres*, op. cit., 1969, v. II, p. 189.

25. Ibid.

26. Ibid.

27. Ibid.

28. Id., "Catégories collectives et categories pures" [1934]. In: ______, *Œuvres*, op. cit., 1969, v. II, p. 150.

29. Id., "Introduction aux mythes", op. cit., p. 269.

30. Ibid., 270.

31. Id., "Leçons sur les rapports entre certes jeux et cosmologies archaïques" [1937-8]. In: ______, *Œuvres*, op. cit., 1969, v. II, p. 267.

32. Ibid., p. 266.

19. O ATO DE MATAR [pp. 336-57]

1. *Aitareya Brāhmaṇa*, 7, 1.

2. *Śatapatha Brāhmaṇa*, 10, 3, 1, 1.

3. *Aitareya Brāhmaṇa*, 7, 1.

4. *Bṛhadāraṇyaka Upaniṣad*, 5, 1.

5. *Ṛgveda*, 10, 90, 16.

6. Ibid., 10, 121, 1-9.

7. Ibid., 10, 90, 16.

8. Karl F. Geldner, *Der Rig-Veda aus dem Sanskrit ins Deutsche übersetzt*, op. cit., v. III, p. 289.

9. *Hymnes spéculatifs du Véda*, op. cit., p. 100.

10. Louis Renou em ibid., p. 248.

11. *Ṛgveda*, 10, 130, 6.

12. Ibid., 10, 90, 15

13. Ibid., 10, 90, 11.

14. *Śatapatha Brāhmaṇa*, 11, 1, 6, 1.

15. Ibid., 13, 2, 4, 1-4.

16. Ibid., 1, 5, 2, 6.

17. Sāyaṇa em *Śatapatha Brāhmaṇa*, 1, 5, 2, 7.

18. *Śatapatha Brāhmaṇa*, 3, 2, 1, 38.

19. Ibid., 1, 2, 3, 6.

20. Ibid., 11, 1, 2, 1.

21. Hermann Oldenberg, *Die Lehre der Upanishaden und die Anfänge des Buddhismus*. Göttingen: Vandenhoeck & Ruprecht, 1915, p. 15.

22. *Śatapatha Brāhmaṇa*, 3, 8, 1, 10.

23. Ibid., 3, 8, 1, 15.

24. Ibid., 13, 2, 8, 2.

25. Oráculo n. 537. In: Herbert W. Parke e Donald E. W. Wormell, *The Delphic Oracle*. Oxford: Blackwell, 1956, v. II, p. 214.

26. *Śatapatha Brāhmaṇa*, 3, 8, 2, 4.

27. Ibid.

28. Ibid.

29. *Śatapatha Brāhmaṇa*, 3, 8, 5, 11.

30. Ibid., 3, 8, 3, 28.

31. Ibid., 3, 8, 5, 10.

32. Henri Hubert e Marcel Mauss, "Essai sur la nature et la fonction du sacrifice", op. cit., p. 253.

33. *Śatapatha Brāhmaṇa*, 4, 1, 4, 8-9.

34. Ibid., 3, 1, 3, 18.
35. Ibid., 3, 1, 3, 25.
36. *Bṛhadāraṇyaka Upaniṣad*, 4, 2, 2.
37. *Śatapatha Brāhmaṇa*, 6, 1, 2, 12.
38. Ibid., 10, 4, 2, 2.
39. Ibid., 14, 2, 2, 24.

20. A CORRIDA DO ANTÍLOPE NEGRO [pp. 358-67]

1. *Manusmṛti*, 2, 22.
2. Ibid., 2, 23.
3. *Śatapatha Brāhmaṇa*, 6, 4, 1, 6; 6, 4, 1, 9; 6, 7, 1, 6; 9, 3, 4, 10; 12, 8, 3, 3.
4. Ibid., 1, 1, 4, 1.
5. Ibid.
6. Ibid., 6, 4, 2, 6.
7. Ibid., 3, 2, 1, 2.
8. Ibid., 1, 1, 4, 2.
9. Sylvain Lévi, *La Doctrine du sacrifice dans les Brâhmaṇas*, op. cit., p. 141.
10. *Maitrāyaṇī Saṃhitā*, 1, 11, 5.
11. *Śatapatha Brāhmaṇa*, 1, 1, 4, 1.
12. Ibid., 6, 4, 1, 6.
13. Charles Malamoud, *La Danse des pierres*. Paris: Seuil, 2005, p. 153.
14. *Manusmṛti*, 2, 23.
15. *Yājñavalkyasmṛti*, 1, 2.
16. Charles Malamoud, *La Danse des pierres*, op. cit., p. 146.
17. *Śatapatha Brāhmaṇa*, 1, 1, 1, 13.
18. Knud Rasmussen, *Report of the Fifth Thule Expedition 1921-24*, v. VII, 1: *Intelectual Culture of Iglulik Eskimos*. Copenhague: Gyldendalske Boghandel, 1929, p. 56.

21. O REI SOMA [pp. 368-401]

1. *Ṛgveda*, 10, 119, 8.
2. Ibid., 10, 119, 1-13.
3. Ibid., 10, 119, 9.
4. Ibid., 10, 119, 10.

5. Alfred Hillebrandt, *Vedische Mythologie*. Breslau: Koebner, 1891, v. I, p. 125.

6. Herman Lommel, "König Soma" [1955]. In: ______, *Kleine Schriften*. Org. de K. L. Janert. Wiesbaden: Steiner, 1978, p. 315.

7. *Vāuy Purāṇa*, 90, 2.

8. *Atharvaveda*, 5, 17, 8.

9. *Ṛgveda*, 1, 190, 7.

10. *Brahmāṇḍa Purāṇa*, 2, 65, 38.

11. *Śatapatha Brāhmaṇa*, 5, 3, 3, 12.

12. Epístola aos efésios, 6, 12.

13. *Bṛhadāraṇyaka Upaniṣad*, 1, 4, 11.

14. *Śatapatha Brāhmaṇa*, 3, 3, 3, 1.

15. Ibid., 3, 3, 2, 9.

16. *Taittirīya Saṃhitā*, 3, 2, 5, 2.

17. Ibid., 3, 2, 5, 3.

18. Ibid., 2, 3, 2, 6.

19. Ibid.

20. *Śatapatha Brāhmaṇa*, 12, 7, 1, 10.

21. *Ṛgveda*, 8, 48, 5.

22. Ibid.

23. Ibid., 10, 124, 1.

24. Ibid., 10, 124, 6.

25. *Śatapatha Brāhmaṇa*, 3, 4, 3, 13.

26. Abel Bergaigne, *La Religion védique d'après les hymnes du Rig-Veda* [1878]. Paris: Librairie Honoré Champion, 1963, v. I, p. 168.

27. *Ṛgveda*, 1, 80, 2; 8, 95, 3; 9, 87, 6.

28. Ibid.,1, 93, 6.

29. *Śatapatha Brāhmaṇa*, 3, 2, 4, 1-7.

30. Ibid., 3, 2, 4, 7.

31. Ibid., 3, 2, 4, 1.

32. Ibid., 4, 6, 2, 4 (resenha de Kāṇva).

33. *Śatapatha Brāhmaṇa*, 3, 6, 2, 2-11.

34. Ibid., 3, 6, 2, 5.

35. Ibid., 3, 6, 2, 16.

36. Ibid.

37. Ibid., 1, 1, 2, 19 (trad. de Charles Malamoud).

38. Émile Benveniste, *Le Vocabulaire des institutions indo-européennes*. Paris: Minuit, 1969, v. I, p. 171.

39. Charles Malamoud, *Cuire le Monde*, op. cit., p. 124.

40. *Śatapatha Brāhmaṇa*, 3, 2, 4, 8.
41. Ibid., 3, 3, 2, 9.
42. Ibid., 3, 3, 2, 2.
43. Ibid., 3, 3, 3, 1
44. Ibid., 3, 3, 3, 14; 3, 3, 4, 13; 3, 4, 1, 2.
45. Ibid., 3, 3, 3, 11.
46. Ibid., 4, 3, 4, 7.
47. Ibid., 4, 3, 4, 22.
48. Ibid., 4, 3, 4, 23.
49. Ibid., 4, 5, 1, 16.
50. Ibid., 3, 6, 2, 17-19.
51. Ibid., 3, 3, 1, 1.
52. Ibid., 3, 3, 1, 11.
53. Ibid., 3, 3, 1, 12.
54. Ibid., 3, 3, 3, 10.
55. Ibid., 3, 4, 1, 5.
56. Ibid., 3, 4, 1, 2.
57. Ibid., 3, 4, 1, 7.
58. Ibid., 3, 3, 4, 7.
59. Ibid., 3, 3, 2, 6.
60. Ibid., 3, 9, 3, 7.
61. Ibid.
62. Ibid., 3, 9, 3, 14.
63. Ibid., 3, 9, 4, 2.
64. Ibid.
65. *Ṛgveda*, 1, 164, 45.
66. *Śatapatha Brāhmaṇa*, 1, 1, 3, 10.
67. Ibid., 1, 1, 3, 2.
68. Ibid., 9, 5, 1, 2.
69. Ibid., 9, 5, 1, 8.
70. Ibid., 9, 5, 1, 10.
71. Ibid., 3, 9, 4, 17.
72. Ibid.
73. Ibid., 4, 4, 5, 1; 4, 4, 5, 15; 4, 4, 5, 20.
74. Ibid., 4, 4, 5, 16.
75. Ibid., 4, 4, 5, 23.
76. Ibid., 1, 7, 1, 1.
77. *Ṛgveda*, 10, 65, 13.
78. Ibid., 7, 104, 12.

79. Eurípides, *Baccanti*, 69-70 (trad. de G. Guidorizzi).
80. *Ṛgveda*, 8, 48, 3.
81. Ibid., 9, 85, 2.
82. Ibid., 1, 4, 2.

ANTECEDENTES E SUBSEQUENTES [pp. 402-39]

1. *Śatapatha Brāhmaṇa*, 1, 1, 1, 4.
2. Paolo Zellini, *Numero e logos*. Milão: Adelphi, 2010, p. 28.
3. Paul Mus, "La Stance de la plenitude". *Bulletin de l'École Française d'Extrême-Orient*, v. XLIV, n. 2, 1954, p. 603.
4. *Śatapatha Brāhmaṇa*, 10, 5, 3, 1.
5. Ibid., 1, 7, 1, 5.
6. Abdellah Hammoudi, *Une Saison à la Mecque*. Paris: Seuil, 2005, p. 237.
7. Ibid., pp. 234-6.
8. Lívio, VIII, 10, 10.
9. Ibid., VIII, 10, 11-12.
10. Ibid., VIII, 10, 12.
11. Ibid., VIII, 8, 2.
12. Ibid., VIII, 6, 15.
13. Ibid., VIII, 6, 9-11.
14. Émile Durkheim, *Les Formes élémentaires de la vie religieuse* [1912]. 6. ed. Paris: PUF, 2008, p. 319. [Ed. bras.: *As formas elementares da vida religiosa*. Trad. de Paulo Neves. 3. ed. São Paulo: Martins Fontes, 2003.]
15. Ibid., p. 323.
16. Ibid., p. 325.
17. Ibid., p. 322.
18. Ibid., p. 325.
19. Ibid., p. 323.
20. Ibid., p. 326.
21. Ibid., p. 496.
22. Ibid., p. 497.
23. Ibid.
24. Ibid., p. 630.
25. Ibid., p. 470.
26. *Zuo zhuan*, VIII, ano XIII, par. 2 (trad. de J. Legge).
27. Ibid., VI, ano II, par. 6 (trad. de J. Legge).
28. Platão, *Leis*, 716 d.

29. Martinho Lutero, "De captivitate babylonica ecclesiae praeludium". In: ______, *Kritische Gesammtausgabe*. Weimar: Böhlau, 1888, v. VI, p. 512.

30. Ibid., p. 513.

31. Paolo Sarpi, *Istoria del Concilio Tridentino*. Turim: Einaudi, 1974, v. II, p. 900.

32. Stefan Orth, "Renaissance des Archaischen?". *Herder Korrespondenz*, v. LV, n. 4, 2001, p. 199.

33. Evangelho segundo Mateus, 26, 26-27.

34. Santo Agostinho, *De civitate Dei*, 10, 20.

35. Epístola aos hebreus, 13, 13.

36. Louis-Ferdinand Céline, *Lettres*. Org. de H. Godard e J.-P. Louis. Paris: Gallimard, 2009, p. 431.

Nota sobre a pronúncia dos termos sânscritos

O *a* é fechado e semelhante ao *u* no inglês *but*; as vogais *ā*, *ī*, ū são longas: por exemplo, *ī* pronuncia-se como *ee* no inglês *feet*, não como o *i* de *fit*; *ṛ* é uma vogal e se pronuncia apoiada num *i* ou num *u* levemente sinalizados. O *e* é fechado como no português *mesa*; o *o* é fechado como no português *colono*.

O *g* é sempre velar: por exemplo, *gītā* se pronuncia *guita*; o *c* é sempre palatal: por exemplo, *cakra* pronuncia-se *chacra*; *j* é o *dj* palatal: Arjuna se pronuncia *Ardjuna*. O *s* é sempre surdo como em *sete*, jamais sonoro como em *rosa*; *ś* e *ṣ* equivalem aproximadamente a *ch* no português chuva. Assim, *ṛṣi* se pronuncia *richi*. As retroflexas *ṭ*, *ḍ*, ṇ se pronunciam flexionando a língua para trás até encostar no palato, como acontece para o grupo *dd* no siciliano *idda*. As oclusivas aspiradas *kh*, *gh*, *ch*, *jh*, *ṭh*, *ḍh*, *th*, *dh*, *ph*, *bh* são fonemas simples e se pronunciam com uma aspiração depois da consoante: por exemplo, *ph* se pronuncia como no inglês *top-hat*, não como em *telephone*, e *th* se pronuncia como em *dirt heap*, não como em *think* ou *father*.

O *ñ* se pronuncia como o *n* de *pança*; o *h* é aspirado como no inglês *inherent*.

A tônica recai na última vogal longa (por exemplo: *Prajāpati* pronuncia-se *Pradjápati*). Além de *ā*, *ī*, ū, as vogais *e*, *o* também são longas. Por oposição, ademais, são longas todas as vogais seguidas por grupos consonantais. Se não houver longas, a tônica se transfere para a antepenúltima ou quarta última sílaba (se for a sílaba radical). Por exemplo: *Gáruḍa*, *Gótama*, *śrámaṇa*.

Em algumas palavras tipicamente védicas, marca-se com um acento agudo a entonação musical chamada *udātta*, que consistia numa elevação da voz e desapareceu no sânscrito clássico.

Este livro teve a sorte de encontrar em seu caminho algumas pessoas com grandes afinidades: Federica Ragni, que presenciou e operou digitalmente todas as transformações, do manuscrito à página impressa; Paolo Rossetti, que cuidou de todas as questões tipográficas; Michela Acquati, que emprestou suas habilidades às últimas fases do trabalho; Francesca Coppola e Valeria Perrucci, que auxiliaram em inúmeras tarefas; por fim, Maddalena Buri, com seu olhar especialista dentro do texto, e Roberto Donatoni, que balanceou as dúvidas linguísticas do autor com a superabundância de seu saber e conferiu as citações dos textos sânscritos. A dedicatória do livro a Claudio Rugafiori é uma simples indicação de quanto o próprio livro lhe deve. A todos, minha gratidão.

Lista das imagens

p. 2: sinete em esteatitoa (pedra-sabão), Mohenjo-daro, 2300--1750 a.C. National Museum, Nova Déli.

p. 11: *Partida para a guerra de Zhang Yichao*, afresco, detalhe, período final da época Tang, 848-906. Grutas de Mogao, gruta 156, Dunhuang.

p. 37: *Cabeça de Śiva*, século XIII d.C. Sítio arqueológico do Canti [Templo] Singosari, Java.

p. 65: "Cervo", detalhe da composição *A penitência de Arjuna*. Baixo-relevo em granito, século VII d.C. Mahabalipuram.

p. 90: Bulākī, *Os três aspectos do Absoluto*, fólio 1 de *Nāth Carit*. Aquarela fosca e ouro sobre papel, 1823, Mehrangarh Museum Trust, Jodhpur.

p. 127: Mestre da pintura pahari na corte de Mankot (atribuído a), *Os Saptarṣi*, miniatura sobre papel, *c.* 1675-1700. The Government Museum and Art Gallery, Chandigarh.

p. 137: Jagadeva, *A deusa Sarasvatī*, estátua em mármore, século XII d.C. Los Angeles County Museum of Art, Los Angeles.

p. 151: *Pavões*, baixo-relevo em arenito, século I d.C. Stupa, Sanchi.

p. 170: *Moça meditando com flor de lótus na palma da mão*, escultura em pedra negra, séculos X-XI d.C. State Museum, Lucknow.

p. 181: *O continente Jambūdvīpa, com suas oito cordilheiras e o monte Meru no centro*, guache sobre papel, Rajastão, século XVII d.C. Ajit Mookerjee Collection, Nova Déli.

p. 202: Esquema para o sacrifício propiciatório aos nove astros (*grahayajña*), tinta e nanquim sobre papel, Rajastão, século XVIII d.C.

p. 223: *Rukmiṇī*, escultura em arenito, *c.* século X d.C., Nokhas. Archaeological Survey of India.

p. 234: *Procissão sacrificial*, plaqueta votiva em madeira de Pitsa, 540 a.C. Museu Arqueológico Nacional, Atenas.

p. 248: *Viṣṇu dormindo sobre Śeṣa*, século VII d.C. Santuário de Budhanilkantha. Fotografia do autor.

p. 265: Mestre Durga (atribuído a), *O ashram do sábio Maārkaṇḍeya e o oceano de leite*, fólio 5 do *Durga Carit*, aquarela fosca e ouro sobre papel, detalhe, Jodhpur, *c.* 1780-90. Mehrangarh Museum Trust, Jodhpur.

p. 273: *Nārāyaṇa com couro de antílope*, placa de alvenaria em arenito, detalhe, século V d.C. Templo Dashavatara, Deogarh.

p. 296: *Altar sacrificial com cabeça de Nandin*. Museu de Yogyakarta, Prambanan.

p. 311: *Arca de Noé*, aquarela fosca e ouro sobre papel de uma cópia do *Zübdetü't-tevârih* (*Essência das histórias*), Istambul, 1583. Trustees of the Chester Beatty Library, Dublin, manuscrito T. 414, f. 61b.

p. 321: *Hei Tiki*, pingente em jade e cera de lacre, *c.* 1750. Te Papa Tongarewa Museum, Wellington.

p. 336: *Espada sacrificial usada nos templos de Kālī*, aço, Bengala, século XIX d.C. Ajit Mookerjee Collection, Nova Déli.

p. 358: *Śiva faz descer sobre sua cabeça as águas do Ganges, personificado na deusa Gaṅgā*, guache sobre papel, Himachal Pradesh, século XVIII d.C. The Governement Museum and Art Gallery, Chandigarh.

p. 368: Bulākī (atribuído a), *Oceanos cósmicos*, fólio 45 do *Nāth Carit*, aquarela fosca e ouro sobre papel, 1823. Mehrangarth Museum, Jodhpur.

p. 402: plaqueta de madeira com tema têxtil, forro do Sumtsek (Templo em Três Andares), *c.* 1200. Alci.

p. 440: *Moça meditando com flor de lótus na palma da mão* (parte de trás), escultura em pedra negra, séculos X-XI d.C. State Museum, Lucknow.

p. 473: *Apsaras*, pintura mural, *c.* século V d.C. Gruta 17, Ajanta.

p. 478: *Gaṇeśa*, escultura, detalhe, Java.

Créditos das imagens

Para a p. 2 © National Museum of India, Nova Déli, Índia/ The Bridgeman Art Library/Arquivos Alinari; para as pp. 90, 265 e 368 © Mehrangarh Museum Trust: Fotografias cortesia de Arthur M. Sackler Gallery, Smithsonian Intitution; para a p. 137 © 2010 Digital Image Museum Associates/LACMA/Art Resource NY/Scala, Florença; para a p. 234 © 2010 Foto Scala, Florença; para a p. 321 © Museum of New Zealand Te Papa Tongarewa (OL000100/1).

Índice remissivo

Aarão, 317
abate, 71, 73, 80, 86, 339, 411, 434
abdāl ("substitutos" dos profetas), 128; *ver também* Apkallu; Saptarṣi; Sete Videntes
Abel, 315
abhaya ("não medo"), 42, 43
aborígenes australianos, 411, 429, 430
Abraão, 269, 270
ação, ação ritual (*karman*), 203, 397
acendimento, 58, 95, 134, 216, 226
Adão, 313
Ade, 232, 241
ā-dhā- ("estabelecer dentro, junto de si"), 219
adhvaryu (oficiante preposto aos atos), 49, 51, 55, 185, 186, 189, 205, 208, 257, 258, 281, 287, 348, 353, 385, 386; *ver também* oficiantes
Āditya, 38, 94, 105, 226, 242, 262
Afeganistão, 367, 427
afinidade, 30, 128, 173, 302, 361, 375, 406, 408, 409
África, 298, 432
Agni ("Fogo"), 16-7, 27, 34-5, 55, 67, 74, 80, 83, 98, 101, 106, 110, 116, 121, 124, 132, 133, 165, 172, 173, 175, 179, 190, 214-21, 226, 229, 232-3, 241, 243, 259-60, 279-81, 292, 299, 302, 350, 353, 370, 375-7, 380-1, 384-5, 390, 392, 428
agnicayana ("construção do altar do fogo"), 191; *ver também* altar do fogo
agnihotra ("oblação ao fogo"), 14, 39, 40, 43, 44, 45, 68, 98, 103, 110, 191, 195, 208, 235, 236, 238, 239, 241, 242, 266, 269, 340, 355
agniṣṭoma (sacrifício do soma), 259, 340, 353
agnyādheya ("instalação dos fogos"), 177, 206
Agostinho, Santo, 436

água, águas (*āpas*), 7, 16, 20-1, 31, 33, 39, 59, 67, 83, 94, 106, 110, 115, 121-2, 132, 149, 158, 160, 165-6, 172, 196, 204, 208, 210-3, 216, 218, 220-1, 227-9, 237-8, 243, 250, 254, 259, 271-2, 277, 280-1, 288, 293-4, 342, 345-6, 349-50, 394-5, 397-8, 406, 415, 435; *ver também āpas*
aham ("eu"), 153, 154, 155, 163; *ver também* Eu
ahaṃkāra ("egoidade"), 161
āhavanīya (fogo "em que se verte a oblação"), 204, 205, 208, 210, 214, 219, 228, 229, 353
Ahi Budhnya ("Serpente do Fundo"), 399
ahiṃsā ("não violência"), 269
Aitareya Brāhmaṇa, 339
Aja Ekapād, 399
ākāśa ("espaço"), 54, 120, 163; *ver também kha*
akṣa (*Terminalia bellerica*), 149
akṣara ("indestrutível"), 54, 56
Alberich, 229
aldeias, 16, 17, 179, 267, 271, 343, 366
alegria (*sukha*), 161, 163, 264; *ver também sukha*
Alemanha, 424, 429
Aleteia, 207
algoritmo, 52
alimentação à base de carne, 71, 76, 422
alimento (*anna*), 42, 67-70, 88, 99, 101, 119, 159-60, 165, 210, 251, 259-60, 276, 286, 304, 313, 349, 364, 374
altar (*vedi*), 16-7, 45-6, 111, 118, 189, 205, 214-5, 224-5, 291, 300, 304-5, 312, 313, 318-9, 337, 356, 365-6, 380, 424, 430
altar do fogo, 16-7, 21, 73, 110, 118, 188, 191, 278, 303, 396; *ver também agnicayana*
alucinações, 140, 206, 214, 429, 430
aluno, discípulo, 40, 47, 81, 118, 119, 123, 124, 153, 157, 161, 220, 244, 245, 246, 298
āmalaka (*Phyllanthus emblica*), 149
Américas, 432
analogia, 241, 302, 322, 323, 327, 408; *ver também* conectivo, modo
analógico, polo, 407
Ananta ("infinito"), 250
Anaximandro, 185
Aṅgiras, 225, 226
animais, 14, 23-5, 33, 48, 59-61, 66-7, 69-75, 77, 80-3, 86-8, 104, 110, 131-2, 158, 231, 270, 312-5, 319, 337, 340, 343-4, 348, 359, 362, 364, 411, 414, 416, 420, 422, 434
anirukta ("inexpresso", "indistinto"), 107, 174, 198, 210, 211
anna ("alimento"), 160, 165, 276
Anquetil-Duperron, Abraham Hyacinthe, 33
antarikṣa ("espaço intermediário"), 277
antepassados (*pitṛ*), 18, 21, 24, 69, 157, 220, 277, 371, 382, 424
antideuses (*asura*), 15, 108; *ver também* Asura
Antígona, 237
Antiguidade clássica, 335
antílope (*mṛga*), 76, 144, 147, 176-8, 302, 303, 347, 356, 359-67
antropologia, 201, 323, 325, 327, 328, 334, 335, 416, 421

anuṣṭubh (metro de 32 sílabas), 282; *ver também* metros
aparência, 59, 329
āpas ("águas"), 165, 212; *ver também* água
Āpastamba Śrauta Sūtra, 289
Apkallu, 128, 132
Apolo, 244, 279, 428
Apsaras (Ninfas celestes), 116, 117, 226, 227, 231; *ver também* Ghṛtācī; Ninfas; Śāradvatī; Urvaśī
Apsu (águas doces primordiais), 128
Āptya, 217
"aquietamento", 288; *ver também* consentimento; matar
Aquiles, 87
ar- ("articular", "corresponder"), 208
Arafat, 416
Arbuda Kādraveya, 362
arc- ("esplender", "orar"), 121; *ver também arka*
arcaico, 194, 332, 379, 424, 438
arco, 209, 253, 309, 314
ardor (*tapas*), 21, 38, 95-6, 100, 109, 129-31, 134, 166, 167, 206, 213, 272, 381; *ver também tapas*
arianos, 30; *ver também* Ārya
Aristófanes, 61, 378
Arjuna, 44, 397
arka ("radiância"), 120, 121, 122, 188
armas, 22, 33, 83, 86, 144, 175, 370, 423, 427, 428, 436
arqueiro, 309, 398; *ver também* Kṛśānu; Rudra; Śiva
Arquíloco, 29
arquitetura, 206, 267
ars, 208
arte, artista, 53, 68, 150, 157, 194, 230, 238, 271, 272, 274, 279, 303, 304, 309, 433
Artífice (Tvaṣṭṛ), 217
artifício, 39, 77, 79, 218, 299
Aruṇa Aupaveśi, 219
Arundhatī, 132
árvores, 24-5, 39, 66-8, 83-4, 98-9, 128, 135, 140, 152-3, 158, 173, 196, 272, 278, 294, 334, 398, 439
Ārya, 14, 26, 31, 135, 360
Āryāvarta (a terra dos Ārya), 360
asat ("aquilo que não é", "não manifesto"), 94, 95, 96, 128, 129, 139, 140, 165, 166, 167, 275
ascese, 54, 96, 130, 196, 210
Asclépio, 246
asham ("culpa", oferenda para uma culpa), 318, 319
Ásia, 27, 88, 89, 432
áskēsis ("exercício", "ascese"), 96, 210
āśrama (estágio vital), 272
assassinato, 97, 247, 262, 316, 354, 392; *ver também* matar
assassinos-suicidas islâmicos, 425, 427; *ver também* suicídio
Asura (antideuses), 15, 35, 67, 108, 116, 143-4, 146, 174, 212-3, 219, 257, 275, 279, 286, 362, 373, 376, 387; *ver também* antideuses
aśva ("cavalo"), 97, 99, 122
Aśvala, 48, 49, 50, 51
aśvamedha ("sacrifício do cavalo"), 14, 23, 122, 268, 288, 391
aśvattha (*Ficus religiosa*), 98
Aśvin, 30, 74, 232
Atena (deusa), 88
Atenas, 148, 244
atenção, 26, 28, 55, 56, 69, 75, 77, 117,

172, 184, 191, 213, 276, 314, 353, 388, 408, 418, 421, 423, 425
Atharvaveda, 156, 157, 182, 231
atitude sacrificial, 237, 246, 412, 413
ātman ("Si"), 42, 44, 61-2, 64, 150, 153-6, 158, 162-5, 169, 188; *ver também* Si
Atri, 225, 372, 373
Aua, 365
auctoritas, 14, 21
Aurora (Uṣas), 103, 121, 189, 190
Austrália, 432
autoexistente (*svayambhū*), 399
autoridade, 54, 58, 78, 133, 313, 388
autorreferencialidade, autorreflexão, 102, 156, 342
autossacrifício, 88; *ver também devotio*; suicídio
avabhṛtha (banho ritual conclusivo), 293, 372, 397

Bachmann, Ingeborg, 281
bala ("força"), 160, 163
bandhu ("ligação", nexo), 167, 168, 198, 220, 330, 408
bárbaro, 146, 362, 433, 435
barco, embarcação, 19, 20, 204
Bardamu, 243
Baudelaire, Charles, 59, 96, 327
bem, o, 36, 60, 61, 179, 290, 305, 432
Benveniste, Émile, 383
Bergaigne, Abel, 26, 32, 67, 192, 376
Berkeley, Busby, 116
Berthelot, René, 326
Bhaga, 104
Bhagavad Gītā, 44, 57, 152, 210, 252, 299, 397
bhakti ("devoção"), 383
Bharadvāja, 226
Bharata, 135
Bhṛgu, 66, 67, 68, 69, 225, 226
Bhujyu Lāhyāyani, 48
bhūman ("plenitude, superabundância"), 163, 167
Bhūmi ("Terra"), 231
bhūr, bhuvas, svar (interjeições rituais), 107
Biardeau, Madeleine, 69
Bíblia, 187, 315
Bloy, Léon, 304
bode, 33, 72, 316, 346, 391, 399
bode expiatório, 422
Bodewitz, Hendrik Wilhelm, 208
Bouphonia, 217
Bouvard e Pécuchet, 406
bovinos, 81
Brahmā, 15, 107, 133, 216, 250, 309, 366, 372; *ver também* Prajāpati
brahman, 47-8, 51, 53, 58, 62-3, 119-20, 150, 152, 157, 173-4, 177, 179, 182, 188, 204, 227, 267, 278, 374, 379, 393
Brāhmaṇa, 14, 21, 32, 41, 56-7, 62, 75, 81, 112, 123, 149, 156, 164, 182-99, 201, 211, 235, 240, 267, 270, 281, 289, 297-8, 308, 318, 324, 326, 340, 342, 346, 369, 403, 405, 421-2, 438
brahmodya (disputa sobre o *brahman*), 53, 56, 62, 63
brâmanes, 14-5, 20-1, 29, 34-5, 45, 47-8, 50-3, 55-8, 63, 97, 106-8, 123, 146, 157, 216-7, 219, 235, 267-9, 272, 281, 305, 352-3, 371-4, 391, 401
bramanicídio, 401
Bṛhadāraṇyaka Upaniṣad, 42-3, 56, 57, 62-4, 119, 121-3, 173, 189, 220, 264, 274, 341

Bṛhadāraṇyakopaniṣadbhāṣya (Śaṅkara), 152
Bṛhaddevatā (atribuído a Śaunaka), 119
Bṛhaspati, 15, 104, 106, 279, 304, 373
bṛhatī (metro de 36 sílabas), 339; *ver também* metros
Bruegel, Pieter (o Velho), 348
Brummell, lorde George Bryan, 77
Buddha, 15, 38, 42, 58, 112, 135, 156, 158, 160, 162, 171, 173, 191, 211, 373
budh- ("despertar", "prestar atenção", "entender"), 172, 173
Bürgel, 209

cabana (*sadas*), 17, 81, 110, 112, 178, 206, 228, 275
cabeça, 22, 38, 51-4, 95, 98, 112, 121, 133, 142, 145, 147-8, 155, 175, 189-90, 294, 307, 325, 349, 366, 375, 393
caça, 86, 177, 246, 308, 354, 359, 363, 364, 366, 422
caçador, 89, 105, 300, 344, 362, 363, 364, 366, 422
cadeia alimentar, 338
Caim, 315
Caland, Willem, 208, 283
Camarões (África), 411
camasa (recipiente quadrangular), 370
cantos, cantor, 17, 19, 24, 80, 87, 104, 121, 175, 185-6, 227, 233, 259, 274, 281, 284, 307, 342, 370, 372, 389; *ver também sāman*; *udgātṛ*
"cão enrodilhado", 258, 259, 260
caos original, 167
caridade, 193, 416
carne, 23, 69, 71, 76, 80-2, 88, 105-6, 197, 219, 312-5, 319, 337, 339, 364, 366, 422, 424
Carpas Santas, 132
carroças, 16, 23, 31, 136, 263, 292, 356
casas lunares (*nakṣatra*), 372
Castelo, O (de Kafka), 173, 209, 391
caturviṃ śa ("vigésimo quarto", um sacrifício do *soma*), 294
cavalo (*aśva*), 14, 22-3, 33, 72, 83, 97-9, 121-2, 141-2, 189-90, 225, 268, 289, 346-7, 380-1, 387, 391, 425
Cebes, 244
Céline, Louis-Ferdinad, 243, 438
cena sacrificial, 20, 225, 348
cérebro, 407
cerimônias sacramentais (*saṃskāra*), 408
cessão (*tyāga*), 276, 292, 299, 414
céu, 15, 19, 25, 31, 41, 94, 100, 125, 132, 144, 147, 150, 158-9, 173, 189, 196, 204-5, 207, 216, 229, 241-3, 250-1, 253, 257, 263, 272, 277, 279, 292, 294, 303, 307, 325, 342, 350, 353, 355, 360, 364, 366, 370, 372-4, 377-8, 380-1, 386-9, 392, 397, 399, 428
cevada, 39, 88, 103, 106, 346, 347
Chāndogya Upaniṣad, 118, 120, 149, 162, 165, 220
Charogne, Une (Baudelaire), 59
China, chineses, 24, 26, 328, 432
cicuta, 246
cidade, 27, 437
ciência, 57, 157, 158, 193, 195, 199, 332, 334, 379, 413, 431
ciganos, 30
cinema, 227
cinzas, 172, 250, 280, 288
Circe, 87
Ciro, o Grande, 247

cisne, 168
citra (luzes), 243
citta ("consciência, mente"), 159, 160, 163; *ver também manas*; mente
civilização, 14-5, 21-3, 27, 30, 35, 141, 247, 345, 360, 362, 367, 379, 404, 421
civilização do Indo, 22, 23
civilização védica, 15, 27
classificação, classificatório, 322, 326, 328
clepsidra, 120
codificação, 27, 409
Coetzee, John Maxwell, 345
colheres (*juhū*, *sruva*, *upabhṛt*), 142, 214, 239, 290, 303
comédia da inocência", 396
comemoração, 391, 435
comer, 67, 68, 80, 82, 119, 152, 210, 314, 315, 364
completude, 75, 79, 80, 192, 267, 360
comportamento, 72, 176, 209, 300, 338, 339
comunidade, 18, 271, 289, 316, 317, 433, 437
Concílio de Trento, 435
Concílio Vaticano II, 183
condenação à morte, 22, 247, 316, 436; *ver também* matar; penas capitais
conectivo, modo, 408, 409, 410
conexões, 40, 41, 155, 196, 299
confiança na eficácia do ritual (*śraddhā*), 383
conhecimento, 14, 28, 38, 40, 42, 45, 47, 53, 62-3, 74, 111, 114-5, 121, 129, 131, 152, 154, 157, 168, 177, 179, 190-1, 219, 253, 264, 306, 330-1, 334, 362, 370, 394, 400, 413
conquista, 22, 28, 35, 36, 145, 164, 177, 212, 279, 344, 362, 370, 378, 383, 384, 386, 418, 438
Conrad, Joseph, 19
consagração, iniciação (*dīkṣā*), 79, 175, 196, 275, 283-5, 292, 353, 374, 376, 423
consciência, 27-8, 68, 102, 129, 138-9, 154, 159-60, 167, 174, 177, 207, 253, 264, 271, 316, 345, 372, 376, 413
"consentimento", 347, 348, 349; *ver também* aquietamento; matar
consubstanciação da eucaristia, 434
contemplação, 28, 191, 263, 423
continuidade, 189, 213, 239, 256, 272
contradição, 344, 348, 349
convenção, 153, 409
Coomaraswamy, Amanda Kentish, 206
cópula (*mithuana*), 42, 94, 122, 147, 148, 189, 212, 221, 224, 225, 228
coração, 42, 106, 120, 138, 167, 168, 183, 188, 204, 313, 350, 351, 375
Core, 241
corpo, 13, 33, 35-6, 59-60, 71, 73, 77, 79, 95, 100, 103, 105, 110-2, 116-7, 119, 121-2, 133-4, 155, 169, 187, 190, 197, 204, 214, 219, 224-5, 229, 232, 255, 257, 262, 267, 284, 287, 292, 294, 305, 325-6, 338, 340, 342, 349, 354, 363, 365-6, 372, 375-6, 392-3, 395, 397, 418, 429
correspondências, 30, 85, 142, 155, 198, 220-1, 267, 322-5, 327-31, 335, 339
cosmo, 21, 139, 144, 159, 277, 373
cosmogonias, 124, 165, 187, 333
Costello, Elizabeth, 345

couro, 76, 80, 147, 360, 361, 363, 365, 366
Cowper Powys, John, 300
criação, 78, 91, 94, 98, 99, 108, 109, 134, 154, 168, 196, 348
cristandade, cristãos, 41, 98, 405, 428
Cristo *ver* Jesus Cristo
Críton, 246
Cronos, 144
crucificação, 435, 436
culpa, 71-4, 76, 82, 83, 106, 216, 288, 304-5, 314, 316, 342, 350, 364-5, 371, 375, 394, 396-8, 401, 421
culto, 15, 27, 47, 183, 200, 219, 237, 239, 246, 257, 264, 280, 287, 300, 394, 430, 433; *ver também* ritos
cultura, 13, 200, 406, 434, 437
cura, 76, 105, 192, 307, 356

Dakṣa, 133, 253, 254, 365, 372
dakṣiṇā ("honorário ritual"), 217, 386, 388, 390
Dandekar, Ramchandra Narayan, 182
darbha (*Desmotachya bipinnata*), 83, 305
dardi, 30
Darwin, Charles, 75
Daumal, René, 17
De abstinentia (Porfírio), 433
De Filippo, irmãos, 230
De Vaux, Rolando Guérin, padre, 319
débito, dívida (*ṛṇa*), 245-6, 276, 300-1, 381-3, 386
Décio Mure, Públio, 425, 426
Delfos, 331, 349
delírio, 199, 289, 429, 430, 431
Delos, 244
demônios malévolos (*rakṣas*), 212; *ver também* Rakṣas
Descartes, René, 48, 163
descontínuo, 256, 257, 356, 410
desejo (*kāma*), 15, 35, 36, 43-4, 69, 93, 95, 109, 119, 136, 138, 167, 172, 191, 203-4, 212-3, 225, 240, 247, 251-2, 261, 268, 270, 279, 282, 289, 301, 308-9, 314, 352, 375, 383; *ver também kāma*
despertar, 171, 172, 173, 179, 355
desprendimento (*tyāga*), 272, 301, 397, 414, 415
destruição, 83, 236, 242, 274, 297, 300, 301, 414, 415, 422, 424; *ver também mashḥit*
Deus, 286, 324, 328, 416, 435
deuses, 15-6, 18-20, 23-5, 29, 32, 35, 41-2, 45-7, 59-60, 70, 73-6, 78, 80-1, 83, 86, 88-9, 91-4, 97, 100, 102-17, 123, 129, 131, 133-6, 138, 140-2, 144, 150, 153-4, 157-8, 160, 165-6, 168-9, 171, 173, 175, 177-9, 187, 190, 192, 196, 204-7, 210-21, 224-7, 229-31, 235, 238, 240, 242, 244-7, 250-4, 259-60, 262, 264, 270, 275-80, 284-7, 291-2, 303-5, 308, 313, 325-6, 328, 340-7, 349-55, 360-5, 370-3, 375-89, 391-3, 395-8, 400-1, 403, 407-8, 425, 428, 433, 438; *ver também* divino, divindade
Deussen, Paul, 98, 183
Deva ("deuses"), 15, 35, 67, 116, 143-8, 174, 219, 225-6, 252, 254, 275, 286-7, 373, 376, 387
devayajana ("local da oferenda aos deuses"), 277
devorador, devorado, 55, 67, 68, 364
devotio, 415, 425, 426, 427
dhā- ("estabelecer, colocar"), 219
dharma ("lei", "ordem"), 159, 209

dhiṣṇya (nome de oito fogueiras acessórias), 228, 377, 380
dhūrv- ("ferir"), 257
dhyāna ("meditação"), 160, 163; *ver também* meditação
digital, polo, 407
digitalidade, 407
dīkṣā ("consagração", "iniciação"), 79
dīkṣita ("consagrado", "iniciado"), 83, 178
dilúvio, 105, 312, 313
dinheiro, 217, 374, 379, 415, 419
Dionísio, 45, 237, 400
Dióscuros, 30
Diotima, 198
direito, 29, 83, 193, 267, 291, 300, 393
Dīrghatamas Māmateya, Aucathya, 341
discernimento (*vijñāna*), 28, 160, 161
discípulo *ver* aluno
discursividade, 149, 163
divino, divindade, 36, 42, 73, 80, 85, 87, 93, 109, 121-4, 133, 136, 148, 169, 173-4, 178, 206, 216, 240, 247, 263, 270, 272, 276, 279, 292, 297, 331, 337, 341, 383, 385, 396, 417, 427-8, 431, 433-4, 436
dom, 256, 299, 300, 381, 386, 387, 400
Don Juan, 146, 439
dor (*duḥkha*), 67, 79, 103, 162, 351
Dumézil, Georges, 246
Dumont, Louis, 266, 267
Dumont, Paul-Émile, 208
Durkheim, David Émile, 299, 322, 323, 331, 332, 428, 429, 430, 431
dviyajus (tijolos), 278

Eckhart, Meister, 405
economia, 386
Eggeling, Julius, 56, 57, 166, 188, 192, 196, 240, 284, 403
Egito, egípcios, 22, 24, 26, 149, 319, 333, 408, 432
egoidade (*ahaṃkāra*), 161
eídōlon ("simulacro"), 30, 200
ejaculação, 229; *ver também* sêmen
Eleia, 164
eleição, 84
Elêusis, 30
Elohim, 94, 312, 313, 314
embriaguez, 27, 35, 45, 93, 121, 133, 171, 287, 362, 367, 369, 371-3, 376, 392, 394, 400-1
embrião, 147, 175, 176, 178, 221, 291
Empédocles, 185
energia, 95, 103, 122, 158, 160, 165, 174, 189, 240, 271, 285, 288, 297, 335, 350, 412, 421
enigmas, 22, 121, 125, 156, 174, 198, 246, 400
Epístola aos hebreus, 286
equivalências (*sampad*), 52, 190, 196, 198, 221
Er, o Panfílio, 57
Eros, 62
eros, erótico, 33, 42, 59, 133, 148, 154, 212, 221, 225-7, 229, 232, 279, 379
ervas, 39, 67-8, 83, 196-7, 214, 219, 224, 237, 294, 300, 302, 305, 313, 351, 353, 394-5
escrita, 23, 143, 206, 328
Esopo, 244
esotérico, 41, 125, 168, 174, 220, 283, 335, 354, 356, 391
espaço (*ākāśa, kha, antarikṣa*), 54, 119, 120, 163, 277
espada de madeira (*sphya*), 20, 45, 303
Espinosa, Baruch de, 191, 329

esplendor, 58, 91, 113, 119, 121, 122, 144, 150, 207, 225, 231
Essen-Bredeney, 199
estaca (*yūpa*), 69, 73, 84, 342
estações, 58, 85, 103, 196, 216
Estado, 244, 247, 418, 431, 437
estágio vital (āśrama), 272
estudo do Veda, 179, 382
esvaziamento, 98
etiqueta, questões de, 209, 210, 275, 391
Eu, 102, 153, 154, 162, 163, 164; *ver também aham*; egoidade
eucaristia, 434
Eumolpos, 29, 30
Eurîloco, 87
Europa, 30, 328, 335
Evagrio Pôntico, 160
excedente, excesso, 167, 249, 250, 253, 255, 256, 258, 262, 264, 314, 394, 421
exclusão do sacrifício, 352
expiação, expiatórios (sacrifícios), 97, 316, 317, 318, 416, 426, 437
extermínio dos judeus, 424, 425
extinção (*nirvāṇa*), 135

Faetusa, 87
fé, 40, 161, 283, 431; *ver também 'raddhā*
felicidade (*sukha*, *ka*), 42, 117, 118, 119, 121, 162, 164; *ver também* alegria; *ka*; *sukha*
ferida, 46, 76, 78, 79, 97, 106-8, 120, 257, 307, 356, 366, 375, 400
filtros" (*pavitra*), 353, 394, 395
física newtoniana, 438
fisiologia, 41, 82, 107, 109, 129, 298, 407, 419, 420
Flaubert, Gustave, 272, 281
flecha, 20, 71, 104, 105, 106, 161, 163, 236, 253, 338, 354, 360, 363, 366, 386, 399
floresta, 16-7, 39, 56, 64, 83-4, 122, 191, 261, 263, 266-8, 271, 300, 334, 343, 354, 356, 364, 366
Fludd, Robert, 324
fogo, fogos, 7, 16-7, 27, 30, 33-5, 39-40, 49-51, 58-9, 67-70, 73, 88, 98, 101, 103, 106, 118-20, 122, 132, 134, 171-2, 177-8, 189-91, 195, 203-8, 210-6, 219-22, 224-6, 228-9, 231, 233, 235-6, 238-9, 241, 250, 266-9, 271, 275, 277-8, 280-1, 289-91, 326, 330, 343, 348, 353, 365-6, 370, 375-7, 380-1, 388, 390-1, 399, 423; *ver também* Agni; *agnicayana*; *agniṣṭoma*; *āhavanīya*; altar do fogo; *dhiṣṇya*; *gārhapatya*
fome, 87, 89, 98, 109, 118, 121, 122, 239, 263, 307
força (*bala*), 160, 163
forma, 32, 42, 61, 250, 258
formalização, 194
fórmulas litúrgicas (*mantra*), 158; *ver também mantra*
Freud, Sigmund, 422
frutos, 39, 117, 118, 149, 279, 299, 309, 315, 318
fugas, 110, 118, 215, 345, 363, 365, 366
fundamentalismo, 423
fundamento (*pratiṣṭhā*), 18
Füssli, Johann Heinrich, 116

Gandharva, 116, 231, 232, 377, 378, 381, 384, 386, 388, 389; *ver também* Gênios
Ganges, 16, 237, 294, 367

ganso selvagem (*haṃsa*), 168
Gārgī Vācaknavī, 48, 53, 54, 55, 56
gārhapatya (fogo do "chefe de família"), 204, 205, 208, 210, 212, 219, 228, 278
Gautama (outro nome de Uddālaka), 220, 226
Gāyatrī, 257, 377, 378, 380, 381, 386, 398
gāyatrī (metro constituído por três versos de oito sílabas), 215, 216, 257; *ver também* metros
Geldner, Karl Friedrich, 166, 174, 175, 231, 341
Gênesis, Livro do, 177
Gênios, 116, 231; *ver também* Gandharva
geração, 308, 312
geração recíproca, 95, 397
gestos, 13, 18-9, 25, 36, 50, 53, 55, 68, 79, 96, 99, 108, 125, 134, 150, 179, 183, 186, 200, 203-4, 218, 227, 232, 238-9, 269, 278, 281, 290, 293, 298, 303, 306, 309, 313, 338, 340, 348, 353, 369, 385, 390, 395, 397, 404-5, 408, 415, 417-8, 430, 433, 435-7
ghat ("granizo"), 294
Ghṛtācī, 226
Girard, René, 417, 421, 422
gnose, 190
Gödel, Kurt, 85, 156, 342
Goethe, Johann Wolfgang von, 58, 190
Gotama Rāhūgaṇa, 34, 35
governo, 15, 157, 432
graça (*vara*), 36, 43, 44, 45, 135, 138, 214, 303
grah- ("capturar"), 240
graha (libação do *soma*), 236, 240, 393
grandeza, 91, 101, 119, 160, 386
Granet, Marcel, 236, 322, 323, 324, 326
Grassmann, Hermann, 34
gratuidade, 388
Grécia, gregos, 25-6, 29, 32, 36, 62, 130, 135, 143, 146, 148-9, 164, 166-7, 176, 183, 185, 200-1, 236-7, 247, 249, 275, 298, 308, 333, 335, 347-8, 364, 407-8, 422, 430, 432
Grey, sir George, 325
Guarda Suíça, 243
Guénon, René, 41
guerra, 15, 24, 31, 61, 135, 144-6, 219, 325, 373, 417, 420, 423, 425-7, 433, 437
guerreiro (*kṣatriya*), 35, 45, 54, 157, 219, 261, 269
guerrilha, 426

Hagia Triada, 235
Hammoudi, Abdellah, 416
haṃsa (ganso selvagem), 168
Hamurabi, 14
Harappa, 16, 23
harmonia, 14, 15
ḥaṭṭa't ("erro", "pecado", sacrifício para um pecado não intencional), 316, 318, 319
hebreus, 319
Heesterman, Johannes C., 174, 287, 291
Hegel, Georg Wilhelm Friedrich, 71, 205, 412
hei tiki, 324
Helena, 30
Heráclito, 185
Heródoto, 23, 144, 145
Herz, Robert, 325, 326
Hesíodo, 187, 237, 335
Hilberg, Raul, 424

híndi, 30
hinduísmo, 299, 405
hinos, 14, 16, 22, 26, 30-1, 48, 60, 128-9, 131, 135-6, 149, 156, 167, 175, 183, 230, 261, 279, 340, 369, 378, 399, 407; *ver também Atharvaveda*; *Ṛgveda*; *Sāmaveda*; *Yajurveda*
Hitler, Adolph, 424, 429
Hoffmann, Karl, 199
holocaustos, 313, 315, 317, 319, 424
homens védicos, 14, 19, 25, 28-30, 33, 35, 69, 138, 141, 205, 207, 236, 256, 283, 400
Homero, 31, 32, 33, 135, 235, 237
homoíōsis ("assimilação"), 330, 331
honorários rituais (*dakṣiṇā*), 47, 191, 205, 288, 293, 387
hóspede, 194, 279, 315, 390
hotṛ (oficiante "que verte a oblação"), 48, 49, 50, 51, 186, 215, 257, 353
Hubert, Henri, 178, 195, 298

Ibn 'Arabī, Muhyi al-Di, 405
Idade Negra, 309
identidade, 43, 92, 117, 198, 404
identificações, 196, 197, 198
idolatria, 436
Igreja, 183, 435, 436
Ilíada (Homero), 33, 87
ilimitado, 107, 117, 163, 211, 238, 239, 240, 327
Iluminismo, 32, 309, 379, 405
imagens, 13, 31, 32, 45, 57, 176, 197, 299, 334, 423, 434
imitação, 46, 71, 163, 278, 289, 315, 338; *ver também* mimese
imolação, 72, 195, 229, 270, 340, 344, 348, 355, 366
imortalidade, imortal, 32, 110-3, 147, 154, 174, 177, 219, 246, 264, 274, 279, 349, 396, 398
impulso, 73, 76, 104, 159, 166, 323, 427
impureza, 228, 305, 394
Inácio de Loyola, santo, 160, 261
incesto, 105, 399
indestrutível (*akṣara*), 42, 54, 55, 56
indh- ("acender"), 95
Indha ("Flamejante", nome secreto de Indra), 41, 42
Índia védica, 14, 23, 24, 29, 41, 58, 77, 148, 149, 199, 293, 305, 382, 412
indistinto (*aniruka*), 85, 166
Indo, 21, 22, 30, 31
indo-europeus, 22, 235
indólogos, 94, 98, 130, 189, 192, 194
Indra, 15, 20, 41, 58, 60, 67, 86, 91, 93, 95, 110, 119, 124, 136, 141, 147-8, 150, 176, 217, 230, 233, 255, 279, 370-1, 375-6, 387, 391-4, 400-1
Indradyumna Bhāllaveya, 282
Indrāṇī, 230
indulgências, 435
iniciação (*dīkṣā*), 79, 175, 177, 206, 209, 225
instalação dos fogos (*agnyādheya*), 177, 206
insubstituível, 183, 374, 384, 389, 422, 433
intelectual, figura do, 267
intenção (*saṃkalpa*), 159, 288
interiorização, 190, 266
interrupção, 229, 257, 260, 294, 344, 415
invisível, 14, 19, 24-5, 40, 50, 68, 79, 120, 134, 176, 178-9, 183, 204, 206, 213, 215, 236, 243, 246, 266, 279, 286, 288, 291, 297, 299, 306, 353-6,

360, 393, 396, 405, 414-5, 425, 431-2, 434
invocações rituais, 34; *ver também bhūr, bhuvas, svar; svāhā; vaṣaṭ*
ioga, 210, 219, 395
Irã, 27, 411
ironia védica, 145
Isaac, 269, 270
Islã, 405, 428
Israel, 317
iṣṭakā ("tijolo"), 21, 118
iṣṭi ("oblação"), 21, 118, 268
iva ("de certo modo", "por assim dizer"), 82, 124, 139, 160, 198

Jaiminīya Brāhmaṇa, 40, 66, 260
Janaka, 38, 39, 40, 41, 42, 43, 44, 45, 47, 51, 63, 64
Jāratkārava ārtabhāga, 48
Javé, 269, 313, 315, 317, 319, 424
jejum, 210
Jerônimo, são, 206
Jerusalém, 148, 411, 432
Jesus Cristo, 88, 98, 197, 318, 411, 436, 437
judeus, 424
jugo, 210, 218

K. (no *Processo* e no *Castelo* de Kafka), 173, 209, 391
ka ("felicidade"), 91, 117, 118, 119, 121, 341; *ver também* felicidade
Ka ("Quem?", nome de Prajāpati), 91, 92, 117, 118, 119, 121, 123, 211, 225; *ver também* Prajāpati
Kadrū, 377, 378, 380, 381, 383
Kafka, Franz, 54, 75, 87, 209, 270
Kahola Kauṣītakeya, 48
Kāma, 225, 309
kāma ("desejo"), 109, 119, 167, 213, 225; *ver também* desejo
kamikaze japoneses, 425
Kaṇkati, Brāhmaṇa de, 289
Kant, Immanuel, 54, 163, 331
karīra (*Capparis aphylla*), 117, 118
karman ("ação"), 203, 397
Kāśi, 54
Kaṭha Āraṇyaka, 196
Kaṭha Upaniṣad, 174
Kathāsaritsāgara, 30
Kātyāyana Śrauta Sūtra, 268
Kātyāyanī, 63
kavi ("poeta"), 280; *ver também* poesia; poetas
Keith, Arhur Berriedale, 98, 192, 196
kénōsis ("esvaziamento"), 98
Kerala, 408
kha ("espaço"), 119, 120
Kierkegaard, Søren, 270
Kircher, Athanasius, 324
kola, 149
Kramrisch, Stella, 121, 175
Kṛśānu, 399
Kṛṣṇa, 44, 210, 252, 397
kṣatriya ("guerreiro"), 14, 15, 20, 21, 35, 45, 57, 157, 268, 371, 374
kumbha (vaso), 227
Kumbhayoni, 227
Kuru, 259, 260
kuśa (*Poa cynosuroides*), 353, 394, 395

Lampécia, 87
latinos, 236, 425, 427
Lautréamont, 184, 304
lei, 209, 247, 316, 318, 362, 420; *ver também dharma*
Leibniz, Gottfried Wilhhelm, 329
Leis (Platão), 433

leite, 39, 68, 98, 101, 103, 117, 118, 195, 238, 239, 266, 269, 340, 351, 352, 384, 390
leitor, 180
lembrança, 35, 76, 107, 176, 232, 242, 255, 258
Lévi, Sylvain, 175, 192, 199, 298, 299, 307
Lévi-Strauss, Claude, 328, 379
Levítico, 316, 318, 433
Lévy-Bruhl, Lucien, 329, 330
libações, 14, 34, 88, 98, 103, 142, 195, 208, 235-41, 243, 246-7, 415; *ver também agnihotra*, *graha*
Liber, 237
libertação (*mokṣa*, *mukti*), 49, 51, 52, 123, 162, 288, 381
língua, linguagem, 17, 22, 27, 30, 32, 47, 120, 146, 148-9, 152, 184, 189, 209, 220-1, 329, 393-4, 405, 411, 423, 424, 427
linha dos fogos, 203, 204, 205
literatura, 87, 116, 148, 267, 421
liturgia, 26, 28, 33-4, 73, 79, 107, 124, 201, 208, 211-3, 218, 226, 228, 236, 263, 267, 283, 290, 292, 300, 302, 304-6, 344, 353, 435
Lívio, Tito, 425, 426
local do sacrifício, local sagrado, 18, 47, 252, 275, 360, 398; *ver também devayajana*; *témenos*
Locke, John, 382
lógos, 149, 245
loka ("local"), 292
Lommel, Herman, 371
lótus, 132, 227, 231, 250, 275
Lua, 51, 52, 110, 185, 272, 286, 319, 342, 371, 372
Lüders, Heinrich, 208
Lutero, Martinho, 434, 435, 436
luz, 29, 35-6, 58, 94, 98, 100, 103, 112, 114, 117, 237, 241-3, 245, 274, 372, 373, 398, 400, 436

macrocosmo, 324, 326, 327, 333
Mãe Terra, 427
magia, 193, 325
Mahābhārata, 21, 43, 57, 81, 135, 249, 253, 372, 411
mahāsattra ("grande sessão sacrificial"), 277, 283
mahāvrata ("grande voto"), 293, 295
Maitrāyaṇī Saṃhitā, 208, 362
Maitreyī, 63
mal, 68, 83, 97, 100, 105, 109, 123, 207, 280, 290, 305, 313-4, 345, 350, 375, 397
Malamoud, Charles, 187, 193, 199, 211, 301, 363, 383
maldição, 135
Mallarmé, Stéphane, 31, 32
man- ("pensar"), 340
manas ("mente"), 52, 138-42, 158, 159, 161, 163, 167, 413; *ver também* mente
manasā ("com a mente"), 122, 141
mānasāḥ putrāḥ ("filhos nascidos da mente"), 187
Mani, 427
manifesto (*sat*), 96, 139, 165, 166, 167, 208, 218
Mann, Thomas, 47
manteiga clarificada (*ghṛta*), 32, 35, 83, 228, 251, 290, 381, 390
mantra (partes métricas dos Vedas, fórmulas), 158, 186, 195, 214
Manu, 105, 340

maoris, 324, 326, 327, 328, 330, 333, 334, 335
mar, 19, 87, 410; *ver também* oceano
marcos temporais, 432
Marpa, 81
Mārtāṇḍa, 242
Marut, 31
Marx, Karl, 379
matar, 48, 72-4, 80, 82-3, 86, 113, 131, 246, 247, 309, 314-6, 337-8, 344, 347, 352, 354-6, 363-5, 371, 392, 396, 401, 414-7, 421-2, 437; *ver também* abate; aquietamento; assassinato; condenação à morte; consentimento; imolação; penas capitais
Mātariśvan, 377
matéria, 101, 139, 185, 196, 227, 242, 280, 306, 374, 407, 417
Māthava, 34
Mauss, Marcel, 178, 195, 199-201, 298, 299, 322-35
māyā ("encanto", "engano", "magia"), 377
Meca, 416
mecânica quântica, 438
medha ("suco", "medula", "essência sacrificial"), 346
meditação (*dhyāna*), 28, 160, 280
mel, 32, 150, 252, 303
Meluhha, 22
memória, 14, 118, 161, 163, 304, 305, 317, 382, 422
Mênades, 400
mensageiro, 217, 428
mente (*citta, manas*), 40, 52-3, 92, 122, 126, 131, 133-4, 138-42, 146, 149-50, 152, 155-6, 159, 163, 167, 171-2, 174, 177-8, 180, 187, 196, 200, 210-1, 227, 266-7, 272, 327, 329-31, 339, 342, 353, 370, 384-5, 396, 407, 409-10, 413, 438
Mente (*Manas*), 138, 139, 141-49, 239
méritos, 54, 177
Mesopotâmia, 22, 26, 200, 313, 432
Mestre de Olímpia, 130
mestres, 46, 111, 130, 159, 162, 168
metafísica, 42, 45-6, 52, 53, 68, 82, 128, 129, 142, 183, 186, 190, 207, 215, 258, 300, 302, 308, 318, 344, 346, 352, 378, 418, 420
metáforas, 176, 197, 198, 299
método, 192
metros, métrica, 58, 93, 130, 141, 216, 282, 284, 342, 363, 380, 389, 391; *ver também anuṣṭubh; bṛhatī; gāyatrī; triṣṭubh; virāj*
Meuli, Karl, 359
México, 411, 432
microcosmo, 324, 326, 327, 333
microfísica da mente, 438
Milarepa, 81
mimese, 71, 338
Minard, Armand, 32, 120, 121, 193, 199, 255, 284
missa católica, 434, 435, 436
mistério, 58, 84, 117, 126, 139, 217, 245
Mistérios de Elêusis, 30
místicos, 22, 28, 55, 178
mitologia, 27, 107, 323, 333, 334, 383
mitos, 69, 78, 98, 148, 184, 200, 201, 244, 245, 323, 333, 334, 439
Mitra ("Amigo"), 58, 226, 351, 352
moderno, modernos, 13, 18, 29, 30, 33, 59, 68, 77, 80, 88, 184, 185, 194, 231, 256, 299, 333, 369, 379, 382, 420
modos de pensamento, 409

moeda, 379, 384, 387, 389
Mohenjo-daro, 16, 23
Moisés, 317, 319
monoteísmo, 92
moral laica, 417
morte recorrente (*punarmṛtyu*), 112, 123, 154
Morte, morte (*mṛtyu*), 17-9, 41-3, 48-51, 53-4, 57, 61, 83, 97-8, 101, 108-13, 115, 121-3, 131, 154, 162, 169, 174-5, 215, 217, 219-22, 236, 240-4, 247, 256-7, 262, 274-5, 285, 312-3, 316, 318, 338, 346, 348-9, 354-5, 360, 364, 380-4, 396, 414, 418, 426-7, 434, 437
mortos, 18, 72, 74, 82, 83, 86, 88, 89, 241, 411, 423, 435
Mṛga, 359, 364; *ver também* antílope
mṛgavyādha ("aquele que transpassa o antílope"), 363, 366
Mṛtyu ("Morte"), 108, 109, 110, 111, 112, 121, 122, 123
Mujavant, 60
mulheres, 45-6, 63, 96, 110, 112, 132-3, 136, 177, 229, 233, 291, 300, 324, 326, 328, 377-9
Müller, Max, 56, 196, 199
mundo, mundos, 17-9, 23, 25-6, 29, 33-4, 41, 44, 46, 48, 50, 52-3, 55, 60, 62, 66-9, 72, 74, 77-8, 83, 88, 91, 96-7, 99, 101-3, 105-7, 109, 113-5, 120, 122, 124-6, 130-1, 133-6, 139-40, 146, 148-50, 152-6, 158-9, 162-5, 167-9, 174, 178, 187, 191, 194, 199, 205-7, 209, 212, 216-7, 219-21, 229, 235, 241-2, 249-50, 254, 256-8, 260-1, 263-4, 266, 272, 277-9, 282, 287, 293, 299-300, 303-4, 306, 308-9, 324, 326-8, 342-4, 346, 352, 355, 359-61, 366, 369-74, 379, 383, 385, 387-8, 393-4, 395, 399-400, 404-7, 410-2
muñja (*Saccharum munja*), 15, 196
Mus, Paul, 264, 326, 412
música, 243, 244, 351, 377
Musil, Robert, 198
Muzdalifah, 416

não manifesto (*asat*), 96, 128, 139, 140, 166, 167, 168, 275, 393, 399
não nascido (*ajá*), 166, 192, 399
não violência, 269
Nārada, 157, 158, 161, 162, 164, 226
nascimento, 71, 102, 147, 175, 177, 186, 237, 266, 337, 377, 382, 418
natureza, 19, 25, 61, 71, 76, 79, 82, 93, 98-9, 117, 128, 140, 144, 150, 163, 185, 215, 258, 262, 269, 280-1, 308, 314, 322, 330, 337, 345, 360-1, 385, 394, 399, 410, 413, 416, 422-3, 428, 430-1, 438
nazistas, 30, 424
Nefertiti, 14
Nerval, Gérard de, 222
neṣṭṛ (oficiante que escolta a esposa do sacrificante), 227
nexos, 220, 221, 330, 408
Nietzsche, Friedrich, 189, 246
Ninfas, 116, 231; *ver também* Apsaras
Nirṛti ("Dissolução"), 291
Nirukta, 119
nirvāṇa ("extinção"), 135
Nisan, 320
Noé, 312, 313, 314, 315, 319, 424
nomes, 14, 22, 87, 93, 117, 158, 162, 185, 237, 240, 309, 325, 405, 428
noûs ("intelecto"), 149
Nova Zelândia, 325, 326, 334

nudez, 73, 77, 214, 302
Numa Pompílio, 297
numeração binária, 410
números, 24, 188, 334
Números, Livro dos, 316, 317, 318
núpcias, 231, 232

oblações, 21, 45, 48, 50-1, 69, 98, 117, 141-3, 169, 204-5, 208, 216, 220-1, 226, 228-9, 251, 255, 268, 270, 290-2, 304-5, 307, 315, 341, 355, 376, 383, 436-7
oceano, 19, 30, 32, 33, 92, 249, 263, 277, 294, 380, 381
Ocidente, 23, 29, 41, 57, 129, 146, 148-9, 156, 183, 197-8, 245, 294, 302, 327, 335, 382, 422, 432-3
Odisseia (Homero), 87, 247
odor, 231, 313
oferendas, 58, 102, 103, 114, 178, 195, 241, 355, 390, 423, 433
oficiantes, 18, 20, 47, 49-53, 55, 73, 76, 81, 83, 85, 105, 134, 172, 183, 185-6, 205, 212-5, 225, 228, 236, 251, 256-7, 269-70, 278, 281, 283-4, 288-90, 293-4, 313, 318, 342, 350, 352-3, 363, 365, 385, 390, 395, 424, 436; *ver também adhvaryu*; *hotṛ*; *neṣṭṛ*; sacerdote; *udgātṛ*
'olah (oferenda "que sobe", holocausto), 424
Oldenberg, Hermann, 128, 129, 130, 175, 193, 199
Olimpo, 235
Olivelle, Patrick J., 121, 122, 157, 159, 165
onda indistinta (*apraketáṃ salilám*), 166
onipotência, 139, 154, 370
onisciência, 92, 169
opinião pública, 437
oração, 392, 416
ordálio, 261, 282, 427
ordem do mundo (*Weltordnung*, *ṛta*), 67, 73, 135, 209, 256, 276, 355, 399
ordenamentos, 92, 317, 341
orgasmo, 229
Oriente, 149, 237, 238, 327
Órion, 360, 364
Orth, Stephan, 436
Oupnek'hat (Anquetil-Duperon), 33
ouro, 31, 47, 188, 229, 230, 342, 379, 381, 384, 385, 387, 390
ousía ("substância"), 249, 308
Ovídio, 237
ovo, 165, 342

padá ("pé", "pegada", "palavra"), 34
pai, 35, 66, 68, 74, 92, 101, 109, 111, 116, 133, 144, 164, 175, 177, 219, 225, 230, 295, 319, 372, 373
Pais do Deserto, 160
palāśa (*Butea frondosa*), 204, 278
palavra (*vāc*), 142, 162, 163
Paleolítico, 415
Palestina, 298
Pañcāla, 219, 220, 259, 260
pandits, 405
panjabi, 30
panteão védico, 190, 279
pão, 183, 197, 436
pāpmā mṛtyuḥ ("mal de Morte"), 61, 123
paradoxos, 46, 92, 108, 113, 129, 156, 269, 304
Parmênides, 128, 185, 207
Páscoa, 319

pássaros, 16, 17, 24, 25, 31, 140, 152, 158, 216, 257, 378, 393
paśu ("animal doméstico, sacrificável"), 25
Paulo, apóstolo, 98, 374
paz, 43, 236, 325, 425
pedras, 18, 346, 357, 391, 392, 396, 408, 431
pele, 75, 76, 78, 79, 81, 101, 178, 288, 360, 361, 397
penas capitais, 420
pensamento védico, 95, 139, 159, 166, 196, 197, 264, 372, 407
Pentateuco, 298
peregrinação, 68, 244, 416
permuta, 379, 384
Pérsia, persas, 22, 33
pessoa (*puruṣa*), 41, 61, 62, 95, 154, 269, 270
phýsis, 185
pippala (*Ficus religiosa*), 98, 106, 152, 346
Pitágoras, 200
plantas, 24, 25, 67, 83, 158, 214, 347
Platão, 32, 45, 57, 61, 166, 245, 274, 382, 433
Plêiades, 132
pleno, plenitude (*pūrṇa*, *buhman*), 167, 264, 340, 399
Plotino, 166
Plutarco, 297
poesias, 22, 31, 32, 59, 130, 183, 238, 279
poetas (*kaváyaḥ*), 7, 167, 168, 279, 280
Polichinelo, 230
Polinésia, 298, 432
Porfírio, 433
posição ereta, 74
positivismo, positivistas, 78, 140, 299
possessão, 36
potestas, 14, 21
Prajāpati, 35, 88, 91-17, 119, 122-6, 140-1, 143-4, 164, 187, 191-2, 196-7, 211, 225-7, 238, 240, 252, 257, 260, 262, 269, 275, 284, 303, 324, 326, 341-4, 355, 360, 363, 375, 387, 392-3, 396, 399
prāṇa ("sopro", "vida", "respiração"), 129, 161, 266
prāṇāgnihotra ("libação no fogo dos sopros"), 266
prāśitra ("primeira porção"), 106, 107
pratiṣṭhā ("fundamento"), 18
pravṛtti ("progressão", "atividade"), 394
prazer, 28, 36, 61, 62, 82, 88, 221, 229, 231, 326, 364
preces, 28, 121, 237, 246, 247, 268, 387
predadores, 30, 71, 86, 337, 338, 364
pré-história, 69, 75, 86
pré-socráticos, 185
primatas, 74, 422
Primeira Guerra Mundial, 423
primeira porção (*prāśitra*), 104, 105, 106
procedimentos em espiral recorrente", 194
projeto (*saṃkalpa*), 159, 288
Prometeu, 377
prosa, 14, 45, 63, 184, 186, 193, 199, 222, 429
protestantes, 417
Proust, Marcel, 180, 186, 222
Pṛthivī ("Vasta", a Terra), 232
psicologia ocidental, 161
publicidade, 423
punarmṛtyu ("morte recorrente"), 112, 123

Pune, 185
pupila, 41, 43, 155
Purāṇa ("Antiguidade"), 21
pureza, 107, 288, 305, 352, 395, 417
pūrṇa ("pleno, plenitude"), 167, 264, 340, 399
Puruṣa ("Pessoa"), 42, 62, 188, 189, 269, 270, 326, 340, 341, 342, 393
puruṣamedha ("sacrifício humano"), 267, 268, 269, 271, 340
pūrve devāḥ ("deuses anteriores"), 277

quincunx, 357

raio (*vajra*), 20, 31, 34, 60, 70, 73, 83, 86, 120-2, 208, 212, 217, 375, 387, 390, 392-3
Rakṣas (demônios malévolos), 108, 177, 212, 213, 243, 362
Rāmāyaṇa, 135
Ramsés II, 14
rasa ("sabor"), 95, 186
Rasmussen, Knud, 365
ratio, 85
Rau, Wilhelm, 209
ṛc ("louvor"), 345, 346, 361
realidade, 24, 100, 125, 143, 240
reencarnação, 82; *ver também* morte recorrente
reflexo (*chāyā*), 30
Reforma protestante, 183, 436
religião, 136, 195, 199, 332, 371, 428, 429, 435, 437
religião da sociedade, 423, 428
remédio, 67, 68, 97, 212, 345, 346
Renou, Louis, 22, 26, 31-2, 34, 57, 62, 165-8, 174, 182, 185, 193-4, 198, 199, 209, 231, 291, 340-1
renúncia (*saṃ nyāsa*), 237, 271, 272, 417
renunciante (*saṃ nyāsin*), 190, 211, 266, 267, 268, 269, 271, 272
República (Platão), 57
resgate, 24, 69, 381, 386, 423
resíduo (*śeṣa, ucchiṣṭa*), 249, 276
respiração, 124, 179, 254, 266, 303, 395, 412, 413; *ver também prāṇa*; sopros vitais
Revolução Francesa, 327
Ṛgveda, 7, 14-5, 21, 23, 26, 30-4, 38, 115, 128-31, 135, 141, 152, 157-8, 162, 165-6, 171, 174, 182, 186-8, 192, 199, 226, 230, 232, 261, 267, 269, 272, 340-1, 353, 369, 376-7, 400-1, 403, 407
riṣ- ("consumir-se"), 95
ritos, 23-4, 29, 32, 35, 39-40, 45, 49-50, 53, 60, 63, 68-9, 77, 79-80, 92, 98-9, 103, 106, 109-10, 120, 129, 133, 138, 141, 146-8, 150, 161, 176, 179, 183-6, 191, 193-5, 200-1, 205-7, 210, 213, 218, 226-7, 235-9, 262-3, 268, 270, 275, 276-7, 279-81, 283-5, 291, 293-5, 306-7, 319, 323, 335, 340, 349, 351-3, 360, 366, 369, 372, 374-5, 378, 385-7, 397, 400-1, 407, 411, 414-5, 417-8, 423, 425, 430-2
ritualistas védicos, 17, 24, 70, 77-81, 98, 123, 146, 150, 156, 191, 198, 208, 227, 245, 286, 288, 290-1, 292, 297-9, 304, 306, 314, 329, 338, 347, 349, 353-4, 356, 370, 404-5, 411
ritus, 208
rival malévolo (*dviṣan bhrātṛvyaḥ*), 108, 256, 257, 290, 291
ṛṇa ("débito"), 245, 276, 382, 383
rom (ciganos), 30

Roma, romanos, 28, 29, 99, 411, 425, 427, 432
romance (gênero literário), 227
romance amoroso, 232
Roth, Joseph, 385
ṛṣi ("vidente"), 21, 30, 44, 93, 95, 104, 128-33, 135-6, 139, 146, 157, 159, 167-9, 173-4, 225-7, 241, 243, 303, 341-2, 362, 372, 382, 439
ṛta ("ordem", "verdade"), 208, 209, 256, 276, 291, 355
Rudra, 31, 58, 94, 104-6, 120, 249, 252-5, 262, 309, 360, 363, 366, 399

Sábado, 317
sabor (*rasa*), 95, 186
sacerdotes, 14-5, 19-21, 48, 72, 108, 120, 183, 185, 216-7, 227, 239, 261-2, 274, 283, 318, 325, 345, 353, 371, 381, 386-8, 397, 434; *ver também* oficiantes
sacrificante (*yajamāna*), 18, 45-6, 48-50, 52, 59, 69, 74, 76, 79, 83-5, 93, 105, 117, 144, 147, 159, 175, 178, 204-7, 209-10, 212-4, 218-9, 227-9, 243, 261-2, 268-71, 274-6, 278-9, 283, 285, 287-93, 297, 300-2, 307, 343, 344, 348-9, 351-3, 361, 383, 385-7, 390, 392, 396-8, 415
sacro, 29, 404
Sādhya, 225
Safo, 29
Śākalya (Vidagdha), 38, 48, 53
salilá ("onda", "oceano primordial"), 19, 166
salvação, 25, 28, 29, 41, 105, 319, 416
sāman ("melodia", os mantra do *Sāmaveda*), 361
Sāmaśravas, 47
Sāmaveda, 157, 192, 353
sambhārāḥ ("utensílios" para a liturgia), 290, 303
sambhṛ- ("recolher", "preparar"), 303
saṃhitā ("coletânea"), 130, 199
śamitṛ ("pacificador", abatedor), 288, 347
saṃkalpa ("intenção, projeto"), 159, 288
saṃnyāsa ("renúnica"), 272
saṃnyāsin ("renunciante"), 266, 267, 271
sampad ("aquilo que cai junto", correspondência, equivalência), 52, 259, 285, 406
saṃ skāra (cerimônia sacramental), 408
samudrá ("mar, oceano"), 19, 33
Sanatkumāra, 157, 158, 159, 160, 162, 165
Śāṇḍilya, 188
sangue, 22, 75, 78, 98, 107, 197, 237, 286, 313, 314, 318, 319, 357, 414, 430
Śaṇkara, 152, 156
sânscrito, 17, 23, 157, 189, 272, 347, 383, 394, 406
Santo dos Santos, 318
Saptarṣi ("Sete Videntes"), 21, 94, 95, 108, 128, 132, 133, 188, 229, 233, 372, 375
Saptasindhu ("Terra dos Sete Rios"), 16
Śāradvatī, 226
Saraṇyū, 30, 241
Sarasvatī, 34, 136
sat ("aquilo que é", "ser", "o manifesto"), 96, 139, 165, 166, 167, 208, 218

Śatapatha Brāhmaṇa, 43, 47, 56-7, 59, 62, 66, 73-4, 80, 82, 93, 97, 105, 115, 120-3, 139, 185-6, 188-9, 192-3, 211, 226, 237, 240, 250, 264, 293, 347, 360, 376, 380, 403-5, 412, 415, 433, 437
Satī, 133, 254, 365
Sátiros, 400
sattra ("seção" sacrificial), 186, 225, 238, 283, 286, 293, 294, 423; *ver também mahāsattra*
sattva ("qualidade luminosa"), 250
Saturno, 428
satya ("verdade"), 39, 40, 208, 218
Satyakāma Jābāla, 118
Sātyayajña, 47
sautrāmaṇī (rito dedicado a Indra "bom protetor"), 375
Savitṛ, 73, 104, 106
Sāyaṇa, 33, 211, 345
Scarpetta, Eduardo, 230
Schaller, George Beals, 359
Schayer, Stanisław, 199
Schopenhauer, Arthur, 33, 158, 183
Schreber, Daniel Paul, 99
Schroeder, Leopold von, 230
Schwab, Julius, 337
secularidade, secularização, 29, 404
segredo, 41, 174, 206, 228, 246, 354, 379, 394
Segunda Guerra Mundial, 286, 423
sêmen, 15, 104-5, 122, 148, 167, 221, 225-9, 384, 385, 390, 399; *ver também* ejaculação
Semíramis, 14
Senart, Émile, 121, 157, 159
ser/não ser, 128, 129, 164, 165, 166, 167, 207, 274, 275
serpente, 250, 288, 366, 392, 397, 399
Serpente do Fundo (Ahi Budhnya), 399
Śeṣa, 250
śeṣa ("resíduo"), 249
Sete Sábios helênicos, 128
Sete Videntes, 21, 95, 96, 131, 132, 209; *ver também* Saptarṣi
sexo, 292
Si (*ātman*), 42, 43, 61, 150, 153, 154, 158, 162, 164, 165, 169; *ver também ātman*
Sibéria, siberianos, 83, 134, 432
Silburn, Lilian, 198, 199
silêncio (*tūṣṇīm*), 44, 93, 106-8, 114, 125-6, 141, 142, 162, 213, 222, 226, 228, 266, 345, 348, 353, 408, 427, 432
símbolo, 88, 107, 406
Simon, Erika, 235
simulacro, 30, 285
sinti (ciganos), 30
Sirius, 360, 364
sistema formal, 26, 194, 256
Śiva, 107, 110, 133, 216, 217, 229, 253, 254, 309, 365, 366
soberania, soberano, 14-5, 20, 35-6, 66, 78, 84, 88, 92-3, 122, 134, 136, 147, 149, 162-4, 169, 174-5, 232, 236, 241, 249, 255, 268, 347, 357, 370-4, 391, 407
sobrevivência arcaica, 412
sociedade, 28, 179, 266-7, 270-1, 308-9, 322-3, 329, 334-5, 352, 405, 416-23, 428-31, 433, 436, 438
sociedade secular, 416-9, 436, 438
Sócrates, 244, 245, 246, 247
sofistas, 166, 244
Sófocles, 62

sol, 36, 103, 112, 120, 235, 239, 242, 245, 272, 301, 355, 391
Sol (Sūrya), 17, 38, 49, 87-8, 113, 117, 122, 150, 189-90, 225, 231-2, 240-3, 271, 342, 355
soma ("espremido", "suco"), 13, 15, 23, 27, 32, 35-6, 60, 83, 110, 136, 150, 171, 175, 195, 226, 232, 236, 255, 274, 285, 288, 307, 340, 347, 351-4, 357, 362, 369-71, 374-6, 381, 384-6, 388-401, 414
Soma, rei, 15, 36, 55, 59-60, 67, 74, 83, 195, 229, 231-2, 257, 279, 346-7, 350-1, 353, 369-81, 383-6, 388, 391-2, 396-8, 400-1
sonhos, 13, 82, 207, 232, 244, 325
sono, 42, 155, 171, 179, 210, 218
sopros vitais (*prāṇa*), 93, 94, 95, 129, 153
sphya ("espada de madeira"), 20, 45, 303
śraddhā ("confiança", "fé"), 39, 40, 161, 208, 383
Śrī, 113, 114; *ver também* esplendor
Staal, Fritz, 27, 38, 192, 193, 194, 195, 299
Strehlow, Carl Friedrich, 200
Strindberg, August, 61
substância, 29, 36, 40, 67, 87, 99-100, 150, 239, 253, 276, 297, 305, 329, 346-7, 369, 378, 384-5, 392, 414
substituição, 39, 69, 183, 346, 374, 384, 387, 389, 409, 420, 426; *ver também* digitalidade
substitutivo, modo, 410
Sudās, 135, 136
suicídio, 245, 307, 392
Su-ilisu, 22
sukha ("felicidade"), 119, 161, 163; *ver também* alegria; felicidade
sumérios, 24, 132
Suparṇī, 377, 378, 380, 381, 383, 386
superstições, 193, 420, 423
Sūrya, 190, 231, 232, 241, 268, 355
Sūtra, 32, 267, 289
sva ("de si", "próprio", "si"), 101
svādhyāya ("recitação interior", estudo do Veda), 179, 382
svāhā (exclamação ritual), 98, 101, 102, 291, 306
svayambhū ("autoexistente"), 399
Śvetaketu Āruṇeya ou Auddālaki, 164, 165, 219, 220, 221, 295, 376
svid (partícula que introduz uma pergunta), 198
Sviṣṭakṛt ("Aquele que oferece bem o sacrifício"), 251, 254
Swaminathan, C. R., 403

Taittirīya Brāhmaṇa, 275
Taittirīya Saṃhitā, 293
Taittirīya Upaniṣad, 165
Tales, 185
tamas ("trevas"), 275
tan- ("esticar, estender"), 257
tantrismo, 226
tānūnaptra (cerimônia ligada a Tanūnapāt, forma de Agni "filho de si mesmo"), 376
tapas ("ardor"), 38; *ver também* ardor; ascese
Tārā, 15, 373
Tat tvam asi ("Isso tu és"), 165, 295
técnica, 72, 196, 338, 438
tejas ("energia incandescente"), 160, 165

témenos (terreno delimitado e excluído do uso comum), 275
Templo de Israel, 319
templos, 16, 17, 18, 71, 81, 206, 411
Teogonia (Hesíodo), 335
teorema de Pitágoras, 200
teoria dos conjuntos, 156
Terra, terra (*pṛthivī*), 15-9, 24, 31-2, 34-5, 41, 47, 54, 78, 81, 94, 98-9, 101, 104, 108, 110, 112, 122, 125, 144, 158-60, 173, 177, 184, 189, 195, 204-5, 207, 214-6, 220-1, 231-2, 243, 250, 252, 259, 262, 272, 275, 277-9, 286-7, 292, 307, 312-3, 315, 337, 355, 360, 362-3, 370, 374, 377-81, 386, 388, 392, 399, 401, 408, 428
textos litúrgicos, 26, 291, 347
thýein ("sacrificar"), 433
tijolos (*iṣṭakā*), 16, 17, 21, 110, 111, 118, 188, 191, 278, 303, 306, 356
Tiki, *tiki*, 322, 324, 325, 326, 327, 329, 330, 333, 334, 335
Timeu (Platão), 274
Tirésias, 87
Torres Gêmeas (Nova York), 425, 427
totalitarismo, 431
totens, 330
tragédia grega, 348, 422
transubstanciação da eucaristia, 434
trevas, 162, 166, 232, 243, 249, 274, 275, 330, 376, 399
triṣṭubh (metro constituído por quatro versos de onze sílabas), 282; *ver também* metros
Troia, 135
Tucídides, 23
turbante, 147, 176
Tvaṣṭṛ ("Artífice"), 217, 371, 375
tyāga ("cessão", "desprendimento"), 236, 272, 276, 292, 299, 388

ucchiṣṭa ("resíduo"), 249, 276
Uddālaka Āruni, 48, 164, 165, 295
udgātṛ (oficiante "cantor" dos hinos do Sāmaveda), 50, 51, 227, 353
udumbara (*Ficus glomerata*), 196
Ulisses, 87, 88
Última Ceia, 197, 434, 436
unção, 77, 79
Upakosala Kāmalāyana, 118, 119, 120
Upaniṣad, 14, 21, 32-3, 41, 56-7, 62, 106, 112, 122-3, 131, 156, 159, 171, 174, 182-3, 185, 188-91, 199, 266, 275, 341
upaniṣad ("conexão secreta"), 40, 41
upasad ("assédio", tríplice oferenda de manteiga clarificada a Agni, Soma e Viṣṇu), 285, 376, 381
Urabunna, 431
Ursa Maior, 21, 108, 128
Urvaśī, 226
Uśānā (planta da qual se prepara o *soma*), 376
Uṣas, 103, 106, 121, 190, 226, 252, 363, 399
Uṣata Cākrāyana, 48
útero, 147, 148, 176, 178
Uttara Nārāyaṇa, 271

Vāc ("Palavra"), 94, 101-2, 122, 141, 144-8, 150, 158, 165, 176, 217, 225-6, 239, 261, 377-80, 384, 389
vāc ("palavra", "voz"), 142, 162, 163
vaca, 33, 34, 61, 75-8, 81, 261, 262, 350, 351, 384, 386-90
vagina, 221, 226, 229
vajra ("raio"), 20

Valeri, Valerio, 298
Vālmīki, 135
Vāmadeva, 152
vānaprastha ("retirado para a floresta"), 271
vara ("graça"), 36, 43, 44, 45, 135, 138, 214, 303
Vārṣṇya, 47
Varuṇa, 58, 66, 67, 68, 69, 73, 117, 136, 225, 226, 279, 352
Varuṇa (Lüders), 208
varuṇapraghāsa (rito de reparação ligado a Varuṇa), 117
vaṣaṭ (exclamação ritual), 229, 253
Vasiṣṭha, 131, 136, 227
Vasiṣṭha Caikitāneya, 259, 260
vaso (*kumbha*), 227
Vāstavya ("ligado ao local e ao resíduo", epíteto de Rudra), 249, 250, 251, 255
vāstu ("local", "resíduo"), 249, 251, 252
Vasu, 94, 262
Vāyu ("Vento"), 60, 80, 190, 225, 226, 279, 393; *ver também* vento
vazio, 167, 287, 356, 388
Veda, 14, 16, 21, 26, 32, 149, 156-7, 167, 169, 171, 174, 179, 182, 185-6, 192-3, 196, 199, 284, 302, 339, 341, 371, 406-7, 413, 438
veda ("saber", "conhecimento"), 28, 154, 157, 195, 214
Vedānta, 149
vedi ("altar"), 224; *ver também* altar
vedistas, 26, 175
vegetarianismo, 339, 345, 422
venda, 384, 385, 386, 396
veneno, 71, 107, 192, 247, 338
vento, 100, 122, 190, 255, 275, 380, 395, 430; *ver também* Vāyu
verbo, 172, 193, 197, 240, 257, 307, 341, 415
verdade, não verdade, 218, 290, 302, 343, 385; *ver também ṛta*; *satya*
versos, 14, 30, 58, 166, 172, 186, 196, 232, 256, 257, 259, 282, 353, 361; *ver também* metros; poesia
vestes, 33, 77, 79, 80, 107, 133, 144, 147, 288, 317, 397, 398, 407
viagem, 17, 19, 40, 68, 69, 134, 179, 222, 242, 245, 251, 289, 293, 297, 307, 370, 428
vida, ser vivo, 34, 43, 196, 297, 301, 378, 417
Videha, 34, 39, 43, 44, 54
videntes (*ṛṣi*), 21, 68, 93, 124, 128, 129, 133, 138, 167, 168, 231, 407, 439
vigília, 42, 159, 171, 174, 207, 218
vijñāna ("discernimento"), 160, 163
Vinatā, 383, 386
vinho, 88, 197
violência, 67, 105, 110, 114, 236, 245, 267, 330, 356, 384, 389, 417, 421, 425
vípra ("fremente", poeta inspirado), 280
Virāj, 42
virāj (metro védico constituído por quatro versos de dez sílabas), 42, 259; *ver também* metros
visão sacrificial, 297, 300, 411
visível, 14, 24, 40, 69, 134, 135, 178-9, 196, 200, 215, 288, 297, 299, 353-6, 359-60, 371, 389, 393, 426
Viṣṇu, 214, 250, 346, 381
visṛṣṭi ("criação secundária"), 168
viṣuvat (dia central de um sacrifício de duração de um ano), 262, 263, 294
Viśvāmitra, 136

Viśvarūpa, 217, 371, 401
Viśvāvasu, 232, 377, 378
Viśvedevāḥ, 94, 174
vítimas, 25, 51, 70, 72, 74-5, 83-4, 225, 269-70, 288, 301-2, 309, 319, 338-9, 341-2, 344, 346-51, 354, 363, 394, 421-2, 424, 426, 432, 435; *ver também paśu*
Vivasvat, 242
Voltaire, 422
vontade, 33, 109, 133, 184, 244, 282, 287, 312, 325, 330, 393, 425
voz, 15, 50, 55, 93, 101-2, 118, 141, 143, 169, 186, 189, 210, 220-1, 257-8, 269-70, 274, 302, 312, 431, 435
vṛ- ("cobrir", envolver"), 394
vrata ("modo de vida", "voto"), 203, 210, 272, 286
Vṛṣākapāyī, 230
Vṛṣākapi, 230
Vṛtra, 20, 35, 60, 67, 217, 255, 351, 376, 392, 394, 395
Vyāsa, 43, 81, 135

Wagner, Ricard, 44, 229
Weil, Simone, 272, 333, 423
Wellgunde, 229
White, John, 325, 333
Wilamowitz-Moellendorff, Ulrich von, 335
Wilde, Oscar, 78
Witzel, Michael, 30, 184, 196, 197, 209

xamãs, 134, 330, 331, 335
Xenofonte, 244, 247

ya evaṃ veda ("aquele que sabe assim"), 28
yaj- ("sacrificar"), 341
yajamāna ("sacrificante"), 50; *ver também* sacrificante
yajña ("sacrifício"), 38, 196; *ver também* ritos
Yajña ("Sacrifício", divindade), 144-8, 150
Yājñavalkya, 38-55, 57-9, 61-3, 80-2, 267, 290, 405
Yajur Veda Branco, 185, 186
Yajur Veda Negro, 186, 199
Yajurveda, 157, 192, 353
yajus ("fórmula ritual", mantra do Yajur Veda), 185, 345, 346, 361
Yama, 241, 300, 382; *ver também* Morte; Mṛtyu
yūpa ("estaca"), 69, 73, 84, 342

Zaratustra, 189
zen, 46
Zeus, 61
Zhou, dinastia, 24
Zuozhuan, 433
Zürau, 54

ESTA OBRA FOI COMPOSTA PELA SPRESS EM MINION E IMPRESSA EM OFSETE
PELA GEOGRÁFICA SOBRE PAPEL PÓLEN SOFT DA SUZANO PAPEL E CELULOSE
PARA A EDITORA SCHWARCZ EM JUNHO DE 2016

FSC
www.fsc.org
MISTO
Papel produzido a partir de fontes responsáveis
FSC® C019498

A marca FSC® é a garantia de que a madeira utilizada na fabricação do papel deste livro provém de florestas que foram gerenciadas de maneira ambientalmente correta, socialmente justa e economicamente viável, além de outras fontes de origem controlada.